EN SUPER FORME

EN SUPER FORME

Simone Renaud et Jean-Luc Desalvo

CANADIAN
SCHOLARS

Toronto | Vancouver

En super forme
Simone Renaud et Jean-Luc Desalvo

First published in 2018 by
Canadian Scholars, an imprint of CSP Books Inc.
425 Adelaide Street West, Suite 200
Toronto, Ontario
M5V 3C1

www.canadianscholars.ca

Library and Archives Canada Cataloguing in Publication

Dietiker, Simone Renaud, author
        En super forme / Simone Renaud et Jean-Luc Desalvo.

Includes index.
Issued in print and electronic formats.
ISBN 978-1-55130-997-2 (softcover).--ISBN 978-1-55130-998-9 (PDF).
--ISBN 978-1-55130-999-6 (EPUB)

        1. French language--Textbooks for second language learners--English speakers.
2. French language--Grammar--Problems, exercises, etc. I. Desalvo, Jean-Luc, author II. Title.

PC2129.E5D543 2018   448.2'421   C2018-901293-5
                                                              C2018-901294-3

Text and cover design by Elisabeth Springate
Cover image: *La vague*, by Simone Renaud, 2013

18   19   20   21   22   5 4 3 2 1

Printed and bound in Canada by Webcom

Canada

TABLE DES MATIÈRES

PREFACE

En super forme (ESF) closely follows and is designed after the 8th edition of *En bonne forme* (EBF). The authors have kept in their entirety the grammar lessons in EBF. The originality and advantages of ESF reside in the following features:

- While *En bonne forme* provides ample opportunity to improve upon the four language skills of reading, writing, listening, and especially speaking, *En super forme* offers a complete and more concise no-nonsense, effective French grammar text for high school and college students beyond the second-year level. ESF also serves as a reference guide that instructors and students can keep and use for the rest of their life.
- ESF serves as a cost-effective, high quality, comprehensive grammar reference textbook by eliminating certain superfluous and costly features from the 8th edition, such as the use of photos and illustrations.
- An online answer key is provided for the exercises, as well as a teacher's guide and a list of authors upon whom instructors may draw for supplementary readings and discussions, if desired.

ORGANIZATION OF THE TEXTBOOK

ESF is composed of 20 chapters, written entirely in French. A preliminary chapter in English provides introductory level material and presents French grammatical terminology because it is essential that students familiarize themselves with this technical vocabulary.

The twenty chapters are structured as follows:

BUT DE CE CHAPITRE

THÈME DU CHAPITRE

VOCABULAIRE

    Vocabulaire supplémentaire

LECTURE (TEXT)
  preceded by **Notes culturelles** and **Profil de l'auteur**
  followed by **Compréhension du texte**
GRAMMAIRE (WITH EXERCISES)
SUPPLÉMENTS DE GRAMMAIRE (WITH EXERCISES)
TRADUCTION
RÉDACTION

BUT DE CE CHAPITRE: A short, organized table provides at a glance a summary of the content to the grammar lesson, highlighting what the reader will find and is expected to learn in this chapter.

THÈME DU CHAPITRE: One or multiple themes are selected from the short literary excerpt that follows or from a text the authors have written.

VOCABULAIRE: Students are expected to learn various vocabulary expressions taken from the reading, which reappear in the exercises so that students can more easily assimilate them. **Vocabulaire supplémentaire** provides additional, useful vocabulary, such as Canadian or familiar expressions, relevant to the chapter theme or topic.

Notes culturelles and **Profil de l'auteur:** Useful and relevant information of a cultural nature about the reading and biographical information about the author are provided to give a greater contextual understanding of the reading.

LECTURE: All excerpts are chosen to specifically illustrate the grammar topic of the chapter. Although some of these readings previously appeared in EBF, all have been shortened to be no longer than 300 words. Texts were selected to highlight socio-cultural themes, occasionally with a twist of humor, such as hypochondria (Benoît Duteurtre), gastronomy (Nancy Huston, from British Columbia), sports (Roch Carrier, from Quebec), the generation gap (Jean-Marie Le Clézio, from

Mauritius), the harsh treatment of immigrants (Gabrielle Roy, French Canadian), and cross-cultural adoption (Éric-Emmanuel Schmitt, who lives in Brussels). When a suitable text could not be found, the authors have written their own to better illustrate the chapter grammar points, as well as present cultural information on a wide variety of topics, such as French television and movies, pets and circus animals, and holidays in France.

Compréhension du texte: The reading comprehension questions are designed to highlight proper grammar usage and to assess the students' understanding of the readings.

GRAMMAIRE: This section is the most crucial part of each chapter. Explanations provide thorough coverage of all important grammar topics and highlight some of the complexities of the French language. These are often presented in *Tableaux-Résumés*, summary tables that help students assimilate the concepts. Whenever the grammar concept is more complex or there are numerous exceptions, explanations are simplified so that students learn the essential, basic rules. Comparisons and differences between the English and French language are often highlighted as a means for students to assimilate more easily the French grammar concept. Practice exercises after each major grammar point provide ample and immediate reinforcement and feedback to assess the students' mastery of the grammar concept.

SUPPLÉMENTS DE GRAMMAIRE: This section presents idiomatic expressions and lexical items or structures related to the grammar topic that are problematic for English-speaking students. Each point is again followed by practice exercises that reinforce correct grammar usage.

TRADUCTION: Translations offer ample opportunity for students to practice the art and appreciate the complexity of going from one language (English) to another (French) by reinforcing vocabulary and idiomatic expressions and using newly acquired grammar structures presented in the chapter, avoiding *mot-à-mot*.

RÉDACTION: This exercise is designed to provide an overall, comprehensive assessment of the students' ability to incorporate properly and correctly the chapter material in a creative French writing assignment.

SPECIAL FEATURES

1. **Le passé simple**: This tense is presented very early in the book, right after the *passé composé*, for identification purposes only because it is so widely used by French writers, such as in storytelling. A more complete description of the tense and its uses is presented in Appendix B.

2. **Le plus-que-parfait**: Since this tense is more often used in French than in English, it is presented at the same time as the *imparfait*, giving the students a solid foundation in the art of storytelling with current past tenses.

3. **The order of the chapters:** Although vocabulary and grammar are presented in increasing level of difficulty in a logical progression building on previous chapters, instructors are free to present the chapters in the order of their choosing.

4. **Chapter 20:** This chapter describes *la phrase complexe* and lists the conjunctions and their uses with the indicative, subjunctive or conditional mood followed by application exercises.

APPENDICES

The book concludes with three appendices, a French–English glossary, and an index.

APPENDICE A includes regular and irregular verb conjugation tables.

APPENDICE B includes the following:
- spelling changes for certain verbs (-**cer**, -**ger**, etc.)
- lists of verbs followed by an infinitive with **à**, **de**, or no preposition
- verbs followed by indicative or subjunctive
- literary tenses in indicative or subjunctive

APPENDICE C lists the following:
*   numbers in French
*   explanation of the **système métrique**
*   letter writing samples
*   prepositions for American states and Canadian provinces and territories
*   changes for expressions of time occurring in indirect discourse

A **FRENCH–ENGLISH GLOSSARY** lists all active vocabulary from each chapter.

An **INDEX** provides help in finding your way in the book.

CHAPITRE PRÉLIMINAIRE

This preliminary chapter will help you remember a few, very basic points of grammar that a teacher of second-year French will expect you to know—for example, the articles **(le, la, les, un, une, des)**, the verb **être** **(je suis, tu es,** etc.), the interrogative expression **est-ce que,** and so on. If a grammatical point seems familiar, but not clear, look it up in the chapter where it is described. Cross-references appear throughout the book to enable you to view the interrelationships between different grammatical structures.

The other aim of this preliminary chapter is to present the French grammatical terms used in the book. We have translated these terms because we believe you should be familiar with them before you begin your work in chapter 1.

We will use the following abbreviations throughout the book:

adjectif *adj.*

adverbe *adv.*

chapitre *chap.*

conditionnel *cond.*

conjonction *conj.*

démonstratif *dém.*

familier (ère) *fam.*

féminin *f., fém.*

futur *fut.*

littéralement *litt.*

masculin *m., masc.*

objet *obj.*

objet direct *O.D.*

objet indirect *O.I.*

participe *part.*

pluriel *pl.*

possessif *poss.*

préposition *prép.*

présent *prés.*

singulier *s., sing.*

subjonctif *subj.*

sujet *suj.*

We will also use the following signs:

versus *vs.*

= équivalent de

≠ contraire de

→ se change en

THE SENTENCE AND ITS PARTS—LA PHRASE

When we speak or write, we use words **(les mots)** organized into a sentence **(une phrase)**. A phrase is **un groupe de mots**; a clause is **une proposition.**

We will talk also about **phrase simple** and **phrase complexe**. A **phrase simple** is composed of a subject, a verb, adjectives or complements. In a **phrase complexe**, there are several **propositions** (clauses), one **proposition principale** and one or several **propositions subordonnées**, led by **conjonctions** or **pronoms relatifs.**

NOUNS—LES NOMS

Nouns are easy to recognize because they represent people **(des personnes)** or inanimate objects **(des choses)**. The most important point to remember is that in French, nouns have gender. They are either feminine **(le féminin)** or masculine **(le masculin)**. One usually learns gender by memorization. Some words are grouped according to their endings; for example, -**tion** and –**té** are almost always feminine (*la* **nation**, *la* **liberté**); -**ment** and -**eau** are masculine (*le* **département**, *le* **tableau**). The easiest way to master the idea of gender is by learning nouns with their article: **le (l'), un** for a masculine noun; **la (l'), une** for a feminine noun.

Plurals are most commonly formed by the addition of -**s** to the singular; there are, however, a number of other ways to indicate plural (see pages 92–96, 99–102). In spoken language, since the final -**s** is not pronounced, it is the article **(les, des)** that indicates the plural (*les* **parents**, *des* **familles**). Consequently, in French, nouns must be accompanied by an article or another determining word. The article is omitted only in very special cases (see pages 118–119).

ARTICLES—LES ARTICLES

There are three kinds of articles: **articles définis, articles partitifs, articles indéfinis.**

1. Definite articles **(les articles définis):** *the*

   masc. **le (l')**   *fém.* **la (l')**   *pl.* **les**

2. Indefinite articles **(les articles indéfinis):** *a, an, one, some*

   masc. **un**   *fém.* **une**   *pl.* **des**

3. Partitive articles **(les articles partitifs):** *some*

   masc. **du, (de l')**   *fém.* **de la, (de l')**

The partitive article is used with certain verbs when one speaks about a *part* of something, a *piece* of something: some + singular noun (see page 115).

   Je mange **du** pain.   Je bois **de la** limonade.

You should remember these three facts about French articles:

1. Agreement **(l'accord):** articles agree **(s'accordent)** with the nouns they modify in gender and number.
2. Elision **(l'élision):** the dropping of a letter occurs when **le** or **la** is followed by a word that begins with a vowel or a *h muet*: **l'étudiant, l'histoire, de l'eau.**
3. Contraction **(la contraction)** of **le** or **les** occurs with the prepositions **à** and **de.**

   de + le = du   à + le = au
   de + les = des   à + les = aux

DETERMINING WORDS—LES DÉTERMINANTS

There are other kinds of determining words besides the article:

1. A possessive adjective **(un adjectif possessif)** (chap. 15): *my, your,* etc.

   masc. **mon**   *fém.* **ma**   *pl.* **mes**
   votre   **votre**   **vos**

2. A demonstrative adjective **(un adjectif démonstratif)** (chap. 17): *this, these*

masc. **ce (cet)**   *fém.* **cette**   *pl.* **ces**

3. An interrogative adjective **(un adjectif interrogatif)** (chap. 8): *which?*

masc. **quel**   *fém.* **quelle**   *pl.* **quels, quelles**

Like the article, these words agree in gender and number with the nouns they modify.

ADJECTIVES—LES ADJECTIFS

The most common adjectives—**les qualificatifs**—describe the noun: **joli, beau, grand,** etc. The agreement between noun and adjective is the main issue confronting you as you study the adjective. Many adjectives are identical in their masculine and feminine forms; that is, both genders end in **-e: rapide, pratique, calme,** etc. For most adjectives, however, the feminine is indicated by the ending **-e,** while the masculine has no **-e.** This final **-e** may or may not affect the pronunciation of the two genders.

masc.   grand, aimé   *fém.*   grand**e**, aimé**e**

The adjective also agrees in number with the noun. Usually this agreement is shown by the addition of an **-s,** which is silent (see page 99).

les étudiant**s** intelligent**s**

Where is the adjective placed? In French, most adjectives come *after* the noun.

une robe **bleue**   un voyage **intéressant**

A few short common adjectives, however, are placed *before* the noun (see pages 103–105).

un **bon** diner   une **petite** maison

PRONOUNS—LES PRONOMS

The most common pronoun is the personal pronoun **(le pronom personnel),** a word that takes the place of a noun or a noun phrase. Personal pronouns do not represent only people; they also refer to things.

Il or **Elle** signifies *it,* as well as *he* or *she.*

Le, La, or **L'** signifies *it,* as well as *him* or *her.*

Before you study the different forms of these pronouns, you should consider the function of the nouns they replace, because the pronouns have different forms for different functions (see chapter 9).

FUNCTIONS OF NOUNS AND PRONOUNS

1. Subject **(le sujet)**. A noun or pronoun can be the subject of the verb.

Le professeur parle.   Il parle.

Subject pronouns **(les pronoms sujets)** are as follows: **je, tu, il, elle, on, nous, vous, ils, elles.**

2. Direct object **(l'objet direct)**. A noun or pronoun can be a direct object.

Vous visitez **le musée**?   Vous **le** visitez?

The noun is a direct object when it receives the action of the verb; in a sense, it completes the verb's meaning.

me, m', te, t'

le, la, l', les *(like the articles)*

nous, vous *(like the subject pronouns)*

The direct object pronoun **(le pronom objet direct)** comes *before* the verb in French; in English it comes *after.*

Je **le** visite.   I visit **it.**

3. Indirect object **(l'objet indirect)**. A noun is the indirect object when the preposition **(la préposition) à** (*to*) stands between the verb and the noun object.

Je parle **à Jeanne.**

The forms of the indirect object pronoun **(le pronom objet indirect)** are identical to those of the direct object, except in the third person singular and plural. Its forms are the following:

me, m', te, t', nous, vous   *to me, to you, to us, to you*

lui   *to him, to her*

leur   *to them*

This pronoun also comes *before* the verb.

Il me parle. Je **lui** montre la maison.

4. The object of a preposition **(l'objet d'une préposition)**. A noun or a pronoun can be the object of a preposition: **de, chez, avec, sans,** etc.

Vous habitez **avec votre sœur?**	Do you live **with your sister?**
Vous habitez **avec elle?**	Do you live **with her?**

The pronoun as object of a preposition *follows* the verb and the preposition. It is called **pronom disjoint** or **pronom tonique;** its forms are as follows:

moi, toi *me, you*

lui *him*

eux *them* (masc. pl.)

elle, nous, vous, elles *her, us, you, them* (fém. pl.)

(*like the subject pronouns*)

OTHER CATEGORIES OF PRONOUNS

1. Possessive pronouns **(les pronoms possessifs)** (chap. 15)

le mien (*mine*), **la vôtre** (*yours*), etc.

2. Relative pronouns **(les pronoms relatifs)** (chap. 16)
The two most common relative pronouns are **qui** and **que. Qui** is the subject form for people and things. **Que** is the direct object form.

Voilà un livre **qui** paraît intéressant. (*sujet*)

*Here is a book **that** seems interesting.*

L'examen **que** vous voulez passer est bien difficile. (*objet direct*)

*The exam **that** you wish to take is really difficult.*

3. Demonstrative pronouns **(les pronoms démonstratifs)** (chap. 17)

celui-ci (*this one*), **celle-là** (*that one*)

Two very common and useful expressions are **c'est...** (*it is...*) and **ça** (*that*) (see page 387).

4. Interrogative pronouns **(les pronoms interrogatifs)** (chap. 8)

> **qui** *(who, whom)*   **qu'est-ce qui** *(what)*   **avec quoi** *(with what)*
>
> **lequel** *(which one)*, etc.

5. Indefinite pronouns **(les pronoms indéfinis)** (see chap. 16)

> **quelque chose** *(something)*   **chacun** *(everyone)*

ADVERBS—LES ADVERBES

An adverb usually modifies a verb. Sometimes it modifies an adjective or another adverb. Here are six common short adverbs:

> **assez** *enough*   **beaucoup** *much, many*
>
> **bien** *well*   **plus** *more*
>
> **très** *very*   **trop** *too, too much, too many*

Many adverbs end in **-ment,** corresponding to *-ly* in English (see page 106): **rapidement, complètement,** etc.

PREPOSITIONS—LES PRÉPOSITIONS

A preposition accompanies a noun or an infinitive. Here are a few common prepositions:

à	*at, to, in*	Nous sommes **à** l'université.
avec	*with*	Il voyage **avec** sa mère.
chez	*at the home (office) of*	Tu habites **chez** tes parents.
dans	*into, in*	Elle est **dans** la classe.
de	*from, of, about*	C'est la classe **de** français.
pour	*in order to, to*	Ils vont à la bibliothèque **pour** lire.

De is also used to express possession.

> Le livre **de** Marie   *Mary's book*

Choosing between **à** and **de** before an infinitive requires practice (see pages 251–254).

> J'ai un exercice **à** écrire.   J'ai envie **de** dormir.

VERBS—LES VERBES

Unlike English, French verbs in their infinitive form are not preceded by a preposition.

>   **être** *to be*   **aller** *to go*

The endings of the infinitive identify the group to which the verb belongs. French verbs are divided into three groups of regular verbs: the first **(le premier groupe)** consists of verbs ending in **-er (parler, manger, danser)**; the second **(le deuxième groupe)** includes verbs ending in **–ir (finir, choisir)** that possess the infix **-iss-** in the plural **(nous fin*iss*ons, vous fin*iss*ez, ils fin*iss*ent).**

A third small group **(le troisième groupe)** contains the regular verbs ending in **-dre (vendre, attendre)**. All other verbs are irregular. Their infinitives end in **-ir, -oir,** or **-re (dormir, pouvoir, mettre,** etc.), and their conjugation **(la conjugaison)** must be memorized.

When a verb is conjugated, the ending **(la terminaison)** changes according to the subject.

>   je parl**e**   **-e**   nous parl**ons**   **-ons**

Le temps is the time of the verbal action, the tense. One speaks in the present **(le présent),** in the past **(le passé),** or in the future **(le futur).** In French there is one present tense, but there are two futures and several pasts!

The present tense is always a simple one-word form. For the other tenses, there are two possible forms. **Le temps simple** means that the verb consists of one word: [je] **parlais. Le temps composé** means that the verb is composed of two words: [j'] **ai parlé.** The first word is called an auxiliary verb **(l'auxiliaire);** it is always a form of either **être** or **avoir.** The other word is the past participle **(le participe passé).**

>   Je **suis allée.**   J'**ai vu.**

Here are some facts you may remember about verbs from your first year:

1. The present tense of the verb **avoir** (*to have*)

j'**ai**	nous **avons**
tu **as**	vous **avez**
il, elle, on **a**	ils, elles **ont**

2. The present tense of the verb **être** (*to be*)

je **suis**	nous **sommes**
tu **es**	vous **êtes**
il, elle, on **est**	ils, elles **sont**

3. The present tense of the verb **aller** (*to go*)

je **vais**	nous **allons**
tu **vas**	vous **allez**
il, elle, on **va**	ils, elles **vont**

4. The forms and endings of the present tense of first-group verbs (those like **parler**)

-e	je parle	–ons	nous parlons
-es	tu parles	–ez	vous parlez
-e	il, elle, on parle	–ent	ils, elles parlent

Note: The endings -**e, -es, -ent** are silent; -**ons, -ez** are pronounced and occur in practically all French verbs.

5. The past tense **(le passé composé)** of first-group verbs (chap. 2)
This tense is usually formed with the verb **avoir +** the past participle of the conjugated verb, which always ends in -**é.**

j'**ai parlé**	nous **avons mangé**
tu **as regardé**	vous **avez aimé**
il, elle, on **a dîné**	ils, elles **ont étudié**

Note: A few past tense verbs are formed with the verb **être** (chap. 2).

je **suis allé(e)**	il **est arrivé**

6. The gerund **(le gérondif)** is a widely used construction and an easy one to remember. It is made of **en** plus the -**ant** form of the verb: **en chantant, en parlant.** It means *while, by, in doing something.*

Laurent est tombé **en courant.**	*Laurent fell **while running.***

The other forms and uses of participles **(les participes)** are explained in chapter 19.

REFLEXIVE VERBS—LES VERBES PRONOMINAUX

There are many reflexive verbs in French. In the infinitive form, they are always preceded by the reflexive pronoun **se** or **s'** (chap. 10).

se regarder   s'aimer

In conjugating reflexive verbs, one has to remember to put *two* pronouns (the subject and the object) *before* the verb.

je me	tu te	il se	elle se
nous nous	vous vous	ils se	elles se

Je me lave.   *I wash* **myself.**

One important fact to remember about French reflexive verbs is that many of them do not have a reflexive meaning.

Il **se** regarde.   *He looks* **at himself.**

BUT: Elle **se moque de moi.**   *She* **makes fun of me.**

Nous **nous** aimons.   *We love* **each other.**

Vous **vous en allez?**   ***Are* you *leaving*?**

PASSIVE VOICE—LE PASSIF

The passive construction is formed with the verb **être,** conjugated in different tenses, + the past participle (see page 418).

Cette règle **est expliquée** à la page trois.   *This rule* **is explained** *on page three.*

L'orchestre **a été dirigé** par un génie. *The orchestra* **was conducted** *by a genius.*

MOOD—LE MODE

Three moods are presented in this book—the indicative **(l'indicatif),** the imperative **(l'impératif),** and the subjunctive **(le subjonctif).** As in English, the mood most frequently used is the indicative. It implies facts **(les actions réelles).** The imperative is the mood used to give a command. The subjunctive is more frequently used in French than in English. It implies wishes, doubts; it also follows expressions of necessity (chap. 14).

Je **veux** que vous **sachiez** tous ces verbes.	*I **want** you **to know** all these verbs.*
Il est possible qu'il pleuve.	*It is possible that it **will rain**.*
Il **faut que** vous **alliez** chez le docteur.	*You **must go** to the doctor.*

POSITIVE STATEMENTS, NEGATIVE STATEMENTS, QUESTIONS

There are three types of sentences:

1. A positive statement **(une phrase affirmative ou énonciative)**

   Il fait beau.

2. A negative statement **(une phrase négative)**

   Il ne fait pas beau.

3. A question **(une phrase interrogative)**

   Est-ce qu'il fait beau? Fait-il beau?

NEGATION—LA NÉGATION

Negation in French always consists of two words. **Ne/N'** is usually the first; the second varies.

ne...pas	*not*
ne...personne	*nobody*
ne...plus	*no more, no longer*
ne...rien	*nothing*
ne...jamais	*never*

REMEMBER: The negative expression surrounds the verb (chap. 7).

   Il **ne** fait **pas** beau.   Elle **ne** mange **rien.**

INDIRECT DISCOURSE—LE DISCOURS INDIRECT

Indirect discourse **(le discours indirect)** (chapter 18) is reported dialogue: He says *that*..., I ask them *if*...

   Il dit **qu'**il est malade.   Je leur demande **si** le film est fini.

CONJUNCTIONS—LES CONJONCTIONS

A conjunction can be of two types: coordinating or subordinating.

1. Coordinating conjunctions **(les conjonctions de coordination)** connect words, phrases, or clauses. The principal coordinating conjunctions are **et** (*and*), **mais** (*but*), **ou** (*or*), **donc** (*so, therefore*). These conjunctions do not cause the subjunctive to be used in the sentence, although they may link two subjunctive verbs.

2. Subordinating conjunctions **(les conjonctions de subordination)** are used in complex sentences (sentences that contain a principal clause and one or more dependent clauses). Subordinating conjunctions are easily recognizable because they can be grouped into this simple list:

    > **comme** *as, since*   **quand** *when*   **si** *if*   **que** *that*

    and any expressions including **que.**

    > **parce que** *because*   **pendant que** *while*   **pour que** *in order that*

    The subjunctive is used after many of these conjunctions.

    > Elle lit **jusqu'à ce que** nous **arrivions.**

    (For information on complex sentences and conjunctions, see chapter 20.)

INTERROGATION—L'INTERROGATION

To ask a question, one usually uses one of the following ways:

1. Raising the voice at the end of a sentence

    > Vous êtes allé(e)(s) à Paris.   Vous êtes allé(e)(s) à Paris?

2. Beginning the sentence with the expression **est-ce que**

    > **Est-ce que** vous êtes allé(e)(s) à Paris?

    The interrogative form of the verb, which consists of the inversion of the subject and the verb, can be simple:

    > **Êtes-vous** prêt(e)(s)?   Ont-**ils** des enfants?

    or complex:

    > **Ses parents** lui **ont-ils acheté** une voiture?

    This last form is usually avoided in everyday conversation.

OTHER INTERROGATIVE WORDS

Other words that indicate interrogation **(les mots interrogatifs)** are divided into adjectives, pronouns, and adverbs. Here are the most common ones:

1. The adjective **quel** (*which, what*) placed *before* a noun

> **Quel** temps fait-il? De **quelle** femme parles-tu?

2. The pronoun **qui** (*who, whom*) always refers to people, except when it is a relative pronoun, when it can refer to a thing.

> **Qui** parle? **Avec qui** sort-elle?

3. The pronoun **qu'est-ce que** (*what*): **qu'est-ce que** + subject + verb

> **Qu'est-ce que** vous dites? **Qu'est-ce que** vous faites?

4. The adverbs **quand** (*when*), **où** (*where*), **comment** (*how*), **pourquoi** (*why*), **combien** (*how much, how many*)

> **Quand** arrivent-ils? **Pourquoi** pleurez-vous?

PREPOSITION OR CONJUNCTION?

In English, some words (*before, until*, etc.) can function as prepositions or as conjunctions. In French, however, a preposition and a conjunction are always different words.

> before noon **avant** = preposition
> before I came **avant que** = conjunction

A preposition is followed by a noun, a pronoun, or an infinitive.

> **pour** l'art **pour** lui **pour** dormir

A conjunction is followed by a conjugated verb, never by a noun or an infinitive alone.

> **pour que** je dorme

LANGUAGE REGISTERS

Grammar usage is closely linked to the language register. In this book you will find frequent references to the following:

1. Literary language **(langue littéraire)**: the refined and elegant French of good writers.
2. Spoken language **(langue parlée)** contrasted with written language **(langue écrite)**: expressions that are appropriate to speech but not to writing; or occasionally, the reverse—expressions used primarily in letters or papers.
3. Common language **(langue courante)**: the idiom of everyday speech. These expressions are the most important ones for lively, idiomatic usage.
4. Familiar language/slang **(langue familière)**: expressions that are commonly used in speech, but that are in some cases on the borderline of vulgarity.

CHAPITRE 1

Le présent et l'impératif

BUT DE CE CHAPITRE

Dans ce chapitre, on vous explique:
- les formes du présent de l'indicatif de tous les verbes, réguliers ou irréguliers, de la langue française
- l'emploi du temps présent
- le mode impératif
- les expressions courantes pour former des questions: Où, comment, combien, pourquoi, etc.
- l'expression «être en train de» et le pronom «on»

THÈME DU CHAPITRE

- l'école élémentaire en France

VOCABULAIRE[1]

à l'intérieur inside

attendre to wait for

autrefois in the old times

bavard(e) talkative

bavarder to chat

calcul (*m.*) sums

campagne (*f.*) countryside

cantine (*f.*) school cafeteria

chahuter to create an uproar, **chahuter un prof** to tease a teacher

chanson (*f.*) song

chanter to sing

chercher to look for

coin (*m.*) corner

cour (*f.*) school yard

dans l'ancien temps in olden days

de nos jours nowadays

directeur (-trice) school principal

distribution (*f.*) **des prix** prize, award distribution

école (*f.*) school

écolier (-ière) elementary school student

écriture (*f.*) writing

élève (*m.* ou *f.*) student

entre eux between themselves

hiver (*m.*) winter

instituteur (-trice), instit' elementary school teacher

lecture (*f.*) reading

loin de far from

maître (*m.*), **maîtresse** (*f.*) school teacher

manger to eat

matière (*f.*) subject matter

neige (*f.*) snow

nombreux (-se) numerous

[bonne] ou [mauvaise] note (*f.*) good or bad grade

poche (*f.*) pocket

professeur (*m.*) **prof'** high school, university teacher, professor

professeur (*m.*) **des écoles** secondary school teacher

punition (*f.*) punishment

récréation (*f.*) **récré** break

rentrée (*f.*) (time to go) back-to-school

rentrer chez soi to return home

répondre to answer

s'ennuyer to get bored

se trouver to be (located)

sortie (*f.*) exit, time when school ends

venir to come

vivre to live

---

1. Essayez de retenir le plus possible de verbes et leur signification dans la leçon de grammaire. *Try to memorize the meaning of greatest number of verbs introduced in the grammar lesson.*

VOCABULAIRE SUPPLÉMENTAIRE

apprendre par cœur to memorize

bouquin (*m.*) book

bouquiner to read

brimade (*f.*) harassment, bullying

devoirs (*m., pl.*) homework

dico (*m.*) dictionary

enseigner to teach

redoubler to repeat a grade

réussir to succeed

savoir to know

surdoué(e) gifted

tableau (*m.*) **noir** blackboard

tricher to cheat

LECTURE

Lecture 1: L'école élémentaire

Les enfants français vont d'abord à l'âge de 3 ans (parfois 2) à l'école maternelle où un instituteur, une institutrice, leur apprend les lettres, les rudiments (*basics*) de l'écriture, de la lecture, du calcul. Ils vont à l'école élémentaire à l'âge de cinq à dix ans. Les maîtres s'appellent «professeurs des écoles». Les écoles élémentaires sont mixtes. Les enfants vont à l'école de huit heures à midi, rentrent chez eux pour déjeuner, et reviennent l'après-midi de deux heures à quatre heures et demie. La maman, ou le papa, ou une gardienne viennent souvent les attendre à la sortie. Certains qui vivent loin de l'école peuvent manger à la cantine. Le mercredi est un jour de congé (*day off*). À notre époque, comme dans l'ancien temps, il y a toujours dans les classes des enfants indisciplinés, qui rêvent en classe, aiment bavarder, chahuter, faire du bruit. Ils ne reçoivent plus de coups de baguette sur les doigts ou sur les mollets (*No one hits them on their fingers or their calves with a stick*). Quand ils n'ont pas bien répondu, on leur donne une mauvaise note, mais on ne les oblige pas à se tenir dans un coin de la classe, avec un bonnet d'âne sur la tête (*with a dunce cap over their heads*).

Pendant la récréation, les enfants vont jouer dans la cour de l'école ou sous le préau (*covered playground*).

Dans les écoles françaises, il y a beaucoup de vacances dans l'année, et des activités de loisirs (*leisure activities*). Les élèves apprennent une langue étrangère, ils

Suite à la page suivante

font plus de sport, il y a même des classes de neige en hiver, et ils apprennent à faire du ski.

À la fin de l'année, les bons élèves reçoivent des livres à la distribution des prix. Les mauvais élèves redoublent.

Dans l'ancien temps, les écoles françaises sont assez strictes: Les garçons et les filles vont dans des écoles séparées. Ils n'ont pas de classe le jeudi, mais ils vont à l'école le samedi matin.

COMPRÉHENSION DU TEXTE

1. Relevez dans le texte les mots qui sont du vocabulaire de l'école.
2. Comment s'appelle la première école des enfants français et à quel âge y vont-ils?
3. Quelles sont les matières de base qu'on leur enseigne?
4. Quel est dans la semaine le jour de congé?
5. Où est-ce que les enfants qui vivent loin de l'école peuvent déjeuner?

GRAMMAIRE: LE PRÉSENT

FORMES

Le système verbal français se compose de trois groupes de verbes réguliers et d'un grand nombre de verbes irréguliers. Au présent, les terminaisons suivantes sont identiques.

tu	-s	vous	-ez
nous	-ons	ils, elles	-ent

VERBES DU 1ER GROUPE: PARLER (*TO SPEAK*), ÉTUDIER (*TO STUDY*)

1. Les verbes du 1er groupe ont l'infinitif en **-er**. Voici les terminaisons du présent et la conjugaison des verbes **parler** et **étudier**.

-e	je **parle**	j'**étudie**	-ons	nous **parlons**	nous **étudions**
-es	tu **parles**	tu **étudies**	-ez	vous **parlez**	vous **étudiez**
-e	il, elle, on **parle**	il, elle, on **étudie**	-ent	ils, elles **parlent**	ils, elles **étudient**

Voici d'autres verbes de ce groupe: **chanter** (*to sing*), **continuer** (*to continue*), **donner** (*to give*).

REMARQUES:

- Quatre-vingt-dix pour cent (90%) des verbes français sont des verbes du 1er groupe. Ils sont tous réguliers sauf **aller**:

    je **vais**   nous **allons**

    tu **vas**   vous **allez**

    il, elle, on **va**   ils, elles **vont**

- Les terminaisons **-e, -es, -ent** ne s'entendent pas. C'est la consonne ou la voyelle qui précède qu'on entend: don**ne**, chan**te**, étu**die**, continu**ent**.

2. Changements orthographiques: Dans certains verbes du 1er groupe, on remarque des changements orthographiques.

   a. verbes en **-cer: c → ç** devant **-ons**

      commencer (*to begin*)

      je commen**ce**   MAIS: nous commen**çons**[2]

      - Autres verbes: **annoncer** (*to announce*), **prononcer** (*to pronounce*), **remplacer** (*to replace*)

   b. verbes en **-ger: g → ge** devant **-ons**

      voyager (*to travel*)

      je voya**ge**   MAIS: nous voya**geons**[3]

      - Autres verbes: **changer** (*to change*), **manger** (*to eat*), **nager** (*to swim*)

   c. verbes en **-yer: y → i** devant **-e, -es, -ent**

      payer (*to pay*)

      je pa**ie**   MAIS: nous pa**yons**

      ils pa**ient**   vous pa**yez**

      - Autres verbes: **employer** (*to employ*), **envoyer** (*to send*), **essayer** (*to try*)

---

2.   La lettre ç (cé cédille) + -ons est prononcée / sɔ̃ /.

3.   Le groupe **-geons** est prononcé / ʒɔ̃ /.

d. verbes en **é** + consonne + **er: é—>è** devant **-e, -es, -ent**

préférer (*to prefer*)

| je préfère | MAIS: | nous préférons |
| ils préfèrent | | vous préférez |

- Autres verbes: **espérer** (*to hope*), **exagérer** (*to exaggerate*), **répéter** (*to repeat*)

e. certains verbes en **e** + consonne + **er: e—>è** devant **-e, -es, -ent**

lever (*to lift up, raise*)

| je lève | MAIS: | nous levons |
| ils lèvent | | vous levez |

- Autres verbes: **acheter** (*to buy*), **enlever** (*to remove*), **geler** (*to freeze*), **peser** (*to weigh*)

f. certains verbes où on redouble la consonne:

verbes en **e** + **l** + **er: l—>ll** devant **-e, -es, -ent**

appeler (*to call*)

| j'appelle | MAIS: | nous appelons |
| ils appellent | | vous appelez |

verbes en **e** + **t** + **er: t—>tt** devant **-e, -es, -ent**

jeter (*to throw*)

| je jette | MAIS: | nous jetons |
| ils jettent | | vous jetez |

- Autres verbes: **épeler** (*to spell*), **rappeler** (*to call back, to recall*); **projeter** (*to plan*), **rejeter** (*to reject*)

Exercice 1.1

Mettez le verbe entre parenthèses au présent.

1. Les enfants (chahuter) en allant à l'école.
2. Arrivés dans la cour, des enfants (jouer) au foot.
3. La directrice (appeler) les enfants qui (arrêter) leur chahut et l'(écouter).
4. «Vous (crier) trop! Assez! Vous n'(être) pas pressés de retourner à l'école?»

5. Ronan, un des écoliers, répond: «Non, nous (préférer) jouer au foot! L'école, ça nous (ennuyer).»

6. La directrice (obliger) l'enfant à faire des excuses: «Voici ta punition: ce soir, tu ne (rentrer) pas chez toi avec les autres, tu (rester) dans la salle de classe.»

7. Les écoliers (aller) à la cantine. Un peu plus tard, l'heure de la récréation (arriver) et les enfants (sortir) dans la cour.

8. Après les cours du matin, Bernard (demander) à son ami Jean-Marie: «Tu (ne pas manger) à la cantine aujourd'hui?»

9. Jean-Marie répond: «Non, je (s'en aller) déjeuner à la maison à midi. Tu m'(accompagner)?» Bernard dit à Jean-Marie: «Non, pas possible, je (préférer) rester à la cantine.»

10. Mais ce n'est pas grave: «On (se voir) demain?»

VERBES DU 2ÈME GROUPE: FINIR (*TO FINISH*)

1. Les verbes du 2ème groupe ont leur infinitif en **-ir** et le groupe de lettres **-iss-** inséré dans les trois personnes du pluriel. Voici les terminaisons et la conjugaison du présent du verbe **finir**:

-is	je **finis**	-issons	nous **finissons**
-is	tu **finis**	-issez	vous **finissez**
-it	il, elle, on **finit**	-issent	ils, elles **finissent**

2. Ce groupe contient:

   a. des verbes qui correspondent à des verbes anglais en *-ish*.

   finir, punir, démolir, fleurir, polir, etc.

   b. des verbes dérivés d'adjectifs.

blanchir (*to turn white, to bleach*)	maigrir (*to lose weight*)
brunir (*to turn brown, to tan*)	noircir (*to turn black, to blacken*)
grandir (*to grow*)	pâlir (*to turn pale*)
grossir (*to gain weight*)	rougir (*to turn red, to blush*)
jaunir (*to turn yellow*)	vieillir (*to grow old*)

   c. d'autres verbes comme **choisir** (*to choose*), **obéir** (*to obey*), **réfléchir** (*to reflect*), **remplir** (*to fill*).

ATTENTION: Tous les verbes en **-ir** et **-iss-** sont réguliers. Les autres verbes en **-ir** sont irréguliers (voir "Verbes irréguliers" à la page suivante).

Exercice 1.2

Complétez les phrases avec un verbe de la liste suivante, conjugué au présent.

brunir	choisir	démolir	fleurir	grandir
jaunir	obéir	pâlir	punir	réfléchir
réussir	rougir			

1. Entre dix et quinze ans, les enfants _____.
2. Les roses ne _____ pas dans le sable du désert.
3. L'instit' dit aux élèves: «Vous _____ avant d'écrire.»
4. Tu es un bon élève: tu _____ à tous tes examens.
5. Sur ce manuscrit ancien, l'encre _____.
6. Les écoliers disciplinés _____ aux ordres du professeur.
7. C'est l'automne, les arbres _____, _____ et _____.
8. Le directeur dit au professeur: «Vous _____ les élèves chahuteurs.»
9. Les bulldozers _____ les maisons pour construire un supermarché de luxe.
10. Paul _____ un autre élève et lui donne le livre.

VERBES DU 3ᵉᵐᵉ GROUPE: VENDRE (*TO SELL*)

Le 3ᵉᵐᵉ groupe contient un petit nombre de verbes réguliers. Leur infinitif est en **-dre**. Le **-d** (ou **-ds**) apparaît aux trois personnes du singulier et n'est pas prononcé. Le **-d** est prononcé aux trois personnes du pluriel. Voici les terminaisons et la conjugaison du présent du verbe **vendre**:

-ds	je **vends**
-ds	tu **vends**
-d	il, elle, on **vend**
-dons	nous **vendons**
-dez	vous **vendez**
-dent	ils, elles **vendent**

Voici d'autres verbes de ce groupe: **attendre** (*to wait*), **confondre** (*to confuse*), **correspondre** (*to exchange mail*), **entendre** (*to hear*), **perdre** (*to lose*), **rendre** (*to give back*), **répondre** (*to answer*).

ATTENTION: **Prendre** (*to take*) et ses dérivés **comprendre** (*to understand*), **apprendre** (*to learn*) et **surprendre** (*to surprise*) sont irréguliers (see page 25).

Exercice 1.3

Dans les phrases suivantes, mettez les verbes entre parenthèses au présent.

1. François (perdre) son devoir, le maître le punit.
2. (Entendre)-vous la voix de l'inspecteur dans la salle de classe?
3. Tu (répondre) toujours aux questions par des questions.
4. Les enfants (confondre) souvent le rêve et la réalité.
5. Elle (attendre) l'inspiration pour écrire la composition.
6. Le directeur (rendre) le rapport de l'inspecteur aux professeurs.
7. Les machines (vendre) des cocas à l'école?
8. Nous (correspondre) par courrier électronique.

VERBES IRRÉGULIERS

Tous les autres verbes de la langue française sont irréguliers.

1. Leur infinitif peut être

en -**ir** (sans -*iss*-)	**dormir** (*to sleep*)
en -**oir**	**voir** (*to see*)
en -**re**	**mettre** (*to put, place*)

2. Voici les terminaisons et la conjugaison des verbes **dormir, voir** et **mettre**:

-**s**	je **dors**	je **vois**	je **mets**
-**s**	tu **dors**	tu **vois**	tu **mets**
-**t**	il, elle, on **dort**	il, elle, on **voit**	il, elle, on **met**
-**ons**	nous **dormons**	nous **voyons**	nous **mettons**

Suite à la page suivante

-ez	vous **dormez**	vous **voyez**	vous **mettez**
-ent	ils, elles **dorment**	ils, elles **voient**	ils, elles **mettent**

Dans les tableaux 4, 5 et 6 des pages suivantes, vous trouvez la liste des principaux verbes irréguliers.

3.   Voici les deux verbes irréguliers les plus importants: **avoir/ être.**

avoir *(to have)*

j'**ai**	nous **avons**
tu **as**	vous **avez**
il, elle, on **a**	ils, elles **ont**

être *(to be)*

je **suis**	nous **sommes**
tu **es**	vous **êtes**
il, elle, on **est**	ils, elles **sont**

4.   Les verbes en **-ir** (sans **-iss-**)

courir *(to run)*	je cours	nous courons	
dormir *(to sleep)*	je dors	nous dormons	
mourir *(to die)*	je meurs	nous mourons	ils meurent
partir *(to leave)*	je pars	nous partons	
sortir *(to go out)*	je sors	nous sortons	
servir *(to serve)*	je sers	nous servons	
mentir *(to lie)*	je mens	nous mentons	
sentir *(to feel, to smell)*	je sens	nous sentons	
tenir *(to hold, to keep)*	je tiens	nous tenons	ils tiennent
venir *(to come)*	je viens	nous venons	ils viennent

ATTENTION: On conjugue les verbes **ouvrir** *(to open)*, **couvrir** *(to cover)*, **offrir** *(to offer)* et **souffrir** *(to suffer)* avec les terminaisons du 1ᵉʳ groupe.

j'**ouvre**	tu **offres**	il, elle, on **souffre**
nous **couvrons**	vous **offrez**	ils, elles **souffrent**

5. Les verbes en -oir

apercevoir (*to see in the distance*)	j'aperçois	nous apercevons	ils aperçoivent
devoir (*to owe, must*)	je dois	nous devons	ils doivent
pouvoir (*to be able*)	je peux*	nous pouvons	ils peuvent
recevoir (*to receive*)	je reçois	nous recevons	ils reçoivent
falloir (*to be necessary*)	il faut		
pleuvoir (*to rain*)	il pleut		
voir (*to see*)	je vois	nous voyons	ils voient
savoir (*to know*)	je sais	nous savons	ils savent
valoir (*to be worth*)	je vaux* ça vaut	nous valons	ils valent
vouloir (*to want*)	je veux*	nous voulons	ils veulent

*Note : *je peux, je vaux, je veux: on a -x à la place du -s.*

REMARQUE: Le verbe **valoir** (*to be worth*) est plus souvent employé à la 3ème personne du singulier qu'aux autres personnes. Les deux verbes **falloir** (*to be necessary*) et **pleuvoir** (*to rain*) s'emploient seulement à la 3ème personne du singulier.

6. Les verbes en -re

boire (*to drink*)	je bois	nous buvons		ils boivent
conduire (*to drive*)	je conduis	nous conduisons		
construire (*to build*)	je construis	nous construisons		
connaître (*to know*)	il connaît	nous connaissons		
convaincre (*to convince*)	je convaincs[1]	nous convainquons		
croire (*to believe*)	je crois	nous croyons		ils croient
dire (*to say*)	je dis	nous disons	vous dites[2]	ils disent
écrire (*to write*)	j'écris	nous écrivons		
faire (*to make, to do*)	je fais	nous faisons	vous faites[2]	ils font[3]
lire (*to read*)	je lis	nous lisons		
mettre (*to put*)	je mets	nous mettons		
plaire (*to please*)	je plais	nous plaisons		ça plaît
prendre (*to take*)	je prends[4]	nous prenons		ils prennent
rire (*to laugh*)	je ris	nous rions		

Suite à la page suivante

| suivre (*to follow*) | je suis | nous suivons | | |
| vivre (*to live*) | je vis | nous vivons | | |

Notes: **1.** elle convainc: on a **-c** à la place du **-t** ; **2.** vous **dites**, vous **faites** (vous **êtes**): on a **-tes** à la place de **-ez** ; **3.** ils **font** (ils **vont**, ils **sont**): on a **-ont** à la place de **-ent** ; **4.** il **prend**: on a **-d** à la place du **-t.**

REMARQUE: Les verbes en **-aindre** (**craindre**, *to fear*), **-eindre** (**peindre**, *to paint*) et **-oindre** (**joindre**, *to join*) présentent les alternances suivantes:

-ains, aint/aignons, aignez, aignent

-eins, eint/eignons, eignez, eignent

-oins, oint/oignons, oignez, oignent

Tu **crains** la visite de l'inspecteur; nous **craignons** ses remarques.

Vous **peignez** votre maison? —Oui, je la **peins** en rose, c'est plus gai.

Je me **joins**, nous nous **joignons** au groupe d'enfants.

Exercice 1.4

Refaites les phrases en remplaçant les sujets des verbes par les sujets entre parenthèses.

1. Elle aperçoit l'institutrice, elle court vers elle. (je, nous, elles)
2. J'écris des lettres et je reçois des réponses. (elle, ils, vous)
3. Ils dorment et ils font des rêves. (tu, elle, vous)
4. Je lis un livre, je prends des notes. (il, nous, ils)
5. Il sourit, il connaît la réponse. (je, on, elles)
6. Tu sors de la classe, tu dis au revoir au maître. (vous, ils, nous)
7. Nous ne conduisons pas quand nous buvons. (je, tu, elles)
8. Elle sait la leçon, elle veut répondre à la question. (il, vous, ils)
9. Ils poursuivent des études et ils doivent travailler dur. (je, nous, on)
10. Vous ne souffrez plus, vous partez en vacances. (tu, nous, il)

7. La négation du verbe au présent: en français, on emploie deux mots, **ne ... pas**, qui entourent le verbe. Voici la formule:

Sujet + **ne** + verbe + **pas** + complément

Sujet + **n'** + verbe + **pas** + complément

Nous **ne** faisons **pas** la dictée.   Vous **n'**allez **pas** à la cantine.

8. Les verbes pronominaux: Les verbes pronominaux se composent surtout de verbes du 1er groupe et de verbes irréguliers. Ces verbes sont étudiés en détail au chapitre 12. Voici la conjugaison de deux de ces verbes. Remarquez la place des pronoms.

se dépêcher (to hurry)	**se souvenir** (to remember)
je me dépêche	je me souviens
tu te dépêches	tu te souviens
il, elle, on se dépêche	il, elle, on se souvient
nous nous dépêchons	nous nous souvenons
vous vous dépêchez	vous vous souvenez
ils, elles se dépêchent	ils, elles se souviennent

À la forme négative, la négation entoure le verbe.

Nous **ne** nous dépêchons **pas**   Il **ne** se souvient **pas**.

REMARQUE: Pour la différence de construction entre **se rappeler** et **se souvenir**, voir chapitre 3, Suppléments de grammaire.

Exercice 1.5

Dans les phrases suivantes, mettez le verbe entre parenthèses au présent.

1. L'enfant (se fâcher) quand il a une mauvaise note.
2. Les élèves (se souvenir) de la leçon.
3. Nous (s'en aller).
4. Vous (se dépêcher) de faire vos devoirs pour aller jouer.
5. Tu (se disputer) avec tes camarades?
6. Ils (se regarder) d'un air effrayé.

Suite à la page suivante

7. Il (ne pas se presser) de rentrer chez lui.

8. Les amis (se rejoindre) dans la cour de récréation.

EMPLOIS

En anglais, il y a trois formes du présent: *regular present (Bernard goes to elementary school), present progressive (Bernard is going…)* et *emphatic present (Bernard does go…).* En français, il y a un seul présent: **Bernard va à l'école élémentaire.**

Comme en anglais, on emploie le présent en français dans les cas suivants:

1. pour exprimer une vérité générale.

> La Côte d'Ivoire **se trouve** en Afrique occidentale.

2. pour exprimer une habitude.

> Tous les jours, le soleil **se lève** à l'est et **se couche** à l'ouest.

REMARQUE: Souvent en anglais, c'est le futur qui exprime une habitude.

> *Often, on Sunday, he **will stay** in bed all day and **read** a book,*
>
> Souvent, le dimanche, il **reste** au lit toute la journée et **lit** un livre.

3. pour présenter une action qui a lieu au moment où on parle.

> En ce moment, nous **expliquons** la leçon de grammaire.

4. pour exprimer un futur proche.

> Nous **sortons** ce soir.   Ils **arrivent** lundi.

EXPRESSIONS UTILES

1. Les expressions suivantes accompagnent souvent un verbe au présent:

d'habitude	*usually*
en général	*generally*
en ce moment	*at the present time*
à l'heure qu'il est/à l'heure actuelle	*at this very moment*

toute la journée	*all day long*
tous les jours	*every day*
le lundi, le mardi	*on Mondays, on Tuesdays*

D'habitude, je reste à la maison le dimanche.
Usually I stay home on Sundays.

2. L'expression **être en train de** + **l'infinitif** signifie *to be doing something, to be in the process of doing something.*

Elle ne répond pas, elle **est en train de réfléchir**.

3. On forme des questions au présent avec les expressions courantes qui suivent:

combien	*how many, how much*
comment	*how*
est-ce que	*(simple question)*
où	*where*
pourquoi	*why*
quand	*when*

Est-ce que vous parlez breton?
Quand vient l'inspecteur?
L'école élémentaire se trouve **où**?

REMARQUE: Pour l'ordre des mots après les adverbes interrogatifs, voir chapitre 8, Les adjectifs interrogatifs.

Exercice 1.6

Faites des phrases au présent.

1. Décrivez trois habitudes quotidiennes: Tous les jours, je...
2. Écrivez trois vérités générales: La terre tourne autour du soleil...
3. Décrivez trois actions actuelles: Qu'est-ce que vous êtes en train de faire en ce moment?

Suite à la page suivante

4. Faites la liste de trois actions que vous allez faire demain, mais utilisez le présent: Demain, j'arrête de manger du chocolat...

5. Utilisez trois verbes au présent pour décrire ce que vous faites à la cafétéria.

6. Posez trois questions au présent à un(e) camarade sur sa routine matinale.

Lecture 2: Phrases à l'impératif

Deux copains à la porte de l'école: Sois gentil! Attends-moi! Dépêche-toi, on est en retard! Écoute le maître! Fais voir ton exercice! Prête-moi un stylo! Corrige mes fautes! Ne te fâche pas!

Le maître parle aux élèves: Trouvez votre place! Dépêchez-vous! Asseyez-vous! Ne faites pas de bruit! Soyez attentifs! Prenez votre bouquin et votre cahier! Tournez la page! Consultez votre dico.

Plusieurs élèves après la classe: Étudions le chapitre! Apprenons la leçon! Regardons les phrases au tableau! Révisons et répétons les expressions! Lisons les explications! Faisons les exercices! Écoutons les dialogues! Rappelons-nous les règles de grammaire!

GRAMMAIRE: L'IMPÉRATIF

FORMES

Répète!	Finis!	Prends!
Répétez!	Finissez!	Prenez!
Répétons!	Finissons!	Prenons!

1. On conjugue l'impératif comme le présent, mais le sujet (**tu, vous, nous**) n'est pas exprimé. Au singulier (**tu**), la forme est la même que la 1ère personne du présent (**je**), sans pronom sujet.

Je répète: **Répète!**   Je finis: **Finis!**   Je prends: **Prends!**

2. Au singulier, forme polie (**vous**), et au pluriel (**vous**), l'impératif est comme le présent de la 2ème personne du pluriel, sans pronom sujet.

   Vous répétez: **Répétez!**   Vous finissez: **Finissez!**

3. À la 1ère personne du pluriel (**nous**), la forme de l'impératif est la même que la 1ère personne du pluriel du présent, sans pronom sujet.

   Nous répétons: **Répétons!** *(Let's repeat!)*

   Nous finissons: **Finissons!** *(Let's finish!)*

4. La négation **ne ... pas** entoure le verbe à l'impératif.

   N'écrivez **pas!**   Ne répète **pas!**

5. À l'impératif du verbe pronominal, on emploie un pronom après le verbe (voir page 226).

   Regarde-**toi!**   Souvenez-**vous!**   Dépêchons-**nous!**

   Look at yourself!   *Remember!*   *Let's hurry!*

   À la forme négative, le pronom précède le verbe.

   Ne te perds **pas!**   **Ne vous** dépêchez **pas!**   **Ne nous** fâchons **pas!**

   Don't get lost!   *Do not hurry!*   *Let's not get angry!*

6. Impératifs irréguliers

aller	Va!	Allons!	Allez!
avoir	Aie!	Ayons!	Ayez!
être	Sois!	Soyons!	Soyez!
savoir	Sache!	Sachons!	Sachez!
vouloir			Veuillez!

   N'**ayez** pas peur!   **Soyez** patiente!

   Sachez que je ne plaisante pas!   **Veuillez** écouter!

REMARQUES:

 • L'impératif des verbes **avoir, être, savoir, vouloir** est semblable au subjonctif présent (voir page 317).

- **Sachez** et **veuillez** ne sont pas employés dans la langue courante et familière.
- On ajoute un –**s** à **va** dans: **Vas-y!**

EMPLOIS

1. L'impératif sert à:

    a. donner un ordre direct: **Sortez!**

    b. exprimer une interdiction: **Ne fumez plus!**

    c. présenter une suggestion: **Allons au cinéma!**

REMARQUES: Il y a deux possibilités en français pour dire *Let us go.*
- On a l'impératif du verbe **aller**, à la forme **nous**, si on invite plusieurs personnes à participer à une action ensemble.

    Allons au cinéma!   **Let's go** to the movies!

- On emploie le verbe **laisser** à l'impératif, 2ème personne, avec l'infinitif du verbe **aller,** si on exprime une requête, une demande de permission.

    Laissez-nous aller au cinéma.   **Let us go** (Allow us to go) to the movies.

2. Les impératifs suivants sont employés comme interjections: **Tiens, Allons, Voyons.**

    a. **Tiens** indique l'étonnement.

        Tiens, il est déjà midi!   **Hey**, it's already noon!

    b. **Allons, Voyons** expriment une exhortation.

        Allons, ne vous découragez pas. **Come on**, don't get discouraged.

        Voyons, allez un peu plus vite! **Come on**, hurry up!

    c. **Allons-y!** veut dire *Let's go! Let's get started!*

3. L'impératif de **vouloir** est surtout employé dans la formule écrite, à la fin d'une lettre: **Veuillez agréer l'assurance de ma considération distinguée.** En anglais, on traduit cette formule par *Sincerely yours.*

Exercice 1.7

L'impératif dans la classe: Que dit le professeur aux élèves en classe?

Modèle: (être) attentifs
   ***Soyez** attentifs!*

1. (ouvrir) le livre
2. (se lever et aller) au tableau
3. (écrire, négatif) dans le cahier d'exercices
4. (répéter) la phrase
5. (lire) le paragraphe
6. (chercher) la réponse
7. (réfléchir) avant de parler
8. (faire attention) aux explications grammaticales
9. (répondre) aux questions
10. (poser) une question
11. (finir) la lecture à la maison
12. (corriger) l'orthographe
13. (écouter) la cassette
14. (regarder) la vidéo
15. (prendre) le livre
16. (s'asseoir, négatif) immédiatement
17. (copier, négatif) les réponses sur vos camarades
18. (envoyer) un courriel au professeur
19. (avoir) de la patience
20. (apprendre) les conjugaisons

Exercice 1.8

Que dit un enfant à son copain?

> **Modèle: (venir jouer) avec moi.**
>
> *Viens jouer avec moi!*

1. (regarder) mes bouquins
2. (pleurer, négatif)
3. (me donner) ton crayon
4. (sourire) au maître
5. (être) poli
6. (répéter) ton poème
7. (crier, négatif)
8. (écouter) la chanson

Exercice 1.9

Que dit le directeur à ses collègues?

> **Modèle: (aller déjeuner) au restaurant.**
>
> *Allons déjeuner au restaurant!*

1. mes amis, (chercher) un moyen d'inspirer nos élèves
2. (faire respecter) la grammaire française
3. (ignorer, négatif) les efforts des élèves
4. (les encourager) quand ils réussissent
5. (punir, négatif) les élèves qui oublient leurs livres
6. (trouver) une solution
7. (obliger) les écoliers à parler correctement
8. (donner) des prix

SUPPLÉMENTS DE GRAMMAIRE

ALLER/ S'EN ALLER

Voici la conjugaison de ces deux verbes:

je **vais**	nous **allons**	je **m'en vais**	nous **nous en allons**
tu **vas**	vous **allez**	tu **t'en vas**	vous **vous en allez**
il, elle, on **va**	ils, elles **vont**	il, elle, on **s'en va**	ils, elles **s'en vont**

2. On emploie **aller** avec le sens de *to go.*

> Vous **allez** à la cantine à midi?

3. On emploie **aller à** avec le sens de *to fit.*

> Ce tee-shirt **va** bien **à** ce garçon.

4. On emploie **aller** avec l'infinitif d'un autre verbe pour exprimer un futur proche (*to be going to*) (voir page 273). **Aller + aller** est fréquent.

> Tu **vas faire** tes devoirs avant de jouer.
>
> Je **vais aller** en Europe cet été.

5. On emploie **s'en aller** pour dire *to leave, to go away.*

> Ils préparent leur voyage. Ils **s'en vont** samedi.

Exercice 1.10

Complétez les phrases suivantes avec la forme correcte du verbe aller ou s'en aller.

1. Miriam _____ à l'école du village.

2. Tu _____ rentrer seul chez toi?

3. Nous _____. C'est la sortie de l'école.

4. Vous _____ nettoyer le tableau.

5. Ce jean est trop grand. Il ne vous _____ pas.

6. Tous les jours les deux petites filles _____ à midi.

ON

1. **On** remplace une personne indéfinie et signifie *one.*

> **On** doit parler français dans la cour de l'école.

2. **On** peut aussi remplacer **vous, ils, les gens** (*you, they, people*).

> En Côte d'Ivoire, **on** parle plusieurs dialectes.

3. Dans la conversation familière, **on** a le sens de **nous**.

> Mon copain et moi, **on** répète nos tables de multiplication.

4. Le verbe est toujours à la troisième personne du singulier, mais on accorde l'adjectif et le participe passé avec la personne ou les personnes que **on** représente (voir chapitre 2, Accord du participe passé).

> Suzanne dit: **On** est bien conten**tes**, maman et moi.
>
> Hier, **mon papa et moi**, on est all**és** au stade.

5. Souvent, **on** est utilisé à la place d'un passif. (voir chapitre 19)

> Ici, **on** parle français.

Exercice 1.11

Remplacez les expressions en italique par on. Attention: changez aussi la forme du verbe.

1. En France, *les gens prennent* le repas principal à midi.
2. Papa et moi, *nous nous levons* à sept heures.
3. *Une personne chante* quand il fait beau.
4. À cette école, *les enfants travaillent* beaucoup.
5. En Amérique, *les gens boivent* beaucoup de lait.
6. À la maison, *nous nous couchons* à dix heures.
7. *Vous achetez* des livres dans un supermarché?
8. *Les gens ne mangent pas* d'escargots (*snails*) comme dessert.

DEPUIS + LE PRÉSENT

La formule «verbe au présent + depuis + une date ou une durée» exprime l'idée qu'une action a commencé dans le passé et continue dans le présent (au moment où on parle), et traduit la formule anglaise «verb in the past perfect + since or for + expression of time».

> Paul est à l'hôpital depuis lundi, depuis trois jours. (Il y est encore)
>
> *Paul has been in the hospital since Monday, for three days. (He is still in the hospital)*

La question est aussi au présent: «Depuis quand est-ce que...?» (réponse une heure, une date précise) ou «Depuis combien de temps est-ce que...?» (réponse une durée) «Since when + verb in the past perfect».

Depuis quand est-ce que Paul est à l'hôpital?

Since when has Paul been in the hospital?

Depuis combien de temps est-ce que Paul est à l'hôpital?

Since when (for how long) has Paul been in the hospital?

REMARQUE: Il y a trois autres expressions courantes pour exprimer la même idée: «Il y a une heure…», «Ça fait une heure…», «Voilà une heure» que j'attends. Le verbe est au présent.

Exercice 1.12

Faites des phrases avec depuis et le présent, question et réponse, avec le vocabulaire suivant.

être/ vous/ à l'université/ le mois d'octobre; ils/ se connaître/ deux ans; apprendre le français/ elle/ six semaines

TRADUCTION

The teacher is not in the classroom. He is in the principal's office. At first (**d'abord**) the students are waiting, and talking quietly.

But one student gets bored. He stands up, and climbs (**monter**) on his desk. He pulls a harmonica from his pocket and begins to play a song. The students shout, sing and dance in front of (**devant**) the blackboard.

But the teacher hears the ruckus. He comes in and shouts: "Silence! Be quiet! Stop the music, and sit down!" The students obey. The teacher is not mean. He does not punish them.

RÉDACTION

Imaginez la journée d'un enfant américain qui a l'occasion de passer une année en France et qui va à l'école primaire. Il ne parle pas bien la langue. Quelles difficultés rencontre-t-il? Que fait-il pour se faire comprendre? Comment réagissent le maître et les autres élèves?

CHAPITRE 2

Le passé composé

BUT DE CE CHAPITRE

Dans ce chapitre, on vous explique:

- les formes du passé composé des verbes réguliers et irréguliers
- l'usage de l'auxiliaire «être» ou «avoir»
- les règles de l'accord du participe passé
- l'emploi de ce temps en face de l'imparfait[1]
- l'emploi des expressions souvent utilisées avec le passé composé
- l'expression venir de, la préposition sans
- le passé simple (introduction)

THÈMES DU CHAPITRE

- le petit déjeuner des Français
- la cigarette
- relation amoureuse, rupture

---

1. Ces deux temps, passé composé et imparfait (expliqué au chapitre 3), sont souvent en compétition.

VOCABULAIRE

allumer to light
cendre (*f.*) ash
cendrier (*m.*) ashtray
chapeau (*m.*) hat
cuiller (cuillère) (*f.*) spoon
fumée (*f.*) smoke
lait (*m.*) milk
main (*f.*) hand

manteau (*m.*) coat
parole (*f.*) word
pleurer to cry
pleuvoir to rain
pluie (*f.*) rain
sucre (*m.*) sugar
tasse (*f.*) cup
tourner to turn, to stir

VOCABULAIRE SUPPLÉMENTAIRE

allumette (*f.*) match
briquet (*m.*) cigarette lighter
chagrin (*m.*) sadness
départ (*m.*) departure

fumeur (-euse) smoker
imperméable, imper (*m.*) raincoat
larme (*f.*) tear

L'amour/La rupture

avoir le coup de foudre to love at first
  sight
copain (*m.*) **copine** (*f.*) friend, buddy,
  boyfriend, girlfriend
dispute (*f.*) fight
draguer to be looking for (a girl or a
  boy)
être amoureux (-euse) de quelqu'un
  to be in love with someone
faire la cour à quelqu'un to court, to
  woo someone
flirt (*m.*) flirt
flirter to flirt

histoire d'amour (*f.*), **liaison** (*f.*) an
  affair
petit(e) ami(e) (*m. f.*) boyfriend,
  girlfriend
rompre to break off
rupture (*f.*) breaking off (of an
  engagement)
se disputer to have a fight
se sauver to run away
site (*m.*) **de rencontres** dating website
tomber amoureux to fall in love
tomber amoureux (-euse) de
  quelqu'un to fall in love with
  someone

Le temps qu'il fait

Il fait beau. The weather is nice.
Il fait mauvais. The weather is bad.
Quel temps fait-il? What is the weather like?

LECTURE

PROFIL DE L'AUTEUR

Jacques Prévert (1900–1977) est le poète du vingtième siècle le plus populaire de France. À l'âge de quinze ans, Prévert a quitté sa famille et a vécu de petits métiers (*jobs*). Il commence par écrire des pièces de théâtre. Au cinéma, Prévert collabore à des films qui sont maintenant des «classiques» (*Le crime de Monsieur Lange* de Jean Renoir en 1935, *Quai des brumes* de Marcel Carné en 1938 et *Les enfants du paradis* en 1943). Il devient célèbre en 1945 lorsqu'il publie *Paroles*. Le livre se vend à des millions d'exemplaires. Jacques Prévert a de nombreux amis parmi les chanteurs.

Prévert est un grand poète de l'amour et de la tendresse. Il s'indigne devant le spectacle de la misère sociale, de la guerre, des enfants malheureux, des amoureux séparés.

NOTES CULTURELLES

Le petit déjeuner

En France, le petit déjeuner est généralement très simple. On prend une tasse ou un bol de café noir, ou bien du café au lait. Les enfants boivent souvent un chocolat chaud. Si on prend son petit déjeuner dans un café, on commande «un noir» ou «un crème». Souvent le bol de café est accompagné d'une tranche (*slice*) de pain grillé (ou toast) avec du beurre ou de la confiture (*jam*), ou des biscottes (*melba toasts*) ou pour les enfants des céréales. Le dimanche, on va à la boulangerie acheter des croissants frais ou des brioches (*rolls/buns*).

L'antitabagisme

Le tabagisme reste la première cause de mortalité évitable en France, loin devant l'alcool et les drogues illicites. Les hommes fument plus souvent les femmes, mais les adolescents fument beaucoup aussi. Le tabagisme est responsable de 90% des cancers du poumon (*lung*). Le tabagisme passif est responsable aussi de nombreuses morts. C'est pourquoi le gouvernement français a entrepris une lutte nationale contre le tabagisme: hausse (*rise*) des prix, interdiction de fumer dans certains lieux publics, et a lancé plusieurs campagnes de prévention et d'information pour réduire le taux (*level*) de tabagisme surtout chez les jeunes. Malgré ces mesures, la consommation de tabac en France n'a pas baissé. Aujourd'hui le succès commercial de la cigarette électronique, le vapotage (*smoking an electronic cigarette*) représente une nouvelle menace au succès de la campagne antitabac.

Lecture: *Déjeuner du matin* (de *Paroles*) par Jacques Prévert

Il a mis le café
Dans la tasse
Il a mis le lait
Dans la tasse de café
Il a mis le sucre
Dans le café au lait
Avec la petite cuiller
Il a tourné
Il a bu le café au lait
Et il a reposé la tasse
Sans me parler
Il a allumé
Une cigarette
Il a fait des ronds*
Avec la fumée
Il a mis les cendres
Dans le cendrier
Sans me parler
Sans me regarder

Suite à la page suivante

Il s'est levé

Il a mis

Son chapeau sur sa tête

Il a mis son manteau de pluie

Parce qu'il pleuvait

Et il est parti

Sous la pluie

Sans une parole

Sans me regarder

Et moi j'ai pris

Ma tête dans ma main

Et j'ai pleuré.

---

*Note: *blew smoke rings*

COMPRÉHENSION DU TEXTE

1. Relevez les mots qui sont apparentés ou très proches de l'anglais. Exemples: café, sucre.

2. Répondez par des phrases complètes. Modèle: Où trouve-t-on le café? Le café est dans la tasse. Où trouve-t-on: Le lait? Le sucre? La petite cuiller? Les cendres? Le chapeau? La tête?

3. Nous sommes à quel moment de la journée? Quel temps fait-il dehors?

4. Combien de personnes est-ce qu'il y a dans le poème? Qui sont ces personnes? Qui parle dans le poème?

5. Trouvez trois actions faites par l'homme qui montrent son détachement, son indifférence.

6. Que fait la femme à la fin du poème? Pourquoi? Donnez un autre titre au poème.

GRAMMAIRE: LE PASSÉ COMPOSÉ

FORMES

Le passé composé est un temps formé avec le présent de l'auxiliaire **avoir** ou **être** et le participe passé du verbe conjugué.

Il **a parlé** de son voyage.   Suzanne **est arrivée** par le train de six heures.

verbes avec avoir	**(parler)**
j'ai **parlé**	nous **avons parlé**
tu **as parlé**	vous **avez parlé**
il **a parlé**	ils **ont parlé**
elle **a parlé**	elles **ont parlé**
on **a parlé**	

verbes avec être	**(arriver)**
je **suis arrivé(e)**	nous **sommes arrivé(e)s**
tu **es arrivé(e)**	vous **êtes arrivé(e)(s)**
il **est arrivé**	ils **sont arrivés**
elle **est arrivée**	elles **sont arrivées**
on **est arrivé(e)(s)**	

LE PARTICIPE PASSÉ

1. Le participe passé se termine en **-é** pour tous les verbes du 1er groupe (**-er**).

aim**é**   arriv**é**   chant**é**   parl**é**

Les verbes qui ont des changements orthographiques au présent sont réguliers au passé composé. Leur participe passé est:

achet**é**   appel**é**   commenc**é**   jet**é**   pay**é**   préfér**é**   voyag**é**

2. Le participe passé se termine en **-i** pour les verbes du 2ème groupe (**-ir: -iss-**).

fin**i**   grand**i**   obé**i**   pâl**i**   roug**i**

3. Le participe passé se termine en **-u** pour les verbes du 3ème groupe (**-dre**).

entend**u**   répond**u**   vend**u**

Exercice 2.1

Récrivez les phrases suivantes au passé composé.

1. Nous réfléchissons avant de sortir. 2. Ils ne finissent pas leur petit déj. 3. Vous vendez de l'orangeade? 4. Joseph n'entend pas la voix de l'instituteur. 5. On attend l'arrivée du train. 6. Tu ne réponds pas à ma question. 7. Il rencontre des Québécois pendant son voyage. 8. Lucas oublie d'aller à la poste. 9. Manon paie très cher son manteau italien. 10. Vous commencez vos préparatifs pour le voyage?

4. Les verbes irréguliers ont aussi des participes passés irréguliers.

a. **avoir/ être**

avoir → **eu**   être → **été**

Voici la conjugaison complète de ces deux verbes: ils ont tous les deux l'auxiliaire **avoir** au passé composé.

avoir	**être**
j'**ai eu**	j'**ai été**
tu **as eu**	tu **as été**
il, elle, on **a eu**	il, elle, on **a été**
nous **avons eu**	nous **avons été**
vous **avez eu**	vous **avez été**
ils, elles **ont eu**	ils, elles **ont été**

b. les verbes en -**ir** (sans -**iss**-)

ir → u					
courir	couru	tenir	tenu	venir	venu
ir → i					
dormir	dormi	sortir	sorti	mentir	menti
partir	parti	servir	servi	sentir	senti

ir → ert/ ir → ort					
couvrir	couvert	offrir	offert	mourir	mort
ouvrir	ouvert	souffrir	souffert		

REMARQUE: Les verbes **venir, partir, sortir, mourir** sont conjugués avec l'auxiliaire être (voir «Choix de l'auxiliaire» à la page suivante).

c. Les verbes en **–oir**

oir → u					
apercevoir	aperçu	devoir	dû	falloir	fallu
décevoir	déçu	vouloir	voulu	pleuvoir	plu
recevoir	reçu	savoir	su	valoir	valu
pouvoir	pu	voir	vu		

ATTENTION: Pour avoir le son /s/ dans **aperçu, déçu** et **reçu**, il faut ajouter une cédille au **c** devant **u**.

d. Les verbes en **–re**

re → u					
boire	bu	lire	lu	convaincre	convaincu
connaître	connu	plaire	plu	vivre	vécu
croire	cru				
re → ri					
rire	ri	sourire (to smile)	souri	suivre	suivi
re → is					
mettre	mis	prendre	pris		
admettre	admis	comprendre	compris		
permettre	permis	surprendre	surpris		
promettre	promis				
remettre	remis				
re → it					
conduire	conduit	dire	dit		
construire (to build)	construit	écrire	écrit		

Suite à la page suivante

traduire (to translate)	traduit	décrire	décrit	
produire	produit	faire	fait	

ATTENTION: À la forme négative, la négation entoure l'auxiliaire (voir chapitre 7, La négation).

Il a compris.   Il n'a pas compris.

Exercice 2.2

Dans les phrases suivantes, mettez le verbe entre parenthèses au passé composé.

Le mois dernier, Aïcha (recevoir) une invitation au mariage de son ami Rachid. Elle (être) si heureuse de cette nouvelle qu'elle (ne pas dormir) cette nuit-là. Vendredi, elle (prendre) sa voiture, (quitter) Paris sous la pluie et (conduire) de Paris à Nice pour assister au mariage. À son retour, elle (faire) le récit du mariage à sa mère:

«Je (vivre) une semaine de rêve! Avec mes amis, nous (danser), nous (courir) sur la plage, nous (rire) comme des fous, nous (souffrir) un peu de la chaleur, nous (boire) beaucoup de champagne et nous (ne pas être) malades! Je (rencontrer) un garçon charmant, Hamid, et il me/m' (plaire). Je le (convaincre) de venir me voir à Paris.»

Exercice 2.3

Dans les phrases suivantes, mettez le verbe entre parenthèses au passé composé.

Zoé (voir) une femme dans le métro et la (reconnaître): c'était une étudiante étrangère de son ancienne école. Zoé lui (faire) signe: «C'est moi, Zoé! Tu te rappelles? Tu (ne pas vieillir)!» Mais la femme (mettre du temps) à répondre. «Pardon. Un accident (détruire) ma mémoire.» Zoé (reprendre): «Zoé... du lycée

Pasteur!» La femme (sourire): «Oui! Bien sûr! À l'occasion, tu (traduire) pour moi les explications du prof!» Les deux femmes (prendre) note de leurs numéros de téléphone et (promettre) de se revoir.

CHOIX DE L'AUXILIAIRE

1. **Avoir**. La majorité des verbes forment leur passé composé avec l'auxiliaire avoir.

2. **Être**. Les verbes suivants forment toujours leur passé composé avec l'auxiliaire être.

aller	je **suis allé(e)**
arriver	je **suis arrivé(e)**
entrer	je **suis entré(e)**
mourir	je **suis mort(e)**
naître	je **suis né(e)**
partir (repartir)	je **suis parti(e)** (**reparti[e]**)
rester	je **suis resté(e)**
tomber	je **suis tombé(e)**
venir (devenir, revenir)	je **suis venu(e)** (**devenu[e], revenu[e]**)

3. Les six verbes suivants changent de forme. Leur passé composé est formé avec **être** s'ils sont intransitifs (s'ils n'ont pas de complément d'objet direct); il est formé avec **avoir** s'ils sont transitifs (s'ils ont un complément d'objet direct). Remarquez le changement de sens.

descendre	Je **suis descendu(e)** à la cave.	*I went down to the cellar.*
	J'**ai descendu** l'escalier.	*I went down the stairs.*
	J'**ai descendu** ma valise.	*I took down my suitcase.*
monter	Je **suis monté(e)** au grenier.	*I went up to the attic.*
	J'**ai monté** l'escalier.	*I went up the stairs.*
	J'**ai monté** ma valise.	*I took up my suitcase.*
passer	Je **suis passé(e)** par Paris.	*I came by way of Paris.*
	J'**ai passé** trois jours à Paris.	*I spent three days in Paris.*

Suite à la page suivante

rentrer	Je **suis rentré(e)** à la maison.	I returned home.
	J'**ai rentré** mes plantes.	I took my plants inside.
retourner	Je **suis retourné(e)** en Chine.	I went to China again.
	J'**ai retourné** le bifteck.	I turned over the steak.
sortir	Je **suis sorti(e)**.	I went out.
	J'**ai sorti** mon chien.	I took my dog out.

Tous les verbes pronominaux se conjuguent avec l'auxiliaire **être** (voir chapitre 10)

Je me promène.   Je me **suis** promené(e).

Il ne s'endort pas.   Il ne **s'est** pas endormi.

Exercice 2.4

Mettez les verbes des phrases suivantes au passé composé.

1. Jules sort avec Marion. 2. Ils passent de bonnes vacances. 3. Christian descend du bus. 4. Georges, tu reviens de Trois-Rivières? 5. Michelle sort un cube de sa poche. 6. Il passe tous les jours devant la statue de la Liberté. 7. Je descends mes bagages toute seule du troisième étage. 8. Le chef retourne délicatement l'omelette. 9. Albert monte prendre un café avec Jean-Paul. 10. Vous rentrez à une heure du matin?

ACCORD DU PARTICIPE PASSÉ

Formes

Le participe passé s'accorde comme un adjectif (voir chapitre 4, L'accord des adjectifs). Cet accord s'entend rarement. C'est généralement un changement orthographique.

1. Au masculin singulier, il n'y a pas de changement.

arrivé, parti, vu, compris

2. Au masculin pluriel, on ajoute un **-s**, sauf s'il y en a déjà un.

arrivé**s**, parti**s**, vu**s**, compris

3. Au féminin singulier, on ajoute un **-e.**

   arriv**ée**, part**ie**, vu**e**, compris**e** /kɔ̃priz/[2]

4. Au féminin pluriel, on ajoute **-es.**

   arriv**ées**, part**ies**, vu**es**, compris**es** /kɔ̃priz/

Règles de l'accord

1. Accord avec **être**

   Il est **arrivé**. Elle est **sortie**. Nous sommes **entré(e)s**. Je suis **venu(e)**.

2. Accord avec **avoir**

   Quand l'auxiliaire est **avoir**, il faut considérer l'objet direct du verbe.

   a. Si l'objet direct est placé après le verbe, il n'y a pas d'accord.

      Pauline a **acheté** ces fleurs au marché.

   b. Si l'objet direct est placé devant le verbe, le participe s'accorde avec cet objet direct.

      Est-ce que Robert est ici? Je ne l'ai pas **vu**.

      Voici des fruits magnifiques. Nous **les** avons **cueillis** dans notre jardin.

      Où est ma montre? Je l'ai **perdue**.

      Regardez ces belles fleurs! Je **les** ai **coupées** ce matin.

   c. L'objet direct qui demande un accord peut être:
      * **l'**(*f.*), **la** ou **les**
      * **quelle** + nom féminin singulier
      * **quels** + nom masculin pluriel
      * **quelles** + nom féminin pluriel

        Quelle robe est-ce qu'elle a **mise** pour le bal?

        Quels exercices est-ce que vous avez **faits**?

        Quelles fleurs est-ce qu'il a **achetées**?

      * **que**

        La soupe **que** quelqu'un a **faite**...

---

2. Même les Français ont des difficultés pour accorder les participes passés. Les accords les plus importants sont ceux qu'on entend. La leçon? Je l'ai **apprise**, **comprise**, **refaite**, etc.

ATTENTION: Il n'y a jamais d'accord avec **en** (voir page 211).

Des fleurs? J'**en** ai **acheté**. (*I bought some*)

3. Les verbes pronominaux

    a. Pour la majorité des verbes pronominaux, le participe passé s'accorde aussi avec le sujet.

Elle s'est assis**e**.

Ils se sont aim**és**.

Les deux amies se sont rencontr**ées**.

    b. Il n'y a pas d'accord pour quelques verbes courants:

se dire	ils ou elles se sont **dit** adieu	**se plaire**	ils ou elles se sont **plu**
s'écrire	ils ou elles se sont **écrit**	**se téléphoner**	ils ou elles se sont **téléphoné**
se parler	ils ou elles se sont **parlé**		

Les règles détaillées de l'accord du participe passé des verbes pronominaux sont expliquées au chapitre 10, page 229.

Exercice 2.5

Dans les phrases suivantes, mettez les verbes en italique au passé composé. Attention à l'accord du participe passé!

1. Vous *admirez* mes fleurs? Je les *cueille* dans la prairie. 2. Jeanne d'Arc *entend* des voix: elle ne les *ignore* pas. 3. La jeune femme *se repose* dans sa chambre. 4. Bernard *épouse* la jeune fille qu'il *choisit*. 5. Juliette *ouvre* la porte; sa mère la *ferme*. 6. Les alpinistes *montent* vers le sommet. 7. Ma sœur ne *comprend* pas la raison que je lui *donne*. 8. La mère et la fille *se téléphonent*. 9. Sylvie *s'exerce* à écrire sur un ordinateur. 10. Quels quartiers *visitez*-vous quand vous *faites* un séjour à Montréal?

EMPLOIS

Différentes fonctions du passé composé

Le passé composé a trois sens en anglais:

> Il a plu: *It rained, it did rain, it has rained.*

On emploie le passé composé:

1. pour exprimer une action isolée, unique, comme une sorte de point dans le temps.

   > Hier, je **suis allé(e)** au marché.

2. pour exprimer plusieurs actions successives, toutes courtes et enchaînées.

   > Il **s'est levé**, il **a mis** son chapeau et il **est parti**.

3. pour exprimer une action qui a duré un certain temps, mais qui est terminée.

   > Elle **a habité** trois ans à Paris.

4. pour exprimer une action qui s'est répétée un certain nombre de fois, mais qui est terminée.

   > Nous **sommes allé(e)s** six fois au marché aux fleurs.

On peut représenter les fonctions du passé composé par les dessins suivants:

1. une action-point   •
2. plusieurs actions-points   •••
3. une durée terminée |—|
4. une répétition terminée |•••|

Exercice 2.6

Mettez les phrases suivantes au passé composé. Identifiez les actions ou les durées qu'elles représentent. Est-ce une action-point, plusieurs actions-points, une durée terminée, une répétition terminée?

Suite à la page suivante

L'homme arrive au café. Il commande un café-crème. Il reste deux heures à attendre son amie. Il ne fume pas pendant son attente. Il lui téléphone plusieurs fois. Il lit le journal pendant dix minutes. Il commande encore trois cafés. Il repart. Je passe l'après-midi à la bibliothèque. Je consulte plusieurs livres pour mon rapport. Je lis quelques pages, je trouve des idées, je prends des notes. Mon amie Christine arrive. Nous parlons pendant dix minutes. Les autres étudiants protestent trois ou quatre fois. Nous sortons et allons prendre un café.

EXPRESSIONS ADVERBIALES AVEC LE PASSÉ COMPOSÉ

1. Place de certains adverbes

Les adverbes suivants se placent entre l'auxiliaire et le participe passé: **bien, mal, déjà, souvent, beaucoup, trop, assez.**

Il a **bien** travaillé.	He worked **well**.
J'ai **mal** dormi.	I slept **badly**.
Vous avez **déjà** fini?	Have you **already** finished?
Ils sont **souvent** allés en Europe.	They **often** went to Europe.
Mes parents ont **beaucoup** voyagé.	My parents have traveled **a lot**.
Tu as **trop** mangé.	You ate **too much**.
Ils ont **assez** couru.	They have run **enough**.

2. Expressions adverbiales de temps

Voici des adverbes et des expressions adverbiales qu'on emploie souvent dans des phrases au passé:

hier	*yesterday*
avant-hier	*the day before yesterday*
la semaine dernière	*last week*
lundi (mardi) dernier	*last Monday (Tuesday)*
le mois dernier	*last month*
l'année dernière	*last year*
il y a trois (huit) jours	*three (eight) days ago*

Exercice 2.7

Mettez les phrases suivantes au passé composé. Placez l'adverbe dans les phrases.

> **Modèle: Elle chante (bien).**
>> Elle ***a bien chanté***.

1. Tu finis tes devoirs (déjà).
2. Vous comprenez (bien).
3. Il parle au téléphone (trop).
4. Nous nous promenons dans ce parc (souvent).
5. La mère de Suzanne entend (mal).
6. Vous buvez (assez).
7. Elles lisent ce poème (déjà).
8. Marie ne pleure pas (beaucoup) après la rupture avec Antoine.

SUPPLÉMENTS DE GRAMMAIRE

VENIR DE + INFINITIF

On emploie l'expression **venir de** au présent + l'infinitif du verbe pour indiquer qu'une action est arrivée récemment.

> Il **vient de partir** au marché.   He ***has just left*** for the market.

ATTENTION: Le verbe **venir** est au présent, la formule a un sens passé.

Exercice 2.8

Répétez les phrases suivantes avec **venir de**. Suivez le modèle.

> **Modèle: Elle a fini ses études.**
>> Elle ***vient de finir*** ses études.

Suite à la page suivante

1. L'avion est arrivé. 2. Nous sommes rentrés de voyage. 3. Le président a signé sa déclaration. 4. Les électeurs ont voté. 5. Tu as lu ce livre? 6. Elle a écrit sa rédaction. 7. J'ai bu mon café au lait. 8. Vous avez acheté une voiture?

SANS (*WITHOUT*)

1. On emploie **sans** avec l'infinitif quand, en anglais, il y a la forme –*ing* du verbe.

Il est parti **sans** me **parler**, **sans** me **regarder**.

*He left **without speaking** to me, **without looking** at me.*

2. On emploie **sans** avec un nom sans article, si le nom est indéfini.

Elle est sortie **sans** chapeau.

Vous travaillez **sans** imagination.

3. On emploie un article avec le nom qui suit sans pour dire **sans un seul, sans une seule** (*without a single one*).

Il est parti **sans une parole**.

Nous avons travaillé toute l'année **sans un jour de vacances**.

Exercice 2.9

Traduisez les phrases suivantes en français.

1. She talks without crying. 2. Are you going out without a coat? 3. Don't leave without saying good-bye! 4. Repeat without stopping! 5. She recited the poem without a single mistake.

TRADUCTION

Felix had a fight with his girlfriend. They did not speak to each other for (**pendant**) three days. They did not see each other, as usual, on Sunday. It rained all day, but in the evening the sky cleared up (**s'éclaircir**). Felix decided to go out. He put on his raincoat and his hat. He walked through the town. He stopped in the park and sat on a bench. He thought about the difficulty of living together. He went back home, called Jacqueline and said: "Let's make peace and let's become friends again." Jacqueline forgave him.

RÉDACTION

Visite à un(e) conseiller(ère) conjugal(e). L'homme et la femme du poème de Jacques Prévert ont décidé de se réconcilier et de consulter un(e) conseiller(ère) conjugal(e). Le/la conseiller(ère) leur demande d'expliquer, chacun à son tour, les raisons de leur querelle et de leur rupture. Puis, finalement, il/elle leur donne des conseils sur la façon de vivre en harmonie. Écrivez le dialogue entre les personnages.

GRAMMAIRE: LE PASSÉ SIMPLE (INTRODUCTION)

Dans la suite de ce livre, un autre temps est employé dans les textes, pour le passé: **le passé simple.** Ce temps est uniquement utilisé dans la langue écrite, avec les mêmes valeurs que le passé composé.[3]

FORMES

Verbes réguliers

Le passé simple est formé sur le radical du verbe. Pour trouver le radical, on supprime la terminaison de l'infinitif **-er, -ir, -re** et on ajoute les terminaisons du passé simple, qui sont régulières.

---

3.   *You will find more information on this tense in Appendix B.*

Retenez surtout les formes de la troisième personne: **il** donn**a, ils** fin**irent,** etc. Ces personnes sont employées plus souvent que les autres.

1.   Verbes du 1er groupe

donner (*radical:* donn)			
-ai	je **donnai**	-âmes	nous **donnâmes**
-as	tu **donnas**	-âtes	vous **donnâtes**
-a	il, elle, on **donna**	-èrent	ils, elles **donnèrent**

REMARQUES:

- Il y a un **-a** à toutes les personnes, sauf à la troisième personne du pluriel.
- Les verbes en **-ger** ont leur passé simple en **-gea:** il voya**gea** (mais: **ils** voya**gèrent**). Les verbes en **-cer** ont leur passé simple en **-ça:** il commen**ça** (mais: ils commen**cèrent**).

2.   Verbes du 2ème groupe

finir (*radical:* fin)			
-is	je **finis**	-îmes	nous **finîmes**
-is	tu **finis**	-îtes	vous **finîtes**
-it	il, elle, on **finit**	-irent	ils, elles **finirent**

REMARQUES:

- Il y a un **-i** à toutes les personnes.
- Les trois personnes du singulier du passé simple sont identiques à celles du présent. C'est le contexte qui indique le temps.

3.   Verbes du 3ème groupe

entendre (*radical:* entend)			
-is	j'**entendis**	-îmes	nous **entendîmes**
-is	tu **entendis**	-îtes	vous **entendîtes**
-it	il, elle, on **entendit**	-irent	ils, elles **entendirent**

REMARQUE: Il y a un **-i** à toutes les personnes.

Verbes irréguliers

1. **avoir** et **être**

Voici la conjugaison du passé simple des verbes **avoir** et **être**.

avoir		être	
j'**eus**	nous **eûmes**	je **fus**	nous **fûmes**
tu **eus**	vous **eûtes**	tu **fus**	vous **fûtes**
il, elle, on **eut**	ils, elles **eurent**	il, elle, on **fut**	ils, elles **furent**

2. D'autres verbes irréguliers

On peut classer ces verbes en trois catégories.

a. La première catégorie se compose de verbes qui ont un passé simple identique au participe passé (pour le son) et qui ont un **-i** à toutes les personnes.

	participe passé	passé simple	
dire	dit	il **dit**	ils **dirent**
dormir	dormi	il **dormit**	ils **dormirent**
mentir	menti	il **mentit**	ils **mentirent**
mettre[1]	mis	il **mit**	ils **mirent**
partir	parti	il **partit**	ils **partirent**
prendre[2]	pris	il **prit**	ils **prirent**
rire	ri	il **rit**	ils **rirent**
sentir	senti	il **sentit**	ils **sentirent**
sortir	sorti	il **sortit**	ils **sortirent**
sourire	souri	il **sourit**	ils **sourirent**

Notes : **1.** Autres verbes conjugués ainsi: promettre, permettre, remettre ; **2.** Autres verbes conjugués
ainsi: apprendre, comprendre, surprendre.

b. La deuxième catégorie se compose de verbes qui ont un passé simple identique au participe passé (pour le son) et qui ont un **-u** à toutes les personnes.

	participe passé	passé simple	
boire	bu	il **but**	ils **burent**
connaître[1]	connu	il **connut**	ils **connurent**

Suite à la page suivante

courir	couru	il **courut**	ils **coururent**
croire	cru	il **crut**	ils **crurent**
devoir	dû	il **dut**	ils **durent**
falloir	fallu	il **fallut**	
lire	lu	il **lut**	ils **lurent**
plaire	plu	il **plut**	ils **plurent**
pleuvoir	plu	il **plut**	
pouvoir	pu	il **put**	ils **purent**
recevoir²	reçu	il **reçut**	ils **reçurent**
savoir	su	il **sut**	ils **surent**
valoir	valu	il **valut**	ils **valurent**
vivre	vécu	il **vécut**	ils **vécurent**
vouloir	voulu	il **voulut**	ils **voulurent**

Notes : **1. Autres verbes conjugués ainsi: reconnaître, paraître 2. Autres verbes conjugués ainsi: apercevoir, décevoir**

c. La troisième catégorie se compose de verbes qui ont un passé simple formé sur un radical différent du participe passé. La majorité de ces verbes contient un **-i** à toutes les personnes, un verbe contient un **-u** et deux verbes contiennent **-in.**

	participe passé	passé simple		
conduire¹	conduit	MAIS:	il **conduisit**	ils **conduisirent**
convaincre	convaincu	MAIS:	il **convainquit**	ils **convainquirent**
couvrir	couvert	MAIS:	il **couvrit**	ils **couvrirent**
écrire²	écrit	MAIS:	il **écrivit**	ils **écrivirent**
faire	fait	MAIS:	il **fit**	ils **firent**
naître	né	MAIS:	il **naquit**	ils **naquirent**
offrir	offert	MAIS:	il **offrit**	ils **offrirent**
ouvrir	ouvert	MAIS:	il **ouvrit**	ils **ouvrirent**
souffrir	souffert	MAIS:	il **souffrit**	ils **souffrirent**
voir	vu	MAIS:	il **vit**	ils **virent**

mourir	mort	MAIS:	il **mourut**	ils **moururent**
tenir[3]	tenu	MAIS:	il **tint**	ils **tinrent**
venir[4]	venu	MAIS:	il **vint**	ils **vinrent**

Notes : **1.** Autres verbes conjugués ainsi: construire, produire, traduire **2.** Autres verbes conjugués ainsi: décrire, prescrire, transcrire **3.** Autres verbes conjugués ainsi: contenir, obtenir, retenir **4.** Autres verbes conjugués ainsi: devenir, parvenir, revenir

CHAPITRE 3

L'imparfait et le plus-que-parfait

BUT DE CE CHAPITRE

Dans ce chapitre, on vous explique:

- les formes de l'imparfait des verbes réguliers et irréguliers
- les conditions pour employer l'imparfait
- comment employer l'imparfait et le passé composé ensemble dans une même phrase
- les formes du plus-que-parfait de tous les verbes réguliers et irréguliers
- comment employer le plus-que-parfait dans la même phrase avec un passé composé ou un imparfait

THÈMES DU CHAPITRE

- l'école secondaire
- les immigrés maghrébins

VOCABULAIRE

auprès de close to

avant before

chouchou (*m.*) favorite student

construire to build

cours (*m.*) class

devant in front of

doigt (*m.*) finger

fier (fière) proud

fierté (*f.*) pride

fort(e) strong

illuminé lit up

ivre drunk

lycée (*m.*) high school

meilleur(e) better

mieux … que better than

moyen(enne) average

paisiblement peacefully

plaisanter to joke

rédaction (*f.*), **rédac'** essay

rendre to give back

rentrée scolaire (*f.*) first day of school

retentir to ring out

roman (*m.*) novel

s'arrêter to stop

se rendre à to go to

se retrouver to find oneself, to meet with somebody

semaine (*f.*) week

sonnerie (*f.*) bell

visage (*m.*) face

VOCABULAIRE SUPPLÉMENTAIRE

beur, beurette French person of North African descent

boîte (*f.*), **bahut** (*m.*) high school

calé(e) smart

décrocher to drop out

décrocheur (-euse) drop out student

kiffer aimer

pion(ne), surveillant(e) supervisor

sécher les cours to skip class

LECTURE

NOTES CULTURELLES

L'école secondaire

Après la maternelle et l'école primaire, il y a l'école secondaire. L'école secondaire est composée du collège et du lycée. Les enfants vont au collège entre l'âge de 11 ans et 15 ans. Après le collège, le lycée est composé des classes de seconde, première et terminale. À l'âge de 15 ans, les collégiens passent une série d'examens. Les étudiants avec les meilleurs résultats font le cycle long et vont au lycée jusqu'à l'âge de 18 ans. Les autres collégiens font le cycle court et font des études plus professionnelles. En fin de terminale, les lycéens passent le baccalauréat ou le bac, un examen d'entrée en université. En 2015, 87,8% des candidats ont réussi au bac et sont devenus« bacheliers » ou « bachelières ». À l'époque d'Azouz Begag, les études au lycée commençaient juste après l'école élémentaire. On allait au lycée de 11 ans à 18 ans.

Les immigrés maghrébins

Le Maghreb ou l'Afrique du Nord comprend l'Algérie, le Maroc et la Tunisie. L'Algérie a été colonisée par la France en 1830 et est devenue une province française (trois départements). Le Maroc et la Tunisie étaient des «protectorats» avec un statut différent, jusqu'à leur indépendance en 1957. C'est après une guerre longue et douloureuse (1954-1962) que l'Algérie a obtenu son indépendance. Les habitants d'origine européenne ont dû quitter le pays. Beaucoup de Maghrébins sont aussi venus vivre et travailler en France. Les immigrés d'origine maghrébine, surtout les jeunes, rencontrent souvent des difficultés à réussir. Ils vivent dans des conditions économiques et sociales parfois défavorables (logement moins confortable, pauvreté, chômage, préjugés).

Des immigrés maghrébins qui ont réussi sont nombreux: Zinédine Zidane ou «Zizou», le célèbre footballeur français de l'équipe «black-blanc-beur», héros de la Coupe du monde en 1998, Tahar Ben Jelloun, Assia Djebar, Azouz Begag, écrivains, Isabelle Adjani, actrice.

PROFIL DE L'AUTEUR

Azouz Begag (1957–) est né à Lyon, de parents immigrés d'Algérie. Il est écrivain, homme politique et chercheur en économie et sociologie au CNRS (Centre National de la Recherche Scientifique). Il a reçu un doctorat en Économie et a suivi une carrière variée: il a enseigné dans des universités en Angleterre et aux États-Unis. Il a été «Ministre délégué à la Promotion de l'égalité des chances» de juin

2005 jusqu'en 2007. Dans ses recherches, dans ses écrits, ses priorités sont l'étude de problèmes liés à l'immigration, aux difficultés d'intégration, à la violence et à la pauvreté des jeunes immigrés.

Le Gone du Chaâba (1986) est le premier roman d'Azouz Begag; c'est un roman autobiographique. Azouz était un enfant doué (*gifted, intelligent*), mais il souffrait de préjugés raciaux de la part de ses camarades et de ses maîtres. Un «gone» est un petit garçon dans le dialecte lyonnais. Le «Chaâba» est un bidonville (*slum*). Azouz a passé là une partie de son enfance et raconte sa vie d'enfant des rues, obligé de vivre partagé entre les coutumes du pays de ses parents et les lois françaises. Un de ses maîtres, Monsieur Loubon, son professeur au lycée, comprenait l'enfant, l'encourageait et fut certainement une des raisons de son succès à l'école et dans sa carrière de romancier.

Lecture: *Le Gone du Chaâba* par Azouz Begag

Au lycée, Azouz était le «chouchou» du prof. Mais ses notes de rédaction étaient seulement «moyennes». Azouz pensait que M. Loubon devait le croire incapable d'avoir des idées originales parce que ses parents étaient analphabètes.

(Un jour, le prof propose un sujet libre de rédaction à traiter à la maison)

Pendant plusieurs jours, je construisis mon roman. Il était une fois un enfant arabe. Lui et sa famille venaient juste d'arriver à Lyon. Le jour de la rentrée scolaire, il s'était retrouvé tout seul au milieu de dizaines de garçons et de filles qui se connaissaient tous, qui riaient et plaisantaient ensemble (*et peut-être même se moquaient de lui*). Lorsque la sonnerie avait retenti, l'enfant avait regardé les écoliers entrer dans la cour, et [...] avait décidé de retourner à la maison, auprès de sa mère....

(Azouz a écrit sa rédaction sur le racisme, l'a rendue au prof', mais il a été absent quelques jours. Quand il retourne à l'école, un copain lui parlé:)

-   T'étais pas là hier?...le prof principal a rendu les rédacs [...]

-   Et alors? dis-je.

-   Eh ben, t'as eu dix-sept sur vingt. La meilleure note de la classe. Le prof nous a même lu ta rédaction [...] comme exemple.

....L'émotion me paralysait [...]

Je me sentais fier de mes doigts. J'étais enfin intelligent. La meilleure note de toute la classe, à moi, Azouz Begag, le seul Arabe de la classe. Devant tous les

Suite à la page suivante

Français! J'étais ivre de fierté. J'allais dire à mon père que j'étais plus fort que tous les Français de la classe. Il allait jubiler. ....Je me sentais fort comme un buffle.

Notes: analphabète (*m., f.*) = *illiterate*; buffle (*m.*) = *buffalo*; jubiler = *to gloat*; sujet (*m.*) libre = *open topic essay*

COMPRÉHENSION DU TEXTE

1. Relevez huit mots qui sont du vocabulaire du lycée.
2. Relevez les verbes au passé simple et transformez-les en passés composés.
3. Relevez les plus-que-parfait.
4. Azouz n'a pas de bonnes notes en rédaction. Il pense que c'est pour quelle raison?
5. De quoi Azouz a-t-il parlé dans sa rédaction?
6. Pourquoi est-ce que son père va jubiler?

GRAMMAIRE: L'IMPARFAIT

FORMES

L'imparfait est régulier pour tous les verbes excepté le verbe **être**. On forme l'imparfait avec la première personne du pluriel du présent. On enlève la terminaison **–ons** et on ajoute les terminaisons de l'imparfait: **-ais, -ais, -ait, -ions, -iez, -aient.**

1. Voici la conjugaison des verbes du 1er groupe:

parler	nous parlons	parl-
je **parlais**	nous **parlions**	
tu **parlais**	vous **parliez**	
il, elle, on **parlait**	ils, elles **parlaient**	

Les verbes en **–cer** et **–ger** ont les changements orthographiques suivants:

c → ç devant **a**

je commen**çais**	MAIS:	nous commen**cions**
tu commen**çais**		vous commen**ciez**
il, elle, on commen**çait**		
ils, elles commen**çaient**		

g → **ge** devant **a**

je voya**geais**	MAIS:	nous voya**gions**
tu voya**geais**		vous voya**giez**
il, elle, on voya**geait**		
ils, elles voya**geaient**		

a. Les verbes en **-ier** qui ont la racine en **i** conservent le **i** à toutes les personnes. Il y a deux **i** (**ii**) aux formes **nous** et **vous**.

j'étud**iais**	MAIS:	nous étud**iions**
tu étud**iais**		vous étud**iiez**
il, elle, on étud**iait**		
ils, elles étud**iaient**		

On conjugue sur ce modèle: **apprécier** (*to appreciate*), **oublier** (*to forget*), **pacifier** (*to pacify*), **remercier** (*to thank*), **télégraphier** (*to telegraph*), **verifier** (*to check, ascertain*).

2. Voici la conjugaison des verbes du 2ème groupe.

finir	nous finissons	finiss-
je **finissais**	nous **finissions**	
tu **finissais**	vous **finissiez**	
il, elle, on **finissait**	ils, elles **finissaient**	

REMARQUE: Il y a **-iss-** dans l'imparfait de tous les verbes du 2ème groupe.

3. Voici la conjugaison des verbes du 3ème groupe.

attendre	nous attendons	attend-
j'**attendais**	nous **attendions**	

Suite à la page suivante

tu **attendais**	vous **attendiez**	
il, elle, on **attendait**	ils, elles **attendaient**	

4. avoir/être

L'imparfait d'**avoir** est régulier. L'imparfait d'**être** est formé sur la racine **ét-**; les terminaisons sont régulières.

avoir		être	
j'**avais**	nous **avions**	j'**étais**	nous **étions**
tu **avais**	vous **aviez**	tu **étais**	vous **étiez**
il, elle, on **avait**	ils, elles **avaient**	il, elle, on **était**	ils, elles **étaient**

5. L'imparfait des verbes irréguliers se forme comme l'imparfait des verbes réguliers. Voici l'imparfait de quelques verbes irréguliers.

boire	buvons	**je buvais**	**nous buvions**
voir	voyons	**je voyais**	**nous voyions**
connaître	connaissons	**je connaissais**	**nous connaissions**
dire	disons	**je disais**	**nous disions**
faire	faisons	**je faisais**	**nous faisions**
lire	lisons	**je lisais**	**nous lisions**
rire	rions	**je riais**	**nous riions**
écrire	écrivons	**j'écrivais**	**nous écrivions**

REMARQUES:

* La forme du présent et la forme de l'imparfait des verbes suivants se ressemblent pour **nous** et pour **vous**. À l'imparfait le son /j/ est un peu plus prononcé.

croire	croyons	**croyions**	croyez	**croyiez**
voir	voyons	**voyions**	voyez	**voyiez**
rire	rions	**riions**	riez	**riiez**

* La syllabe **fai-** dans l'imparfait de **faire** est prononcée /fə/.

   Je **faisais** /fəzɛ/   nous **faisions** /fəzjɔ̃/

6. Verbes impersonnels

pleuvoir	il pleut	**il pleuvait**	plaire	ça plaît	**ça plaisait**
falloir	il faut	**il fallait**	valoir	ça vaut	**ça valait**

7. Verbes pronominaux

L'imparfait des verbes pronominaux se forme comme l'imparfait des verbes réguliers. Voici la conjugaison de **se laver**.

je **me lavais**   nous **nous lavions**

tu **te lavais**   vous **vous laviez**

il, elle, on **se lavait**   ils, elles **se lavaient**

Exercice 3.1

Mettez le verbe qui manque à l'imparfait. Suivez le modèle.

Modèle: Aujourd'hui, tu *vas* à l'université; avant tu <u>allais</u> au lycée.

1. Mes enfants *nagent* dans une piscine, alors que moi je _____ dans un lac.

2. De nos jours, la majorité des enfants *naissent* à l'hôpital, mais dans l'ancien temps ils _____ toujours dans la maison familiale.

3. Toi, ma fille, aujourd'hui tu *écoutes* des CD. Mais quand j'étais jeune, moi, je/j' _____ des disques.

4. Aujourd'hui, les élèves et toi ne *portez* plus d'uniforme, mais autrefois vous _____ un uniforme.

5. De nos jours, les enfants *vont* à l'école à vélo ou par l'autobus, mais pendant ma jeunesse ils y_____ à pied.

6. Vous, les enfants, vous *sortez* beaucoup avec vos copains, mais quand vous étiez plus jeunes, vous _____ rarement.

7. Aujourd'hui j'*écris* des mails sur ma tablette; autrefois, je/j'_____ des lettres sur du papier avec un stylo.

8. Aujourd'hui, les enfants ne *vont* pas à l'école le mercredi. Petite fille, je/j'_____ à l'école le jeudi.

EMPLOIS

Différentes fonctions de l'imparfait

Il y a trois formes en anglais pour traduire l'imparfait.

Je **pensais**   *I would think, I used to think, I was thinking*

REMARQUE: On peut aussi traduire l'imparfait *I thought,* mais cette traduction contient l'idée de *I would think, I used to think* or *I was thinking.*

1. On emploie l'imparfait pour raconter des souvenirs d'enfance, ou des actions habituelles qui se sont répétées dans une période de temps illimité (*without limits*).

    Quand Suzanne **était** petite, elle **vivait** en Afrique: son père **était** militaire;

    il **avait** des domestiques. La famille **célébrait** les fêtes françaises et

    sénégalaises.

    Les actions habituelles sont souvent accompagnées d'adverbes.

autrefois	*formerly*	souvent	*often*
à l'époque	*in those days*	toujours	*always*
le dimanche, le lundi	*on Sundays, Mondays*	de temps en temps	*from time to time*
tous les jours	*every day*	quelquefois	*sometimes*
parfois	*sometimes*	généralement	*generally*
rarement	*rarely*	d'habitude	*usually*

    Parfois, quand l'hiver avançait, la température devenait plus fraîche. **À l'époque**

    de Noël, nous allumions souvent du feu dans la cheminée.

2. On emploie l'imparfait pour faire la description physique et morale d'une personne, ou pour décrire un lieu, une époque ou le temps au passé.

    Malick **avait** dix ans. Il n'**était** pas grand. Il **avait** les yeux bleus et les cheveux

    bruns. Il **portait** toujours des jeans. Il **souriait** souvent et **obéissait** générale-

    ment à son père.

    Hier, à Dakar, il **faisait** un temps superbe: le soleil **brillait**; il n'y **avait** pas de

    vent; le ciel **était** clair et bleu.

3. Certains verbes comme **être, avoir, penser, croire, savoir, espérer,** parce qu'ils expriment un état mental ou physique sont plus fréquemment employés à l'imparfait qu'au passé composé.

> J'**étais fatigué(e)**; je **pensais** que **j'allais** être malade.
>
> Je **savais** que c'**était** sérieux.

Quand ces verbes sont employés au passé composé, ils ont un sens différent; ils expriment un choc, un changement soudain, ou donnent l'idée que l'action est terminée.

> Quand j'ai lu la critique de ce film, j'**ai pensé** que c'était un bon film. Quand je
>
> suis allé(e) le voir, j'**ai su** que c'était une erreur.

4. On emploie l'imparfait pour indiquer les actions progressives. Souvent deux actions ont lieu (*take place*) en même temps. Dans ce cas, on utilise des conjonctions.

pendant que	while	quand	when	tandis que	whereas
		lorsque		alors que	

> Sylvie **allumait** la radio **pendant que** sa sœur **regardait** le match de foot de
>
> l'équipe sénégalaise qui **avait** lieu au stade de France.
>
> Nous **écoutions** de la musique **pendant qu'**Aïcha **copiait** des verbes en français
>
> dans le cahier d'exercices.

Exercice 3.2

Refaites les phrases à l'imparfait pour dire ce que ces personnes avaient l'habitude de faire dans le passé.

> **Modèle: Sylvie habite en France. Quand elle était petite, elle (habiter)**
> **_____ au Sénégal.**
>
> *Sylvie habite en France. Quand elle était petite, elle **habitait** au Sénégal.*

1. Nous mangeons du caviar et des huîtres pendant les fêtes de fin d'année. Autrefois, nous (manger) _____ du poisson.

2. Mes grands-parents vivent dans une maison à la campagne. Quand ils travaillaient, ils (vivre) _____ en ville.

Suite à la page suivante

3. Maintenant que tu es grand, tu ne cours pas dans les rues pour retrouver tes copains. Autrefois tu (courir) _____ les retrouver.

4. Marie réfléchit longuement à ses responsabilités de mère de famille. Avant sa séparation, elle (ne pas réfléchir) _____ autant.

5. Maintenant, vous faites la cuisine tous les jours. Avant vous ne la (faire) _____ que le dimanche.

6. Elle ne prend pas garde à son régime. Quand elle était plus jeune, elle (prendre garde) _____ à ne pas grossir.

7. De nos jours, nous nous éclairons à l'électricité. Autrefois, on (éclairer) _____ à la bougie (*candle*).

Exercice 3.3

Dans les phrases suivantes, mettez les verbes entre parenthèses au temps qui convient, passé composé ou imparfait.

1. Chaque dimanche, Chantal (appeler) Roxane et elle lui (proposer) de venir manger chez elle. Roxane (ne jamais avoir) de projets le dimanche.

2. Roxane (faire) beaucoup d'efforts mais elle (apprendre) lentement. Chantal lui (dire) qu'il (falloir) être patiente et qu'elle (devoir) pratiquer son français avec elle. Roxane (être) contente d'être l'amie de Chantal.

3. Pour la remercier, Roxane lui (écrire) un poème et lui (apporter) des fleurs.

4. À l'école primaire, on (savoir) que les élèves (avoir) la vie facile, mais les lycéens (être) inquiets parce qu'ils (ne pas arrêter) de penser au bac qu'ils (aller) passer.

5. La petite fille (voir) que ses parents (réfléchir) longtemps avant de quitter la France.

LE PASSÉ COMPOSÉ ET L'IMPARFAIT ENSEMBLE

Dans un récit, on emploie le passé composé et l'imparfait alternativement. Voici des situations possibles.

1. Une action soudaine (*au passé composé*) est accompagnée par une description (*à l'imparfait*) ou par une action progressive.

> J'**ai vu** Juliette dans l'immeuble. Elle **parlait** avec la concierge.
>
> Renée et moi **sommes allées** nous promener. Nous **chantonnions** les verbes en français, les passants nous **regardaient** surpris.

REMARQUE: Souvent il y a **qui, que** ou **parce que** entre les deux parties de la phrase.

> J'**ai vu** Josette *qui* **faisait** du skateboard avec Mélanie.

2. Une description, une habitude (*à l'imparfait*) est interrompue par une action soudaine (*au passé composé*).

> Hier, je **regardais** la télévision quand mes amis **m'ont téléphoné** pour sortir.
>
> J'**écrivais** tous mes devoirs avec un stylo; un jour j'**ai acheté** un ordinateur.

3. Le verbe qui suit la conjonction **que** après un verbe au passé (**je pensais que, il a cru que**) n'est jamais au passé composé.

> Elle a cru que Mohammed **pouvait** s'habituer au lycée.
>
> M. Loubon savait qu'Azouz **allait** avoir une bonne note.

Tableau-résumé:
Emplois du passé composé et de l'imparfait

Passé composé	*Imparfait*
1. Action-point ·	Actions habituelles →
2. Plusieurs actions-points ···	Actions progressives →
3. Durée limitée |—|	Description →
4. Répétition limitée |···|	Habitude →
Passé composé et imparfait ensemble	
1. Action soudaine et description ·→	
2. Description et action soudaine ·→	
3. Habitude et action soudaine ·→	

Exercice 3.4

Dans les phrases suivantes, mettez les verbes au temps qui convient, imparfait ou passé composé.

1. Quand Sylvie (être) petite, elle (lire) les livres que sa mère lui (acheter).
2. Quand je (arriver) à l'école, il (être) 8 heures et les classes (venir) de commencer.
3. L'étudiant (demander) au prof quand le prochain examen (aller) avoir lieu.
4. L'élève (ne pas répondre) à la question parce qu'il (avoir) peur de se tromper.
5. Pendant que mes camarades (jouer) dans la cour, je/j' (préparer) mes leçons. Je (vouloir) réussir à tout prix.
6. Il (pleuvoir) quand elle (monter) dans le bus. Parce qu'il (faire) mauvais, il (ne pas y avoir) de place. Elle (devoir) rester debout. Chaque fois que le bus (s'arrêter), elle (avoir) besoin de faire attention. Quand le bus (arriver), tout le monde (descendre) rapidement.

GRAMMAIRE: LE PLUS-QUE-PARFAIT

FORMES

1. Le plus-que-parfait est formé avec l'imparfait de l'auxiliaire **avoir** ou **être** et le participe passé.

   Il **avait préparé** l'examen parce qu'il **avait voulu** recevoir une bonne note.

   Elle **était allée** faire des courses avant d'aller à l'école.

verbes avec **avoir**	verbes avec **être**	verbes pronominaux
j'**avais donné**	j'**étais parti(e)**	je **m'étais promené(e)**
tu **avais pris**	tu **étais venu(e)**	tu **t'étais trompé(e)**
il **avait fait**	il **était entré**	il **s'était assis**
elle **avait vu**	elle **était arrivée**	elle **s'était regardée**
on **avait vu**	on **était arrivé(e)(s)**	on **s'était regardé(e)(s)**
nous **avions choisi**	nous **étions sorti(e)s**	nous **nous étions perdu(e)s**
vous **aviez écouté**	vous **étiez descendu(e)(s)**	vous **vous étiez regardé(e)(s)**
ils **avaient reçu**	ils **étaient montés**	ils **s'étaient mariés**

2. Le choix de l'auxiliaire et l'accord du participe passé suivent les mêmes règles qu'au passé composé (voir chapitre 2, Passé composé, Choix de l'auxiliaire).

3. Le verbe pronominal se conjugue avec l'auxiliaire **être** à l'imparfait.

   Je suis arrivé(e) en retard au lycée. Je ne **m'étais pas réveillé(e)** parce que je **m'étais couché(e)** tard.

4. Ne confondez pas un plus-que-parfait conjugué avec **être** et l'imparfait du verbe **être** accompagné d'un participe passé adjectif.

   Elle **était restée** après l'école parce qu'elle **était punie**.

5. À la forme négative, **ne...pas** entoure l'auxiliaire.

Exercice 3.5

Dans les phrases suivantes, mettez les verbes dans les groupes entre parenthèses au plus-que-parfait. Suivez le modèle.

Modèle: Le professeur a félicité l'étudiant. (L'étudiant a rendu un très bon devoir.)

Le professeur a félicité l'étudiant. L'étudiant **avait rendu** un très bon devoir.

1. Azouz ne s'est pas senti à l'aise dans cette nouvelle école. (Les autres élèves font connaissance avant son arrivée.)
2. Azouz a quitté l'école. (Les enfants ne lui ont pas parlé dans la cour.)
3. Azouz a écrit sa rédaction à la maison. (Le prof a proposé un sujet libre.)
4. Le sujet de la rédaction était sur le racisme. (Azouz a fait l'expérience de cette situation.)
5. M. Loubon comprenait les difficultés du jeune beur. (Il a vécu en Algérie.)
6. L'après-midi, Azouz est arrivé en classe en retard. (Il a manqué l'autobus.)
7. Plus tard, Azouz est allé chez le docteur. (Il ne s'est pas senti bien pendant la classe.)
8. Le lendemain, dans son autre classe, le professeur a donné à Azouz la meilleure note de la classe. (Azouz a fait du très bon travail.)

Exercice 3.6

Dans les phrases suivantes, mettez les verbes entre parenthèses au plus-que-parfait.

1. Jean et Suzanne ont divorcé la semaine dernière. Ils (se marier) il y a un mois!
2. Il a rougi parce qu'on (se moquer de lui).
3. Nous avons ramené à la maison le chien que nous (trouver) dans la rue.
4. Le jeune homme a mis dans sa poche le billet de vingt euros qui (tomber) par terre.
5. Le prof m'a mis un zéro parce que je (ne rien comprendre).
6. Vous allez maintenant au lycée. Vous avez perdu les amis que vous (rencontrer) à l'école élémentaire.

EMPLOIS

Le plus-que-parfait correspond au *past perfect* en anglais: *he had made*; *she had said*.

> J'**ai rougi** parce que j'**avais fait** une grosse faute de grammaire.
>
> I ***blushed*** because I ***had made*** a bad grammar mistake.

On emploie le plus-que-parfait pour indiquer qu'une action a lieu avant une action principale déjà passée.

(action principale)   (action passée avant)

Paul **est rentré** à 9 heures;   il **était parti** à 7 heures.

(action principale)   (action passée avant)

Gabrielle et son mari **sont allés** vivre dans la province d'Alberta; ils **avaient grandi** au Québec.

REMARQUE: Le français est plus strict que l'anglais. En anglais on peut dire:

Paul returned at nine o'clock; he left at seven.

Voici des modèles de phrases où l'emploi du plus-que-parfait est fréquent.

1. Dans deux phrases juxtaposées (placées l'une à côté de l'autre).

M. Loubon comprenait bien Azouz: il **avait habité** en Algérie.

2. Après un pronom relatif (**qui, que,** etc.).

Jacques a perdu la clé **que** je lui **avais prêtée**.

3. Après la conjonction **parce que**.

L'enfant était triste **parce que** les élèves **s'étaient moqués** de lui.

4. Après **que** ou **si** dans un discours indirect (voir chapitre 18)

Le prof a demandé aux élèves **si** quelqu'un **avait compris** la leçon.

5. Après la conjonction **si** dans **un système conditionnel** (voir page 297).

Si j'avais copié, **j'aurais** certainement **mérité** une punition.

6. Après les **conjonctions de temps**

Aussitôt qu'il avait reçu sa note, il s'était senti fier de lui.

Une fois que Pauline **avait fini** ses devoirs, elle se promenait sur la place du village.

ATTENTION: Le verbe qui suit la conjonction de temps est au plus-que-parfait; le verbe principal est au plus-que-parfait ou à l'imparfait, jamais au passé composé.

Exercice 3.7

Dans les phrases suivantes, mettez les verbes entre parenthèses au plus-que-parfait.

1. Aussitôt qu'elle (arriver) au bureau de police, Régine (demander) si on (trouver) le voleur qui (entrer) dans sa maison, et (voler) son appareil photo, sa caméra (*movie camera*) et sa tablette.
2. Serge a eu une vie ennuyeuse et un travail sans avenir. Il (ne pas s'intéresser) aux études.
3. Une fois que les enfants (s'amuser) dans le parc, (courir) et (jouer), on leur donnait un goûter.
4. Le professeur a répété ses explications trois fois: les étudiants (ne pas avoir l'air) de comprendre les deux premières fois.
5. Quand j'ai eu un accident de voiture, j'ai compris que je (avoir raison) de prendre une bonne assurance.
6. L'inspecteur était fatigué; il (interroger) le prisonnier pendant deux heures sans succès.

SUPPLÉMENTS DE GRAMMAIRE

VENIR DE À L'IMPARFAIT + INFINITIF

L'expression **venir de** à l'imparfait accompagnée d'un infinitif est une autre façon d'exprimer le plus-que-parfait récent: *I had just done, he had just left.*

> Azouz et sa famille **venaient d'arriver** à Lyon.
>
> *Azouz and his family **had just arrived** in Lyon.*

Exercice 3.8

Récrivez les phrases suivantes en utilisant l'expression «venir de» à l'imparfait suivie de l'infinitif du verbe en italique.

Modèle: Elle *était rentrée.*

> Elle **venait de** rentrer.

1. Le prof de français *avait rendu* les rédactions.
2. *J'avais construit* un magnifique château de cartes quand mon petit frère est entré.
3. La sonnerie *avait retenti* quand l'enfant a décidé de rentrer chez lui.
4. Aïcha et Jasmina *avaient fini* de lire le roman de Maupassant quand elles ont vu le film *Bel-Ami.*

Exercice 3.9

Traduisez les phrases suivantes.

1. A hurricane (**un ouragan**) had just hit the village when we arrived.
2. The little girl had just bent over to pick up something lying on the floor when the boy pushed her.
3. I had just lost 1,000 euros in the lottery when I received your present.
4. We had just returned home when the telephone rang.

EXPRESSIONS AVEC **AVOIR**

Certaines expressions idiomatiques sont formées avec le verbe **avoir** et un nom sans article. Voici une liste d'expressions courantes qui utilisent **avoir**.

avoir besoin de	*to need*	**avoir l'intention de**	*to intend*
avoir bon caractère	*to have a good disposition*	**avoir mauvais caractère**	*to have a bad disposition*
avoir bonne mine	*to look healthy*	**avoir mauvaise mine**	*to look sick*
avoir chaud	*to be hot*	**avoir peur**	*to be afraid*
avoir envie de	*to feel like*	**avoir raison**	*to be right*
avoir faim	*to be hungry*	**avoir soif**	*to be thirsty*
avoir froid	*to be cold*	**avoir sommeil**	*to be sleepy*
avoir l'air	*to look, seem, to appear*	**avoir tort**	*to be wrong*
		avoir (dix, quinze) ans	*to be (ten, fifteen) years old*

REMARQUES:

- Presque toutes ces expressions s'emploient seulement avec un nom de personne comme sujet. À la place **d'avoir chaud, froid, raison, tort**, si le sujet est un objet inanimé, une chose, on dit:

  La soupe est **chaude**.

  La glace est **froide**.

  Une phrase est **juste, exacte, fausse, incorrecte**. (Une personne a raison.)

- **Avoir besoin de, avoir l'air** peuvent aussi avoir un nom de chose comme sujet.

  Cette **maison a besoin** d'un nouveau toit.

  Votre **bifteck a l'air** excellent.

- Il n'y a pas d'article devant le mot qui suit avoir, excepté dans les expressions **avoir l'air** et **avoir l'intention**.

Elle **a eu peur**.	She **got scared**.
Il **a eu l'air** content.	He **looked** happy.
Nous **avions l'intention** de vous écrire, mais...	We **meant** to write to you but...

Exercice 3.10

Mettez l'expression avec avoir qui convient dans les phrases suivantes.

1. Je ne peux pas garder les yeux ouverts. _____.
2. Tu trembles parce que tu _____ ou parce que tu _____?
3. Quand on marche vite sous le soleil, bientôt on _____ et on _____.
4. Il n'a rien mangé depuis hier. Il _____.
5. Le prof' est irritable. Il _____vacances.
6. Quand je lui ai dit que sa rédaction était excellente, il _____ content.

7. Tu bois du café? Tu _____. C'est mauvais pour le cœur.

8. Elle était pâle et maigre. Elle _____ malade.

9. Ce jeune homme n'a pas beaucoup d'amis. Il est toujours de mauvaise humeur et il _____.

10. Mes voisins ne sont pas gentils avec leurs animaux. J'_____ les dénoncer à la Société protectrice des animaux.

Exercice 3.11

Traduisez les phrases suivantes.

1. My grandson is fifteen years old.
2. Do you need a computer?
3. She does not have a good disposition.
4. You look healthy.
5. Your father is right.

DEPUIS + L'IMPARFAIT

La formule «imparfait + depuis + une date ou une durée» exprime l'idée qu'une action était en train de se produire quand une interruption est arrivée. L'action qui interrompt est au passé composé. On a la formule anglaise «verb in the pluperfect, past perfect progressive tense, followed by the preposition for or since».

> Jacques dormait depuis dix minutes, depuis midi, quand le téléphone a sonné.
> Jacques had been sleeping (had been asleep) for ten minutes, since noon when the phone rang.

REMARQUE: on peut utiliser aussi les expressions: «Il y avait dix minutes…» ou «Ça faisait dix minutes» qu'il dormait quand le téléphone a sonné.

La question contient aussi l'imparfait avec «Depuis quand est-ce que…?» ou «Depuis combien de temps est-ce que…?»:

Depuis quand est-ce que Jacques dormait quand le téléphone a sonné?

Exercice 3.12

Faites des phrases avec depuis et l'imparfait avec le vocabulaire suivant:

Rosalie/ se promener dans la forêt / une heure / il pleut; Germain /conduire sa nouvelle voiture/ février/ avoir un accident; Je/être au lycée/ deux mois/ Azouz et son frère/ arriver.

TRADUCTION

Rachid had always wanted to write a great novel. For (**pendant**) many years he had tried to imitate the great French novelists, like Maupassant and Zola. But his teachers had always given him bad grades for his essays because he made too many spelling mistakes (**fautes d'orthographe**). One day, one of his teachers gave back the last essay he had written. This time Rachid had written the best essay in the whole class. The teacher asked Rachid why suddenly he had not made any spelling mistakes. Had Rachid become overnight (**du jour au lendemain**) a spelling genius? Rachid blushed and confessed that his father had paid a tutor (**tuteur**) to help him. The tutor had corrected his mistakes. So the teacher changed Rachid's grade and punished him. But since then, Rachid became a great French novelist, and now the computer corrects his spelling.

RÉDACTION

Le père d'Azouz envoie une lettre à un ami français pour lui raconter comment son fils a obtenu la meilleure note en rédaction.

CHAPITRE 4

Le nom et l'adjectif

BUT DE CE CHAPITRE

Dans ce chapitre, on vous explique:

- le genre des noms de personnes et des noms de choses
- le pluriel des noms
- le genre et le pluriel des adjectifs
- les règles d'accord des adjectifs
- la place des adjectifs
- la formation et l'usage des adverbes en -ment

THÈMES DU CHAPITRE

- la sécurité sociale
- la santé, la maladie, une visite chez le docteur

VOCABULAIRE

aller mieux to feel better
amaigri thinned down
avaler to swallow
boucher to plug, to block
cabinet (*m.*) **de consultation** doctor's office
conseil (*m.*) advice
découvrir to discover
dégagé(e) cleared up
dépression, déprime (*f.*) depression
endroit (*m.*) place
enflé(e) swollen
en pleine forme in great shape, in top form
envahir to invade
épuisé(e) exhausted
glace (*f.*) mirror; *also* ice cream
gorge (*f.*) throat
interdire to forbid
joue (*f.*) cheek
à lunettes with glasses

maladie (*f.*) sickness
menton (*m.*) chin
miroir (*m.*) mirror
mourant(e) dying
profiter de to take advantage
rayon (*m.*) **de lumière** ray of light
reculer to back up
respirer to breathe
rhume (*m.*) cold
santé (*f.*) health
se poser to land
se réveiller to wake up
soleil (*m.*) sun
teint (*m.*) complexion
toubib (*fam.*) (*m.*), **médecin, docteur** doctor
trachée (*f.*) trachea, windpipe
traverser to cross, to go through
visage (*m.*) face
vitre (*f.*) window pane

VOCABULAIRE SUPPLÉMENTAIRE

aller bien to be in good health
ausculter to examine
avoir bonne (mauvaise) mine to look well (terrible)
bénin (bénigne) benign, mild
bobo (*m.*) a mild sore, illness (children's word)

cachet (*m.*) pill
chirurgien (*m.*) surgeon
comprimé (*m.*) pill
diagnostic (*m.*) diagnosis
frais (*m.*) cost, expense
grippe (*f.*) flu
guérir to recover, to cure

inquiéter to worry
médicament (*m.*) medicine, medication
opération (*f.*) surgery

ordonnance (*f.*) prescription
piqûre (*f.*) shot, injection
se sentir bien, mal to feel good, bad
visite à domicile (*f.*) house call

LECTURE

PROFIL DE L'AUTEUR

Benoît Duteurtre (1960–) est né en Normandie. Il est l'arrière-petit-fils (*great grandson*) de René Coty, président de la République française de 1954 à 1958. Il a fait des études de musique à l'université. Il a écrit des articles pour différents journaux connus (*Paris Match, le Figaro, le Monde de la musique*), des romans et des nouvelles et une comédie musicale.

Dans *Le Voyage en France*, le personnage principal est David, un jeune Américain qui n'a jamais connu son père, un Français. David adore la France et vient y faire un voyage pour découvrir l'endroit où ont vécu, et peint, ses artistes favoris, les impressionnistes. Il va vivre des aventures multiples, avant de rencontrer le narrateur, (son père!)... Le texte que vous allez lire est le début du roman. B. Duteurtre décrit un «Français moyen» (*average French person*), un peu hypocondriaque.

NOTES CULTURELLES

La Sécurité Sociale

Créé en 1945, ce système d'assurance médicale national protège tous les Français. La sécu a connu de nombreuses transformations et évolutions. «Le trou de la sécu» (*the hole in the Social Security budget*) est un fréquent sujet de conversation, parce qu'il est en constant déficit, ce qui inquiète beaucoup les Français. La Sécurité Sociale rembourse la grande majorité des frais médicaux. Les Français bénéficient aussi d'une assurance maladie complémentaire ou mutuelle. Donc, leurs frais médicaux sont pratiquement inexistants. C'est sans doute pour cette raison qu'en France on va plus souvent chez le médecin et qu'on achète plus de médicaments qu'ailleurs (*elsewhere*) en Europe. La plupart des consultations se font dans le cabinet du médecin, mais une visite sur cinq se fait encore à domicile. En France on va aussi souvent chez le pharmacien, qui donne des conseils et aide à résoudre des problèmes de santé bénins.

Lecture: *Un «grand» malade* (de *Le Voyage en France*) par Benoît Duteurtre

Je me suis réveillé, tremblant [...]. Quand j'ai ouvert les yeux [...], il faisait chaud mais je grelottais. [...] Je me suis dirigé vers le miroir où j'ai reculé devant mon visage amaigri, mon teint livide. J'ai relevé le menton pour chercher avec effroi les ganglions annonçant l'effondrement prochain du système immunitaire. Débâcle généralisée? Sida? Simple petit rhume? Cancer de la gorge [...]?

La matinée fut déplorable. Toutes les cinq minutes, je retournais devant la glace pour discerner [...] si j'étais ou si je n'étais pas mourant, si j'avais l'air épuisé ou en pleine forme [...]. Je pensais à ma gorge douloureuse, enflée, envahie par cette tumeur qui allait boucher la trachée, m'interdire de manger, de boire puis de respirer. [...]

[*Le malade se rend au service d'urgence d'oto-rhino-laryngologie, à l'hôpital*].

Je me rappelle avoir lu, dans un journal français, que notre système de santé est le meilleur du monde et j'éprouve une vague fierté. [...]

Un jeune homme à lunettes me pousse dans son cabinet de consultation [...] Après avoir plongé plusieurs ustensiles dans mon larynx, l'interne ressort de la cavité en affirmant que je n'ai absolument rien, peut-être un peu trop bu, un peu trop fumé ces derniers jours.

—Comment ça, rien?

Le toubib en blouse blanche s'épanouit en répétant:

—Votre gorge est impeccable. [...] Vous devez faire un peu de déprime. Profitez donc du soleil! Et si ça ne va pas mieux, revenez la semaine prochaine. [...]

Je marche [...] vers le hall d'accueil. Un rayon de lumière traverse les vitres et vient se poser sur ma joue. Je me répète cette phrase: «Profitez donc du soleil!» L'interne a peut-être raison. Avalant ma salive, je sens pour la première fois ma gorge dégagée.

Notes: système (*m.*) immunitaire = *immune system*; débâcle (*f.*) = *collapse*; oto-rhino-laryngologie (*f.*) = *nose and throat specialty*; annonçant...= *indicating...*; pour discerner...= *to detect*; j'éprouve = *I feel*; s'épanouit = *lights up, smiles*; Comment ça? = *How's that?*; blouse (*f.*) = *scrubs*

COMPRÉHENSION DU TEXTE

1. Relevez les noms et les adjectifs qui appartiennent au lexique médical.

2. Décrivez les premiers symptômes du narrateur quand il se réveille.

3. Quelles maladies pense-t-il avoir contractées?

4. Quelles actions montrent qu'il croit être gravement malade?

5. Pourquoi le narrateur est-il fier du système de santé français?

6. Quel est le diagnostic de l'interne?

7. Quel conseil lui donne l'interne? Que fait le malade et comment se sent-il?

GRAMMAIRE: LE NOM

LE GENRE DES NOMS DE PERSONNES

Un nom de personne a un genre, masculin ou féminin, déterminé par le sexe.

un garçon   une fille

un homme   une femme

Pour certains noms masculins terminés par un **-e**, on change simplement l'article pour obtenir un nom féminin.

| **un** artiste | **une** artiste | **un** pianiste | **une** pianiste |
| **un** camarade | **une** camarade | **un** secrétaire | **une** secrétaire |

On ajoute souvent un **-e** au nom masculin pour obtenir un nom féminin.

| **un** ami | **une** amie | **un** gérant | **une** gérante (*manager*) |
| **un** employé | **une** employée | **un** avocat | **une** avocate |

Exception: un enfant, **une** enfant (sans **-e**)

Placé après une voyelle, ce **-e** n'est pas prononcé. Placé après une consonne, il n'est pas prononcé, mais la consonne qui précède est prononcée, parfois redoublée. Remarquez les changements orthographiques dans le tableau suivant:

-er → -ère	un boulanger	une boulangère (*baker*)
	un infirmier	une infirmière (*nurse*)
-on → -onne	un patron	une patronne (*owner, boss, manager*)

Suite à la page suivante

-ien → -ienne	un mécanicien	une mécanicienne (*mechanic*)
	un informaticien	une informaticienne (*computer scientist, technician*)
-an → -anne	un paysan	une paysanne (*farmer*)

Les noms masculins en **-eur** ont leur féminin en **-euse**.

| un coiff**eur** | une coiff**euse** |
| un vend**eur** | une vend**euse** |

Les noms masculins en **-teur** ont leur féminin en **-trice**.

un ac**teur**	une ac**trice**
un institu**teur**	une institu**trice**
le direc**teur**	la direc**trice**

Exceptions: le chan**teur,** la chan**teuse,** le men**teur,** la men**teuse** (*liar*)

Certains noms masculins ont leur féminin en **-esse**. Il y a beaucoup de noms apparentés (*cognates*) dans cette catégorie.

| le prince | la princ**esse** | le duc | la duch**esse** | le dieu | la dé**esse** |
| le comte | la comt**esse** | le tigre | la tigr**esse** | | |

Certains noms sont toujours masculins, même pour désigner une femme.

un bébé	un peintre	un mannequin (*model*)
un médecin	un ingénieur (*engineer*)	un professeur
un chef	un docteur	

REMARQUE:

- Si on veut préciser, on dit une **femme peintre,** une **femme médecin.**
- Les jeunes Français disent «**la prof**» pour une **femme professeur.**
- Les mots **écrivaine** (*writer*) et **auteure** (*author*) ont été récemment créés et deviennent populaires.
- Certains noms de profession masculins deviennent féminins si on ajoute l'article **la: la ministre, la juge, la guide.** Il existe un féminin familier pour **le docteur: la doctoresse,** mais les femmes médecins préfèrent qu'on les appelle **Madame le docteur.**

Certains noms sont toujours féminins, même pour désigner un homme.

une personne   une vedette (*movie star*)   une victime

Certains noms ont un mot spécial pour le féminin.

le mâle	la femelle	le roi	la reine
le garçon	la fille	le garçon (*waiter*)	la serveuse (*waitress*)
un homme	une femme	un monsieur (*gentleman*)	une dame (*lady*)

La famille. Remarquez les noms des membres d'une famille.

le mari	la femme	le neveu	la nièce
l'époux	l'épouse	le grand-père	la grand-mère
le père	la mère	le petit-fils (*grandson*)	la petite-fille
le fils	la fille	le parrain (*godfather*)	la marraine (*godmother*)
le frère	la sœur	le jumeau (*twin*)	la jumelle
l'oncle	la tante		

Les noms d'animaux suivent les mêmes règles.

le chien   la chienne   le chat   la chatte

Il y a parfois un nom spécial pour le féminin.

le coq (*rooster*)   la poule (*hen*)

le taureau (*bull*)   la vache (*cow*)

le cheval (*horse*)   la jument (*mare*)

Quand l'animal a seulement un nom d'espèce, on ajoute **mâle** ou **femelle**.[1]

une souris (*mouse*) **mâle**   un poisson **femelle**

Les prénoms français ont des formes masculines et des formes féminines qui suivent les règles précédentes.

Dominique	Dominique	Christian	Christiane
René	Renée	Jean	Jeanne
André	Andrée	Julien	Julienne
Simon	Simone	Jules	Juliette

---

1. Les noms-adjectifs «mâle» et «femelle» ne s'emploient que pour les animaux. Employés pour des personnes, ces mots sont considérés comme grossiers (*rude*) ou péjoratifs (*derogatory*). Dites: homme ou femme (noms), masculin ou féminin (adjectifs)

Exercice 4.1

Complétez les phrases avec le nom du genre opposé du nom en italique.

1. M. Dupont est *infirmier*. Sa femme aussi est _____.
2. Les Renault sont *le patron* et_____ du café de la Gare.
3. Préférez-vous *une avocate* ou _____ pour vous défendre?
4. Au musée il y a *un guide* et _____.
5. Johnny Halliday est *un chanteur* connu en France. Son ex-épouse, Sylvie Vartan, est une _____ connue aux États-Unis.
6. Mme Merle est *informaticienne*. Son mari n'est pas _____.
7. *Le marquis* et _____ de Carabas sont en voyage.
8. Qui voulez-vous voir dans ce cabinet: *le docteur* Henri Malraux ou sa femme, _____ Suzanne Malraux?
9. Pour leur mariage, mes amis ont engagé *un musicien* et _____.
10. Connaissez-vous *le duc* et _____ de Belfort?

Exercice 4.2

Complétez les phrases suivantes avec un nom du genre opposé du nom en italique.

Modèle: J'ai un *frère* et deux _____.

*J'ai un frère et deux **sœurs**.*

1. Mon _____ et ma *tante* viennent dîner.
2. Avez-vous vu le film *Cousin,*_____?
3. Lassie est un *chien*? Non, c'est une_____.
4. Comment dit-on quand, au restaurant, le *garçon* est une _____?
   — On dit: « Mademoiselle, s'il vous plaît. »
5. Le *boulanger* fait le pain et la _____ est derrière le comptoir.
6. Mon *prof* de philo est un *homme,* et ma _____ de latin est une _____.
7. Allez-vous chez un *coiffeur* ou une _____?

8. Le père de Sylvie n'est pas *instituteur,* et sa mère n'est pas _____ non plus.

9. La *sœur* jumelle de *Simone* s'appelle *Pierrette*, et le _____ de S_____ s'appelle P_____.

10. Dans cette ferme, il y a un *cheval* et une _____, un *taureau* et des_____, des *poules* et un_____, un *chat* et une_____.

Connaissez-vous l'activité ou le statut des personnes suivantes?

1. Caroline de Monaco est _____.
2. Picasso était _____.
3. Justin Timberlake est _____.
4. Azouz Begag est _____.
5. Maria Callas était _____.
6. Brad Pitt est _____.
7. Natalie Portman est_____.
8. Elizabeth II est _____.

LE GENRE DES NOMS DE CHOSES

1. Pour les noms de choses, quelquefois la terminaison permet d'identifier le genre du nom. Le tableau suivant présente certaines terminaisons courantes du masculin ou du féminin, avec des exceptions.

Masculin	Exceptions courantes	Féminin	Exceptions courantes
-able le sable (*sand*)	la table	-ade la promenade (*walk*) la limonade	

Suite à la page suivante

-age le garage	la plage la cage la page une image		
-ail le travail		**-aille** la trouvaille (*interesting finding*)	
-aire le dictionnaire	la grammaire	**-aine** la douzaine	
-al le journal		**-ance** la connaisance la correspondance	
-ant le restaurant		**-ence** la science	le silence
-eau le manteau le tableau	une eau la peau (*skin*)	**-ée** une allée une idée	le lycée le musée
		-eur la longueur la largeur la hauteur (*mots abstraits formés sur des adjectifs*)	le bonheur le malheur l'honneur
-c, -r, -g le banc le bar le rang		**-esse** la promesse	
-euil le fauteuil		**-ice** la justice la police	un artifice le supplice
		-ie la boucherie la folie	le génie un incendie le parapluie
-et le jardinet		**-ette** la cigarette **-ique** la politique	le squelette
-ier le cahier		**-té** la liberté **-ion** la réunion la télévision	un été un avion le camion un million

-isme le communisme		**-tion** la conversation	
-ment un appartement le gouvernement		**-tude** la certitude **-ture** la nature	
-oir le devoir		**-oire** une histoire	le laboratoire le répertoire
-a, -o, -ou le cinéma le piano le trou		**-on** la leçon la maison	le poisson le soupçon

2. Certaines catégories de noms ont le même genre. Les noms d'arbres (**le peuplier, l'oranger**) sont masculins, et aussi les noms de métaux et de couleurs (**l'or, l'argent, le bleu**), les noms de langues (**le français**), les noms de jours et de saisons (**le jeudi, le printemps**). Les noms de sciences (**la physique, la chimie**) sont féminins.

3. Deux mots—**après-midi, interview**—sont masculins ou féminins. On a le choix: **un après-midi** ou **une après-midi, un interview** ou **une interview**.

4. Quelques mots ont deux genres et ont un sens différent au masculin et au féminin.

le crêpe (*crepe fabric*)	la crêpe (*pancake*)
le livre (*book*)	la livre (*pound*)
le manche (*handle*)	la manche (*sleeve*)
le mémoire (*memoir*)	la mémoire (*memory*)
le mode (*way*)	la mode (*fashion*)
le mort (*dead man*)	la mort (*death*)
le poêle (*heating stove*)	la poêle (*frying pan*)
le poste (*job*)	la poste (*post office*)
le tour (*tour*)	la tour (*tower*)
le voile (*veil*)	la voile (*sail*)

5. Les noms de pays ont un genre: **le Maroc, la Belgique**. Voir chapitre 5, «Emplois spéciaux de l'article défini».

Exercice 4.4

Réécrivez les phrases suivantes en utilisant l'article qui convient, _le, la, l', un, une_ devant chaque nom.

1. Quelle saison préférez-vous? ___ printemps, ___ automne ou ___ hiver?
2. Nous étudions ___ géographie, ___ espagnol et ___ latin.
3. C'est ___ invention extraordinaire.
4. Ne mettez pas les fleurs sur ___ ordinateur ni sur ___ piano, mais sur ___ table.
5. ___ lycée, ___ pharmacie et ___ laboratoire sont tous dans la même rue.
6. À ___ mer, j'aime ___ sable sur ___ plage, ___ eau et ___ soleil.
7. ___ château de Versailles, ___ tour Eiffel et ___ musée du Louvre sont des sites magnifiques.

Exercice 4.5

Dans les phrases suivantes, mettez l'article qui convient _un, une, le, la, du_ devant le nom. Attention, les noms suivants changent de signification selon leur genre.

1. ___ crêpe de cette robe est très délicat.
2. Pour la Chandeleur on fait des crêpes: on prend ___ manche de ___ poêle dans une main et on fait sauter ___ crêpe en l'air.
3. Pendant qu'ils faisaient ___ tour des monuments de Paris, les touristes ont visité ___ tour Eiffel.
4. Gabriel vient d'obtenir ___ poste à ___ poste: il distribue le courrier.

LE PLURIEL DES NOMS

Pour former le pluriel de la plupart des noms on ajoute un **-s** au singulier.

REMARQUES:

• Les noms terminés en **-s**, **-x** ou **-z** ne changent pas: le **pas**, les **pas**; le **nez**, les **nez**; la **voix**, les **voix**.

- Certains noms d'origine anglaise ont leur pluriel en **-s** ou **-es**: un match, des match**s** *ou* des match**es**; un sandwich, des sandwich**s** *ou* des sandwich**es**. *Mais* on dit des toast**s**, des sport**s**.

Voici un tableau des terminaisons d'autres pluriels particuliers.

Terminaisons	Singulier	Pluriel	Exceptions communes
-ail →-ails	le chandail (*sweater*)	les chandails	les travaux (*works*)
	le détail	les détails	les vitraux (*stained-glass windows*)
-al →-aux	le cheval	les chevaux	les bals
	le journal	les journaux	les festivals les récitals
-au →-aux	le tuyau (*hose, pipe*)	les tuyaux	les landaus (*baby carriages*)
-eau →-eaux	le château	les châteaux	
	le manteau	les manteaux	
-eu →-eux	le jeu (*game*)	les jeux	les pneus (*tires*)
	le neveu	les neveux	
-ou →-ous	le clou (*nail*)	les clous	
	le sou (*cent*)	les sous	

Il y a seulement sept noms en **-ou** qui ont leur pluriel en **-oux**.

les bijoux (*jewels*)   les hiboux (*owls*)

les cailloux (*stones*)   les joujoux (*toys*)

les choux (*cabbages*)   les poux (*lice*)

les genoux (*knees*)

Quelques noms courants ont un pluriel irrégulier.

un monsieur	des messieurs	un bonhomme	des bonshommes
madame	mesdames	un jeune homme	des jeunes gens
mademoiselle	mesdemoiselles		

Les noms propres ne prennent pas de **-s**.

les Dupont   les Renaud

Dans les noms composés qui sont formés avec des noms et des adjectifs, les noms et les adjectifs s'accordent en nombre.

les grands-parents   les petits-enfants

REMARQUE: Le pluriel de grand-mère est grand-mères ou grands-mères.

Quand les noms composés sont formés avec des verbes, les verbes sont invariables;
le nom qui suit reste au singulier si son emploi est généralement au singulier.

les gratte-ciel (*skyscrapers*)   les lave-vaisselle (*dishwashers*)

Quand les noms composés sont formés avec des mots invariables (préposition, nom
toujours singulier), ces mots restent invariables.

les après-midi   les hors-d'œuvre

La prononciation des pluriels suivants est irrégulière.

un œuf   des œufs /ø/   un bœuf   des bœufs /bø/
un œil   des yeux /jø/

Exercice 4.6

Complétez les phrases suivantes en mettant au pluriel les noms donnés en italique.

1. Elle achète un *chapeau*. On achète des _____ au marché.
2. Vous avez un *cheval*? Oui, nous possédons plusieurs _____.
3. Il oublie ce *détail*. Ces_____ sont très importants.
4. J'ai un *pneu* crevé (*flat*). Les _____ de ma voiture sont usés.
5. Avez-vous un *sou*? Oui, j'ai des _____.
6. *Monsieur* et *madame*._____ et _____.
7. «J'ai mal à l'*œil*», dit-il. Il a toujours mal aux _____.
8. Ce jeune *homme* est sérieux; ces jeunes _____ aussi sont sérieux.
9. Ma *grand-mère* est gentille; les _____ sont toujours gentilles.
10. Elle a un *caillou* blanc et quatre _____ noirs.

Exercice 4.7

Complétez les phrases suivantes en mettant au singulier les noms donnés en italique.

1. Il y avait des *clous* sur la route. J'ai marché sur un _____.
2. Au cimetière, les *croix* sont différentes. J'ai vu une _____ bretonne.
3. En France, il y a beaucoup de *festivals* de théâtre en été. Je préfère le _____ d'Avignon.
4. La chanson dit: «Savez-vous planter les *choux*?» Beaucoup de personnes n'aiment pas le _____ .
5. On sert les *hors-d'œuvre* au début d'un repas. La salade de tomates est un _____.
6. Les *printemps* sont souvent pluvieux en France. Cette année, le _____ a été superbe.
7. Marie adore ses *neveux*. Son _____ favori habite à la Martinique.
8. Robert Desnos a écrit un poème qui parle de *hiboux*. Le _____ est un oiseau nocturne.

PLURIELS ET SINGULIERS

Certains noms sont toujours employés au pluriel.

les fiançailles (*engagement*)   les mathématiques (*math*)
les mœurs (*mores, habits*)   les environs (*surroundings*)
les frais (*expenses*)

Certains noms généralement employés au pluriel changent de sens quand ils sont employés au singulier.

les vacances (*vacation*)   la vacance (*vacancy*)
les devoirs (*homework*)   le devoir (*duty*)
les ciseaux (*scissors*)   le ciseau (*chisel*)

Certains noms au pluriel en français correspondent à des noms anglais singuliers.

les renseignements (*information*)   les pâtes (*pasta*)
les gens (*people*)   les échecs (*chess*)

Certains noms français singuliers correspondent à des noms anglais pluriels.

la vaisselle (*dishes*)   le mode d'emploi (*directions for use*)

Exercice 4.8

Dans les phrases suivantes, mettez le mot qui convient, au singulier ou au pluriel. Choisissez un mot de la liste ci-dessous.

les vacances	les gens
la vacance	les échecs
les devoirs	les environs
le devoir	la vaisselle
les renseignements	le mode d'emploi

1. Pendant _____, Georges a travaillé dans un grand magasin, parce qu'il y avait _____ au département «chaussures».
2. Le _____ d'un écolier, c'est d'abord de faire _____.
3. Robert ne sait pas lire _____ sur le lave-vaisselle, alors il ne fait pas _____.
4. Tu ne joues pas au bridge? Non, mais je joue _____.
5. Avez-vous _____ sur ce village, la campagne et _____?

GRAMMAIRE: L'ADJECTIF

Un adjectif est un mot qui attribue une qualité à un nom. On dit que l'adjectif qualifie le nom.

Les adjectifs s'accordent en genre et en nombre avec le nom qu'ils qualifient. Cela signifie que si le nom est féminin pluriel, alors l'adjectif prendra la marque du féminin et du pluriel.

le vélo blanc → les vélos blancs

la voiture blanche → les voitures blanches

LE FÉMININ DES ADJECTIFS

Un grand nombre d'adjectifs sont semblables au féminin et au masculin; ils se terminent par un -e.

jeune   rapide   facile   ordinaire   magnifique

Pour beaucoup d'adjectifs dont le masculin n'a pas de **-e** final, on ajoute un **-e** pour former le féminin.

grand   grande   bleu   bleue

vert   verte   général   générale

D'autres adjectifs changent d'orthographe ou de terminaison au féminin. Certains changements sont identiques aux changements des noms.

Terminaisons				Exceptions communes	
masculin	**féminin**	**masculin**	**féminin**	**masculin**	**féminin**
-er →	**-ère**	cher	chère (*expensive, dear*)		
-ier →	**-ière**	dernier	dernière (*last*)		
-eur →	**-euse**	travailleur (*hard-working*)	travailleuse	meilleur supérieur inférieur intérieur	meilleure supérieure inférieure intérieure
-teur →	**-teuse**	menteur	menteuse		
→	**-trice**	créateur	créatrice		
-en →	**-enne**	européen	européenne		
-ien →	**-ienne**	canadien	canadienne		
-on →	**-onne**	bon	bonne		
-el →	**-elle**	naturel	naturelle		
-eil →	**-eille**	pareil	pareille		
-et →	**-ette**	coquet	coquette	complet secret	complète secrète
-f →	**-ve**	neuf (*brand-new*) bref (*concise*) actif sportif	neuve brève active sportive		
-x →	**-se**	amoureux heureux (*happy*) jaloux (*jealous*)	amoureuse heureuse jalouse	doux faux	douce fausse (*false*)

Les cinq adjectifs suivants sont tout à fait irréguliers au féminin, et ils ont aussi une deuxième forme au masculin devant un mot qui commence par une voyelle ou un **h** muet.

masculin	féminin	masculin (deuxième forme)
beau	belle	bel
fou (*crazy*)	folle	fol
mou (*soft*)	molle	mol
nouveau	nouvelle	nouvel
vieux	vieille	vieil

un **beau** bateau   une **belle** pomme   un **bel** homme

Voici d'autres féminins irréguliers à retenir:

masculin	féminin	
blanc	blanche	(*white*)
favori	favorite	(*favorite*)
frais	fraîche	(*fresh, cool*)
grec	grecque	(*Greek*)
long	longue	(*long*)
public	publique	(*public*)
sec	sèche	(*dry*)
turc	turque	(*Turkish*)

Exercice 4.9

Récrivez chaque phrase en utilisant les adjectives entre parenthèses. Les phrases peuvent être à la forme affirmative ou négative.

Modèle: La Joconde (*Mona Lisa*) de Léonard de Vinci est une peinture (mysté-rieux/ mineur/ célèbre).

*La Joconde de Léonard de Vinci est une peinture **mystérieuse**. La Joconde n'est pas une peinture **mineure**. La Joconde est une peinture **célèbre**.*

1. *Les Misérables* de Victor Hugo est une œuvre _____(français/ intéressant/ existentialiste).

2. La tour Eiffel est une construction _____ (laid/ belge/ impressionnant).

3. La crème au chocolat est une crème _____ (délicieux/ apprécié/ salé).

4. La fusée Ariane est une fusée _____(rapide/ cher/ performant).

5. Ma chambre est une pièce _____ (clair/ frais/ bien rangé).

6. Mon médecin est une personne _____ (dynamique/ actif/ cultivé).

7. Québec est une ville _____ (ancien/ ravissant/ suisse).

8. Le brie est un fromage avec une pâte _____(mou/ blanc/ épicé).

LE PLURIEL DES ADJECTIFS

Le pluriel des adjectifs se forme comme le pluriel des noms. On ajoute généralement un **-s** au masculin et au féminin.

Voici un tableau d'autres terminaisons communes au masculin pluriel.

Terminaisons	Singulier	Pluriel	Exceptions	
-s → -s	gros	gros		
-x → -x	faux	faux		
	vieux	vieux		
-eau →-eaux	nouveau (*new*)	nouveaux		
-eu →-eux	hébreu	hébreux	bleu	bleus
-al →-aux	spécial	spéciaux	final	finals
	général	généraux	fatal	fatals
	idéal	idéaux		

Exercice 4.10

Dans les phrases suivantes, mettez au singulier le groupe nom-adjectif qui est au pluriel.

1. En France, les *journaux provinciaux* sont très importants. «Le Courrier de l'Ouest» est un_____.

2. Certaines décisions sont quelquefois des *choix heureux.* Votre décision de vous marier est un_____.

3. Les *voix douces* des enfants me charment, la _____ de votre fille en particulier.

4. Quand on a la fièvre, le docteur recommande de prendre des *boissons fraîches.* Voici une _____.

5. Je n'aime pas les *jeunes gens jaloux.* Guillaume est un _____.

6. Pour devenir docteur, il faut avoir des *connaissances spéciales.* L'anatomie est une _____.

7. Cet auteur écrit des *livres confus.* Sa grammaire française est un _____.

8. Elle a les *yeux bleus.* Son frère a un _____ et un _____ vert.

L'ACCORD DES ADJECTIFS

L'adjectif s'accorde en genre et en nombre avec le nom qu'il modifie.

un garçon intelligent   des garçons intelligen**ts**

une fille intelligen**te**   des filles intelligen**tes**

une mère et une fille intelligen**tes**

REMARQUES:

- Après **c'est,** l'adjectif ne s'accorde pas.

  C'est **intéressant**, cette histoire. C'est **grand**, Montréal!

- Après **quelqu'un de, quelque chose de, personne de, rien de,** l'adjectif ne s'accorde pas.

  Mme Loiseau est **quelqu'un d'important**.

Si l'adjectif modifie deux ou plusieurs noms singuliers de genres différents, l'adjectif est toujours au masculin pluriel.

un père et une fille intelligent**s**

Les adjectifs de couleurs communs s'accordent en genre et en nombre.

masculin	féminin	masculin pluriel	féminin pluriel
blanc	blanch**e**	blanc**s**	blanch**es**
bleu	bleu**e**	bleu**s**	bleu**es**
gris	gris**e**	gris	gris**es**
noir	noir**e**	noir**s**	noir**es**
vert	vert**e**	vert**s**	vert**es**

Les adjectifs suivants ne s'accordent pas.

1. Les adjectifs qui sont aussi des noms de plantes ou de fruits

orange, cerise (*cherry*), **marron** (*chestnut*), **mauve, fuchsia, lavande**

les murs **orange**   des robes **cerise**   une blouse **marron**

2. Les adjectifs formés de deux mots

bleu marine (*navy blue*), **vert foncé** (*dark green*), **rose clair** (*light pink*)

des yeux **bleu clair**   une robe **vert foncé**

REMARQUE: Un adjectif de couleur devient un nom de couleur si on l'emploie avec un article masculin: **le bleu** (*the color blue*), **le vert** (*the color green*)

Voici des adjectifs pour décrire la couleur des cheveux: **brun/ brune** (*dark hair*), **roux/ rousse** (*red hair*), **blond/ blonde**, **châtain** (chestnut, brown)

REMARQUES:
- **Châtain** (*chestnut, brown*) ne s'accorde pas.
- **Une brune, une blonde, une rousse** = *a brunette, a blond, a redhead.*
- Si on emploie un article, l'adjectif devient un nom de personne. **Un grand brun, un petit blond** = *a tall brown-haired man, a short blond.*

Exercice 4.11

Complétez les phrases suivantes en mettant le groupe de mots entre parenthèses au pluriel.

1. (travail forcé) Les criminels sont condamnés aux_____.
2. (examen final) Ce semestre, j'ai plusieurs _____.
3. (beau nez grec) Va au musée d'Héraklion, tu verras des quantités de _____.
4. (caillou bleu) L'aquarium est rempli de_____.
5. (vieux rail) Sur la ligne du TGV, on ne met pas de_____.
6. (genou propre) Quand l'enfant joue dans la terre rouge, il n'a plus les_____.
7. (joli tableau) Dans son salon, ma tante met de _____ aux murs.
8. (nouveau pas) Elle apprend les _____ d'une danse.

Exercice 4.12

Complétez les phrases suivantes avec la forme correcte de l'adjectif entre parenthèses.

1. Il a pris des décisions _____ (final).
2. Clara s'achète des robes _____ (chic).
3. Tristan porte des cravates _____ (orange).
4. Le professeur dit quelque chose d'_____ (intéressant).
5. Nous n'aimons pas les garçons _____ (snob).
6. Les jeunes filles _____ (roux) ont la peau _____ (clair).
7. Ce ne sont pas des travaux _____ (spécial).
8. Mégane s'est fait teindre les cheveux. Maintenant, ils sont _____ (châtain).
9. Nos voisins ont une fille et un fils _____ (sportif).
10. Ce jour-là, Lili portait une robe (bleu clair) _____ et des chaussures _____ (marron).

LA PLACE DES ADJECTIFS

1. Les adjectifs se placent généralement *après* le nom.

> un voyage **extraordinaire**   une ordonnance **simple**

Dans la langue écrite surtout, certains adjectifs peuvent être placés avant le nom pour produire un effet spécial, emphatique.

> Ils ont fait un **excellent** voyage.   C'est une **splendide** pharmacie.

2. On place *avant* le nom les adjectifs courts et courants suivants:

autre	gentil	haut	long	nouveau	vieux
bon	grand	jeune	mauvais	petit	vilain
beau	gros	joli	meilleur	premier	vrai

> une **autre** nuit   une **jolie** fille
>
> un **bon** vin   le **premier** jour

ATTENTION: Haut, long, faux et **vrai** peuvent se placer avant ou après le nom.

> une **longue** histoire   une robe **longue**   un **faux** numéro   une réponse **fausse**

3. Si un nom est déterminé par deux adjectifs, un qui se place avant, l'autre qui se place après, on met chacun à sa place.

> une **petite** maison **blanche**   un **joli** chapeau **noir**

Si les deux adjectifs se placent après, ils peuvent être simplement juxtaposés ou séparés par **et**.

> un film **italien sensationnel**   un manteau **chaud et élégant**

Si les deux adjectifs précèdent le nom, l'ordre est généralement fixe, pour certains adjectifs communs.

> un **joli petit** chien   son **premier grand** bal
>
> un **beau grand** garçon   un **bon gros** chien

Mais on peut aussi placer les deux adjectifs après le nom, avec **et**.

> une princesse **jeune et jolie**   un monsieur **vieux et gentil**

4. Certains adjectifs changent de place et de sens. Comparez les groupes suivants:

	avant le nom	après le nom
ancien	*former* une **ancienne** pharmacie	*ancient* une horloge **ancienne**
brave	*fine, good* un **brave** garçon	*brave* un soldat **brave**
certain	*particular* un **certain** docteur Spock	*sure* une preuve **certaine**
cher	*dear* mon **cher** ami	*expensive* un bijou **cher**
dernier	*final* son **dernier** voyage	*previous* la semaine **dernière**
grand	*famous* un **grand** compositeur	*tall* un homme **grand**
même	*same* la **même** robe	*very* ce jour **même**
pauvre	*unfortunate* ma **pauvre** famille	*penniless* des amis **pauvres**
propre	*own* sa **propre** ordonnance	*clean* des cheveux **propres**
sale	*nasty* une **sale** histoire	*dirty* des mains **sales**
seul	*only* un **seul** jour	*single, lonely* un ami **seul**

Exercice 4.13

Récrivez les phrases suivantes en utilisant tous les adjectifs proposés dans la même phrase. Attention à la place et à l'accord des adjectifs.

Modèle: Il porte une blouse (grand, blanc).
*Il porte une **grande** blouse **blanche**.*

1. C'est un docteur (jeune, américain).
2. Léopold Senghor est un écrivain (grand, sénégalais).
3. Allez dans la salle (petit, jaune).

4. Elle a un chien (grand, gris).
5. C'est un hôpital (beau, moderne).
6. C'est de la crème (frais, supérieur).
7. Vous avez un rhume (simple, petit).
8. Vous avez un garçon (gentil, petit).
9. Regardez les ballons (gros, orange)!
10. Je n'ai pas lu cette comédie (mauvais, italien).

Exercice 4.14

Dans les phrases suivantes mettez l'adjectif qui convient :

  ancien   brave   cher   dernier   pauvre   propre   sale

1. Le musée d'Orsay était autrefois une gare. C'est une _____ *gare*.
2. Ce *millionnaire* a des chagrins d'amour et beaucoup de malheurs dans sa vie. C'est un _____.
3. Votre *voiture* coûte plus de 20 000 dollars? C'est une _____.
4. Cet *homme* a des qualités: il est gentil, généreux. C'est un _____.
5. Après ce *repas,* c'est fini, il n'y en a plus: c'est le _____.
6. Vous n'avez pas donné de bain à votre *chien* depuis des mois: vous avez un _____.
7. Cette pièce, qui était autrefois une *salle de bains,* est maintenant un placard: c'est une _____.
8. J'ai des *cousins* qui n'ont pas du tout d'argent. Ce sont des _____.
9. Cette *affaire* est très difficile, pleine de complications: c'est une _____.
10. La *semaine* qui a précédé, j'ai eu trois examens. Quel travail j'ai eu, la _____.

SUPPLÉMENTS DE GRAMMAIRE

LES ADVERBES EN –MENT

1. Un grand nombre d'adverbes de manière sont formés d'adjectifs + le suffixe
-ment: rapidement, honnêtement. Ils correspondent aux adverbes qui se terminent en *–ly* en anglais: *rapidly, honestly.*

REMARQUES:
- On ajoute **-ment** au féminin de l'adjectif: **naïvement, effectivement.**
- Les adjectifs terminés par une voyelle perdent le -e du féminin: **vraiment,
  joliment.**
- Les adjectifs en **–ent** et **–ant** ont des adverbes en **–emment** et **–amment**
  (la prononciation est /amã/): étonnant → **étonnamment.**
- Certains adverbes ont une terminaison en **-ément: énormément,
  précisément.**

ATTENTION: N'ajoutez pas **-ment** à l'adverbe **vite:** vous parlez **rapidement** = vous
parlez **vite.**

2. L'adverbe n'est jamais placé entre le sujet et le verbe comme en anglais. Il est
placé après le verbe ou devant l'adjectif.

Je le vois **rarement.**	I *rarely* see him.
Ce n'est pas **vraiment** beau.	It is not *really* beautiful.

Exercice 4.15

Formez des adverbes en -**ment** avec les adjectifs indiqués entre parenthèses et
placez-les dans les phrases.

1. Ne parlez pas (nerveux, grossier, sec).
2. Il faut raisonner (intelligent, patient, précis).
3. Ils se sont parlé (simple, nerveux, récent).

4. Elle marche (gracieux, lourd, mou).
5. Ils s'aiment (passionné, fou, jaloux).
6. Tu travailles (courant, silencieux, brave).
7. Tu me blesses (horrible, cruel, énorme).

TRADUCTION

David is a med student (**... en médecine**). Last night he stayed up late to study for a test in his anatomy class. He was glued (**collé**) for several hours in front of his computer screen (**écran d'ordinateur**). In order to stay awake, he smoked a lot and drank several cups of coffee. This morning, when he woke up, he had a headache and a sore throat. He looked at himself in the mirror: his face was grey, his throat felt swollen. He picked up the phone and dialed his mother's number (she is a doctor). He explained his symptoms to his mother. She said: "Take two aspirins, drink a lot of orange juice, take a walk in the park and try to sleep more..." Immediately David felt better, went to take his test, came back home, sat in front of his computer, and started to study for his next test in biology, with a pot of coffee and a pack of cigarettes on his desk...

RÉDACTION

Visite chez le médecin. Avez-vous été malade récemment? Racontez vos symptômes et votre visite chez le médecin. Comment est-ce que vous vous êtes guéri(e)?

CHAPITRE 5

L'article

BUT DE CE CHAPITRE

Dans ce chapitre, on vous explique:

- les formes des trois différents articles de la langue française: article défini, article indéfini, article partitif
- leurs emplois et les cas où ils sont absents
- l'emploi des articles avec certains verbes: **se servir de, avoir besoin de**
- l'emploi des articles avec les noms de profession, de nationalité, les noms de pays

---

THÈMES DU CHAPITRE

- l'importance de la nourriture
- la charcuterie
- le choc culturel

VOCABULAIRE

amener to take home
arrivée (*f.*) arrival
assiette (*f.*) plate
baisser la tête to bow one's head
bateau (*m.*) boat
betterave (*f.*) beet
cadet(te) younger
centre commercial (*m.*) shopping center, mall
chou (*m.*) cabbage
dur(e) hard
enfiler (un vêtement) to put on (clothes)
état (*m.*) condition
étranger (-ère) foreign
festin (*m.*) feast, large meal
fromage (*m.*) cheese

grande surface (*f.*) hypermarket
interminable endless
journée (*f.*) entire day
langue (*f.*) tongue
nourriture (*f.*) food
ouest (*m.*) west
pâté de foie (*m.*) liver pâté
plat (*m.*) dish
produit (*m.*) product, produce
salade composée (*f.*) mixed salad
sale (*here*) poor
saucisse (*f.*) sausage
saucisson (*m.*) salami
tempête (*f.*) storm
tout au long throughout
traverser to go through
triomphal(e) triumphant

VOCABULAIRE SUPPLÉMENTAIRE

addition (*f.*) bill
amuse-bouche (*m.*) appetizer
assiette (*f.*) plate **ne pas être dans son assiette** to not feel well, to feel a little off
à table! let's eat!
bien cuit well cooked
biologique (bio) organic
bon appétit! enjoy your meal!
bouffe (*f.*) (*fam.*) food
bouffer (*fam.*) to eat

carte (*f.*) menu
casseroles (*f. pl.*) pots and pans
congelé, surgelé frozen
cuisiner to cook (no direct object)
déguster to taste, to sample
entrée (*f.*) dish between first course and main dish
épicé spicy
faire cuire to cook (direct object)
faire son marché to shop at the market

hors d'œuvre (*m.*) first course	**restauration rapide** (*f.*) fast food
jambon (*m.*) ham	**restes** (*m. pl.*) leftovers
légumes (*m. pl.*) vegetables	**salé** salty
menu fixe (*m.*) menu selection	**sucré** sweet
noix (*f.*) nut	**suivre un régime** to go on a diet
plat à emporter (*m.*) take-out dish	**traiteur** (*m.*) deli
plat (*m.*) **du jour** today's special	

LECTURE

NOTES CULTURELLES

La nourriture

L'importance de la nourriture en France, des marchés, des restaurants est un sujet traditionnel. Bien manger fait partie du célèbre «art de vivre français». Toutes les fêtes sont accompagnées d'un repas spécial et la cuisine française est célèbre dans le monde entier. La plupart des Français font leur marché tous les jours pour être sûrs d'avoir des produits frais. En plus des marchés qui ont lieu chaque jour dans des quartiers différents, il y a des magasins spécialisés: la boulangerie, la boucherie, la crèmerie, ainsi que des «grandes surfaces», des supermarchés, des centres commerciaux. Les produits biologiques (bios) sont de plus en plus populaires.

Le «choc culturel»

Le «choc culturel» décrit le malaise (*uneasiness*) ressenti par une personne qui a perdu ses repères familiers (*points of reference*) à cause d'un voyage, d'un départ à l'étranger. Souvent il faut apprendre une nouvelle langue, vivre avec des coutumes différentes, une culture, une nourriture dont on n'a pas l'habitude. La réaction est un sentiment de dépaysement (*disorientation*), de stress, de frustration. On appelle cela le mal du pays (*homesickness*) ou le «choc culturel». L'adaptation aux nouvelles conditions de vie est plus ou moins lente.

La charcuterie

C'est l'ensemble des plats faits avec de la viande de porc, comme les saucisses, le saucisson, le jambon, le fromage de tête ou les pâtés. Une charcuterie c'est aussi le magasin où on achète des plats tout préparés, des salades composées, des quiches, des pizzas. Un charcutier s'appelle aussi «un traiteur».

PROFIL DE L'AUTEURE

Nancy Huston (1953–) est née à Calgary au Canada. Elle n'avait que six ans quand ses parents ont divorcé et elle a été très affectée par cette séparation. Elle part d'abord aux États-Unis avec son père, qui s'est remarié, et plus tard, en Allemagne. Elle revient vivre à Boston et fait des études à Sarah Lawrence College à New York. Elle arrive à Paris en 1973 et obtient une maîtrise (MA) à l'École des Hautes Études en Sciences Sociales. Mariée et mère de deux enfants, elle vit à Paris depuis plusieurs années. Nancy Huston a adhéré à la cause féministe du Mouvement de Libération des Femmes dans les années 70. En 1981 son roman *Les Variations Goldberg* a obtenu le prix Contrepoint. Elle a écrit depuis de nombreux romans et essais: *L'empreinte de l'ange* (2000), *Cantiques des plaines* (1996) et *Nord perdu* (2004). Elle est totalement bilingue et consciente des difficultés à s'adapter à une autre culture.

La mémoire, l'identité et les liens entre les générations sont des thèmes fréquents dans son œuvre.

Lecture: *Un festin étranger* (de *Nord perdu*) par Nancy Huston

Fin septembre 1959, pendant qu'à l'ouest du Canada mes parents divorçaient, la femme qui allait devenir ma belle-mère m'a amenée chez ses parents à elle en Allemagne, [...]. Le voyage fut une expérience interminable et violente: trois jours et trois nuits de train pour traverser le Canada, encore une journée pour descendre de Montréal à New York, et puis le bateau durant une semaine: une semaine de tempête ininterrompue, me sembla-t-il …

Le soir de notre arrivée, dans la maison qu'occupait la famille de ma nouvelle mère dans l'école du village où mon nouveau grand-père était instituteur, ma nouvelle grand-mère nous avait préparé un festin: charcuteries diverses et inouïes (*incredible*) (langue, pâté de foie, fromage de tête), salades de choux et de betteraves, œufs au vinaigre, pains noirs, fromages durs et miasmatiques… (*stinky*). Absolument tout ce qui se trouvait sur la table m'était étranger, pour ne rien dire des gens assis autour de la table, ni de la langue dans laquelle ils se parlaient… Étranger—*et aussi, pour cette raison, menaçant*. Je ne sais le dire autrement.

Suite à la page suivante

Me suis-je mise à pleurer? Ce qui est certain, c'est que j'ai gardé la tête baissée tout au long du repas, sans rien toucher à ce que l'on mettait dans mon assiette. Et Wilma, la jeune et jolie sœur cadette de ma nouvelle mère, a compris que j'étais dans un sale état. Vers la fin du repas, se levant subrepticement (*surreptitiously*) elle a enfilé son manteau et quitté la maison. Une heure plus tard, [...] elle est revenue avec, sur le visage, un sourire triomphal... et, dans la main, une boîte de Kellog's corn flakes. Elle avait fait cinquante kilomètres en voiture pour les acheter.

COMPRÉHENSION DU TEXTE

1. Relevez dans le texte les mots et expressions qui sont des termes de nourriture.
2. Où vivaient les parents de Nancy?
3. Pourquoi a-t-elle quitté son pays?
4. Qui l'a emmenée en Allemagne? Pourquoi?
5. Combien de temps environ dura le voyage jusqu'en Allemagne?
6. Quelle était la profession du nouveau grand-père?
7. Dans le festin préparé par la nouvelle grand-mère, quels plats vous semblent familiers?
8. Commentez l'action de Wilma.

GRAMMAIRE: LES ARTICLES

FORMES

Il y a trois sortes d'articles en français: l'article défini, l'article indéfini et l'article partitif.

	masc.	fém.	pl.
article défini	le (l')	la (l')	les
contracté + **de**	du (de l')	de la (de l')	des
contracté + **à**	au (à l')	à la (à l')	aux
article indéfini	un	une	des
article partitif	du (de l')	de la (de l')	

1. L'article défini = **le, la, l', les** (*the*)

a. **Le** est masculin singulier, **la** est féminin singulier, **l'** précède un nom singulier qui commence par une voyelle ou un **h** muet, **les** est pluriel pour les deux genres.

	masc.	fém.			masc.	fém.
sing.	le dîner	la maison	pl.		les fromages	les salades
	l'animal	l'idée			les enfants	les asperges
	l'homme	l'héroïne				

b. Les articles **le** et **les** se contractent avec la préposition **à** (*to, at, in*) et avec la préposition **de** (*of, from, about*).

à + le = au   de + le = du

à + les = aux   de + les = des

À **la, à l', de la, de l'** ne sont pas contractés.

Vous parlez **au** professeur, **à la** secrétaire, **à l'**ambassadeur.

Vous parlez **du** beau temps, **des** saisons et **de la** pluie.

2. L'article indéfini = **un, une** (*a, an, one*), **des** (*any, some, several*)

	masc.	fém.			masc.	fém.
sing.	un livre	une page	pl.		des pigeons	des pâtes
	un enfant	une amie			des autocars	des arrivées

REMARQUES:

- On prononce **les**/lez/, **aux**/oz/, **des**/dez/ devant une voyelle ou un **h** muet.[1]

  les‿enfants   aux‿amis   aux‿hôtels   des‿hommes

- On prononce **les**/le/, **aux**/o/, **des**/de/ devant une consonne ou un **h** aspiré.[2]

  les/casseroles   aux/hiboux   des/héros

3. L'article partitif = **du, de la, de l'** (*some, any*)

---

1. **H** is never pronounced. It is a remnant of Latin orthography.
2. **H aspiré** indicates that no liaison or no elision takes place between the article and the noun. In dictionaries, words with **h aspiré** are preceded by an asterisk (***héros**). This pronunciation rule is being slowly eliminated by the French.

a. **Du** est la forme du masculin singulier, **de la** la forme du féminin singulier, **de l'** la forme du masculin et du féminin devant un nom singulier qui commence par une voyelle ou un **h** muet.

masc.	fém.
du travail	**de la** patience
de l'argent	**de l'**huile

b. Il existe une forme rare pour le pluriel: **des**.

des épinards	**des** pâtes

EMPLOIS GÉNÉRAUX

On emploie presque toujours un de ces trois articles devant un nom, et on répète l'article devant chaque nom.

L'ARTICLE DÉFINI

En anglais, souvent il n'y a pas d'article. En français on emploie l'article défini si le nom est déterminé par un possesseur (avec la préposition **de**) ou si le nom est un nom d'espèce, un nom abstrait, un nom qui désigne un groupe en général ou un nom mentionné plus tôt dans la phrase.

Qui a pris **le** livre **de** Marie-Josée? (possesseur)

Les oiseaux dorment dans **les** arbres. (nom d'espèce)

L'ambition et **la** modestie sont souvent contradictoires. (noms abstraits)

Les fruits et **les** légumes sont bons pour **la** santé.

L'ARTICLE INDÉFINI

Au singulier, l'article indéfini correspond à *a, an, one* en anglais. Au pluriel, souvent, en anglais il n'y a pas d'article. En français on emploie **des** avec des noms qu'on peut compter, pour donner aux noms un sens de nombre indéterminé.

Vous avez **des** enfants? *You have children?* (any children)

Ils ont **des** problèmes? *They have problems?* (some problems)

L'ARTICLE PARTITIF

On emploie l'article partitif avec des noms qui ne peuvent pas être comptés mais qui peuvent être mesurés, fractionnés. En anglais, souvent il n'y a pas d'article, mais on peut mettre *some* ou *any* devant le nom singulier.

Je mange **du** pain avec de la marmelade et je bois **de** l'eau.

I eat bread with marmalade and I drink water.

Voulez-vous **du** cresson?

*Do you want **some** watercress?*

Vous avez **de l'**argent pour acheter ce gâteau?

*Do you have **any** money to buy this cake?*

ATTENTION: Il ne faut pas confondre:

Du (**de + le** = *of the*)   le livre **du** professeur

Du (*some*)   Je mange **du** pain.

Des (**de + les** = *of the*)   les livres **des** élèves

Des (pluriel de **un, une** = *some*) Je mange **des** pommes. (objets qu'on peut compter)

Des (pluriel de **du, de la** = *some*) Je mange **des** épinards. (objets qu'on ne peut pas compter)

Exercice 5.1

Complétez les phrases suivantes avec un des mots de la liste et l'article qui convient:

ananas   laitue   poulet   bouteille de champagne   yaourts   œufs

Modèle: J'ai acheté _____; _____ est meilleur marché que le bifteck.

*J'ai acheté **du poulet; le poulet** est meilleur marché que le bifteck.*

1. J'ai acheté _____; avec _____ j'ai fait une omelette.

2. J'ai acheté _____; pour assaisonner_____ j'ai préparé une vinaigrette.

3. J'ai acheté _____; _____ grecs sont excellents.

Suite à la page suivante

4. J'ai acheté _____ parce que c'était l'anniversaire de mes parents; j'ai mis _____ au réfrigérateur.

5. J'ai acheté _____; _____ est un fruit exotique.

Dites à qui vous parlez ou écrivez. Utilisez la préposition **à**, contractée ou non, avec l'article défini.

Modèle: je parle au directeur.

1. Je parle ___ professeur, ___ vendeuse, ___ coiffeur, ___ étudiants, ___ pharmacien, ___ personne qui téléphone, ___ enfants.

2. J'écris ___ mère de Julia, ___ directeur, ___ actrice, ___ cousin de mes parents, ___ danseuse, ___ petites filles de ma sœur.

Dites de quoi Nancy a parlé. Utilisez la préposition **de**, contractée ou non, avec l'article défini.

Modèle: Elle a parlé de la sœur de la belle-mère.

Elle a parlé _____ pays de sa naissance, _____ horrible voyage par le train, _____ tempête sur la mer, _____ arrivée en Allemagne, _____ famille de sa nouvelle mère, _____ charcuteries inouïes, _____ festin organisé par la grand-mère, _____ langue qu'elle ne comprenait pas, _____ boîte de Kellogg's corn flakes.

> ### Exercice 5.4
>
> **Mettez l'article partitif qui convient.**
>
> Au marché, j'ai acheté _____ pain, _____ salade, _____ eau minérale, _____ sucre, _____ farine, _____ beurre, _____ margarine, _____ bière, _____ crème fraîche, _____ huile, _____ vinaigre, _____ fromage, _____ viande, _____ pois-son, _____ pâtes; heureusement j'avais _____ argent pour payer.

EMPLOIS PARTICULIERS

Emplois spéciaux de l'article défini
On emploie l'article défini dans les cas suivants:

1. devant un nom de personne précédé de sa profession, de sa fonction ou d'un adjectif.

    le docteur Schweitzer   le président Hollande
    la petite Sophie   le prince Charles

2. devant un nom géographique: les noms de continents ou de régions, de pays, d'états ou de provinces, de fleuves, de montagnes, d'îles.

    l'Asie   la France   la Seine   la Corse
    le Manitoba   l'Amérique du Nord, du Sud   le mont Blanc
    les Alpes   la Martinique   le Midi   le Tennessee

REMARQUE: L'article n'est pas employé devant ce nom de pays: Israël, et ces noms d'îles: Tahiti, Haïti, Hawaï

3. pour indiquer la date, ou un jour habituel, ou la partie du jour.

    le premier avril, le 24 janvier
    le lundi, elle va au supermarché. (*On Mondays*)
    le soir, les étudiants vont à la bibliothèque. (*At night*)

REMARQUE: Il n'y a pas d'article dans la date précédée du jour, ou si on parle d'un jour précis.

> dimanche, 2 février
>
> Ils arrivent lundi (*this Monday*)

4. avec les verbes **aimer, adorer, détester, préférer**.

> Elle aime **la** salade et elle déteste **les** escargots.

5. dans les expressions de mesure, de poids (*weight*) ou de vitesse.

> J'ai payé ces tomates cinq euros **la** livre. (*five euros a pound*)
>
> Elle ne gagne pas six dollars de l'heure. (*six dollars an hour*)
>
> Le TGV roule à 260 kilomètres à l'heure. (*260 kilometers per hour*)

6. avec les parties du corps, à la place de l'adjectif possessif (voir page 347).

> Romain a **les** yeux bleus et **les** cheveux bruns.
>
> Nancy, **la** tête dans son assiette, refuse de manger.

7. avec les langues et les matières d'enseignement.

> Marc est très intelligent: il étudie **le** japonais, **la** biologie et l'histoire européenne en même temps.

L'ABSENCE D'ARTICLE

Dans certains cas, on supprime complètement l'article:

1. dans un proverbe ou un dicton.

> Noblesse oblige.
>
> Pierre qui roule n'amasse pas mousse. (*A rolling stone gathers no moss.*)

2. devant un titre, une adresse, une inscription.

> Grammaire française   6, rue Paradis   Maison à vendre

3. avec certaines prépositions.

> **en**
>
> Nous sommes **en** France. Elle va **en** classe. Il est **en** bonne santé.

avec, sans, comme et **sous** (si le nom qui suit est abstrait ou indéterminé)

Les Indiens luttaient **sans** fusils (*guns*), mais **avec** courage.

Il travaille **comme** secrétaire.

L'actrice était **sous** contrat avec la MGM.

Comme boisson, prenez du Coca.

4. dans beaucoup d'expressions idiomatiques comme **avoir faim, avoir soif,** etc.

faire peur *to scare*   **faire attention** *to pay attention*

perdre patience *to lose patience*

5. dans une énumération, pour la vivacité de l'expression.

Vieillards, hommes, femmes, enfants, tous voulaient le voir.

Il achète des provisions: pizzas, saucissons, fromages.

6. après **de** entre deux noms, si le deuxième nom est indéterminé.

la classe **de** français   un livre **de** poche

7. avec le verbe **parler** et un nom de langue.

Il **parle** français, elle **parle** chinois.

Exercice 5.5

Mettez l'article qui convient, ou mettez un X s'il ne faut pas d'article.

1. ___ docteur Gary a un papier à main. **2.** ___ premier janvier est____ date importante. **3.** Je vais aller___ marché ___ samedi. **4.** Elle a perdu____ courage. **5.** Aimez-vous _____ classe de français? **6.** Tu parles _____ chinois? **7.** Sur____ monuments publics, en France, on lit: _____ Liberté, _____ Égalité, _____ Fraternité. **8.** On fait du ski dans____ Alpes. **9.** _____ mont Blanc est la plus haute montagne d'Europe. **10.** Il est sorti sans _____ chapeau, sans _____ parole. **11.** Que prenez-vous comme_____ dessert? **12.** Ils ont perdu_____ patience. **13.** Oh! vous m'avez fait _____ peur. **14.**_____ petite Suzanne a écrit ce livre toute seule. **15.** J'aime ____ froid mais je déteste ____ pluie. **16.** Il a eu un accident parce qu'il roulait à 150 kilomètres à _____ heure. **17.** J'ai trouvé des oranges à

Suite à la page suivante

deux francs _____ kilo. **18.** Elle a tout perdu dans l'incendie: _____ maison, _____ meubles, _____ papiers personnels, ___ souvenirs, _____ vêtements, ___ photos, etc. **19.** _____ président Lincoln est un des grands hommes de _____ histoire américaine. **20.** Où habitez-vous? —J'habite _____ rue de Paris.

TRANSFORMATION DE L'ARTICLE EN DE

On met **de** à la place de **un, une, des, du, de la, de l'** dans les cas suivants:

1. dans une phrase négative.

Vous avez une piscine?	—Non, je n'ai **pas de** piscine.
Tu manges des champignons?	—Non, **jamais de** champignons.
Cette grosse dame mange du pain?	—Non, elle ne mange **plus de** pain.

Exception: On garde l'article avec **ce n'est pas, ce ne sont pas** et **pas un** qui signifie *not one single*.

Ce **n'est pas du** beurre, c'est de la margarine.

Je n'ai **pas un** sou.

ATTENTION: Si la négation est partielle, on garde l'article complet.

Je **n'ai pas de l'**argent pour le dépenser à la roulette.

(J'ai de l'argent, mais pas pour...)

Il **n'a pas une** maison très pratique.

(Il a une maison, mais elle n'est pas pratique.)

2. avec une expression de quantité. Voici les principales expressions de quantité:

a. Certaines sont des *adverbes*.

beaucoup de *much, many*		**trop de**	*too much, too many*
assez de	*enough*	**peu de**	*little, few*
un peu de *a few, a little*		**tant de**	*so much, so many*
tellement de *so much, so many*		**autant de** *as much, as many*	
plus de	*more*	**moins de**	*less, fewer*

Il y avait **trop de** sel dans la soupe.

Les Français boivent **beaucoup de** vin.

b. Certaines sont des *noms*.

un bol de	*a bowl of*	**un kilo de**	*a kilo of*
une bouteille de	*a bottle of*	**une tasse de**	*a cup of*
une livre de	*a pound of*	**une tranche de**	*a slice of*
un verre de	*a glass of*	**une boîte de**	*a box (can) of*
un litre de	*a liter of*	**une douzaine de**	*a dozen (of)*

J'achète **une bouteille de** vin et **une boîte de** gâteaux salés.

c. Certaines sont des *adjectifs*.

couvert(e) de	*covered with*
entouré(e) de	*surrounded by*
garni(e) de, décoré(e) de, orné(e) de	*decorated with*
plein(e) de, rempli(e) de	*full of, filled with*

Le village est **entouré de** montagnes.

La ville est **couverte de** neige.

Mais si le nom qui suit un adjectif de quantité est accompagné d'un adjectif descriptif, on garde l'article indéfini.

La ville est **couverte d'*une*** neige épaisse.

3. On garde **de** + l'article entier (**du, de la, de l', des**) dans les expressions suivantes: **bien...** (*much, many*), **encore...** (*some, more*), **la moitié...** (*half*), **la plupart...** (*most*).

Marie a **bien de la** chance, mais sa sœur, Jeanne, a **bien des** soucis.

 Marie has **much** luck, but her sister Jeanne has **many** worries.

Elle veut **encore du** café, de la crème.

 She wants **more** coffee, **more** cream.

Il avait tellement soif qu'il a bu **la moitié de la** bouteille d'eau minérale.

 He was so thirsty that he drank **half of the** bottle of mineral water.

REMARQUES:

- **Encore un** signifie *one more*.

  Je n'ai vraiment plus faim! —Oh! **encore un** petit gâteau? (*One more cookie?*)

- On emploie toujours **la plupart des** avec un nom pluriel et un verbe pluriel, sauf dans l'expression **la plupart du temps**.

> **La plupart des** Français mangent tard le soir.
>
> *Most* French people eat late at night.
>
> **La plupart du** temps il fait très froid en hiver en Nouvelle-Angleterre.
>
> *Most of the time* it's very cold during the winter in New England.

- Avec un nom singulier, *most (of)* se traduit par **la plus grande partie de**.

> **La plus grande partie de** la population a voté.
>
> *Most* of the population voted.

4. On met **de** à la place de **des** devant un adjectif pluriel qui précède un nom.

> **des** roses rouges   mais: **de** jolies roses
>
> **des** fraises fraîches   mais: **de** belles fraises

Cette règle est un peu archaïque; elle appartient à la langue élégante, écrite ou parlée. Plus familièrement, on peut dire **des**.

> **des** jolies roses   **des** belles fraises

REMARQUES:

- Si l'adjectif est long et commence par une voyelle ou un **h** muet, l'emploi de **d'** est obligatoire; **des** est impossible.

> Il prend **d'excellentes** photos avec son appareil.
>
> Quand je bois trop, je fais **d'horribles** rêves.

- On garde **des** devant les noms composés comme ***des* grand(s)-mères**, ***des* après-midi**, ou devant des groupes «fixes» considérés comme des noms composés (***des* petits pois**, ***des* jeunes gens**); mais à la forme négative on emploie **de**.

> **pas de** grand(s)-mères   **plus de** petits pois

- On a toujours **d'** devant **autres**, pluriel de **un autre, une autre**.

> Nous avons un sujet et **d'autres choses** à discuter.

Exercice 5.6

Mettez l'article qui convient, ***un, une, du, de la***, ou ***de***.

1. Aimez-vous le foie gras? —Non, je ne mange jamais ____ foie gras.

2. Ce n'est pas __ vin, c'est __ vinaigre.

3. Puisque je suis au régime, je ne prends pas _____ glace.

4. Robert se sent très seul; il n'a pas ___ ami.

5. Il n'a pas _____ grand appartement.

6. Votre beurre n'est pas frais. —Je n'ai pas ___ réfrigérateur.

Exercice 5.7

Dans les phrases suivantes, mettez l'expression de quantité qui convient et changez l'article, si c'est nécessaire.

Modèle: Vous buvez du café. (une tasse).
*Vous buvez **une tasse de** café.*

1. Dans le paquet, il y avait du champagne. (deux bouteilles)

2. Ils ont mangé des fruits. (un saladier)

3. Au marché, nous avons acheté des légumes frais. (des quantités)

4. A la fin du repas, on sert des fromages. (un plateau)

5. Le matin, je vous recommande de boire du jus de fruits. (un verre)

6. Ils réclament du silence pour écouter la symphonie. (un peu)

7. Il y a des gâteaux salés pour l'apéritif. (une boîte)

8. Ces enfants devraient manger des bonbons. (moins)

Exercice 5.8

Refaites les phrases suivantes en introduisant l'expression de quantité ou l'adjectif entre parenthèses et en faisant les changements nécessaires.

Modèle: Elle a pris du pâté de foie gras. (encore)
Elle a pris encore du pâté de foie gras.

1. Les Français boivent du vin à leurs repas. (la plupart)

2. Jérôme a mangé les fruits. (la moitié)

Suite à la page suivante

3. Avez-vous acheté des bouteilles de vin? (autres)

4. Elle a reçu des notes à son examen. (excellentes)

5. J'ai acheté des oranges au marché. (grosses)

6. Ils ont des soucis avec leur chien. (bien)

EMPLOI DE L'ARTICLE INDÉFINI AVEC LES NOMS DE NATIONALITÉ, DE RELIGION, DE PROFESSION

1. À la 3ème personne, on a deux constructions avec le verbe **être** et les noms de nationalité, de religion, de profession:

le sujet + **être** + le nom sans article

Nancy est canadienne.[3]   Elle est canadienne.

Ses cousins sont américains.   Ils sont américains.

c'est
ce sont } + l'article indéfini + le nom

C'est **une** Canadienne. Ce sont **des** Américains.

REMARQUES:

- Si l'adjectif est autre que **bon** ou **mauvais**, seule la construction avec l'article indéfini est possible.

  Mme Diva est **une** chanteuse extraordinaire. C'est **une** chanteuse extraordinaire.

- Si l'adjectif **bon** ou **mauvais** qualifie le nom, les constructions sont les mêmes.

  Mme Leroy est **(une)** bonne catholique. (on a le choix)

  Elle est **bonne catholique**. (pas d'article)

  C'est **une** bonne catholique. (un article)

- Pour les autres personnes (**je, tu, nous, vous**), on a le choix.

  Je suis étudiant. Je suis **un** étudiant.

  Je suis bon étudiant. Je suis **un** bon étudiant.

---

3.   En français, on ne met pas de majuscule parce que le mot est un adjectif.

Je suis étudiant répond à la question: **Qu'est-ce que vous faites? Je suis un étudiant** répond à la question: **Qui êtes-vous?**

REMARQUE: Le verbe **devenir** suit la même règle que **être:**

Il est devenu avocat.

Exercice 5.9

Mettez l'article qui convient, ou mettez un X s'il ne faut pas d'article.

1. Mark Twain est ____ écrivain. **2.** C'est____ écrivain américain. **3.** Jean-Paul était ____ mauvais élève. Il est devenu ____ philosophe. **4.** M. Collard est____ pianiste. C'est ____ pianiste célèbre. **5.** Est-ce que tu es ____ bon élève? **6.** Camille Claudel était____ sculpteur. C'était____ femme sculpteur. **7.** Elle était ____ amie de Rodin. **8.** Debussy était ____ musicien. **9.** Le nouveau grand-père de Nancy était ____ allemand et ____ instituteur. **10.** La mère de Romain est née en Russie. C'est ____ russe. **11.** Nancy Huston est ____ écrivaine canadienne. **12.** Avez-vous entendu parler du docteur Schweitzer? C'était ____ docteur qui soignait les lépreux en Afrique.

Exercice 5.10

Dites en français:

1. She is a dancer. **2.** She is a remarkable dancer. **3.** You are English? **4.** No, we are Spanish. **5.** My sister is a Protestant. **6.** She is a very strict Protestant. **7.** I am a good Frenchman. **8.** He is a teacher. **9.** He is a bad teacher. **10.** He is an excellent teacher. **11.** They are Jewish (juif). **12.** She is a Jew from Israel.

EMPLOI DE L'ARTICLE AVEC **SE SERVIR DE, AVOIR BESOIN DE, AVOIR ENVIE DE**

L'emploi de l'article avec les noms qui suivent ces expressions est semblable (*similar*) en français et en anglais.

1. **de, d'**: Le nom qui suit représente une quantité indéterminée (*noncountable noun*). (En anglais: *some*, ou pas d'article.)

   Je **me sers de** beurre pour faire mon gâteau.   *I use butter to make my cake.*

   J'ai **besoin d'**argent, de courage.   *I need (**some**) money, (**some**) courage.*

   J'ai **envie de** silence.   *I would like to have silence.*

2. **d'un, d'une**: Le nom qui suit représente un seul objet non-identifié. (En anglais: *a, an*.)

   Je **me sers d'un** couteau.   *I'm using **a** knife.*

   J'ai **besoin d'une** assiette.   *I need **a** plate.*

   J'ai **envie d'un** Coca.   *I feel like (having) **a** Coke.*

3. **du, de la, de l', des**: Le nom qui suit est un objet identifié. (En anglais: *the*)

   Je **me sers de la** voiture bleue.   *I'm using **the** blue car.*

   J'ai **besoin du** dictionnaire.   *I need **the** dictionary.*

   J'ai **envie des** derniers concombres.   *I want **the** last cucumbers.*

Exercice 5.11

Finissez les phrases suivantes. Employez de, d', d'un, d'une, du, de la, de l' ou des.

1. Pour faire du pain, un boulanger se sert...
   la farine, l'eau, le sel, des machines, un four (*oven*), l'énergie
2. Pour faire la cuisine, ma mère se sert...
   les légumes, la viande, l'huile, le beurre, les casseroles, un four à micro-ondes, une cuisinière à gaz
3. M. Horowitz est un pianiste célèbre; il avait souvent besoin...
   un nouveau piano, un manager, le travail régulier, une salle de concert

4. De quoi avez-vous envie quand il pleut, quand il fait froid? J'ai envie...

le soleil, la chaleur, les vacances, un bon feu de cheminée

5. De quoi est-ce qu'on a envie quand on voyage au Sahara? On a envie...

l'eau fraîche, l'ombre, une sieste au bord d'une piscine, un grand verre de Coca

SUPPLÉMENTS DE GRAMMAIRE

LES PRÉPOSITIONS À, EN, DANS

1. La préposition **à** signifie *at* ou *to*.

Elle est **à** la maison.	*She's **at** home.*
Elle va **au** magasin.	*She's going **to** the store.*

2. **En** signifie *in* ou *to* et s'emploie toujours sans article. **Dans** signifie **à l'intérieur de** (*inside, within*) et s'emploie toujours avec un article.

Nous sommes **en** classe.	*We're **in** class.*
Nous allons **en** classe.	*We're going **to** class.*
On ne fume pas **dans** la classe.	*Smoking is forbidden **in** the classroom.*
Nous sommes **en** ville aujourd'hui	*We're in town today and*
et nous retournons **en** ville demain.	*we're returning **to** town tomorrow.*
Nous nous promenons **dans** la ville.	*We're strolling **in** the city.*

LES PRÉPOSITIONS À, EN, DANS AVEC LES NOMS GÉOGRAPHIQUES

1. Les noms de villes

a. On emploie **à** sans article devant les noms de ville.

à Paris   à Montréal

b. On emploie **au, à la** devant un nom de ville avec un article.

Le Havre   **au** Havre

Le Bourget   **au** Bourget

La Nouvelle-Orléans   **à La** Nouvelle-Orléans

c. On emploie **dans** devant le nom de ville seul avec le sens de **à l'intérieur de** ou si un article et un adjectif précèdent le nom de ville.

Je me suis promené(e) **dans** Paris.   J'habite **dans le vieux** Paris.

2. Les noms de pays

a. On emploie **en** (sans article) avec les noms de pays féminins.

en France   **en** Italie

Le choix de la préposition devant les noms de pays dépend du genre du nom (si le nom est masculin ou féminin).

b. On emploie **en** (sans article) avec les noms de pays masculins à voyelle initiale.

en Iran   **en** Afghanistan

REMARQUE: Les noms de pays terminés par un **-e** sont tous féminins, sauf **le Mexique**.

c. On emploie **au** avec les noms de pays masculins à consonne initiale.

au Maroc   **au** Japon   **au** Portugal   **au** Chili

d. On emploie aux avec les noms de pays pluriels.

aux États-Unis   **aux** Pays-Bas

3. Les noms de provinces françaises

a. On emploie **en** devant les noms de provinces féminins, ou les noms de provinces masculins à voyelle initiale.

en Normandie   **en** Bretagne   **en** Anjou

b. On emploie **au** ou **dans le** devant les noms de provinces masculins à consonne initiale.

au Berry   **dans le** Poitou

4. Les noms d'états américains et de provinces canadiennes

a. On emploie **en** devant les noms d'états américains ou provinces canadiennes féminisés:

la Virginie	**en** Virginie
la Californie	**en** Californie
la Colombie-Britannique	**en** Colombie-Britannique

ou **masculinisés** à voyelle initiale.[4] (Voir l'Appendice C.)

l'Oregon	**en** Oregon
l'Arizona	**en** Arizona

b. On emploie **au** devant les noms d'états ou de provinces masculinisés à consonne initiale.

le Nevada	**au** Nevada
le Wisconsin	**au** Wisconsin
le Québec	**au** Québec

c. On emploie **dans l'état de** si le nom de l'état est aussi un nom de ville.

dans l'état de New York

REMARQUE: On peut dire **dans l'état de** avec tous les états américains, et **dans la province de** avec toutes les provinces canadiennes.

en Californie *ou* **dans l'état de** Californie

au Québec *ou* **dans la province de** Québec

---

4. Les États américains en **-ia** sont francisés et féminisés en **-ie.** On dit aussi **la Louisiane.** Les noms d'origine étrangère ou indienne en **-a** gardent le **-a** en français et restent masculins: **le Montana, le Nevada, le Manitoba,** etc.

5. Les noms d'îles

    a. Certaines îles sont considérées comme des noms de villes et ne prennent pas d'article. La préposition est **à**.

       à Cuba   à Tahiti

    b. Certaines îles sont considérées comme des noms de pays féminins et sont précédés de l'article: **la Corse, la Sicile**. La préposition est **en**.

       en Corse   en Sicile

    c. Certaines îles prennent la préposition **à** devant l'article **la**.

       à la Martinique   à la Guadeloupe

Exercice 5.12

Où trouve-t-on les monuments ou les sites suivants? Choisissez la réponse correcte dans la liste donnée et ajoutez la préposition qui convient.

Modèle: Le Château de Combourg est en Bretagne.

Arizona	Canada	Chine	Écosse	Hollande
Italie	Maroc	Mexique	Paris	Portugal

1. la ville de Casablanca

2. la tour penchée de Pise

3. le monstre du Loch Ness

4. la ville de Tijuana

5. les champs de tulipes et les moulins à vent

6. le Grand Canyon

7. le Louvre

8. la Grande Muraille

9. le Québec

10. la ville de Lisbonne

LA PRÉPOSITION DE AVEC LES NOMS GÉOGRAPHIQUES

La préposition **de** signifie *from* quand on l'emploie avec un nom géographique.

1. Si on utilise **à** ou **en** pour dire *in* ou *to*, on utilise **de** ou **d'** pour dire *from*.

Il va...	Il revient...
à Paris	**de** Paris
à la Guadeloupe	**de la** Guadeloupe
en Italie	**d'**Italie
en Israël	**d'**Israël

2. Si on utilise **au** pour dire *in* ou *to*, on utilise **du** pour dire *from*.

Il va...	Il revient...
au Texas	**du** Texas
au Mexique	**du** Mexique

3. Si on utilise **aux** pour dire *in* ou *to*, on utilise **des** pour dire *from*.

Il va...	Il revient...
aux États-Unis	**des** États-Unis
aux îles Hawaï	**des** îles Hawaï

Exercice 5.13

D'où viennent ces personnes? Choisissez la réponse correcte dans la liste donnée et ajoutez la préposition qui convient.

Modèle: D'où vient le président Bush? Il vient du Texas.

Arkansas	Chine	Égypte	France
Grèce	La Nouvelle-Orléans	Russie	Tibet

1. le Dalaï-Lama

2. Tolstoï

3. Cléopâtre

4. Jeanne d'Arc

Suite à la page suivante

5. Confucius
6. Hillary Clinton
7. Platon
8. Louis Armstrong

TRADUCTION

Nancy: Hey, Gary, I did not do any food shopping today and we don't have any leftovers. Let's go and get take-out dishes.

Gary: Ok, but no fast food for me. The small deli next to the market has delicious already prepared dishes and all their vegetables are organic.

Nancy: I agree, let's go. For a start we can chose some first course dishes, like liver pâté, and a mixed salad. We do not need any appetizers, we have nuts at home. But I feel like having some ham, salami with beans.

Gary: Ok, but no legumes for me, I prefer beets.

Nancy: Some dessert too?

Gary: Just some bread and cheese. We have wine at home.

Nancy: What a feast we are going to have! Let's eat!

RÉDACTIONS

1. Wilma raconte à une amie l'arrivée de Nancy chez ses nouveaux grands-parents.

2. Recettes favorites. Quelles sont vos deux recettes favorites? Écrivez une recette pour une personne qui ne compte pas les calories et une recette pour une personne qui veut faire attention à ce qu'elle mange.

CHAPITRE 6

Le comparatif et le superlatif

BUT DE CE CHAPITRE

Dans ce chapitre, on vous explique:

- les formes et l'usage du comparatif pour exprimer l'égalité, la supériorité, l'infériorité (**aussi, autant, plus, moins**)
- les formes et l'usage du superlatif pour exprimer la supériorité et l'infériorité (**le plus, le moins**)
- les formes des comparatifs et superlatifs irréguliers (**mieux, meilleur, pire**)
- comment exprimer l'identité, la différence, la proportion et la préférence
- les expressions: **conduire/aller en voiture; marcher/aller à pied**

THÈME DU CHAPITRE

- la voiture et la façon de conduire en France

VOCABULAIRE

agent de police (*m.*) police officer
assurance auto (*f.*) car insurance
casque (*m.*) helmet
ceinture de sécurité (*f.*) seat belt
chauvin (e) chauvinistic
clignotant (*m.*) blinker
conduire to drive
contravention (*f.*) ticket, citation
défaut (*m.*) fault
doubler to pass (a car)
entraîner (*here*) to bring about
excès (*m.*) **de vitesse** speeding
façon (*f.*) way, manner
feu orange (*m.*) yellow traffic light
flic (*m.*) cop
grâce à thanks to
humour (*m.*) humor
inexpérimenté inexperienced
kit mains-libres (*m.*) hands-free kit

non plus either, neither
passionné(e) devotee
perdre to lose
permis de conduire (*m.*) driver's
    license
plutôt rather
port (*m.*) wearing
portable (*m.*) (*here*) cell phone
procès-verbal (P.-V.) (*m.*) (*here*) ticket,
    citation
retrait (*m.*) revocation
route (*f.*) road
s'arrêter to stop
se moquer to make fun
traiter to treat
tué killed
vitesse (*f.*) speed
volant (*m.*) steering wheel

VOCABULAIRE SUPPLÉMENTAIRE

accrochage (*m.*) fender-bender
appareil (*m.*) device
bagnole (*f.*) car, jalopy
brûler un feu rouge to run a red light
carnet (*m.*) notebook
chauffard (*m.*) bad, dangerous driver
char (*m.*) car (in Canada)
freiner to brake
mortalité routière (*f.*) road death
perte (*f.*) loss

piéton(-ne) pedestrian
se faire rentrer dedans to get crashed
    into
super (adj., adv.) really, great
tomber en panne to break down
vachement (adv.) really, mighty
virage (*m.*) turn, curve

LECTURE

Lecture: La voiture et la façon de conduire en France

Comme pour beaucoup d'adolescents aux États-Unis, au Canada, en Europe, le plus grand désir des jeunes Français est d'avoir une voiture. Dès qu'ils possèdent leur «bagnole», les jeunes - garçon ou fille sentent qu'ils ont plus de liberté. Ils dépendent moins de leurs parents ou d'un adulte pour aller où ils veulent, quand ils veulent. Bien sûr, avec l'acquisition d'une voiture viennent de plus grandes responsabilités. On constate en France qu'il y a de moins en moins d'accidents de la route mais que les jeunes conducteurs inexpérimentés de 18 à 25 ans, qui comptent pour moins de 10% de la population, représentent plus de 20% des personnes tuées sur la route.

Parmi les causes d'accidents mortels les plus fréquents en France, il y a la somnolence (*drowsiness*) (21%), la consommation d'alcool (30,8%), l'excès de vitesse et l'inattention.[1] Beaucoup d'automobilistes ne respectent pas toujours le Code de la route (*traffic laws*).[2] Ils oublient de mettre leur clignotant quand ils changent de direction ou quand ils doublent. Ils ne s'arrêtent pas systématiquement au feu orange. Ils n'observent pas non plus les distances de sécurité. Puis, aujourd'hui, beaucoup de conducteurs se servent de leur portable et de leur GPS.[3] Certains envoient même des SMS (=textos), des mèls, ou téléphonent en conduisant. C'est le problème le plus fréquent chez les jeunes. Depuis 2003, grâce à l'usage des radars automatiques, «les fous du volant» (*crazy drivers*) qui font des excès de vitesse peuvent recevoir automatiquement une contravention ou un P.-V. (procès-verbal). Il y a de plus en plus de radars en France, au point qu'il existe des sites web qui indiquent sur une carte où se trouvent les radars fixes et automatiques en France. Si un agent de police ou un «flic» vous arrête et vous donne une contravention, vous risquez de perdre quelques points sur votre permis de conduire[4] et de payer plus cher votre assurance auto.

Dans le monde entier, il y a des stéréotypes (et des préjugés) sur la façon de conduire dans certains pays. En voici quelques-uns:

Les Anglais conduisent plutôt mal, mais prudemment. Les Français conduisent plutôt bien, mais follement. Un humoriste[5] a dit ceci: «Les Anglais (et les Américains) sont depuis longtemps convaincus que la voiture va moins vite que l'avion. Les Français (et la plupart des Latins) semblent encore vouloir prouver le contraire... Plus la voiture est petite, plus l'homme veut aller vite...» Misogyne, cet humoriste dit aussi: «Les Françaises conduisent plus lentement que les hommes... Dans un pays où tout le monde va vite, cette lenteur constitue le plus terrible des dangers.... et rien n'est plus risqué que d'être piloté par une femme...»

Notes: 1. Chiffre de l'Association Prévention routière; 2. En France, le port de la ceinture de sécurité est obligatoire pour tous les passagers. Le port du casque est obligatoire pour tous les motocyclistes; 3. Il est illégal en France de téléphoner appareil en main en conduisant. Le kit mains-libres est autorisé; 4. Une infraction ou contravention entraîne la perte de points sur son permis de conduire pouvant conduire au retrait du permis, à la suspension du permis ou à l'annulation du permis; 5. **Pierre Daninos (1913-2005)** appartient à une famille d'industriels passionnés de voiture. Il est journaliste et écrivain, connu surtout pour son livre «Les carnets du Major Thompson». Dans cet ouvrage humoristique, un Major anglais, marié avec une Parisienne, vit en France, note les différences entre les Français et les Anglais et critique tout le monde avec férocité et mysogynie.

COMPRÉHENSION DU TEXTE

1. Relevez les comparaisons et les superlatifs de ce texte.
2. Relevez les mots et les structures qui appartiennent au vocabulaire de la voiture.
3. Quelles sont les causes principales d'accidents mortels en France?
4. Que se passe-t-il en France quand un «flic» vous arrête?

GRAMMAIRE: LE COMPARATIF ET LE SUPERLATIF

LA COMPARAISON

La comparaison peut exprimer l'égalité (**aussi ... que, autant ... que**), la supériorité (**plus ... que**) ou l'infériorité (**moins ... que**).

L'ÉGALITÉ

Aussi ... que *(as ... as)/* **autant ... que** *(as much as, as many ... as)*

1. On exprime la comparaison d'égalité par **aussi ... que** placé autour d'un adjectif ou d'un adverbe. L'adjectif s'accorde avec le nom qu'il qualifie.

    La voiture bleue est **aussi** grosse **que** la voiture rouge.

    *The blue car is **as** big **as** the red car.*

    Ta moto roule **aussi** vite **qu'**une voiture.

    *Your motorcycle goes **as** fast **as** a car.*

2. On emploie **autant que** (pas séparés) après un verbe et **autant de ... que** autour d'un nom.

    Les Italiens conduisent **autant que** les Français.

    *Italians drive **as much as** the French.*

    Les filles envoient **autant** de textos **que** les garçons.

    *Girls send **as many** texts **as** the boys.*

REMARQUES:

*   Le deuxième mot de la comparaison est toujours **que**.
*   Le pronom qui suit **que** est le pronom disjoint: **moi, toi, lui, elle, nous, vous, eux, elles** (voir chapitre 11 «Les pronoms disjoints»). Le verbe n'est pas répété.

    J'ai **autant de** cours **que** toi.

    *I have **as many** courses **as you (do)**.*

    Mes camarades? Je suis **aussi** intelligent **qu'**eux.

    *My classmates? I am **as** intelligent **as** they are.*

*   Avec un verbe de forme composée, on peut placer **autant** après le participe passé ou entre l'auxiliaire et le participe passé.

    Le médecin a travaillé **autant que** vous.

    Le médecin a **autant** travaillé **que** vous.

*   Les deux formules **aussi ... que** et **autant ... que** peuvent devenir **si ... que** et **tant ... que** après une négation. On a le choix.

    Monique n'est pas **aussi** docile **que** sa sœur.

    Monique n'est pas **si** docile **que** sa sœur.

    Tu ne t'entraînes pas **autant qu'**un nageur professionnel.

    Tu ne t'entraînes pas **tant qu'**un nageur professionnel.

Voici un tableau des constructions d'égalité.

$$\left.\begin{array}{l}\textbf{aussi}\\\textbf{pas si}\end{array}\right\} + adjectif \text{ ou } adverbe + \textbf{que}$$

$$verbe + \left\{\begin{array}{l}\textbf{autant que}\\\textbf{pas tant que}\end{array}\right.$$

$$\left.\begin{array}{l}\textbf{autant de}\\\textbf{pas tant de}\end{array}\right\} + nom + \textbf{que}$$

LA SUPÉRIORITÉ/ L'INFÉRIORITÉ

Plus ... que (*more ... than*)/ **moins ... que** (*less ... than*)[1]

1. On exprime la comparaison de supériorité ou d'infériorité par **plus ... que** ou **moins ... que** placés autour d'un adjectif ou d'un adverbe.

> Une voiture de sport est **plus** rapide **qu'**une voiture ordinaire.
>
> Elle accélère **plus** rapidement **qu'**une voiture ordinaire.
>
> La voiture ordinaire est **moins** performante **que** la voiture de sport.
>
> Pierre conduit **moins** vite **que** son frère.

2. On emploie **plus que, moins que** (pas séparés) après un verbe.

> Les Français doublent **plus que** les Américains.
>
> Le professeur dort **moins que** l'étudiant.

3. On emploie **plus de ... (que), moins de ... (que)** autour d'un nom. Il n'y a pas d'article devant le nom.

> Est-ce qu'un automobiliste a **plus de** plaisir **qu'**un motocycliste?
>
> Est-ce que les infirmiers gagnent **moins d'**argent **que** les chirurgiens?

4. On emploie **plus de, moins de,** sans **que** devant un nombre ou un nom de quantité.

> Elle met **moins d'**une heure pour aller de Cannes à Nice.

---

1.   Notez que **plus ... que** traduit la formule anglaise *adjective* + **er (faster)** ou ***more*** + *adjective* (***more intelligent***).

Voici un tableau des constructions avec **plus** et **moins**.

$$verbe + \begin{cases} \left.\begin{array}{l} \textbf{plus} \\ \textbf{moins} \end{array}\right\} + \textit{adjectif} \text{ ou } \textit{adverbe} + \textbf{que} \\ \left.\begin{array}{l} \textbf{plus que} \\ \textbf{moins que} \end{array}\right\} + \textit{nom} \text{ ou } \textit{pronom} \\ \left.\begin{array}{l} \textbf{plus de} \\ \textbf{moins de} \end{array}\right\} + \textit{nom} + \textbf{que (de)} \\ \left.\begin{array}{l} \textbf{plus de} \\ \textbf{moins de} \end{array}\right\} + \textit{nombre} \end{cases}$$

REMARQUES:

*   Dans une expression précédée d'un nombre, la supériorité s'exprime par **de plus que, de plus;** l'infériorité par **de moins que, de moins.**

    Mon frère a deux ans **de plus que** moi.   *My brother is two years **older** than I.*

    J'ai gagné cent euros **de moins.**   *I earned a hundred euros **less**.*

*   Le mot **davantage** peut remplacer **plus**, généralement quand il est placé à la fin d'une phrase ou d'une proposition. **Davantage ... que** s'emploie quelquefois à la place de **plus ... que.**

    Il faut travailler **davantage.**

    Les étudiants dorment **davantage** quand ils sont fatigués.

    L'université française ressemble **davantage** à l'université anglaise **qu'**à l'université américaine.

*   On peut renforcer **plus** et **moins** par les adverbes **bien** ou **beaucoup: bien plus, bien moins, beaucoup plus, beaucoup moins.**

    Les bicyclettes sont **bien plus** nombreuses en France qu'aux États-Unis.

    Elles sont aussi **beaucoup moins** chères.

*   On répète **de** après que: **plus de ..., moins de ... que de...**

    Les Italiens sont **plus** fous **de** voitures de sport **que de** voitures ordinaires.

5. **meilleur**

    L'adjectif **bon** a un comparatif irrégulier.

	masc.	*fém.*
sing.	**meilleur**	**meilleure**
pl.	**meilleurs**	**meilleures**

ATTENTION: Pour indiquer l'égalité et l'infériorité on emploie **aussi bon** et **moins bon.**

> Le café est-il **meilleur** pour la santé **que** le thé? Est-il **aussi bon**?
>
> Non, il est **moins bon** pour la santé.

6. mieux

L'adverbe **bien** a un comparatif irrégulier: **mieux.**

> Victoire nage **mieux que** Frédérique.

Pour indiquer l'égalité et l'infériorité, on emploie **aussi bien** et **moins bien.**

> Sylvie skie **aussi bien que** Justine, mais elle nage **moins bien que** Caroline.

7. moindre/ plus petit

L'adjectif **petit** a un comparatif irrégulier, **moindre**, et un comparatif régulier, **plus petit.** On emploie **moindre** dans des situations abstraites; on emploie **plus petit** dans des situations concrètes.

> La gymnastique a une **moindre** importance en France **qu'**aux États-Unis.
>
> (*abstrait*)
>
> Une Honda est **plus petite qu'**une Cadillac. (*concret*)

Pour indiquer l'égalité et l'infériorité, on emploie **aussi petit** et **moins petit.**

8. pire/ plus mauvais

L'adjectif **mauvais** a un comparatif irrégulier, **pire,** et un comparatif régulier, **plus mauvais.**

> Ma situation sociale l'an dernier était **pire que** cette année.
>
> Le sel est-il **plus mauvais** pour la santé **que** le sucre?

On emploie de préférence **pire** pour les situations abstraites et **plus mauvais** pour les situations concrètes, mais souvent les deux expressions sont interchangeables.

> Le sel est-il **pire que** le sucre pour la santé?

Pour indiquer l'égalité et l'infériorité, on emploie **aussi mauvais** et **moins mauvais.**

REMARQUE: Pire est souvent le contraire de **mieux.**

> —Est-ce que c'est **mieux** d'être riche et malheureux ou pauvre et heureux?
>
> —C'est **pire** d'être riche et malheureux.

Voici un tableau des constructions de **bon, bien, mauvais** et **petit**.

	Supériorité	Égalité	Infériorité
bon	meilleur	aussi bon	moins bon
bien	mieux	aussi bien	moins bien
mauvais	pire/ plus mauvais	aussi mauvais	moins mauvais
petit	moindre/ plus petit	aussi petit	moins petit

Exercice 6.1

Faites des phrases exprimant l'égalité avec le vocabulaire donné en suivant les modèles.

Modèle: J'ai … de l'enthousiasme/ Paul
*J'ai **autant d'**enthousiasme **que** Paul.*

J'ai …

1. des devoirs/ Julia

2. de l'essence/ Rosalie

3. de la chance/ vous

4. des copains/ mon frère

Modèle: il travaille/ je
*Il travaille **autant que** moi.*

5. vous avez mangé/ il

6. il ne dort pas/ elle

7. je ne buvais pas/ tu

8. nous n'avons pas couru/ ils

Modèle: Tu es … intelligent/ je
*Tu es **aussi** intelligent **que** moi.*

Tu es ...

9. travailleur/ ta sœur

10. ambitieux/ ton frère

11. souriant/ Pauline

12. poli/ touriste

Modèle: Elle conduit ... vite/ vous

*Elle conduit **aussi** vite **que** vous.*

Elle conduit ...

13. prudemment/ tu

14. bien/ je

15. follement/ il

16. lentement/ ils

Exercice 6.2

Faites des phrases exprimant l'égalité avec le vocabulaire donné.

Modèle: Les femmes conduisent/ bien/ les hommes.

*Les femmes conduisent **aussi** bien **que** les hommes.*

Robert a fait des fautes/ son frère

*Robert a fait **autant de** fautes **que** son frère.*

1. Est-ce que les Américains conduisent/ vite/ les Français?

2. Les motos italiennes sont/ populaires/ les motos japonaises?

3. Ce lycée accueille/ lycéens/ lycéennes.

4. Je me sens/ tranquille/ dans ma vieille Peugeot/ une voiture de course.

5. Je crois que le ski/ dangereux/ le patin à roulettes.

6. Vous avez/ chance/ nous?

7. La France exporte/ voitures/ l'Allemagne.

8. Le pharmacien a vendu/ médicaments/ son collègue.

Exercice 6.3

Faites des phrases exprimant la supériorité ou l'infériorité avec le vocabulaire indiqué.

Modèle: Les voitures américaines sont-elles/ grosses/ les voitures françaises?

*Les voitures américaines sont-elles **plus (moins)** grosses **que** les voitures françaises?*

1. Me voilà à Lyon, enfin! Je me demande s'il y a/ bons restaurants à Lyon/ à Paris.
2. Et puis, la course automobile des 24 heures du Mans est-elle/ célèbre/ la course automobile Daytona 500?
3. Les vacances d'été sont/ longues en France/ aux États-Unis.
4. Cette autoroute fait/ deux mille kilomètres de long. Quelle autoroute interminable!
5. Je préfère les petites voitures. Mais les grosses voitures ont/ accidents sérieux. Alors je vais acheter une grosse voiture!
6. Pour m'acheter ma bagnole, il faut que je travaille/ huit heures par jour.
7. Frédéric qui n'a pas de chance: lui, il gagne/ 10 euros de l'heure.
8. Je me pose la question: Un prof de gym crie-t-il/ fort/ un prof de maths?
9. Enfin! J'ai mon auto. Je conduis à/ 100 km à l'heure!
10. Et maintenant, ce serait génial de vivre aux États-Unis: là-bas, les autoroutes sont/ nombreuses/ en Europe.

Exercice 6.4

Faites des phrases exprimant des comparaisons avec le vocabulaire donné.

Modèle: Le vin français est/ bon/ le vin chinois.

*Le vin français est **meilleur que** le vin chinois.*

1. Aux États-Unis les conditions de vie sont-elles/ bonnes/ en France?
2. Une Citroën roule/ bien/ une Peugeot.

3. Cet appareil fonctionne/ bien/ aujourd'hui/ hier.

4. Les routes sont/ dangereux/ les petites rues.

5. Une petite voiture protège/ bien/ les conducteurs/ une grosse voiture.

6. La glace faite avec de l'eau est/ bonne/ la glace faite avec des œufs et du lait.

Exercice 6.5

Faites des phrases exprimant des comparaisons.

> **Modèle: La France/ petit/ le Texas.**
>
> *La France est **plus** petite **que** le Texas.*

1. La margarine/ bon pour la santé/ le beurre.

2. Il fait/ mauvais/ en été/ en hiver.

3. Une voiture/ petit/ un camion.

4. Laissez tomber les détails de/ petit/ importance.

5. L'inaction/ mauvais/ l'exercice pour la santé.

LE SUPERLATIF

Le superlatif est formé ainsi:

l'article défini + l'adverbe de comparaison + l'adjectif	
le, la, les	**plus, moins**
le plus beau	**la moins** belle
les moins riches	**les plus** grand(e)s

1. Si l'adjectif précède le nom, l'ordre des mots reste le même.

   Est-ce que Versailles est **le plus beau** château de France?

2. Si l'adjectif est placé après le nom, il faut répéter l'article défini devant l'adjectif.

   Les motos *les* **plus rapides** sont aussi *les* **plus chères**.

3. L'adjectif possessif peut remplacer l'article qui précède le nom, mais on garde l'article devant l'adjectif qui suit le nom.

> Elle a porté **son plus beau** casque.
>
> Elle a acheté l'assurance auto **la plus chère.**

4. Le complément du superlatif est toujours introduit par la préposition **de** (*in, of*). **De** se contracte avec **le** et avec **les: du, des.**

> C'est le plus grand château **de** France.
>
> Miss America est la plus belle fille **des** États-Unis, mais pas **du** monde.

5. Le superlatif peut aussi affecter (*apply to*) un verbe et un nom. Dans ce cas, on emploie **le plus** ou **le moins** avec un verbe et **le plus de** ou **le moins de** avec un nom. Cette construction se trouve le plus souvent avec l'expression d'insistance **c'est ... qui, c'est à ... que.**

C'est Jacqueline **qui** mange **le plus**.	*It's Jacqueline who eats* **the most**.
C'est Pierre **qui** a **le plus de** courage.	*It's Pierre who has* **the most** *courage.*
C'est à Robert **que** nous avons donné **le moins** d'argent.	*It's Robert to whom we gave* **the least amount** *of money.*

6. le meilleur

L'adjectif **bon** a un superlatif irrégulier.

	masc.	*fém.*
sing.	**meilleur**	**meilleure**
pl.	**meilleurs**	**meilleures**

Les meilleures voitures viennent-elles du Japon?

7. le mieux

Le superlatif de l'adverbe **bien** est **le mieux, la mieux, les mieux.** Le contraire est **le moins bien.**

> C'est elle qui travaille **le mieux**.   C'est elle qui est **la mieux préparée**.
>
> Pierre est l'étudiant qui comprend **le moins bien**.
>
> Ces singes sont **les mieux** dressés du zoo.

8. le plus petit/ le moindre

L'adjectif **petit** a deux superlatifs: **le plus petit, le moindre.** On emploie **le plus petit** dans des situations concrètes et **le moindre** dans des situations abstraites.

> Georges est **le plus petit** des trois frères.   (*concret*)
>
> Je n'ai pas **la moindre** idée de ce qui se passe.   (*abstrait*)

9. le plus mauvais/ le pire

L'adjectif **mauvais** a deux superlatifs: **le plus mauvais, le pire**. On emploie **le plus mauvais** dans des situations concrètes et **le pire** dans des situations abstraites.

> Vous n'êtes pas **le plus mauvais** élève.   (*concret*)
>
> Dans **les pires** circonstances, elle garde son calme.   (*abstrait*)

10. On appelle superlatif absolu un adjectif ou un adverbe modifié par **très, bien, remarquablement, extrêmement.**

> Vous êtes **très** fatigué(e)(s).   Il conduit **extrêmement** vite.

ATTENTION: Certains adjectifs ne sont jamais utilisés avec ces adverbes.

excellent	merveilleux
extraordinaire	sensationnel
formidable	terrible
magnifique	

Mais on peut employer **tout à fait, vraiment** avec **extraordinaire** et **sensationnel.** On peut aussi ajouter les préfixes **archi-, extra-, hyper-, super-, ultra-,** devant un adjectif.

> Son père est **archi-conservateur.**   Du sucre **extra-fin.**
>
> C'est un enfant **hyper-nerveux.**

REMARQUE: Dans la conversation les préfixes **extra- et super-** sont devenus des adjectifs avec le sens de: **extraordinaire** ou **excellent.**

> Ce gâteau est **extra.**   J'ai vu un film **super.**

11. Voici des expressions idiomatiques:

de mal en pis	*worse and worse*
de mieux en mieux	*better and better*
faire de son mieux	*to do one's best*
faute de mieux	*for lack of anything better*
le pire	*the worst*
le plus vite possible	*as fast as possible*

tant mieux	*so much the better*
tant pis	*so much the worse (too bad)*

REMARQUE: On emploie parfois le subjonctif après le superlatif. (Voir chapitre 16, «Le subjonctif après un pronom relatif».)

C'est la fête **la plus** réjouissante **qui soit.**

Exercice 6.6

Faites des phrases au superlatif avec le vocabulaire donné. Attention à la contraction de «**de**» avec l'article.

1. Le fromage français est/ bon/ le monde.
2. Est-ce que les Américains construisent les voitures/ rapides/ l'industrie automobile?
3. Les vêtements/ élégants/ France/ sont fabriqués à Paris.
4. Los Angeles est/ grande ville/ les États-Unis.
5. Est-ce que le Manitoba est/ province froide/ le Canada?
6. Le poulet est-il le produit/ cher/ le supermarché?
7. Quel est le monument/ vieux/ le Québec?
8. C'est à Robert que j'ai écrit/ des lettres.
9. Est-ce le blé ou le maïs qui est la culture/ importante/ la Saskatchewan?
10. Ce marchand vend les fruits/ bon/ le marché.

Exercice 6.7

Traduisez les phrases suivantes.

1. Philippe is the one who speaks the best.
2. Francine is the one who sings the best.
3. What time is it? —I don't have the slightest idea.
4. Answer this letter ASAP.
5. I like Madonna's songs. They are super!
6. Robert does not lend his most expensive books.

7. Hurry up! —I am doing my best.

8. I am extremely tired.

9. She is getting better and better. All the better!

Récrivez les phrases suivantes au superlatif avec un adverbe ou avec un préfixe comme **archi-, super-, hyper-, ultra-** ou **extra-.**

1. Les nobles étaient *royalistes.*

2. Vous êtes *gentils.*

3. Nous sommes *prudents* quand nous conduisons.

4. Il y a un exercice de diction française qui dit: «Les chaussettes de l'archiduchesse sont-elles *sèches...*»

5. Cet enfant est surdoué, *intelligent.*

6. Nous ne mangeons que du beurre *fin.*

SUPPLÉMENTS DE GRAMMAIRE

L'IDENTITÉ, LA DIFFÉRENCE, LA PROPORTION

1. **le même ... que/ la même ... que** (*the same as*)

L'article change. L'adjectif s'accorde.

> Ils ont **la même** voiture et **les mêmes** problèmes **que** nous.

2. **comme** (*like/ as*)

Comme est suivi d'un nom ou d'une proposition entière.

> Elle mange **comme** un oiseau.

> Vous allez faire **comme** je vous l'ai dit.

Voici quelques expressions courantes et imagées avec **comme:**

belle **comme** un cœur	rouge **comme** une tomate
ennuyeux **comme** la pluie	fort **comme** un Turc/ un bœuf
heureux **comme** un poisson dans l'eau	libre **comme** l'air

maigre **comme** un clou (*nail*)   malade **comme** un chien

sage **comme** une image   têtu (*stubborn*) **comme** une mule

On dit aussi:

aimer quelqu'un **comme** un frère, une sœur

se ressembler **comme** deux gouttes d'eau

traiter quelqu'un **comme** un chien

3. différent de (*different from*)

L'adjectif **différent** s'accorde; le mot qui suit est toujours **de, du, de la** ou **des**.

La région de Lille est **différente de la** région de Nice.

4. de plus en plus (*more and more*)/ **de moins en moins** (*less and less*)

Ces expressions précèdent l'adjectif.

Ils veulent des motos **de plus en plus** rapides et **de moins en moins** chères.

5. plus ... plus (*the more . . . the more*)/ **moins ... moins** (*the less . . . the less*)/ **plus ... moins** (*the more . . . the less*)/ **moins ... plus** (*the less . . . the more*)

On emploie **plus** et **moins** sans article au début de la phrase.

Plus elle mange, **plus** elle a faim. **Moins** vous travaillez, **moins** vous gagnez d'argent.

On met le nom après le verbe, avec la préposition **de**; il n'y a pas d'article.

Plus on a d'enfants, **plus** on a **de** problèmes.

6. d'autant plus (moins) ... que

Cette expression signifie *all the more ... when*

J'ai **d'autant plus peur** de conduire **qu'**il pleut.

I am ***all the more*** scared **when** it rains.

Exercice 6.9

Faites des phrases avec les expressions comparatives suivantes (**le, la, les même(s) ... que, différent(e) ... de, comme**) et les phrases suggérées. Suivez le modèle.

Modèle: Camille a acheté/ les sandales/ moi

*Camille a acheté **les mêmes** sandales **que** moi.*

1. Je suis né/ à l'heure/ mon cousin.
2. À l'école, les cours étaient ennuyeux/ la pluie.
3. Quand j'étais petit, mes vacances à la montagne étaient/ mes vacances au bord de la mer.
4. Les cours en France sont/ les cours au Canada.
5. Je me suis rendu compte qu'en France les ados n'ont pas/ les distractions/ aux États-Unis.
6. Les prix des médicaments sont/ aux États-Unis/ au Canada.
7. Les voitures de sport ne roulent pas/ à la vitesse/ les voitures ordinaires.
8. Enfin! J'ai ma moto. Sur ma moto je me sens libre/ l'air!

Exercice 6.10

Modifiez les phrases suivantes avec les expressions «**de plus en plus**» ou «**de moins en moins**».

1. Les voitures deviennent chères.
2. Grâce à l'utilisation de la ceinture de sécurité, la mortalité routière baisse.
3. À cause du phénomène «El Niño», l'océan Pacifique devient froid.
4. Parce qu'il a beaucoup de travail, le médecin est fatigué.

Exercice 6.11

Modifiez les phrases suivantes avec **plus ... plus, moins ... moins, plus ... moins** ou **moins ... plus**.

1. On voyage vers le sud. Le climat est chaud.
2. Les étudiants font leurs devoirs. Il y a des chances qu'ils ne réussissent pas.
3. On roule vite. C'est dangereux.
4. Il y a des virages sur la route. Il faut aller vite.

LA PRÉFÉRENCE

1. plutôt/ plutôt que/ plutôt que de

a. **Plutôt** signifie *rather*.

> Cette jeune fille a une imagination **plutôt** romanesque (*romantic*).

b. **Plutôt que, plutôt que de** signifient *rather than*. On emploie **plutôt que** devant un nom; on emploie **plutôt que de** devant un infinitif. Souvent on combine **préférer** avec **plutôt que** et **plutôt que de**.

> Nous allons acheter une voiture américaine **plutôt qu**'une voiture étrangère.
>
> Cette année, ils sont restés aux États-Unis **plutôt que de** voyager en Europe.
>
> Nous préférons acheter une voiture américaine **plutôt qu**'une voiture étrangère.

2. aimer mieux
Aimer mieux signifie **préférer**.

> **J'aime mieux** les pays chauds que les pays froids.

Si **aimer mieux** est suivi d'un verbe à l'infinitif, la deuxième partie de la comparaison commence par ... **que de** ou ... **plutôt que de**.

> Catherine **aime mieux** se reposer le dimanche **que d**'aller faire du sport.
>
> Elle **aime mieux** se reposer le dimanche **plutôt que d**'aller faire du sport.

Exercice 6.12

Refaites les phrases suivantes avec «**plutôt que**» ou «**plutôt que de**» et les groupes entre parenthèses.

1. Je décide de poursuivre des études supérieures. (chercher un boulot)
2. Nous mangeons de la viande. (du poisson)
3. Ils choisissent de parler sur Skype. (discuter sur leur téléphone mobile)
4. Vous allez dormir dans un motel. (dans votre voiture)
5. J'écoute de la musique classique. (du jazz)

Exercice 6.13

Faites des phrases avec le vocabulaire suggéré en employant la formule **aimer mieux ... que de** ou **aimer mieux ... plutôt que de.**

1. Les étudiants/ regarder les infos en ligne/ regarder les infos à la télévision.
2. Malik/ aller voir ses copains/ faire ses devoirs.
3. Nous/ respecter le code/ recevoir un P.-V.
4. Ces jeunes gens/ conduire une voiture de sport/ être piétons.
5. Marguerite/ lire un bon livre/ sortir avec un garçon ennuyeux.

LES EXPRESSIONS CONDUIRE/ ALLER EN VOITURE; MARCHER/ ALLER À PIED

1. Le verbe *to drive* se dit **conduire** si le verbe est modifié par un adverbe de manière, un complément de lieu ou un objet direct.

   Les Français **conduisent** vite.

   En été, on **conduit** sur des routes encombrées.

   Elle **conduit** sa petite Citroën.

2. Le verbe *to drive* se dit **aller en voiture** si le verbe est accompagné d'un complément de destination.

   Ils **vont** à Paris **en voiture**.

3. Le verbe *to walk* se dit **marcher** avec un adverbe ou un complément de lieu et **aller à pied** avec un complément de destination.

   Tu **marches** lentement.   mais: Je **vais à pied** à l'université.

   Nous **marchons** dans la forêt.

Exercice 6.14

Faites des phrases avec le verbe qui convient.

(conduire/ aller en voiture)
1. un camion
2. trop vite
3. du nord au sud de la France
4. une Peugeot
5. au supermarché tous les jours
6. ses enfants à l'école

(aller à pied/ marcher)
7. à l'école
8. dans le parc pour te reposer
9. au bureau de tabac
10. lentement
11. avec ton chien
12. sur la plage

TRADUCTION

—Hello, Pierre, let's take my new car and drive to a nice restaurant I know in Pigalle.

—You are sure you want to drive? The bus or the metro will be faster.

—Not really, the crowd in the metro is horrible, and I feel more secure when I drive.

—Indeed, you seem to drive more slowly than usually.

—I like my little French car. It's not as big as an American car, but I prefer size rather that speed.

—Speaking of security, the Japanese cars are the best.

—These pedestrians are very bad. They do not wait for the red light.

—Well, you are worse than them, when you light a cigarette while driving.

—My friend, if you think I drive poorly, why don't I drop (**déposer**) you at the nearest bus station and let you catch the bus.

—No, no, you are the best driver in the world

RÉDACTION

Vous êtes le témoin d'un accrochage sans gravité, mais les deux personnes qui conduisaient et l'agent de police vous demandent de décrire ce qui s'est passé. Imaginez le dialogue.

CHAPITRE 7

La négation

BUT DE CE CHAPITRE

Dans ce chapitre on vous explique:

- les formes de la négation, **ne ... pas, ne ... personne, rien**
- la place des négations dans les verbes aux temps simples et aux temps composés
- les emplois généraux et les emplois particuliers
- les négations combinées
- les expressions: **quelqu'un, personne, quelque chose, rien + de** + adjectifs, **n'avoir qu'à/ il n'y a qu'à, il s'agit de**

THÈMES DU CHAPITRE

- discipline stricte/ laxisme
- interdictions/ défenses

VOCABULAIRE

à peu près (adv.) about, approximately

anarchique anarchic

autoritaire authoritarian

battre to beat

bois (*m.*) wood, grove

cadeau (*m.*) gift

canne (*f.*) (*here*) stick

chasser (*here*) to chase

crise (*f.*) **de rage** temper tantrum

d'un coup (*adv.*) all at once

dépourvu(e) deprived

en dehors de outside

frapper to hit, to strike

hormis (*adv.*) beside

inflexible rigid, unyielding

jambe (*f.*) leg

mâcher to chew

manie (*f.*) strange habit

moindre slightest, least

paresser to laze about, to loaf

poivre (*m.*) pepper

redoutable fearsome

repas (*m.*) meal

se mesurer à to pit oneself against (someone)

sévir to deal severely with

sucrerie (*f.*) sweet, candy

théière (*f.*) teapot

verser to pour

VOCABULAIRE SUPPLÉMENTAIRE

blague (*f.*) prank, practical joke

blagueur(-euse) joker, bigmouth

bonbon (*m.*) candy

châtiment (*m.*) punishment

colère (*f.*); **crise** (*f.*) **de colère** temper; temper tantrum

coléreux(-euse) quick-tempered, irascible

corporel(le) corporal

correction (*f.*) thrashing

corriger to thrash

enfant (*m., f.*) **gâté(e)** brat

étranger(-ère) foreigner

faire une blague to play a trick

fessée (*f.*) spanking

fesser to spank

fou (folle) maniac

fouet (*m.*), **martinet** (*m.*) whip

fouetter to whip

gâter un enfant to spoil a child

insignifiant(e) insignificant

jouer un tour to play a trick

jouet (*m.*) toy

laxiste, permissif(-ive) permissive

maniaque fussy

pas de blague! No messing around!

passion (*f.*) **morbide** mania

sans blague! No kidding!

LECTURE

PROFIL DE L'AUTEUR

Jean-Marie Gustave Le Clézio (1940–) est né à Nice d'une famille originaire de Bretagne émigrée à l'île Maurice au XVIIIe siècle. J-M Le Clézio n'a jamais passé beaucoup de temps à l'île Maurice, mais il a la double nationalité: française et mauricienne. Il se considère de culture mauricienne et de langue française. Il a fait des études universitaires et a reçu un doctorat en lettres. Il écrit des poèmes, des contes, des romans, des nouvelles. Après plusieurs prix littéraires pour ses romans, en 2008, il reçoit le prix Nobel de littérature.

Romancier inclassable, Le Clézio est l'un des écrivains de langue française les plus traduits dans le monde. Cet auteur mystérieux est à la recherche d'une beauté originelle que notre civilisation a perdue mais qu'il retrouve parmi les Indiens du Mexique ou les hommes du désert, tels que les Touaregs. Son œuvre est souvent autobiographique et très influencée par ses origines familiales et ses nombreux voyages.

L'Africain (2004) est l'histoire de deux découvertes simultanées: celle de son père et de l'Afrique, qui vont marquer son enfance. Pendant la Seconde Guerre mondiale, le père de Jean-Marie Le Clézio, médecin dans un village isolé du Nigeria, était resté bloqué en Afrique. Jean-Marie, son frère et leur mère ont vécu chez une grand-mère très laxiste qui ne punissait jamais les enfants. Après la guerre, ils rejoignent leur père qui impose aux deux garçons une discipline sévère.

Lecture: *Un père inflexible* (de *L'Africain*) par Jean-Marie Le Clézio

À l'âge de huit ans à peu près, j'ai vécu... au Nigeria* dans une région assez isolée où, hormis mon père et ma mère, il n'y avait pas d'Européens [...].

[...] Nous avions vécu, mon frère et moi, dans une sorte de paradis anarchique à peu près dépourvu de discipline.

Je me souviens aussi d'avoir été pris par des crises de rage, parce qu'on me refusait quelque chose... À ces moments, rien ni personne ne pouvait me calmer. [...]

[...] L'homme que j'ai rencontré en 1948, [...] était inflexible, autoritaire [...]. Il était plein de manies et de rituels que je ne connaissais pas, dont je n'avais pas la moindre idée: les enfants ne devaient jamais parler à table sans en avoir eu l'autorisation, ils ne devaient pas courir, ni jouer ni paresser au lit. Ils ne pouvaient pas manger en dehors des repas, et jamais de sucreries. Ils devaient manger sans poser les mains sur la table, ne pouvaient rien laisser dans leur assiette et devaient faire attention à ne jamais mâcher la bouche ouverte... Dès le premier contact, mon frère et moi nous sommes mesurés à lui en versant du poivre dans sa théière. Cela ne l'a pas fait rire, il nous a chassés autour de la maison et nous a sévèrement battus. [...] Nous avons appris d'un coup qu'un père pouvait être redoutable, qu'il pouvait sévir, aller couper des cannes dans le bois et s'en servir pour nous frapper les jambes...

[...] Je suppose que c'est en arrivant à Ogoja que nous avons appris que le Père Noël n'existait pas, que les cérémonies et les fêtes religieuses étaient réduites à des prières, et qu'il n'y avait aucun besoin d'offrir des cadeaux [...].

Note: *Le Nigeria, ancienne colonie anglaise (1914-1960) où l'on parle anglais [à ne pas confondre avec le Niger, ancienne colonie française (1922-1960)], est situé sur le golfe de Guinée. Traversé par le fleuve Niger, il est bordé à l'est par le Cameroun, au nord par le Niger et à l'ouest par le Bénin. Aujourd'hui, le Nigeria est le pays le plus peuplé d'Afrique avec plus de 170 millions d'habitants. Malgré des ressources pétrolières énormes il reste un pays pauvre.

COMPRÉHENSION DU TEXTE

1. D'après le texte, faites une liste des interdits que le père de Jean-Marie Le Clézio imposait à ses deux fils. Exemple: «Les enfants ne doivent pas parler à table.»
2. Décrivez le père avec quatre adjectifs pris dans le texte.
3. Où vivait Jean-Marie Le Clézio pendant la guerre et avec qui?
4. Quelle était l'atmosphère de la vie familiale chez la grand-mère de Jean-Marie Le Clézio?
5. Où Jean-Marie, son frère et leur mère sont-ils allés vivre après la guerre?
6. Quelle blague est-ce que Jean-Marie et son frère ont faite pour se mesurer à leur père?
7. Quelle a été la réaction du père? Qu'a-t-il fait?

GRAMMAIRE: LA NÉGATION

La négation en français est généralement formée de deux parties: **ne** et un autre mot. Dans la langue écrite, il faut employer **ne** dans tous les cas. Dans la conversation, **ne** est souvent omis.

Il **ne** fume **pas**, il **ne** boit **jamais**, il **n**'a **aucun** défaut.

J'aime **pas** ça.   Il a **jamais** fumé.

FORMES

Voici la liste des expressions négatives les plus courantes.

Tableau-résumé		
Place des mots négatifs les plus courants		
aux temps simples	**aux temps composés**	**à l'infinitif**
		Je suis désolé(e):
je **ne** vois **pas**	je **n**'ai **pas** vu	de **ne pas** voir
je **ne** voyais **rien**	je **n**'avais **rien** vu	de **ne rien** voir
je **ne** vois **jamais**	je **n**'ai **jamais** vu	de **ne jamais** voir
je **ne** vois **plus**	je **n**'ai **plus** vu	de **ne plus** voir
je **ne** voyais **personne**	je **n**'avais vu **personne**	de **ne** voir **personne**
je **ne** vois **aucun**...	je **n**'ai vu **aucun**...	de **ne** voir **aucun**...
je **ne** vois **rien** de...	je **n**'ai vu **rien** de...	de **ne** voir **rien** de...
	je **n**'ai **rien** vu de...	de **ne rien** voir de...

EMPLOIS

1. ne ... pas/ ne ... point (*not*)

   a.   Ces deux négations ont le même sens. **Ne ... pas** est l'expression la plus courante. **Ne ... point** est employé dans la langue littéraire.

   b.   La négation **ne ... pas** entoure le verbe à la forme simple. À un temps composé, la négation entoure l'auxiliaire. Le participe passé est placé après **pas**.

   Je **ne** comprends **pas**.   Je **n**'ai **pas** compris.

À l'infinitif **ne** et **pas** ne sont pas séparés.

Il est désolé de **ne pas** comprendre.

Vous êtes vexé de **ne pas** avoir compris.

REMARQUE: Dans la langue littéraire on peut dire: de **n'**avoir **pas** compris.

c. Dans la langue littéraire on emploie **ne** sans **pas**, avec les verbes suivants: **oser, savoir, cesser, pouvoir.**

Je **ne** sais s'ils viendront.   Il **ne** cesse de pleuvoir.

Elle **n'**ose parler.   Vous **ne** pouvez comprendre.

d. Dans la langue familière on trouve **pas** sans **ne.**

J'ai **pas** faim.   Ils ont **pas** compris.

REMARQUE: Quand il y a des pronoms objets, **ne** précède tous ces pronoms.

Je **ne** leur en ai **pas** parlé.

2.   ne ... personne (*nobody, anybody*)

a. **Personne** est la négation de **quelqu'un, tout le monde. Personne** a plusieurs fonctions.

Sujet	**Personne** n'a calmé l'enfant.
Objet direct	Nous **n'**entendons **personne.**
Objet indirect	Elle **ne** parle **à personne.**
Objet de prép.	Tu **ne** sors **avec personne.**

b. Aux temps composés, **personne** est placé après le participe passé.

Vous **n'**avez rencontré **personne.**

À l'infinitif **ne** et **personne** sont séparés.

Je suis triste de **ne** voir **personne.**

c. **Personne**, sans **ne**, peut être employé dans une réponse elliptique, après la préposition **sans**, et dans la langue familière.

Qui a téléphoné?—**Personne.**

Elle va au café seule, **sans personne.**

J'ai vu **personne.**

ATTENTION: On ne combine pas **pas** et **personne.**

3. ne ... rien (*nothing, anything*)

    a. **Rien** est la négation de **quelque chose, tout**. **Rien** a plusieurs fonctions:

      Sujet   **Rien** ne calme sa rage.

      Objet direct   Elle **ne** mange **rien.**

      Objet de prép.   Vous **ne** pensez **à rien.**

    b. Aux temps composés, **ne ... rien** entoure l'auxiliaire. Le participe passé se place après **rien.**

      Ils **n'**ont **rien** reçu comme cadeau pour Noël.

    À l'infinitif, **ne** et **rien** ne sont pas séparés.

      Ils sont déçus de **ne rien** recevoir.

    c. **Rien**, sans **ne**, peut être employé dans une réponse elliptique et après la préposition **sans**, et dans la langue familière.

      Qu'est-ce que vous avez dit?—**Rien!**

      Il est sorti **sans rien** dire.

      Tu comprends **rien.**

    d. Quand **rien** est suivi d'un adjectif, au passé on a le choix entre deux constructions:

      Je **n'**ai **rien** vu d'intéressant.   Je **n'**ai vu **rien** d'intéressant.

ATTENTION: On ne combine pas **pas** et **rien.**

4. ne ... jamais (*never*)

    a. **Jamais** est la négation de **quelquefois, une fois, toujours** (*always*), **souvent**. **Jamais** est un adverbe (il n'est ni sujet, ni objet).

    b. **Ne ... jamais** entoure le verbe aux temps simples, l'auxiliaire aux temps composés.

      Il **ne** fume **jamais.**   Il **n'**a **jamais** fumé.

À l'infinitif, **ne** et **jamais** ne sont pas séparés.

Je suis content de **ne jamais** tomber en panne.

c. **Jamais,** sans **ne,** peut se trouver dans une réponse elliptique, après la préposition **sans,** et dans la langue familière.

La grand-mère a-t-elle puni les enfants? **Jamais.**

Les garçons ont joué des tours **sans jamais** se faire prendre.

Tu te trompes **jamais**?

Dans une question **jamais,** sans **ne,** a le sens positif de *ever.*

Avez-vous **jamais** vu une si jolie femme?

d. Si **jamais** commence la phrase, on emploie **ne** devant le verbe. Il n'y a pas d'inversion du sujet et du verbe comme en anglais.

Jamais il **n'**oubliait de se brosser les dents avant de se coucher.

5. **ne ... plus** (*no more, no longer*)

a. **Ne ... plus** est la négation de **encore, toujours** (*still*).

Nous **n'**avons **plus** de miroir.   Les enfants **ne** parlent **plus** à table.

b. **Ne ... plus** entoure le verbe aux temps simples, et l'auxiliaire aux temps composés.

Ton père **ne** se fâche **plus**.   Vous **n'**avez **plus** revu votre grand père?

À l'infinitif, **ne** et **plus** ne sont pas séparés.

Les parents de Jean-Marie sont heureux de **ne plus** être en Afrique.

REMARQUES:

- La négation de **aussi** est **non plus ne ... pas.**

  Elle aussi conduit vite. Elle **non plus ne** conduit **pas** vite.

- **Moi non plus (ni moi non plus)** signifie *Neither do I.*

  ——Je ne suis pas en faveur des châtiments corporels.

  ——**Moi non plus.**

6. **ne ... pas encore** (*not yet*)

C'est la négation de **déjà.**

> Il **n'**a **pas encore** l'âge de conduire.

    a. **Ne ... pas encore** entoure le verbe aux temps simples; aux temps composés on place **pas encore** entre l'auxiliaire et le participe passé.

> Il **n'**a **pas encore** appris à conduire.

À l'infinitif, **ne pas encore** ne sont pas séparés.

> Je suis surpris de **ne pas encore** avoir reçu sa lettre.

    b. On emploie **pas encore**, sans **ne**, dans une réponse elliptique et dans la langue familière.

> Tu es prêt?—**Pas encore.**
>
> Vous comprenez **pas encore**?

7. **ne ... aucun(e), ne ... pas un(e)** (*not one, not one single*)

    a. Ces expressions sont la négation de **un, des, les, tous les, quelques, plusieurs.**

    b. Ces deux expressions entourent le verbe aux temps simples. Aux temps composés, **aucun** est placé après le participe. **Pas** et **un** sont séparés et entourent le participe passé. Avec **aucun**, on n'emploie pas d'article.

> Il **n'**a **aucun** ami.   Il **n'**a **pas un** seul ami.
>
> Je **n'**ai vu **aucune** bonne pièce de théâtre.
>
> Je **n'**ai **pas** vu **une** bonne pièce de théâtre.

    c. **Aucun** peut être adjectif ou pronom. Son féminin est **aucune.** Si **aucun** est pronom, il est accompagné de **en,** sauf s'il est sujet.

> Il **n'**y a **aucune** raison de se faire du souci. (*adj.*)
>
> Il **n'**y **en** a **aucune.** (*pronom objet, avec* **en**)
>
> **Aucun** de mes amis **ne** me comprend. (*pronom sujet, sans* **en**)
>
> **Aucun ne** me comprend. (*pronom sujet, sans* **en**)

d. On emploie **aucun** seul dans une réponse elliptique, avec la préposition **sans**, et dans la langue familière.

Tu as des devoirs à faire?—**Aucun.**

L'avion a atterri **sans aucun** problème.

Il trouve **aucun** travail.

8. ne ... nul(le) (*fém.*) (*not one, not one single*)

a. Cette expression est surtout employée dans la langue littéraire, un peu pompeuse, comme pronom ou adjectif.

Nul n'est prophète en son pays.   Je **n**'ai **nulle** envie de vous voir.

b. Dans la langue courante, **nul** apparaît dans l'expression **ne ... nulle part**, contraire de **quelque part, partout**. Aux temps composés, **nulle part** est placé après le participe passé.

J'ai cherché mon portefeuille et je **ne** l'ai trouvé **nulle part**.

9. ne ... guère (*not ... too, not ... much or many*)
C'est la négation de **très, beaucoup**. C'est une expression de langue littéraire et on peut la remplacer par **pas très, pas beaucoup**.

Elle **n**'est **guère** patiente avec ses enfants.   Vous **n**'avez **guère** de courage.

Dans la langue courante, on emploie souvent la négation **ne ... pas ... grand-chose**, qui signifie **pas beaucoup de choses**.

Elle **ne** mange **pas grand-chose**.   Je **n**'ai **pas** compris **grand-chose**.

Il **ne** pensait **pas à grand-chose**.   Tu **n**'as **pas** besoin de **grand-chose**.

REMARQUE: **Pas grand-chose** est l'objet direct du verbe. On emploie cette expression avec un verbe qui a un objet direct (**manger, entendre, comprendre, voir**), un objet indirect (**penser à**) ou un objet de préposition (**avoir besoin de**).

10. ne ... ni ... ni (*neither ... nor*)

a. C'est la négation de **ou ... ou, et ... et**. On peut trouver cette expression avec:

des sujets	**Ni** Pierre **ni** Paul **ne** lui parlent.
des objets directs	Il **n'**aime **ni** les oranges **ni** les bananes.
des objets indirects	Il **ne** parle **ni** à Pierre **ni** à Paul.

b. L'article partitif disparaît après **ni.**

Il lit **des** livres et **des** journaux.   Il **ne** lit **ni** livres **ni** journaux.

c. L'article défini reste après **ni.**

Il aime **le** thé et **le** café.   Il **n'**aime **ni le** thé **ni le** café.

jamais aucun	Il **n'**a **jamais aucun** ami.
	He never has a friend.
jamais personne	Il **ne** voit **jamais personne.**
	He never sees anybody.

Exercice 7.1

Vous êtes très déprimé(e); vous voyez tout en noir. Répondez aux questions suivantes en employant la négation entre parenthèses.

1. Avez-vous des amis? (aucun)
2. Allez-vous quelque part ce week-end? (nulle part)
3. Écrivez-vous à votre famille? (jamais)
4. Faites-vous un voyage en Italie ou en Espagne cet été? (ni ... ni)
5. Voyez-vous quelque chose d'intéressant dans ce livre? (pas grand-chose)
6. Vous voyagez? (ne plus)
7. Avez-vous consulté un psychologue? (pas encore)
8. Êtes-vous sûr(e) de comprendre? (rien)
9. Pouvons-nous vous aider? (guère)
10. Tu lis le journal? (ne aucun)

NÉGATIONS COMBINÉES

Voici des combinaisons possibles entre **personne, rien, jamais, aucun, plus**.

jamais aucun	Il **n**'a **jamais aucun** ami.
	He never has a friend.
jamais personne	Il **ne** voit **jamais personne**.
	He never sees anybody.
jamais plus	Je **ne** vous vois **jamais plus.**
plus jamais	Je **ne** vous vois **plus jamais**.
	I never see you anymore.
jamais plus aucun	Je **ne** vois **jamais plus aucun** ami.
	I no longer see any friends.
jamais plus personne	Je **ne** vois **jamais plus personne**.
	I no longer see anyone.
jamais plus rien	Elle **ne** dit **jamais plus rien**.
	She doesn't say anything anymore.
jamais plus rien... personne	Je **ne** vais **jamais plus rien** dire **à personne**.
	I shall never say anything to anyone again.
	Je **ne** vais **jamais plus rien** faire **avec personne**.
	I shall no longer do anything with anyone.
jamais rien	Il **ne** mange **jamais rien** après 7 heures du soir.
	He never eats anything after 7 PM.
plus personne	Je **ne** vois **plus personne**.
	I don't see anyone any longer.
plus rien	Je **ne** dis **plus rien.**
	I no longer say anything.
rien... personne	**Ne** dites **rien à personne**.
	Don't say anything to anybody.

Exercice 7.2

Refaites les phrases suivantes avec le vocabulaire et les négations suggérés.

1. Le Clézio est une personne très discrète. Il/ dire/ rien/ personne.
2. Comme les chameaux (*camels*) qui traversent le désert, elle/ boire/ rien/ jamais.

Suite à la page suivante

3. Tu es vraiment perdu. Tu/ comprendre/ plus/ rien.

4. La guerre a séparé les deux amis. Ils/ se voir/ jamais/ plus.

5. Autrefois, tu m'aidais à faire le ménage. Maintenant tu/ faire/ jamais/ plus/ rien.

6. Christine a changé d'attitude. Elle/ téléphoner/ jamais/ plus/ personne.

7. Arrêtez de parler! Vous/ écouter/ jamais/ personne.

8. Ces parents ont eu de la chance avec leurs enfants. Ils/ avoir des problèmes/ jamais/ aucun.

9. Josette a perdu tout ce qu'elle avait. Elle/ donner/ jamais/ plus/ rien/ personne.

10. Gabriel a appris qu'il était diabétique. Après cela, il/ manger un bonbon/ jamais/ plus/ aucun.

SUPPLÉMENTS DE GRAMMAIRE

QUELQU'UN, PERSONNE, QUELQUE CHOSE, RIEN + DE + ADJECTIF

Quand ces quatre expressions sont employées avec un adjectif, il faut mettre **de** entre l'expression et l'adjectif. L'adjectif est toujours à la forme masculine.

C'est **quelqu'un de** gentil.   Vous dites **quelque chose de** vrai.

Je **n**'ai rencontré **personne d**'intéressant.   Elle **n**'a acheté **rien de** cher.

REMARQUE: Quand une personne, une chose sont employées comme noms, on n'ajoute pas **de**, et l'adjectif est à la forme féminine.

Voilà une personne intéressante. Elle achète des choses chères.

Exercice 7.3

Répétez chaque adjectif avec **quelqu'un de, personne de, une personne**.

Modèle: gentil

quelqu'un de gentil, personne de gentil, une personne gentille

1. permissif
2. courageux
3. insignifiant
4. enfantin
5. étranger
6. chic

Répétez chaque adjectif avec quelque chose de, une chose, rien de.

Modèle: précieux

quelque chose de précieux, une chose précieuse, rien de précieux

1. positif
2. important
3. gris
4. évident
5. douteux

NE ... QUE/ SEULEMENT (*ONLY*)

Ne ... que n'est pas une négation. C'est une expression de restriction. Elle entoure le verbe simple ou le verbe composé. On garde l'article complet.

Je **ne** bois **que** de l'eau.   Je **n'**ai lu **qu'**une page.

1. *Only* se traduit par **ne ... que** ou **seulement** dans les cas suivants:

- quand il modifie un nom objet direct.

  *I like **only** milk.*   Je **n'**aime **que** le lait.

  J'aime **seulement** le lait.

- quand il modifie un objet indirect.

  *He talks **only** to Pierre.*   Il **ne** parle **qu'**à Pierre.

  Il parle **seulement** à Pierre.

- quand il modifie un objet de préposition.

  *She sleeps **only** with tranquilizers.*

  Elle **ne** dort **qu'**avec des tranquillisants.

  Elle dort **seulement** avec des tranquillisants.

- quand il modifie un infinitif objet avec **à** ou **de**.

  *He thinks **only** of having fun.*   Il **ne** pense **qu'**à s'amuser.

  Il pense **seulement** à s'amuser.

  *I ask you **only** to read this.*   Je **ne** vous demande **que de** lire cela.

  Je vous demande **seulement** de lire cela.

- quand il modifie un groupe de mots qui commence par une conjonction autre que la conjonction **que**.

  *She sings **only** if one begs her to.*   Elle **ne** chante **que** si on la supplie.

  Elle chante **seulement** si on la supplie.

2. *Only* se traduit par **seulement** dans les cas suivants (**ne ... que** est impossible):

   - si la conjonction qui suit est **que**.

     *I **only** need you to talk to me.*

     J'ai **seulement** besoin que tu me parles.

   - avec un sujet sans verbe dans une phrase elliptique.

     Qui a compris?——**Seulement** Jean-Marie.

3. *Only* se traduit par **seul(e)** avec un sujet dans une phrase complète. **Seul** peut être placé avant ou après le nom.

   Seul Gérard (*ou* Gérard **seul**) a compris.

   Seule Jeanne (*ou* Jeanne **seule**) est venue.

Exercice 7.4

Faites des phrases avec le vocabulaire suggéré et les groupes restrictifs: **ne ... que**, **seulement** ou **seul**.

Modèle: Mon père nous défendait de boire des jus de fruits. Nous/ boire/ de l'eau.
   *Nous **ne** buvions **que** de l'eau.*

1. Quelle enfance! Quand j'étais petit, je détestais presque tous les légumes.
   Je/ manger/ des carottes.
2. Il faisait tellement chaud au Nigeria. Nous/ se promener/ le soir.
3. La maison était décorée? Non, il y/ avoir/ un tableau/ au salon.
4. Mon frère et moi, nous ignorions les langues africaines. Alors, nous/ parler/
   français.
5. Mon père était très austère et rigide. Il/ boire/ du thé ou de l'eau chaude.
   Mon père détestait les enfants insolents. Il/ supporter les enfants/ quand ils
   étaient obéissants.
6. Papa avait un chien qu'il avait dressé. Ce chien/ obéir/ à notre père.
7. Nous demandions peu de choses. Nous/ demander/ rester des enfants libres
   et sans contraintes.
8. Personne ne pouvait comprendre papa. Ma grand-mère/ pouvoir/ accepter
   cette sévérité.
9. Mon père n'était pas très aimé de sa famille. Ses malades africains/ l'adorer.

N'AVOIR QU'À/ IL N'Y A QU'À

L'expression **n'avoir qu'à** + un infinitif s'emploie avec un sujet personnel.

   Tu **n'**as **qu'à** demander à Agnès.

   All you need to do is ask Agnès.

Avec un sujet impersonnel, **il n'y a qu'à** signifie *the only (the best) thing to do is ...*

   Il **n'**y a **qu'à** appeler la police.

   The only (The best) thing to do is to call the police.

Dans la conversation familière, **tu n'as qu'à** est souvent contracté et prononcé **t'as qu'à** /taka/; **il n'y a qu'à** est contracté et prononcé **y a qu'à** /jaka/.

Exercice 7.5

Dites avec l'expression «**n'avoir qu'à**» ou «**il n'y a qu'à**» ce que ces personnes devraient faire (*ought to do*). Suivez le modèle.

Modèle: Tu as faim? (manger)

*Tu **n'**as **qu'à** manger.*

1. Vous avez soif? (boire un grand verre d'eau)
2. Ces étudiants sont fatigués de prendre l'autobus? (aller à bicyclette)
3. Ils toussent. (arrêter de fumer)
4. Cette jeune fille se trouve trop grosse? (manger moins de gâteaux)
5. Tu veux me parler demain? (téléphoner de bonne heure)
6. Il y a un accident? (appeler la police)
7. Le directeur n'est pas content de sa secrétaire. (la renvoyer)

IL S'AGIT DE (*IT IS ABOUT*)

1. Cette expression est toujours impersonnelle. Si en anglais on a un nom sujet pour *is about*, en français il faut utiliser **dans** + le nom devant le verbe impersonnel.

   Dans cette histoire, **il s'agit d'**un pompier qui éteint un incendie.

   This story is about a fire fighter who extinguishes a fire.

ATTENTION! Il est incorrect de dire ~~Cette histoire s'agit~~

2. La question se formule ainsi: **De quoi s'agit-il?** (*What is it about?*)

EXPRESSIONS AVEC **RIEN**

Ça ne fait rien.	*It does not matter.*
Ce n'est rien.	
C'est tout ou rien.	*It's all or nothing.*
C'est trois fois rien.	*It's of no importance.*
(Je vous remercie.)—**De rien!**	*(Thank you.)—Don't mention it!*
Rien à faire!	*Nothing doing! Nothing can be done about it!*
Bon(ne) à rien	*Good-for-nothing*

Exercice 7.6

Dites en français:

1. This book is about a young boy and his father.
2. What is this novel about?
3. It is about life in Africa.
4. This book is about travels in Europe.
5. It does not matter.
6. It's of no importance.

TRADUCTION

Jean-Marie and his brother did not have the slightest idea about their father's theories about children and discipline or about his odd habits.

They remembered the kind, old lady who never punished them.

In their new African home, the two boys could not run or play in the house. They could not talk at the dinner table. They never ate between meals and never had sweets.

No friends could visit them. They had no pets nor Christmas presents.

When the grandmother came to visit the family, she tried to talk to the father about his negative attitude.

Because of his humanitarian personality, he became more and more indulgent. Jean-Marie no longer had tantrums.

The two boys never again played tricks on their father and the family was happier.

RÉDACTION

Imaginez une conversation avec un grand-parent qui vous explique en termes négatifs les choses matérielles qu'il n'avait pas quand il était enfant.

CHAPITRE 8

L'interrogation

BUT DE CE CHAPITRE

Dans ce chapitre, on vous explique les différentes formes de l'interrogation:

- par la voix
- par un mot interrogatif: adjectifs, pronoms d'identité, pronoms de choix (formes courtes et formes longues)
- avec un adverbe: **où, quand, comment**, etc.
- comment traduire *which* ou *what* et poser certaines questions idiomatiques: **Qu'est-ce que tu as? Que devenez-vous?**
- la construction du verbe «**penser**» (+ **à** ou **de**)
- l'approximation

THÈMES DU CHAPITRE

- la société de consommation
- la publicité dans vos décisions d'achat
- la protection de l'environnement

VOCABULAIRE

à (votre) avis in (your) opinion
achat (*m.*) purchase
affiche (*f.*) (*here*) billboard, sign
agir to act
amélioration (*f.*) improvement
améliorer to improve
appareil ménager (*m.*) household
   appliance
assister (*here*) to witness
autant que as much as
autour around
besoin (*m.*) need
chômage (*m.*) unemployment
classe moyenne (*f.*) middle class
consommateur (-trice) consumer
consommation (*f.*) consumption
covoiturage (*m.*) carpooling
de la part on the part
dépendre to rely, to depend
dépense (*f.*) expense
déranger to bother

désormais from now on
éviter to avoid
geste (*m.*) (*here*) action
inciter to encourage
logement (*m.*) housing, lodging
loisir (*m.*) leisure activity, hobby
lutter to fight, to combat
niveau de vie (*m.*) standard of living
panneau routier (*m.*) road sign
protéger to protect
publicité, la pub (*f.*) advertising
quotidien daily, everyday
réduire to reduce
sans-abri (*m.*), **SDF** homeless (SDF=
   sans domicile fixe)
s'élever to rise
soldes (*m., pl.*) (bargain) sales
spot publicitaire (*m.*) commercial
transport en commun (*m.*) public
   transportation, transit
vide-grenier (*m.*) yard, garage sale

LECTURE

Lecture 1: La société de consommation

Depuis de nombreuses années, en France, le niveau de vie de la classe moyenne (environ 70% de la population) s'est élevé de façon remarquable. Chacun peut désormais espérer acheter un logement décent et confortable, une voiture, des appareils ménagers, la télévision, s'offrir des loisirs, une éducation avancée et des voyages. On assiste alors à une explosion des besoins de la part des consommateurs. Cela permit une amélioration générale des conditions matérielles d'une partie de la population. Malgré cela, beaucoup de personnes sont au chômage, et doivent réduire leurs dépenses.

Quelles sont, à votre avis, les choses les plus importantes qui rendent une vie confortable? Autour de vous, comment vos parents, vos amis ont-ils amélioré leur niveau de vie? Achetez-vous des vêtements pendant les soldes ou dans des vide-greniers? Que pensez-vous de la situation des sans-abris?

La publicité: La publicité joue un rôle très important dans la vie des consommateurs. Pour les inciter à acheter, elle utilise divers médias: journaux, affiches, panneaux routiers, spots publicitaires à la radio ou à la télévision, sur internet, Facebook. De quoi ou de qui dépendez-vous pour faire vos achats? Que pensez-vous de la publicité à la télé? Est-ce que les panneaux routiers vous dérangent?

Lecture 2: Lutter pour l'environnement

Pour protéger notre planète et participer à la protection de l'environnement, il est important et même indispensable de recycler. Grâce à des gestes simples et quotidiens, chaque individu peut agir à sa façon pour réduire les menaces du changement climatique et réduire les risques à sa santé. Il s'agit aussi de se servir plus souvent de transports en commun, d'un vélo, de covoiturage et de réduire de façon générale la consommation d'électricité. Éviter autant que possible le plastique.

COMPRÉHENSION DU TEXTE

1. Êtes-vous sensible à des sujets comme: la pollution, le réchauffement de la planète?
2. Qu'est-ce qui vous paraît le plus important à recycler: les déchets domestiques, le plastique, le verre?
3. Qu'est-ce que vous faites pour montrer que le recyclage est important?
4. Allez-vous à l'université à pied, à vélo, par bus, avec un copain (une copine)?

GRAMMAIRE: L'INTERROGATION

GÉNÉRALITÉS

Il y a plusieurs points à considérer quand on pose une question.

1. Une question peut porter sur l'action exprimée par le verbe ou bien sur le sujet, sur l'objet direct ou sur les circonstances de l'action.

> **Vient**-elle? La question concerne l'action de **venir**.
>
> **Qui** est venu? La question concerne le sujet.
>
> **Que** dit-elle? La question concerne l'objet de **dire**.
>
> **Où** allez-vous? La question concerne l'endroit où on va.

2. Dans une question, on a quelquefois un mot interrogatif; ce mot peut être un pronom, un adjectif ou un adverbe.

> **Qui** est venu? (*pronom*)
>
> **Quelle** heure est-il? (*adjectif*)
>
> **Pourquoi** recycles-tu? (*adverbe*)

3. L'inversion de l'ordre des mots (sujet et verbe) caractérise une phrase interrogative. Il y a deux sortes d'inversions.

 a. L'inversion peut être simple.

> *du nom:*   Où travaille **ton père**?   (*verbe + nom sujet*)
>
> *du pronom:*   Comment **voyagez-vous**?   (*verbe + pronom sujet*)

 b. L'inversion peut être double[1] nom sujet + verbe + pronom sujet.

> Ses **parents** travaillent-**ils** tous les deux?
>
> **Sylvie** pose-t-**elle** beaucoup de questions?

L'INTERROGATION SUR LE VERBE

La voix

On change l'intonation de la phrase. L'ordre des mots ne change pas. On ajoute un point d'interrogation. La réponse attendue est affirmative ou négative.

---

1.   *Double* signifie qu'il y a deux sujets: le nom et le pronom qui répète le nom.

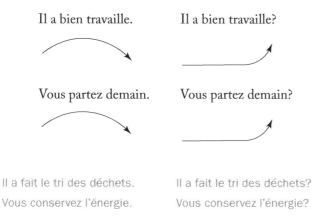

Il a fait le tri des déchets.   Il a fait le tri des déchets?
Vous conservez l'énergie.   Vous conservez l'énergie?

EST-CE QUE

On commence une phrase par **est-ce que**. L'ordre des mots ne change pas. On ajoute un point d'interrogation. L'intonation suit le schéma suivant.

L'INVERSION

1. Le sujet est un pronom. On a l'inversion simple. Pour tous les temps simples, on place le pronom sujet après le verbe, avec un trait d'union (*hyphen*). L'intonation est montante.

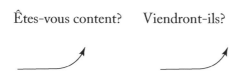

Profitez-**vous** des soldes?   Utilisent-**ils** le covoiturage?

Pour tous les temps composés, on place le pronom sujet après l'auxiliaire. Le participe passé est placé après le pronom.

Sont-**ils** partis? Avez-**vous** voyagé?

a. À la forme négative, **ne ... pas (ne ... plus, ne ... jamais)** entourent le verbe au temps simple et l'auxiliaire du verbe composé.

N'êtes-vous **pas** content? **Ne** sont-ils **jamais** sortis?

2. Le sujet est un nom. On a l'inversion double.

a. Aux temps simples, le nom sujet reste placé devant le verbe, et il est répété par un pronom après le verbe.

Ce jeune **homme** court-**il** tous les jours?

b. Aux temps composés, le nom sujet reste placé devant l'auxiliaire, et il est répété par un pronom placé entre l'auxiliaire et le participe passé.

Le **bus** est-**il** déjà passé?

REMARQUES:

- Si le verbe se termine par une voyelle ou un e muet, on met un -t- (euphonique) devant **il** ou **elle**.

  Recycle-**t**-il le plastique? Sera-**t**-on à l'heure?
  Gaspille-**t**-elle beaucoup?

- Pour les verbes pronominaux, le pronom réfléchi reste placé devant le verbe simple ou l'auxiliaire. (Voir Chapitre 9, «Place des pronoms aux temps simples»).

  Se soucient-ils de l'environnement? **S'**est-il souvenu?
  Votre ami **s'**est-il perdu?

- À la première personne du singulier du présent, quatre verbes seulement sont employés avec l'inversion: **avoir, être, pouvoir, savoir.**

  avoir: **ai-je** pouvoir: **puis-je** être: **suis-je** savoir: **sais-je**

- Pour les autres verbes, on utilise **est-ce que.**

- **N'est-ce pas?** sert à demander une approbation. C'est la traduction de: *do you? doesn't he? did he? have they?* etc.

REMARQUE: Quand l'interrogation porte sur le verbe et quand la question est affirmative, la réponse ne peut être que **oui** ou **non**. Si la question est négative, **Oui** est remplacé par **Si**!

> N'avez-vous pas peur du gaspillage?   —**Si**!

Exercices 8.1

Mettez les phrases suivantes à la forme interrogative avec l'inversion du sujet.

1. Le niveau de vie de la classe moyenne s'est élevé.
2. Vous habitez un logement confortable.
3. Il y a beaucoup d'appareils ménagers dans votre famille.
4. Les membres de votre famille voyagent souvent.
5. La classe moyenne réduit ses dépenses.
6. Il est important d'acheter des vêtements pendant les soldes.
7. La publicité influence votre décision d'achat.
8. Les panneaux publicitaires vous dérangent.

L'INTERROGATION PAR MOT INTERROGATIF

L'adjectif interrogatif: quel, quelle, quels, quelles

L'adjectif interrogatif est toujours accompagné d'un nom; il s'accorde en genre et en nombre avec ce nom. Quand il y a une préposition, la préposition précède le groupe.

> **Quels** métiers préférez-vous?   **De quel** appareil ménager avez-vous besoin?
> **Quel** client n'a pas compris?

L'adjectif interrogatif et le nom sont parfois séparés par **être**.

> **Quelles** sont **les meilleures sources d'énergies renouvelables**?

Pronoms interrogatifs d'identité

On pose une question sur l'identité d'une personne ou d'une chose. Les pronoms sont différents selon leur fonction grammaticale (sujet, objet ou objet d'une préposition). On a des formes courtes et des formes longues.

1.   Formes courtes

	personnes	choses
sujet	qui	—
objet direct	qui	que
objet de prép.	à qui	à quoi
	de qui	de quoi
	avec qui	avec quoi

a.   Personnes—**qui.** Quand on pose une question sur l'identité d'une personne, on a le pronom interrogatif **qui** dans tous les cas.

Qui a fait une enquête?	—**Pierre** a fait une enquête. (*sujet*)
Qui avez-vous vu?	—J'ai vu **Pierre**. (*objet direct*)
De qui parlez-vous?	—Je parle **de Pierre**. (*objet de prép.*)

b.   Choses—**que, quoi.** Quand on pose une question sur l'identité d'une chose, il n'y a pas de forme courte pour le sujet. L'objet direct est **que.** L'objet de la préposition est **quoi.**

Que faites-vous?	—Je fais **des exercices**. (*objet direct*)
Avec quoi écrivez-vous?	—J'écris **avec un stylo**. (*objet de prép.*)
De quoi parlez-vous?	—Je parle **de la pollution de l'eau**. (*objet de prép.*)

2.   Emploi des formes courtes

a.   Si **de** est une partie de l'article partitif (**de l', de la** ou **du**), le nom est un objet direct partitif et répond à la question **que.**

Je bois **de** l'eau.	**Que** buvez-vous?

b.   Pour l'objet de la préposition, la préposition est toujours le premier mot de la phrase interrogative.

Avec quoi ...?	**Chez qui** ...?

c.   Après **qui** et **quoi**, l'inversion est simple pour le pronom sujet, double pour le nom sujet.

De qui parlez-**vous**?	Avec quoi **cet enfant** écrit-**il**?

d. Après **que,** on a l'inversion simple du nom sujet.

Que fait **Marie**?   Que dit **l'écologiste**?

e. *Whose ... is?* peut se traduire de deux façons. Quand on exprime la parenté ou les relations entre personnes, on emploie **de qui** + être.

Whose brother is he?   **De qui est**-il le frère?

Quand on exprime la possession d'une chose, on emploie **à qui** + être.

Whose book is this?   **À qui est** ce livre?

3. Formes longues

	personnes	**choses**
sujet	**qui est-ce qui**	**qu'est-ce qui**
objet direct	**qui est-ce que**	**qu'est-ce que**
objet de prép.	**à qui est-ce que**	**à quoi est-ce que**
	de qui est-ce que	**de quoi est-ce que**

a. Personnes—**qui est-ce qui, qui est-ce que.** On ajoute **est-ce qui** après **qui** (la forme courte du sujet), **est-ce que** après **qui** (la forme courte de l'objet direct et de l'objet de préposition).

Qui est-ce qui a téléphoné?

Qui est-ce que vous avez vu?

Avec qui est-ce que Marie a parlé?

b. Choses—**qu'est-ce qui, qu'est-ce que.** On ajoute **est-ce qui** après **que (qu')** pour obtenir la forme longue du sujet.

Qu'est-ce qui arrive?   —Un accident.

On ajoute **est-ce que** après **que** (la forme courte de l'objet direct) et après **quoi** (la forme courte de l'objet de préposition).

Qu'est-ce que vous voyez?   —Le ciel.

De quoi est-ce qu'ils ont parlé?   —Du réchauffement climatique.

4. Emplois des formes longues

a. Il n'y a jamais d'inversion avec les pronoms à formes longues.

b. **Qu'est-ce qui** est la seule forme de pronom sujet pour les choses.

Tableau-résumé:
Pronoms interrogatifs d'identité

	personnes	choses
sujet	*who* **Qui** vient? **Qui est-ce qui** vient?	*what* **Qu'est-ce qui** se passe?
objet direct	*whom* **Qui** voyez-vous? **Qui est-ce que** vous voyez?	*what* **Que** voyez-vous? **Qu'est-ce que** vous voyez?
objet de prép.	*with whom* **Avec qui** parlez-vous? **Avec qui est-ce que** vous parlez?	*with what* **Avec quoi** mangez-vous? **Avec quoi est-ce que** vous mangez?

Exercice 8.2

Mettez la forme correcte de l'adjectif interrogatif dans les phrases suivantes.

1. De _____ transports en commun vous servez-vous?
2. _____ sont les loisirs des consommateurs?
3. _____ produits recycle-t-il?
4. _____ sont les menaces à l'environnement?
5. _____ publicité détestez-vous?
6. Dans _____ magasin achetez-vous vos vêtements?
7. De_____ appareil ménager avez-vous besoin?
8. _____ loisirs est-ce que votre famille pratique?

Exercice 8.3

Posez des questions sur les groupes de mots en italique.

Modèle: Ils louent *un appartement.*

Que *louent-ils?*

1. Claudine va faire *une enquête*.
2. *Jean-Luc* préfère acheter une tablette japonaise.
3. Elle a envie *d'un téléphone portable*.
4. Quand il achète un appareil ménager, il fait attention *au prix*.
5. Vous achetez *les produits en soldes*.
6. Ils ont donné quelque chose à manger *aux sans-abris*.
7. Le gouvernement protège *les travailleurs*.
8. Tu penses *au problème du chômage*.
9. On lutte pour l'environnement *grâce à des gestes simples*.
10. Les écologistes luttent *pour la protection de la planète*.

Exercice 8.4

Complétez les phrases suivantes avec le pronom interrogatif, forme longue, qui convient. Le groupe entre parenthèses vous indique la fonction du pronom.

> **Modèle: vous lisez? (un roman policier)**
>
> ***Qu'est-ce que*** *vous lisez?*

1. _____ on soigne la grippe? (avec de l'aspirine, du repos, des jus de fruits)
2. _____ vous fait tousser? (la fumée)
3. _____ Jérôme pose des questions? (aux clients du centre commercial)
4. _____ cette machine sèche? (le linge)
5. _____ achète des plats surgelés? (les gens qui n'aiment pas faire la cuisine)
6. _____ Sylvie a interrogé? (ses camarades de bureau)
7. _____ se sert de ces produits? (surtout les habitants de la campagne)
8. _____ le médecin vous a défendu de boire? (des boissons alcoolisées)

Exercice 8.5

Complétez les phrases suivantes avec le pronom interrogatif qui convient, forme longue ou courte.

> Modèle: _____ a téléphoné? (Pierre)
>
> *Qui a téléphoné?*

1. _____ vous aimez? (les gens intelligents)
2. _____ il recevait? (des colles)
3. _____ fait-il confiance? (au directeur)
4. _____ fait votre père? (il est écologue)
5. _____ s'occupait son frère? (d'électronique)
6. _____ votre mère s'occupe? (de ses vieux parents)
7. _____ on fait des sacrifices? (pour ses enfants)
8. _____ aviez-vous besoin? (de plus de loisirs)

PRONOMS INTERROGATIFS DE CHOIX

Pour choisir une personne ou une chose dans un groupe, on emploie le pronom **lequel, laquelle** (*which one?*)

> Vous avez lu tous les poèmes de Victor Hugo: **lequel** préférez-vous?

1. On accorde le pronom avec le nom qu'il représente.

	masc.	fém.
sing.	lequel	laquelle
pl.	lesquels	lesquelles

> Ils ont quatre fils; **lesquels** sont mariés?
>
> Voici des oranges: **laquelle** voulez-vous manger?
>
> Je vais lui acheter des fleurs: **lesquelles** coûtent le moins cher?

2. On contracte les prépositions **de** et **à** avec **le** et **les** de **lequel, lesquels, lesquelles**. Le résultat est **duquel, desquels, desquelles; auquel, auxquels, auxquelles**.

ATTENTION: **De laquelle** et **à laquelle** ne sont pas contractés.

Ils parlent des champions russes: **desquels** parlent-ils?

Tu penses à un ancien petit ami: **auquel** penses-tu?

Vous parlez à une amie: **à laquelle** parlez-vous?

3. On fait l'inversion après **lequel, laquelle**, etc., quand ils sont objets directs ou objets de préposition. Pour éviter l'inversion, on peut employer **est-ce que**.

Je lui ai offert deux autos: **laquelle** conduit-elle?

Laquelle est-ce qu'elle conduit?

Exercice 8.6

Mettez la forme correcte de «lequel» dans les phrases suivantes.

1. _____ de vos enfants est le plus affectueux?
2. Parmi toutes les marques de tablette, _____ achetez-vous?
3. Moi, j'aime les chocolats noirs. Et vous, _____ préférez-vous?
4. De tous les médicaments pour la migraine, _____ est-ce que votre docteur recommande?
5. Voilà de jolies lampes. _____ allez-vous acheter?
6. Ils ont contacté plusieurs compagnies d'assurance. _____ offre le meilleur contrat?
7. Vous vous êtes trompé de route? _____ cherchez-vous?
8. _____ de ces parfums vient de Paris?

Exercice 8.7

Dans les phrases suivantes mettez la forme correcte de «lequel» (de laquelle, duquel, desquels, desquelles, à laquelle, auquel, auxquels, auxquelles). Ajoutez «est-ce que» si c'est nécessaire.

1. Il existe des centaines de dictionnaires. _____ se sert votre professeur?

Suite à la page suivante

2. Vous avez plusieurs oncles. _____vous pensez le plus souvent?

3. _____ de ces soupes as-tu envie pour ton dîner?

4. _____ de ces mères de famille l'instituteur a-t-il parlé?

5. Cette maman écrit à tous ses enfants. _____ ne reçoit-elle jamais de nouvelles?

6. Parmi les transports en commun, _____ a-t-on le plus besoin?

7. Beaucoup de catastrophes environnementales nous menacent; _____ avez-vous surtout peur?

8. Voici deux plats de macaronis; _____ vas-tu rajouter de la sauce tomate?

COMMENT TRADUIRE *WHICH* OU *WHAT*?

Parce que *which* et *what* peuvent se traduire différemment en français, il faut les analyser correctement. Est-ce que *which* ou *what* est un adjectif ou pronom, sujet, objet direct, etc.? Comparez les phrases suivantes:

What *is going on?*	*(pronom sujet)*
Qu'est-ce qui se passe?	
What *are you doing tonight?*	*(pronom objet direct)*
Qu'est-ce que vous faites ce soir?	
What *time is it?*	*(adjectif)*
Quelle heure est-il?	
What *is the difference?*	*(adjectif)*
Quelle est la différence?	
Which *book did you read?*	*(adjectif)*
Quel livre avez-vous lu?	
Which *one do you prefer?*	*(pronom de choix)*
Lequel préférez-vous?	

QUESTIONS IDIOMATIQUES

Il y a plusieurs questions idiomatiques formées avec **qu'est-ce que** ou **que**.

1. **Qu'est-ce que c'est que ...?**

Quand on pose une question sur un mot qu'on ne comprend pas ou pour obtenir une définition, on emploie **Qu'est-ce que c'est que**.

> Qu'est-ce que c'est que le recyclage?

2. **Que + avoir/ Qu'est-ce que + avoir**
   Que (ou **Qu'est-ce que**) + **avoir** traduit l'expression *What is the matter with …?*

Qu'est-ce que tu as?	*What is the matter with you?*
Qu'est-ce que vous avez?	
Qu'est-ce qu'il y a?	*What is the matter?*

3. **Que + devenir/ Qu'est-ce que + devenir**
   Que (ou **Qu'est-ce que**) + **devenir** se traduit de la façon suivante:

   Présent

Qu'est-ce que vous devenez?	*What are you (have you been) up to?*
	What's becoming of you?

   Passé

Qu'est devenue sa mère?	*What has become of his mother?*

   Futur

Que deviendras-tu?	*What will become of you?*

REMARQUE: Le nom ou le pronom qui est l'objet de *to become of en* anglais est le sujet du verbe **devenir** en français.

Exercice 8.8

Complétez les phrases suivantes avec un équivalent du mot anglais *what*.

1. _____ dites-vous?
2. _____ pousse dans votre jardin?
3. _____ est la différence entre ces deux voitures?
4. _____ il y a?
5. _____ avez-vous?
6. _____ est devenu cet ancien président?
7. _____ films avez-vous vus récemment?

Suite à la page suivante

8. _____ c'est qu'un produit bio?

9. _____ sorte de fromages achetez-vous?

10. _____ vous ennuie?

LES ADVERBES INTERROGATIFS

Les adverbes interrogatifs sont **où, quand, comment, combien, pourquoi**.

1. Avec **où, quand, comment, combien**, si la phrase est composée simplement d'un verbe et d'un sujet, on a l'inversion simple du nom: adverbe + verbe + nom sujet.

> **Où** sont mes papiers?   **Comment** voyagent les oiseaux migrateurs?
>
> **Quand** commence le film?   **Combien** gagne ton frère?

2. Avec **pourquoi** on ne peut pas avoir l'inversion simple du nom; il faut employer l'inversion double. On peut avoir l'inversion simple du pronom.

> **Pourquoi** les **glaciers** reculent-**ils**?
>
> **Pourquoi** la **planète** est-**elle** menacée?

3. Si **où, quand, comment, combien** et **pourquoi** commencent une phrase du type «nom sujet + verbe + objet direct», il faut employer l'inversion double mais jamais l'inversion simple.

> **Où** le **professeur** a-t-**il** mis ses papiers?
>
> **Pourquoi** les **enfants** mâchent-**ils** du chewing-gum?

Avec tous ces adverbes interrogatifs la forme longue est toujours possible.

> **Comment est-ce que** vous avez compris la question?

REMARQUE: Dans la conversation, très souvent le mot interrogatif (excepté **qui** sujet, **qu'est-ce qui** et **qu'est-ce que**) se place à la fin de la phrase.

> Vous êtes resté(e)(s) **combien de temps**?   Ils partent **quand**?
>
> Il est parti **à quelle heure**?   Ça coûte **combien**?
>
> Cet instrument, ça sert **à quoi**?   Vous allez **où**?

Exercice 8.9

Faites des questions avec l'adverbe et le vocabulaire donnés. N'employez pas «**est-ce que**». Mettez les phrases au temps indiqué.

1. Comment/ recycler le verre/ on/? (présent)
2. Quand/ vos parents/ commencer à faire/ des achats en ligne? (passé composé)
3. Où/ habiter/ les immigrés? (imparfait)
4. Combien/ coûter/ cet appareil ménager? (présent)
5. Pourquoi/ la société/ ne pas aider les personnes âgées? (passé composé)
6. Quand/ commencer les soldes? (présent)
7. Comment/ Josette/ réduire sa consommation d'électricité? (présent)
8. Pourquoi/ le gouvernement/ ne pas protéger les ressources naturelles? (plus-que-parfait)

SUPPLÉMENTS DE GRAMMAIRE

PENSER À/ QUE PENSEZ-VOUS DE ...?

L'expression **penser à** signifie *to think of, about*.

> Je **pense à** mes amis, **à** mes vacances, **à** mon travail.

La phrase interrogative **Que pensez-vous de ...?** signifie **Quelle est votre opinion sur ce sujet?** La réponse à cette question est: **Je pense** *que...*

> **Que pensez-vous de** la publicité à la télé?

> ——**Je pense qu'elle** n'est pas nécessaire.

Exercice 8.10

Traduisez les phrases suivantes.

1. What are you thinking about?
2. I am thinking about the lost dog.
3. What do you think of this survey?
4. I think it is interesting.

L'APPROXIMATION

On exprime l'approximation de deux façons:

1. par la terminaison **-aine** après certains nombres

une huitaine (de jours)	*about eight (days); about a week*
une dizaine (d'années)	*about ten (years)*
une quinzaine	*about fifteen; about two weeks*
une vingtaine	*about twenty*
une trentaine	*about thirty*
une quarantaine	*about forty*
une cinquantaine	*about fifty*
une soixantaine	*about sixty*
une centaine	*about one hundred*

ATTENTION: Une **douzaine d'œufs** signifie exactement douze.

2. avec les expressions suivantes:

environ	*about, around, approximately*
un peu moins de	*a little less than*
un peu plus de	*a little more than*
près de, dans les	*around, approximately*

Elle a **environ** cinquante ans.	*She is **about** fifty years old.*
Cela coûte **dans les** mille euros.	*It costs **around** 1,000 euros.*

Exercice 8.11

Utilisez des expressions d'approximation dans les phrases suivantes.

1. Mon père a quarante ans.

2. Nous resterons à Paris huit jours.

3. Il y avait cent personnes à cette réunion.

4. Il y a vingt kilomètres de Paris à Versailles.

5. Un douzaine d'œufs coûtent trois euros.

6. Elle a habité quinze ans en Afrique.
7. Cette centrale nucléaire a vingt ans.

TRADUCTION

What do you think of the current economic situation? What are society's most serious problems? Even if the standard of living of the middle class continues to improve, young people give a lot of thought to their standard of living. Are they going to be able to afford comfortable housing and numerous household appliances? Are they going to need to reduce their expenses to indulge in leisure activities? Is it going to become essential to buy products solely when on sale? In your opinion, is there going to be more or less unemployment? Do you think that we are going to witness an improvement in the homeless situation? Young people also think a lot about the environment. How to fight for the environment to protect our planet? It is the responsibility of each individual to act. One must avoid using certain dangerous products, such as plastic bags, and one must recycle as much as possible. In order to reduce the threats of climate change, one must, for example, use more often public transportation and carpool. One must also reduce our consumption of certain natural resources and electricity.

RÉDACTION

Vous écrivez un questionnaire pour mieux connaître un ami (une amie) et pour savoir ses goûts, ses choix en matière d'alimentation, achats au marché, préférences en lecture, cinéma, ameublement, voyages etc. (vingt questions) et ce qu'il (elle) fait pour protéger l'environnement. Variez les formes d'interrogation.

CHAPITRE 9

Les pronoms personnels

BUT DE CE CHAPITRE

Dans ce chapitre, on vous explique:

- les formes des pronoms personnels: 1. pronoms sujets; 2. pronoms objets directs; 3. pronoms objets indirects; 4. pronoms disjoints; 5. le pronom **en**
- l'emploi des pronoms ensemble
- l'ordre des pronoms à l'impératif
- l'ordre des pronoms objets avec l'infinitif
- les expressions idiomatiques qui contiennent **en** et **y**

THÈMES DU CHAPITRE

- la communication par lettre, la poste
- le courrier électronique

VOCABULAIRE

ainsi que as well as

Il est comme ça That's the way he is

imbécile stupid

peine (*f.*) (*here*) sorrow

pourtant yet

ravi(e) delighted

se faire du mauvais sang to worry

se rapprocher to come closer

se rendre compte (de) to realize

tout va bien everything is fine

toute la journée all day long

triste sad

Tu te rends compte? Imagine!

VOCABULAIRE SUPPLÉMENTAIRE

faire de la peine to hurt someone's feelings

faire plaisir à to please

matelot (*m.*) sailor

tous les jours every day

tristesse (*f.*) sadness

Le courrier – la poste

bureau (*m.*) **de poste** post office

carte (*f.*) **postale** postcard

code (*m.*) **postal** zip code

colis (*m.*) parcel

destinataire (*m., f.*) addressee

enveloppe (*f.*) envelope

expéditeur(-trice) sender

facteur(-trice) mail carrier

faire suivre to forward

poste (*f.*) **restante** general delivery

poster to post, to mail

postier(-ière) post-office worker

timbre (*m.*) stamp

courrier électronique (*m.*) email

courriel (*m.*) email

données personnelles (*f. pl.*) personal data, information

écran (*m.*) monitor

informatique (*f.*) computer, IT

internaute (*m.*) Internet user, surfer

logiciel (*m.*) software

mèl (*m.*) email

messagerie instantanée (*f.*) instant messaging

mobile (*m.*), **portable** (*m.*) cell phone

mot de passe (*m.*) password

moteur de recherche (*m.*) search engine

navigateur (*m.*) browser

naviguer sur internet to browse, to surf the Internet

réseau (*m.*) network

réseautage social (*m.*) social
networking

site web (*m.*) website

SMS (*m.*), **texto** (*m.*) text message

tablette (*f.*) tablet

télécharger to download

usager (*m.*) user

LECTURE

NOTES CULTURELLES

La lettre

Écrire une lettre est un art véritable. C'était une habitude qui a malheureusement tendance à disparaître. Autrefois, on attendait le passage du facteur comme un événement important de la journée. La littérature française est pleine d'ouvrages qui sont des lettres écrites par un auteur à un membre de sa famille.

De nos jours on doit encore écrire des lettres pour postuler (*apply for*) à un emploi et les règles à respecter sont très strictes–vous trouverez dans l'appendice quelques formules employées dans la vie courante.

Courrier électronique (courriel)

Aujourd'hui, grâce à l'explosion des modes de communication, tout le monde est de plus en plus connecté par internet ou par téléphone cellulaire. 24h/24 et 7j/7 grâce au courrier électronique et aux textos et aux réseaux sociaux accessibles sur ordinateurs, smartphones et tablettes, on peut se joindre ou rester en contact. Les jeunes ne se parlent pas beaucoup sur leur portable. Ils préfèrent s'envoyer des SMS (textos). On ne dit plus «bonjour, ça va?», «à bientôt» et «à plus tard», mais on écrit «bjrsava?», «abi1to» et «A+» ou «@+».

PROFIL DE L'AUTEUR

Marcel Pagnol (1895–1974), né à Aubagne, près de Marseille est un écrivain, dramaturge et cinéaste français. Il devient célèbre avec la pièce *Marius.* Il écrit d'autres pièces de théâtre (*Topaze, Fanny, César*), des scénarios de films, et il dirige ses propres films (*Manon des sources, La Fille du puisatier*). Il devient membre de l'Académie française. Les thèmes de ses livres et de ses films sont simples. Il peint une certaine image de la Provence, son passé folklorique, parfois plutôt idyllique. Pagnol a créé le mythe du «bon méridional».

C'est sur le vieux port de Marseille, dans le bar «La Marine», que Marcel Pagnol situe l'action de ses trois pièces de théâtre (trilogie), plus tard devenues des films, *Marius, Fanny*, et *César*. L'histoire se passe à la fin des années vingt et au début des années trente.

César est propriétaire du bar «La Marine». Son fils Marius, garçon de café, rêve d'aventure. Après une idylle avec Fanny, la fille d'une marchande de fruits de mer (*seafood*) sur le port, il s'est embarqué sur un voilier (*sailboat*), vers l'Orient. César vient de recevoir une lettre de Marius. Marius ne sait pas que Fanny l'aime et qu'elle est enceinte (*pregnant*). Pour garder son honneur, Fanny a dû se marier avec un homme plus âgé, Panisse, pour avoir un enfant légitime. César ne sait pas lire. C'est Fanny qui lui lit la lettre.

Lecture: *La lettre de Marius* (de *Fanny*) par Marcel Pagnol

Fanny (*elle lit*): «Mon cher papa, pardonne-moi, mon cher papa, la peine que j'ai pu te faire: je sais bien comme tu dois être triste…, et je pense à toi tous les soirs…»

César: Bon. Il pense à moi tous les soirs, mais moi, grand imbécile, je pense à toi toute la journée! Enfin, continue.

Fanny: «Enfin, tout ça va très bien et j'espère que ma lettre te trouvera de même, ainsi que Fanny.»

César (*affectueux*): Ainsi que Fanny! Tu vois qu'il pense toujours à toi.

…………

Fanny: «Donne-moi un peu des nouvelles de sa santé et de son mariage avec ce brave homme de Panisse. Elle sera sûrement très heureuse avec lui, dis-le-lui bien de ma part.»

César: Tu vois, dis-le-lui bien de ma part. Tu vois, il pense à toi.

Fanny: «…. Je t'embrasse de tout cœur. Ton fils Marius.»

César (*avec émotion*): Ton fils, Marius.

Suite à la page suivante

Fanny: En dessous, il y a: «Ne te fais pas de mauvais sang, je suis heureux comme un poisson dans l'eau.»

César: Eh! oui, il est heureux... Il nous a laissés tous les deux et pourtant il est ravi... (*Fanny pleure. César se rapproche d'elle.*) Que veux-tu, ma petite Fanny, il est comme ça... et puis, il faut se rendre compte qu'il ne doit pas avoir beaucoup de temps pour écrire,.. Évidemment, il aurait pu mettre quelque chose de plus affectueux pour moi—et surtout pour toi. Et puis, c'est la première lettre... Il y en aura d'autres! Té, maintenant nous allons lui répondre.

Notes: trouvera (fut.) = *will find*; de même = *in the same condition*; sera (fut. de être) = *will be*; dis-le-lui bien... = *be sure to tell her*; En dessous... = *Underneath*; Que veux-tu ...? = *What can I say ...?*; Il aurait pu (cond. passé de pouvoir) = *he could have*; Té (provençal) = Tiens

COMPRÉHENSION DU TEXTE

1. Relevez les pronoms personnels.
2. Comment est-ce que Marius a fait de la peine à son père?
3. Marius dit à son père: «... je pense à toi tous les soirs.» César dit: «... mais moi, grand imbécile, je pense à toi toute la journée.» Quelle est la différence? Qu'est-ce que la phrase de César exprime?
4. Pourquoi est-ce que Fanny pleure?
5. Quelles excuses est-ce que César donne à Fanny pour expliquer pourquoi son fils n'a pas parlé d'elle?
6. Que vont faire César et Fanny?

GRAMMAIRE: LES PRONOMS PERSONNELS

FORMES

Le pronom personnel remplace un nom de personne ou un nom de chose.

Jean voit **Fanny**, la jeune fille.   Il **la** voit.

Vous envoyez **les** textos?   Vous **les** envoyez?

La forme du pronom est déterminée par la fonction du nom qu'il remplace.

Sujet:	**Les étudiants** sont étonnés.	**Ils** sont étonnés.
Objet direct:	Tu lis **le courriel**?	Tu **le** lis?
Objet indirect (prép. **à**):	Vous parlez **à Robert**.	Vous **lui** parlez.
Objet de prép:	Elle habite **chez ses parents**.	Elle habite **chez eux**.

sujet	objet direct	objet indirect	objet de préposition (pronoms disjoints ou toniques*)	pronoms-adverbes
je	me, m'	me, m'	moi	y
tu	te, t'	te, t'	toi	en
il	le, l'	lui	lui	
elle	la, l'	lui	elle	
nous	nous	nous	nous	
vous	vous	vous	vous	
ils	les	leur	eux	
elles	les	leur	elles	
on	se, s'	se, s'	soi	

Note: *Ce pronom s'appelle aussi le pronom accentué.

REMARQUES:

- Les pronoms **y** et **en,** qui sont à l'origine des adverbes de lieu, ont des emplois spéciaux.
- Pour les pronoms réfléchis **se, s', soi,** voir le chapitre 10.

EMPLOIS

Les pronoms sujets

Les pronoms sujets sont **je, tu, il, elle, nous, vous, ils, elles, on**.

1. **Il** représente une personne masculine, un animal mâle ou une chose masculine.

>   Panisse écrit un texto.   Il écrit un texto.
>   Le bateau quitte le port.   Il quitte le port.

2. **Ils** est employé pour le masculin pluriel.

>   Les matelots sont occupés.   Ils sont occupés.
>   Les ports se trouvent sur la Méditerranée.   Ils se trouvent sur la Méditerranée.

3. **Elle** représente une personne féminine, un animal femelle ou une chose féminine.

>   La jeune fille est indépendante.   Elle est indépendante.
>   La tempête est terrible.   Elle est terrible.

4. **Elles** est employé pour le féminin pluriel.

>   Les femmes des matelots s'ennuient.   Elles s'ennuient.
>   Les nouvelles sont bonnes.   Elles sont bonnes.

5. Pour **on**, voir chapitre 1.

Les pronoms d'objets directs

Les pronoms d'objets directs sont **me, m'; te, t'; le, l'; la, l'; nous; vous; les; se, s'**. Ils se placent *devant* le verbe.

1. **Le** (*him, it*) remplace un nom objet direct masculin, qui représente une personne, un animal ou une chose, déterminé par un article défini. **La** (*her, it*) remplace un nom objet direct féminin, qui représente une personne, un animal ou une chose, déterminé par un article défini. **L'** est l'élision de **le** ou **la** devant un verbe qui commence par une voyelle ou un h muet.

Je vois **le tableau**.   Je **le** vois, je l'admire.

Il préfère **la musique**.   Il **la** préfère, il l'aime.

Les (*them*) est la forme du pluriel pour le masculin et pour le féminin.

Marius aime **les voyages**.   Il **les** aime.

César lit **les lettres**.   Il **les** lit.

REMARQUES:

- À la place de l'article défini, le mot qui précède le nom peut être un adjectif possessif ou un adjectif démonstratif.

  Elle étudie **ses leçons**.   Elle **les** étudie.

  Tu aimes **ce site web**?   Tu l'aimes?

- **Le** remplace aussi toute une proposition (*clause*) ou un adjectif.

  Je vais dire **que tu as lu la lettre**.   Je vais **le** dire.

  Tu es **heureux**?   Tu l'es?

- Le pronom peut remplacer un seul nom ou un groupe de mots (*phrase*) qui représente une seule personne ou un seul objet.

  Je rencontre **le capitaine**.   Je **le** rencontre.

  Je rencontre **le capitaine du bateau**.   Je **le** rencontre.

  Il a perdu **ses clés**.   Il **les** a perdues.

  Il a perdu **les clés de la voiture de Jacques**. Il **les** a perdues.

- Faites attention à l'accord du participe passé, quand le verbe est au passé composé (voir le chapitre 2).

- Le pronom objet direct suivi de **voici** ou **voilà** interprète:

  Here I am! There they are!   **Me** voici! **Les** voilà!

- L'ordre des mots à la forme négative est le suivant: sujet + **ne** + pronom + verbe + **pas**

  Je **ne** les aime **pas**.   Vous **ne** l'avez **pas** vu(e)?

2. Certains verbes qui se construisent avec une préposition en anglais ont un *objet direct* en français.

to look at:	**regarder**	Je regarde **le clip**. Je **le** regarde.
to look for:	**chercher**	Tu cherches **tes clés**? Tu **les** cherches?

Suite à la page suivante

to listen to:	**écouter**	Vous écoutez **le lecteur MP3**. Vous **l'**écoutez.
to wait for:	**attendre**	Elle **m'**attend.
to ask for:	**demander**	Nous demandons **l'heure**. Nous **la** demandons.

Exercice 9.1

Récrivez les phrases suivantes. Employez un pronom d'objet direct à la place des mots en italique. Attention à l'accord du participe passé.

Modèle: Je regarde *le bateau/ tu/ mes enfants.*

Je **le** regarde.   Je **te** regarde.   Je **les** regarde.

1. Elle lit *la lettre/ les textos/ le journal.*
2. Fanny a connu *Marius/ je/ nous.*
3. Ils ont remplacé *le facteur/ la directrice/ les voyageurs.*
4. Je ne comprends pas *ce problème/ cette histoire/ ces enfants.*
5. Il a oublié *sa clé/ son mot de passe/ ses notes de cours.*
6. Elles prenaient *l'avion/ le bus/ la route.*
7. Il attend *ses lettres/ tu/ vous.*
8. Les matelots lavent *le pont/ la cuisine/ les cabines.*
9. Je cherche *le bureau de poste/ les timbres/ l'adresse de Marius.*
10. Nous regardons *la télévision/ le clip vidéo/ les danseurs.*

Les pronoms d'objets indirects et y

On a un objet indirect si le verbe a la construction suivante: verbe + **à** + nom. Les pronoms objets indirects sont **me, m', te, t', lui, nous, vous, leur** et **y**. Ils se placent *devant* le verbe.

1. Tous ces pronoms objets indirects, sauf **y**, remplacent seulement des noms de personnes ou d'animaux qui ont la fonction d'objet indirect.

a. **Lui** (*to him, to her*) remplace un nom masculin ou féminin singulier.

Vous obéissez **à votre père**?   Vous **lui** obéissez?

Je parle **à Francine**.   Je **lui** parle.

b. **Leur** (*to them*) remplace un nom masculin ou féminin pluriel.

Tu réponds **à tes parents**.   Tu **leur** réponds.

Elle n'écrit pas **à ses amies**.   Elle ne **leur** écrit pas.

Voici d'autres exemples de verbes qui sont construits avec un complément d'objet indirect.

appartenir à (*to belong*)	Cet ordinateur **m'appartient**.	This computer **belongs to me**.
demander à (*to ask*)	Tu demandes à ta mère quelle heure il est.	You ask your mother what time it is.
	Tu lui demandes quelle heure il est.	You **ask her** what time it is.
dire à (*to tell*)	Elle dit à Jean-Paul de venir.	She tells Jean-Paul to come.
	Elle **lui dit** de venir.	She **tells him** to come.
écrire à (*to write*)	Tu écris à tes cousines.	You write to your cousins.
	Tu **leur écris**.	You **write to them**.
obéir à (*to obey*)	Il obéit à ses parents.	He obeys his parents.
	Il **leur obéit**.	He **obeys them**.
plaire à (*to please*)	Mon cadeau **vous plaît**?	My present **pleases you**?
répondre à (*to answer*)	Je réponds au professeur.	I answer the professor.
	Je **lui réponds**.	I **answer him (or her)**.
ressembler à (*to look like*)	Ton frère **te ressemble**.	Your brother **looks like you**.
téléphoner à (*to telephone*)	Elle téléphone à sa tante.	She telephones her aunt.
	Elle **lui téléphone**.	She **telephones her**.

2. Souvent le verbe a deux objets: l'objet direct qui représente une chose, l'objet indirect qui représente une personne.

Marius écrit **une lettre à son père**.

Vous envoyez **un SMS à vos parents**.

Voici d'autres exemples de verbes qui sont construits avec un objet direct et un objet indirect.

acheter (*to buy*)	Nous achetons une voiture à notre fils.	*We buy a car for our son.*
	Nous **lui achetons** une voiture.	*We **buy him** a car.*
demander (*to ask*)	Je demande l'heure à la vendeuse.	*I ask the salesperson what time it is.*
	Je **lui demande** l'heure.	*I **ask her** the time.*
donner (*to give*)	Je donne le journal à mon voisin.	*I give my neighbor the newspaper.*
	Je **lui donne** le journal.	*I **give him** the newspaper.*
emprunter (*to borrow*)	Elle a emprunté mille euros à sa sœur.	*She borrowed one thousand euros from her sister.*
	Elle **lui a emprunté** mille euros.	*She **borrowed** one thousand euros **from her.***
expliquer (*to explain*)	Le professeur d'informatique explique sa méthode aux enfants.	*The computer science instructor explains his method to the children.*
	Le professeur d'informatique **leur explique** sa méthode.	*The computer science instructor **explains** his method **to them.***
prêter (*to lend*)	Tu prêtes ton clavier à ta sœur?	*You lend your keyboard to your sister?*
	Tu **lui prêtes** ton clavier?	*You **lend her** your keyboard?*
raconter (*to tell*)	Elle **me raconte** sa vie.	*She **tells me** her life story.*
rendre (*to give back,* *to return*)	Je rends à Pierre l'argent qu'il m'a prêté.	*I'm giving back to Pierre the money he lent me.*
	Je **lui rends** l'argent qu'il m'a prêté.	*I'm **giving him back** the money he lent me.*
vendre (*to sell*)	Il a vendu sa moto à son cousin.	*He sold his motorcycle to his cousin.*
	Il **lui a vendu** sa moto.	*He **sold him** his motorcycle.*

Pour l'emploi de deux pronoms ensemble, voir page 213 et suivantes.

3. **Y** est souvent adverbe, mais peut aussi être pronom objet indirect.

a. Comme adverbe, **y** remplace des noms de lieu avec **à, sur, dans, chez**, etc.

> Le bateau de Marius est **à Aden**.   Il **y** est.
>
> Vous restez **chez vous** ce soir?   —Oui, j'**y** reste.

b. Comme pronom, **y** s'emploie pour remplacer des objets indirects qui représentent une chose, un objet inanimé.

> On répond **à une question**.   On **y** répond.
>
> Les matelots obéissent **aux ordres**.   Ils **y** obéissent.

ATTENTION: Quelques verbes suivis de **à** ont une construction spéciale. Ils n'utilisent pas le pronom objet indirect, mais le pronom disjoint (voir ci-dessous et les pages suivantes).

Exercice 9.2

Refaites les phrases en remplaçant les expressions en italique par un pronom d'objet indirect ou y. Suivez le modèle.

> **Modèle: Je raconte maintenant l'histoire de Marius** à *mon ami,* à *mes amis, à vous tous.*
>
> Je **lui** raconte maintenant l'histoire de Marius.
>
> Je **leur** raconte maintenant l'histoire de Marius.
>
> Je **vous** raconte maintenant l'histoire de Marius.

1. En partant pour l'Orient, Marius ne désobéit pas à *Fanny, à ses amis, à son désir.*

2. Marius fait de la peine à *sa petite amie, à moi, à son père.*

3. Il envoie une lettre à *ses amis, à toi, à son père.*

4. Marius ne raconte pas ses voyages à *son frère, à nous, à son père.*

5. Fanny lit la lettre de Marius à *ses sœurs, à moi, à César.*

6. J'espère que cette histoire fait plaisir *aux enfants, à vous tous, à toi.*

7. Alors, vous répondez à *nos attentes, à ce jeune homme, à ma question?*

Les pronoms disjoints

Les pronoms disjoints sont **moi, toi, lui, elle, nous, vous, eux, elles, soi**. On utilise ces pronoms seulement pour remplacer les noms de personnes ou d'animaux.

1. L'emploi le plus courant des pronoms disjoints est après une préposition; le groupe préposition + pronom disjoint est placé *après* le verbe.

> Est-ce que ça vous intéresse de travailler **pour ces gens**?
>
> Est-ce que ça vous intéresse de travailler **pour eux**?
>
> Caroline est venue **chez moi**.

2. Avec certains verbes qui sont suivis de la préposition **à** + nom de personne, on ne peut pas employer les pronoms objets indirects devant le verbe. On répète la préposition **à** après le verbe et on emploie les pronoms disjoints.

> Il pense **à moi, à toi, à vous**.
>
> Je pense **à mon frère**.   Je pense **à lui**.
>
> Elle s'adresse **à ses parents**.   Elle s'adresse **à eux**.
>
> Je m'intéresse **à Christine**.   Je m'intéresse **à elle**.

ATTENTION: Si le nom représente une chose ou objet inanimé, on emploie **y**.

> Je fais attention **à ma santé**.   J'**y** fais attention.

Voici des verbes qui ont cette construction:

aller à	to go to	**s'adresser à**	to address oneself to
courir à	to run to	**s'habituer à**	to get used to
être à	to belong to	**s'intéresser à**	to be interested in
être habitué(e)(s) à	to be used to	**se fier à**	to trust
faire attention à	to pay attention to	**songer à**	to dream, to think about
penser à	to think of	**tenir à**	to value
rêver à	to dream of	**venir à**	to come to

Tableau-Résumé

verbes	noms de personnes		noms de choses
	pronom objet indirect	*pronom disjoint*	
obéir à, répondre à, etc.	me, te, lui		**y** + *verbe*
	nous, vous, leur	moi, toi	**y** + *verbe*
penser à, tenir à, etc.		lui, elle	
	verbe **+ à +**	nous, vous	
		eux, elles	

3. On emploie aussi les pronoms disjoints pour renforcer les pronoms sujets. On place le pronom disjoint au début de la phrase devant le pronom sujet, ou à la fin de la phrase.

> **Moi**, je ris, et **lui**, il pleure.
>
> Tu vas partir en vacances, **toi**?
>
> **Lui** et **moi**, nous sommes de grands amis.

Le pronom sujet disparaît et le pronom disjoint a la fonction de sujet dans les cas suivants:

a. avec plusieurs sujets

> **Lui** et **moi** avons fait un voyage ensemble.

b. dans l'expression **c'est ... qui**

> **C'est lui** qui fait la cuisine, **c'est moi** qui fais la vaisselle.

c. dans une réponse elliptique, sans verbe, et avec les adverbes **aussi** et **non plus**

> Qui a parlé?   —**Moi, pas elle.**
>
> J'ai le mal de mer.   —**Moi aussi.**
>
> Elle n'a plus faim.   —**Moi non plus.**

d. avec **ni ... ni**

> **Ni lui ni elle** ne parlent français.

⌇ e. dans une comparaison (voir chapitre 6)

Vous parlez **plus** fort **que lui**.

4. On emploie les pronoms disjoints pour insister sur les pronoms objets directs ou indirects. On peut employer l'expression d'insistance **c'est ... que**. Pour insister sur l'objet indirect, on répète **à** devant le pronom objet disjoint.

Objet direct	Objet indirect
Personne ne **m'aime, moi**.	Je te parle, **à toi**, pas **à elle**.
C'est **toi** que je regarde.	C'est **à lui** que je pense.
Qui cherches-tu? **Eux, pas elles**.	À qui téléphones-tu? **À lui**.
Je ne trouve ni **lui**, ni **elle**.	Il n'obéit ni **à vous**, ni **à moi**.

REMARQUE: Il existe une autre forme de pronom disjoint: **soi**. Ce pronom s'emploie quand le sujet du verbe est un pronom indéfini, comme **on, chacun** (*each one*). Pour renforcer le sujet, on emploie la forme **soi-même**; **soi** s'emploie aussi après une préposition, ou dans une comparaison.

On peut le faire **soi-même**.

On est bien chez **soi**. Chacun **pour soi**.

On a souvent besoin d'un **plus petit que soi**.

Exercice 9.3

Refaites les phrases en remplaçant les expressions en italique par des pronoms disjoints. Suivez le modèle.

Modèle: C'est *à son ami,* ou bien, *à toi et moi,* ou bien encore *à Panisse et Fanny* que pense Marius.

C'est *à lui* que pense Marius.

C'est *à nous* que pense Marius.

C'est *à eux* que pense Marius.

1. Marius vient s'asseoir à côté *de ses neveux*, non, *de Fanny*, non, *de Marcel*.

2. Je ne voulais pas voir partir Marius. Nous nous sommes disputés à propos *du garçon de café*, non, *de sa petite amie*, non, *de (tu)*.

3. Marius a dit: «Nous, les enfants adultes, nous ne pouvons plus habiter *chez notre père*, non, *chez (vous)*, non, *chez nos parents*.»

4. Marius ne pouvait pas vivre *sans son frère,* non, *sans (vous),* non, *sans Fanny.*

5. Fanny s'est sacrifiée *pour ses sœurs,* non, *pour sa mère,* non, *pour son enfant.*

Incorporez les pronoms suggérés dans les phrases suivantes.

    Modèle: Tu parles / je /.   **Elle pense / je /.**

       *Tu **me** parles.*   *Elle pense **à moi**.*

1. Je m'adresse / tu /. Je téléphone / tu /.

2. Je prête mon auto / ils /. J'écris / ils /. Je me fie / ils /.

3. Son fiancé tient / elle /. Il écrit / elle /. Il pense / elle /.
   Il téléphone / elle / tous les jours.

4. Ce portable est / je /. Ce portable appartient / je /.
   Julia a prêté ce portable / je /.

5. Votre enfant ressemble / vous /. Votre enfant tient / vous /.
   Votre enfant répond / vous / gentiment.

6. Le professeur s'intéresse / tu /. Le professeur ne parle pas / nous /.
   Le professeur dit d'aller au tableau / nous /.

Refaites les phrases suivantes en remplaçant le groupe en italique par un pronom indirect, un pronom disjoint ou y.

    Modèle: Daniel pense *à son voyage.*

      *Il **y** pense.*

1. Je parle *à Michelle.*

2. Ma cousine tient beaucoup *à ses grands-parents.*

3. Le commandant du bateau réfléchit *aux problèmes.*

Suite à la page suivante

4. Marcel ne s'intéresse pas *à l'informatique.*

5. Est-ce que vous vous fiez *à cette personne?*

6. Votre tableau ressemble *à un dessin de Picasso.*

7. Je prête mon voilier *à mes amis.*

8. Elle ne s'habitue pas *à ses nouveaux voisins.*

9. Ce château appartient *à la princesse.*

10. César pense *à son fils* tous les jours.

Exercice 9.6

Dans les phrases suivantes, mettez le pronom qui convient dans l'espace vide. Dans certaines phrases le pronom anglais vous indique la personne.

1. _____, j'écris à mon père tous les jours; et _____, est-ce que tu écris à ton père aussi souvent que _____?

2. Les enfants n'ont pas de soucis, _____. _____ s'amusent pendant que leurs parents travaillent. _____, je trouve ça normal. Et _____, qu'en pensez-_____?

3. C'est_____ qui étudions le plus. —Pas du tout. Ni (*you*) _____ ni (*he*) _____ n'étudiez autant que (*I*) _____.

4. Ces femmes sont fatiguées de rester à la maison, _____. Elles désirent accompagner leurs maris, qui, _____, font des voyages, sortent, jouent au tennis.

5. Tu fais des économies, _____? —Oui, j'en fais. Ma sœur, _____ n'en fait pas. Elle est plus dépensière que _____ (*I*).

6. Tu es fatigué? —(*I*)_____ aussi.

7. Nous n'avons pas d'argent. (*They*)_____ non plus.

8. Ma chère Isabelle, c'est (*you*) _____ que j'aime, c'est à _____ que je pense quand je suis en voyage, c'est _____ qui me rends heureux, c'est _____ qui avons de la chance.

9. Cet enfant est terrible. Il ne respecte ni son père ni sa mère; il n'obéit ni à _____ ni à_____.

Le pronom en

En est le pronom qui remplace **de** + nom de chose ou **de** + infinitif. **En** précède immédiatement les verbes.

J'ai besoin **de chaussures**.	*I need some shoes.*
J'**en** ai besoin.	*I need **some**.*
J'ai l'intention **de voyager**.	*I intend to travel.*
J'**en** ai l'intention.	*I intend **to do** so.*

REMARQUE: En remplace **du** ou **des** + nom: (1) article partitif, (2) article indéfini pluriel ou (3) article contracté.

(1) Tu veux **du café**?	Tu **en** veux?
(2) Elle achète **des pommes**.	Elle **en** achète.
(3) Il se sert **de l'ordinateur**.	Il s'**en** sert.

1. On emploie **en** après les verbes suivis de **de**. Voici une liste de verbes courants:

s'approcher de	*to approach*	**prendre soin de**	*to take care of*
s'occuper de	*to deal with*	**profiter de**	*to take advantage of*
parler de	*to talk about*	**se servir de**	*to use*
se passer de	*to do without*	**se souvenir de**	*to remember*

On emploie aussi **en** avec les expressions formées avec **avoir**, et avec **être** suivi d'un adjectif.

a. **avoir**

avoir besoin de	**avoir l'habitude de** (*to be used to*)
avoir peur de	**avoir l'intention de** (*to intend to*)
avoir envie de	

J'ai besoin **de vanille** pour cette recette.	*I need **vanilla** for this recipe.*
J'**en** ai besoin.	*I need **some**.*

b. **être**

être heureux de/ être triste de	**être ravi de** (*to be delighted about*)
Elle était triste **de son départ**.	*She was sad **about his departure**.*
Elle **en** était triste.	*She was sad **about it**.*

Nous sommes heureux **de parler** français.   *We're happy **to speak** French.*

Nous **en** sommes heureux.   *We're happy **about it**.*

2. Quand ces verbes et ces expressions sont suivis d'un nom de *personne*, on a le choix de pronom: **de lui, d'elle, d'eux, d'elles** ou **en**. Si le nom représente une personne précise, on emploie le *pronom disjoint*. Si le nom est indéterminé (*indefinite*), on emploie **en**.

Je me souviens **de Marie**.   Je me souviens **d'elle**.

On a toujours besoin **d'amis**.   On **en** a toujours besoin.

3. **En** remplace **de** + nom après une expression de quantité comme **beaucoup de, assez de, trop de**. On répète l'expression de quantité après le verbe.

Tu as acheté **beaucoup de fruits**.   Tu **en** as acheté **beaucoup**.

Il boit **trop de lait**.   Il **en** boit **trop**.

En remplace aussi un nom qui suit un adjectif de quantité (**plusieurs, certains**) ou un nombre, sans **de**. Dans ce cas, on répète **plusieurs, certains** et on répète le nombre.

Il a écrit **plusieurs courriels**.   Il **en** a écrit **plusieurs**.

Vous avez **une voiture**?   Vous **en** avez **une**?

Il prend **trois morceaux** de sucre.   Il **en** prend **trois**.

À la forme négative, **un** et **une** disparaissent. Les autres nombres sont répétés. Comparez ces phrases positives et négatives:

Ils ont acheté **un lecteur DVD**.   Ils **en** ont acheté **un**.

Ils **n'en** ont **pas** acheté.

Nous commandons **cinq Cocas**.   Nous **en** commandons **cinq**.

Nous **n'en** commandons **pas cinq**.

Exercice 9.7

Refaites les phrases suivantes avec **de lui, d'elle, d'eux, d'elles** ou **en** à la place du groupe en italique.

Modèle: Tu as mangé trois *gâteaux*.

*Tu **en** as mangé **trois**.*

1. Maurice a fait *de la peine* à son père.

2. Cet enfant attrapait beaucoup *de maladies.*

3. Ce jeune homme n'a pas besoin *de ses parents.*

4. Vous trouvez toujours mille *excuses.*

5. Tu as pris *des vitamines?*

6. Je ne me souviens pas *de cet écrivain.*

7. Célia s'occupe *de vieilles personnes.*

8. Il faut quatre sortes *de poissons* pour faire une bouillabaisse.

9. Pendant leurs vacances, ils ont fait plusieurs *excursions.*

10. J'ai peur *des virus informatiques.*

Les pronoms ensemble

L'ordre habituel de tous les pronoms *devant* le verbe est le suivant:

sujet (**ne**)						verbe (**pas**)
	me	le	lui	y	en	
	te	la	leur			
	nous	les				
	vous					

Voici les combinaisons possibles.

objet indirect			objet direct	
me te	nous vous	+	le la les	Il **me le** dit. Je **te la** donne. Nous **vous les** envoyons.
le la	les	+	lui leur	Je **le lui** explique. Il **la leur** donne. Nous **les leur** envoyons.
objet indirect				
m' t' lui	nous vous leur	+	en	Il **m'en** donne. Elle **vous en** envoie. Je **lui en** parle. Il **leur en** apprend.

objet direct				
m' nous			+ y	Vous **m'y** invitez.
t' vous				Ils **nous y** envoient.
l' les				Elle **les y** expédie.
y			+ en	Il **y en a**. (On appelle cette règle *the donkey's rule,* à cause du son «hi-han».)

REMARQUE: Les combinaisons **me, te, nous, vous** (*obj. dir.*) avec **lui, leur** (*obj. ind.*) sont impossibles. Avec le verbe **présenter** (une personne à une autre personne), on peut dire:

Je **vous la** présente.   (vous = *obj. ind.*)

mais il faut dire:

Il **me** présente **à eux**. Présentez-nous **à elle**.

Exercice 9.8

Refaites les phrases suivantes avec des pronoms personnels à la place des groupes en italique.

Modèle: Fanny lit *la lettre à César.*
    Elle **la lui** lit.

1. Je donne *mon numéro de téléphone à Jacques.*
2. Le professeur m'explique *la difficulté.*
3. Elle ne dit pas *la vérité (truth) à sa mère.*
4. Vous donnez *votre adresse à des inconnus?*
5. Il rend *ses livres à Marianne.*
6. Le touriste demande *la clé au réceptionniste de l'hôtel.*
7. Le garçon apporte *l'addition aux clients.*
8. La serveuse nous apporte *le plateau de fromages.*
9. Votre père vous prête *sa voiture?*
10. Nous te demandons *ce service.*

Exercice 9.9

Refaites les phrases suivantes avec des pronoms personnels + **y** à la place des groupes en italique. Faites l'accord du participe passé si nécessaire.

> **Modèle:** J'**expédie** *les paquets en Amérique.*
>
> > Je **les y** *expédie.*

1. Ces parents envoient *leur fils au meilleur collège.*
2. Nous invitons *nos cousins à notre mariage.*
3. Je n'ai pas vu *Georges à la bibliothèque.*
4. Tu as rencontré *ces gens au Club Med!*
5. Tu ajoutes *assez de sel dans la soupe.*
6. Vous mettez *un peu de curry dans la salade?*
7. On trouve *de bonnes affaires dans ce magasin.*
8. J'ai mis *les lettres à la boîte aux lettres.*

Exercice 9.10

Refaites les phrases suivantes avec des pronoms personnels + **en** à la place des groupes en italique.

> **Modèle: Vous envoyez** *des nouvelles à vos parents?*
>
> > Vous **leur en** *envoyez?*

1. Tu *m'*achètes *une voiture* pour mon anniversaire?
2. Ces personnes riches donnent *des vêtements aux pauvres.*
3. J'emprunte *un peu d'argent à ma tante.*
4. Elle envoyait *des paquets de provisions aux prisonniers.*
5. Il ne sert pas *de vin à ses invités.*
6. Le garçon apporte *de la soupe au client.*
7. Mes parents ne *m'*ont pas donné *de cadeau* pour mon anniversaire.
8. Il *nous* a montré *des photos de son voyage à Aden.*

L'ordre des pronoms à l'impératif

1. À l'impératif affirmatif, les pronoms suivent le verbe comme en anglais. On met un trait d'union entre les pronoms.

	O.D.	O.I.				
		moi (m')				
		toi (t')	y	en	Dites-**le-lui**.	Vas-**y**.
	le, l'	lui			Envoyez-**la-nous**.	Donnez-**m'en**.
verbe +	la, l'	leur			Racontez-**la-moi**.	Occupez-**vous-en**.
	les					
		nous				
		vous				

REMARQUES:

- Les pronoms **me** et **te** deviennent **moi** et **toi**, sauf quand ils sont suivis de **en**: **m'en, t'en**.

- On utilise rarement la combinaison *O.D.* + **y** pour des raisons de sonorité (*sound*). On utilise **là** ou **cela** à la place de **y**.

Mettez-les **là**.	*Put them **there**.*
Assieds-toi **là**.	*Sit **there**.*
Intéresse-toi **à cela**.	*Get interested **in that**.*
Habitue-toi **à cela**.	*Get used **to that**.*

2. Pour l'impératif négatif, il faut suivre l'ordre habituel des pronoms comme dans le présent négatif et supprimer le pronom sujet.

Vous **ne** lui en donnez **pas**.	**Ne** lui en donnez **pas**.

3. L'ordre des pronoms objets avec l'infinitif

Si le verbe est suivi d'un infinitif, le pronom objet de l'infinitif se place entre le verbe principal et l'infinitif, excepté avec les verbes **faire, laisser** et les verbes de perception (voir pages 256–261).

Je vais lire **cette histoire**.	Je vais **la** lire.
Je veux voir **ce clip**.	Je veux **le** voir.
Je peux manger **du poisson**.	Je peux **en** manger.
MAIS:	
Tu fais sortir **les chiens**.	Tu **les** fais sortir.

Exercice 9.11

Refaites les phrases suivantes avec des pronoms à la place des groupes en italique.
Puis mettez ces phrases à l'impératif affirmatif, et à l'impératif négatif.

Modèle: Tu *me* donnes *le livre*. **Tu me le donnes**.

Donne-**le-moi**. Ne **me le** donne pas

1. Vous *m'*achetez *un cadeau*.
2. Tu *lui* expliques *la leçon*.
3. Nous envoyons *des chocolats à Michelle*.
4. Tu lis *la lettre à ta grand-mère*.
5. Vous rendez *les affaires à votre frère*.
6. Vous *me* faites *de la peine*.
7. Tu mets *tes pieds dans la rivière*.
8. Nous préparons *une surprise à nos parents*.

Exercice 9.12

Refaites les phrases suivantes avec des pronoms personnels à la place des groupes
en italique.

Modèle: Je vais **vous** montrer **mes films**.

Je vais **vous les** montrer.

1. Le professeur de piano va féliciter *la petite fille*.
2. Est-ce que vous savez jouer *du violon?*
3. Elle va apprendre *le chinois*.
4. Elle a peur de manger *des pâtisseries*.
5. Il voudrait acheter *un logiciel antivirus*.
6. Vous voulez inviter *la jeune fille américaine?*
7. Tu peux *me* donner *cette permission*.
8. Nous n'avons pas oublié de téléphoner *à Dominique*.

Suite à la page suivante

9. Nous allons faire *un voyage.*

10. Je ne peux pas *te* prêter *d'argent.*

SUPPLÉMENTS DE GRAMMAIRE

EXPRESSIONS IDIOMATIQUES AVEC LES PRONOMS **EN** ET **Y**

En et **y** apparaissent dans plusieurs expressions idiomatiques courantes.

en	
en être (*to be at a point in a story, in a book*)	Où **en sommes-nous**?
en avoir assez (ou **marre**) (*to be fed up* [*with*])	J'**en ai assez** de cette situation.
en vouloir à quelqu'un (*to bear a grudge*)	J'**en veux** à mon professeur, je lui **en veux.**
s'en aller (*to go away*)	On **s'en va**?
s'en ficher (*not to care*)	Elle **s'en fiche**. *She couldn't care less.*
ne pas s'en faire (*not to worry*)	Elle **ne s'en fait pas**. *She doesn't worry.*

y	
y être (*to be ready*)	Vous **y êtes**?
	Ça **y est**. *That's it.*
y en avoir	Il **y en a**. *There is (are) some.*
y aller (*to go ahead*)	On **y va**?
	Allons-y. *Let's go.*
s'y connaître (*to know about something, to be an expert*)	Je **m'y connais**.
s'y faire (*to get used to something*)	Cette situation? Je **m'y fais**.
s'y prendre (*to go about something*)	Il répare sa voiture. Il sait **s'y prendre**.

Exercice 9.13

Choisissez dans la liste suivante l'expression idiomatique qui correspond aux défini-tions suivantes ou aux situations suggérées.

Je vous en veux.   Tu t'en fiches.   J'en ai marre.

Elle s'y connaît.   Tu t'y fais.   Allons-y!

Il en a assez.   Tu t'y prends bien.   Elle ne s'en fait pas.

1. Je suis en train de lire un livre très long, *La Vie de Mathusalem.* Je ne vais pas le finir.
2. Tu es très habile à réparer ta maison.
3. Josette vend des tableaux. Elle a une connaissance très étendue de la peinture.
4. Je suis fâché. Vous ne m'avez pas écrit pendant vos vacances. Je ne veux plus vous parler.
5. Tu as l'air indifférent. Tu ne te fais pas de soucis.
6. Il est fatigué de travailler tous les dimanches.
7. Tu t'habitues à ton travail?
8. Nous partons!

FAILLIR + INFINITIF

On l'utilise de cette façon: on conjugue le verbe **faillir** au passé composé, puis on ajoute l'infinitif du verbe principal. Cette expression signifie **presque**.

Elle **a failli tomber**.	Elle **est** *presque* **tombée**.	She *almost* fell.
J'**ai failli répondre**.	J'**ai** *presque* **répondu**.	I *almost* answered.
Vous **avez failli avoir** un accident.	Vous **avez** *presque* **eu** un accident.	You *almost* had an accident.

Exercice 9.14

Refaites les phrases suivantes avec le verbe faillir.

1. Les Robinson ont presque perdu leurs valises pendant leur voyage.
2. Elle a presque fait le tour du monde.
3. Les voyageurs ont presque raté leur avion.
4. Le champion est presque arrivé le dernier au marathon!
5. La tornade a presque touché la ville.

TRADUCTION

– Marcel, you remember today is your grandma's birthday? I bought a card for her, and I put it on your desk. Did you send it to her?

– Oops, no! I forgot to send it to her.

– Give her a call, then.

– Euh…. grandma' is a little deaf (*sourde*); it is not easy for her to understand me over the phone.

– I know. One needs (*il faut*) to speak to her slowly and loudly, then she can understand you. Well then, send her an email on the iPad we gave her for Christmas.

– Mom, you're kidding! You know grandma' does not know how to use it. All this new technology, she never got used to it. I know. Lend me your car, and I will drive to her house to bring her flowers and to give her a kiss.

– Out of the question! You failed to get your driver's license. As long as (*tant que*) you don't have one, my Mercedes stays in the garage. You cannot drive it.

– I got it. I will send her this text: "GM I luv u AP BD."

RÉDACTION

Imaginez la lettre de réponse de César et Fanny pour Marius.

CHAPITRE 10

Le verbe pronominal

BUT DE CE CHAPITRE

Dans ce chapitre, on vous explique:

- les formes du verbe pronominal
- la place des pronoms aux temps simples
- la place des pronoms aux temps composés
- les différents sens des verbes pronominaux (réfléchis, réciproques...)
- l'accord du participe passé dans les verbes pronominaux
- les différents usages de **«tout»**, adjectif, adverbe, et en expression idiomatique
- des expressions avec le mot **«coup»**

LES THÈMES DU CHAPITRE

- la télévision
- le cinéma

VOCABULAIRE

LA TÉLÉVISION

accro addicted, hooked on
acteur (-trice) actor
antenne parabolique (*f.*) dish antenna
chaîne (*f.*) channel
en tout cas in any case
faire de la publicité (pour) to advertise

gratuit(e) free (of charge)
petit écran (*m.*) little screen = television
publicité (*f.*) advertising
se dresser to be put up
se plaindre to complain
toit (*m.*) roof(top)

LE CINÉMA

apparaître to appear
interprétation (*f.*) (*here*) acting, performance
louer to rent
marquer to mark
merveilleux marvelous, wonderful
metteur en scène (*m.*) (film, stage) director
muet(te) silent
naissance (*f.*) birth
raconter to tell, to recount
réalisateur (-trice) filmmaker, producer

remporter to win
se distinguer to stand out
se faire connaître to become (well) known
se faire éliminer to get eliminated
se porter bien (mal) to do well (badly)
se précipiter to rush, to hurry up
se voir récompenser to be rewarded
tourner (*here*) to shoot
trucage (*m.*) special effect
vedette (*f.*) star, celebrity

VOCABULAIRE SUPPLÉMENTAIRE

La télévision

actualités (*f. pl.*) news
allumer to turn on
canal (*m.*) distribution channel

changer de chaînes (*f.*) to change channels
diffusé (*here*) broadcasted

doubler (*here*) to dub
écouteurs (*m. pl.*) headphones
émission (*f.*) program
en direct live
enregistreur numérique (*m.*) digital
  video recorder (DVR)
éteindre, fermer to turn off
feuilleton (*m.*) (*here*) television series
jeu (*m.*) **télévisé** television game show
journal (*m.*) **télévisé** television news
météo (*f.*) weather report
numérique digital

présentateur(-trice) presenter
reportage (*m.*) report, coverage
série (*f.*) serial
télécommande (*f.*) remote control
téléfilm (*m.*) television movie
téléspectateur(-trice) television
  viewer
visionner to view
zapper to channel surf
zapping (*m.*) channel surfing **faire du
  zapping** to do channel surfing

Le cinéma

**amateur d'art, de cinéma, de
  musique** (*m.*) art lover, film lover,
  music lover
cinéphile (*m., f.*) film buff
court métrage (*m.*) short movie,
dessin (*m.*) animé cartoon
film (*m.*) **d'épouvante** horror movie

film (*m.*) **de science-fiction** sci-fi
  movie
film (*m.*) **policier** detective, crime
  drama
long métrage (*m.*) full-length movie
maquilleur (-euse) makeup artist
scénario (*m.*) script

LECTURE

Lecture 1: La télévision française

Dans toutes les villes de France, les antennes paraboliques se dressent sur les toits. Dans les maisons françaises, la télévision se trouve à la place principale de la maison, au salon ou dans la salle à manger, en tout cas dans une pièce où on peut se réunir en groupe, souvent à l'heure du repas. Les Français aiment se retrouver autour du petit écran, le soir.

La France, comme les États-Unis, a plusieurs centaines de chaînes de télévision gratuites, payantes et locales. Les trois premières grandes chaînes nationales françaises s'appellent TF1 (Télévision Française 1), A2 (Antenne 2), aujourd'hui France 2,

Suite à la page suivante

et FR3 (France Régions 3), maintenant appelée France 3. TV5 Monde est une chaîne de télévision francophone internationale basée à Paris dont la plupart des programmes sont d'origine africaine, belge, canadienne, française et suisse.

Les Français se plaignent parfois qu'il y a trop d'émissions, films et feuilletons américains à la télévision française. Mais beaucoup de Français sont «accros» aux séries américaines. Les Français sont, en général, plus hostiles à la publicité à la télévision. Les publicités pour l'assistance juridique, les médicaments sur ordonnance, les films à venir, les messages politiques sont aussi interdits.

Lecture 2: Le cinéma français

Les frères Lumière se sont fait connaître en présentant au public leur première œuvre «Le cinématographe», le 28 décembre 1895, et ont marqué ainsi la naissance du cinéma français. Dans ses studios, Georges Méliès se sert de trucages merveilleux et tourne le célèbre *Voyage dans la lune* (1902). Si vous ne l'avez pas déjà vu, précipitez-vous et louez le merveilleux film «Hugo» qui raconte cette histoire. Au début des années 30, le cinéma muet se fait éliminer par le cinéma parlant qui révolutionne le cinéma français. À la fin de la Deuxième Guerre mondiale*, *Les Enfants du paradis* de Marcel Carné est considéré comme l'un des meilleurs films de l'histoire du cinéma. Les ciné-clubs se multiplient, et la notion «d'auteur» s'impose. Dans les années cinquante naît le mouvement de la ***Nouvelle Vague.*** Une génération de jeunes metteurs en scène se distingue: Jean-Luc Godard, François Truffaut, Jacques Rivette, Jacques Demy, Agnès Varda et d'autres choisissent comme décors des scènes de la rue et produisent des films à petits budgets.

De nos jours, le cinéma français se porte bien et le festival de Cannes et la cérémonie des Césars sont des événements importants qui récompensent la production des meilleurs films sur la scène mondiale. Les acteurs et les réalisateurs français se font connaître de plus en plus aux États-Unis. Après Maurice Chevalier, Catherine Deneuve et Gérard Depardieu, de nouvelles vedettes françaises apparaissent sur la scène américaine ou internationale. Juliette Binoche s'est vue récompensée par un Oscar pour le meilleur second rôle dans *Le Patient anglais* (1997). Audrey Tautou est sans doute l'une des actrices françaises les plus connues sur la scène internationale grâce au film *Le Fabuleux Destin d'Amélie Poulain* (2001). Marion Cotillard s'est distinguée et a remporté un Oscar pour son interprétation d'Édith Piaf dans *La Môme,* sorti aux États-Unis sous le titre *La Vie en rose* (2007). Jean Dujardin se place premier acteur français à remporter l'Oscar pour le meilleur acteur dans *The Artist* (2012).

Note: *La fin de l'occupation nazie de la France pendant la Deuxième Guerre mondiale en 1944.

COMPRÉHENSION DU TEXTE

1. Quel objet se dresse sur les toits des villes pour signaler la présence d'une télé?
2. Expliquez ce qu'est TV5 Monde.
3. De quoi se plaignent les Français quand ils regardent la télé?
4. Nommez trois publicités qui sont interdites sur les chaînes françaises.
5. Qui a inventé le cinéma?
6. Que raconte le film Hugo?
7. Que se passe-t-il à Cannes, chaque printemps?
8. Nommez deux acteurs français célèbres, un homme, une femme et dites comment ils se sont distingués.

GRAMMAIRE: LE VERBE PRONOMINAL

FORMES

1. On appelle un verbe *pronominal* ainsi parce qu'il est conjugué avec deux pronoms: le pronom sujet et un pronom qui répète le sujet, *le pronom réfléchi*.

   a. À la première personne (je, nous) et à la deuxième personne (tu, vous) on a toujours les deux pronoms: sujet + objet.

   Je **me** lave.   Tu **te** dépêches.
   Nous **nous** levons.   Vous **vous** aimez.

   b. À la troisième personne, le sujet peut être un nom ou un pronom (**il, elle, ils, elles, on**); le pronom répété est toujours **se**.

   Jacques **se** présente.   Il **se** présente.
   Antoinette **s'**engage.   Elle **s'**engage.

Les enfants **se** disputent.   Ils **se** disputent.

Les amies **se** téléphonent.   Elles **se** téléphonent.

Les gens **se** souviennent.   On **se** souvient.

2. À l'infinitif, le pronom est **se** quand on donne simplement l'infinitif du verbe.

Conjuguez le verbe **s'aimer** au présent.

Si l'infinitif du verbe pronominal suit un verbe conjugué, le pronom qui accompagne l'infinitif correspond au sujet.

Je ne peux pas **me** rappeler.   Nous allons **nous** rencontrer?

Tu vas **te** dépêcher?   Vous voulez **vous** marier.

Il essaie de **se** lever.   Ils décident de **se** séparer.

Exercice 10.1

Mettez les verbes entre parenthèses au présent.

Tu (se souvenir) de ce jour-là? Tout à coup, le ciel (s'assombrir), les oiseaux (se taire) dans les arbres, les enfants (s'inquiéter). Je (se rendre compte) qu'un ouragan (se diriger) vers nous. La pluie (se mettre) à tomber. Nous (se précipiter) vers la maison. La chienne (s'en aller) se cacher dans un coin. Je (se dépêcher) de fermer les fenêtres. Puis nous (se calmer) et nous (s'asseoir). Après la tempête, tout (s'apaiser). Nous (se regarder) et nous (se parler) en poussant un soupir de soulagement. Quelle peur nous avons eue!

PLACE DES PRONOMS AUX TEMPS SIMPLES

1. À la forme négative, **ne** est placé entre les deux pronoms.

Je **ne** me rappelle **pas**.   Nous **ne** nous promenons **pas**.

2. À l'impératif négatif, le pronom sujet est supprimé.

Ne te fatigue **pas**.   **Ne** nous battons **pas**.   **Ne** vous inquiétez **pas**.

3. À l'impératif affirmatif, le pronom réfléchi est placé après le verbe. À la deuxième personne du singulier, ce pronom est **toi** (forme tonique ou disjointe).

Dépêchons-**nous**.   Amusez-**vous**.   Rappelle-**toi**.

4. Si le verbe pronominal est accompagné d'un autre pronom, le pronom réfléchi est placé avant l'autre pronom.

Je **m'**achète **ces CDs**.   Je **me les** achète.

Il **s'**intéresse **au cinéma**.   Il **s'y** intéresse.

À l'impératif affirmatif, l'ordre est le suivant:

$$\left.\begin{matrix} \text{le} \\ \text{la} \\ \text{les} \end{matrix}\right\} + \text{pronoms réfléchis} \qquad \text{pronoms réfléchis} + \left\{\begin{matrix} \text{y} \\ \text{en} \end{matrix}\right.$$

Brossez-vous **les dents**.   Brossez-**les-vous**.

Achète-toi **des vêtements chauds**.   Achète-**t'en**.

5. Forme interrogative

On place le pronom sujet après le verbe. Le pronom répété est le premier mot du groupe. La formule est: pronom répété + verbe au temps simple + pronom sujet

Te regardes-tu?   **Se** lavera-t-il?   **Vous** amusez-vous?

REMARQUE: Il n'y a pas de forme interrogative à la première personne du singulier du présent. On emploie **est-ce que**.

6. Forme interrogative-négative

La négation entoure tout le groupe. La formule est:

ne + pronom répété + verbe au temps simple + pronom sujet + **pas**

Ne te fatigues-tu **pas**?   **Ne** vous aimiez-vous **pas**?

Exercice 10.2

Mettez les phrases suivantes à l'impératif affirmatif, puis à l'impératif négatif.

Modèle: Tu t'amuses.

Amuse-toi.   Ne t'amuse pas.

1. Tu t'habilles.

2. Nous nous reposons.

Suite à la page suivante

3. Vous vous dépêchez.

4. Tu t'inquiètes.

5. Nous nous promenons.

6. Vous vous asseyez.

7. Tu t'achètes une télé.

8. Vous vous coupez les cheveux.

9. Nous nous racontons nos aventures.

10. Tu te rappelles ce documentaire.

Exercice 10.3

Mettez les phrases suivantes à la forme négative, à la forme interrogative, puis à la forme interrogative-négative.

Modèle: Ils se souviennent.

Se souviennent-ils?

Ils ne se souviennent pas.   *Ne se souviennent-ils pas?*

1. Vous vous entendez.

2. Nous nous aimons.

3. Elles se parlent.

4. Tu te rappelles.

5. Elle s'amuse.

6. Il se repose.

7. Vous vous rendez compte.

8. Nous nous embrassons.

9. Tu te présentes.

10. Elle se trompe.

ACCORD DU PARTICIPE PASSÉ

1. Pour les verbes réfléchis ou réciproques, on suit la règle de l'accord avec l'auxiliaire avoir (voir chapitre 2). Le participe passé s'accorde avec l'objet direct placé avant le verbe.

   a. Quand **se (me, te, nous, vous)** est objet direct, il y a un accord avec ce pronom, qui représente aussi le sujet.

      Elle **s'**est **vue**.   Nous **nous** sommes aim**és**.

   b. Quand **se (me, te, nous, vous)** est objet indirect, il n'y a pas d'accord.

      Ils **se** sont téléphoné. Vous **vous** êtes parlé.

      Elle **s'**est achet**é** des chapeaux bizarres.

      Nous **nous** sommes lavé les mains.

REMARQUE: Le pronom réfléchi des verbes suivants est toujours objet indirect: au participe passé il n'y a pas d'accord avec le sujet.

s'acheter	se donner	s'offrir	se plaire	se sourire
se dire	s'écrire	se parler	se promettre	se téléphoner

   c. Quand **se (me, te, nous, vous)** est objet indirect et quand le verbe a un objet direct placé devant lui, le participe passé s'accorde avec cet objet direct.

              O.I.   O.D.

      Bernard **s'**est acheté **une voiture** de sport.

MAIS: O.D.   O.I.

      Tu as vu **la voiture** de sport **qu'**il **s'**est achet**ée**?

2. Pour les verbes qui n'ont ni le sens réfléchi ni le sens réciproque, on accorde le participe passé avec le sujet.

      Les **tableaux** de Picasso se sont **vendus** pour des millions.

      La **grand-mère** s'est **souvenue** du film de la semaine dernière.

      Vous ne vous êtes **aperçu(e)(s)** de rien?

Exercice 10.4

Mettez les phrases suivantes au passé composé.

1. Elle se lave les cheveux.
2. Vous vous téléphonez?
3. Ils se voient, ils se disent bonjour, ils se parlent, ils se souviennent, ils se plaisent et ils se marient.
4. Marie-France, tu te brosses les dents?
5. Les deux jeunes gens se sourient.
6. Elles se promettent de s'écrire.

Exercice 10.5

Mettez les phrases suivantes au passé composé. Faites attention à l'accord du participe passé.

1. Les deux amies se connaissent pendant un voyage, se revoient à Paris, puis se disputent et se fâchent.
2. Mes frères et moi, nous allons à la plage en été: nous nous allongeons au soleil, nous nous promenons au bord de la mer, nous nous baignons, nous nous amusons.
3. Sylvie s'ennuie à la soirée: elle s'impatiente, elle s'énerve, elle se sent furieuse d'avoir accepté l'invitation.

Exercice 10.6

Mettez les verbes entre parenthèses dans les phrases suivantes au passé composé et accordez le participe passé si c'est nécessaire.

1. Après la mort de Panisse, Marius et Fanny (se retrouvent).
2. Ils n'ont pas oublié les promesses qu'(ils se font).
3. Ils regrettent les choses désagréables qu'ils (se disent).

4. Marius dit: «Sûrement les lettres que (nous nous envoyons) ne sont pas arrivées. Mais oublions les mauvais moments. Viens voir la voiture que je (m'achète) pour t'emmener en voyage. Et tiens... voici la bague que (je ne t'offre pas) avant de partir.»

5. Fanny répond: «Heureusement, j'ai gardé la robe que (je me fais) pour le mariage.»

6. Ils (se regardent) avec passion.

7. Ils (se tiennent) la main.

8. Ils (se promettent) de s'aimer toujours.

PLACE DES PRONOMS AUX TEMPS COMPOSÉS

1. Forme affirmative

Au passé composé et aux autres temps composés, l'auxiliaire est toujours **être**.

> Je me **suis** promené(e). (*passé composé*)
>
> Tu t'**étais** regardé(e). (*plus-que-parfait*)

2. Forme négative

Ne se place entre les deux pronoms, **pas** après l'auxiliaire. La formule est: sujet + **ne** + pronom répété + auxiliaire + **pas** + participe passé

> Je **ne** me suis **pas** lavé(e).   Tu **ne** t'étais **pas** rasé(e).

3. Forme interrogative

Le pronom sujet se place immédiatement après l'auxiliaire. Le premier mot est le pronom répété, le dernier est le participe passé. La formule est: pronom répété + auxiliaire + pronom sujet + participe passé

> T'es-**tu** amusé(e)?   **Vous** étiez-**vous** perdu(e)(s)?

4. Forme négative-interrogative

La négation entoure le groupe pronom + auxiliaire. La formule est:

> le + pronom répété + auxiliaire + pronom sujet + pas + participie passé

> **Ne** vous êtes-vous **pas** ennuyé(e)(s)?   **Ne** s'étaient-ils **pas** connus?

Exercice 10.7

Refaites les phrases suivantes au passé composé, au passé composé négatif, au passé composé interrogatif, puis au passé composé interrogatif-négatif.

> **Modèle: Tu t'amuses.**
>
> *Tu t'es amusé(e).*   *Tu ne t'es pas amusé(e).*
>
> *T'es-tu amusé(e)?*   *Ne t'es-tu pas amusé(e)?*

1. Vous vous aimez.
2. Ils se reconnaissent.
3. Elle s'explique.
4. Il se met en colère.

DIFFÉRENTS SENS DES VERBES PRONOMINAUX

1. Il y a beaucoup de verbes pronominaux en français. Certains sont réfléchis (*reflexive*) et sont faciles à reconnaître car le sujet fait l'action sur lui-même.

   Vous **vous** lavez.   *You wash **yourself**.*

   Tu **te** parles quand tu es seule?   *Do you talk to **yourself** when you're alone?*

Voici des verbes réfléchis communs; ces verbes gardent le même sens que les verbes non réfléchis.

couper	*to cut*	**se couper**	*to cut oneself*
raser	*to shave*	**se raser**	*to shave oneself*
lever	*to raise*	**se lever**	*to get up, to rise*
coucher	*to put to bed*	**se coucher**	*to go to bed*
habiller	*to dress*	**s'habiller**	*to get dressed*
déshabiller	*to undress*	**se déshabiller**	*to get undressed*

REMARQUE: On emploie l'article défini devant les parties du corps quand on utilise les verbes réfléchis comme **se laver, se brosser** (*to brush*) (voir chapitre 15).

> Laurent s'est brossé **les** dents, puis il s'est lavé **la** figure.
>
> *Laurent brushed **his** teeth, then he washed **his** face.*

2. Certains des verbes pronominaux sont réciproques (*reciprocal*): deux sujets font une action l'un sur l'autre (*on each other*) ou plusieurs sujets font une action sur d'autres personnes. Les pronoms se traduisent *each other, one another*.

Ils **s'aiment**.	They **love each other**.
Est-ce que vous **vous connaissez**?	Do you **know each other**?
Ma cousine et moi nous ne **nous téléphonons** plus.	My cousin and I no longer **telephone each other**.

Voici des verbes réciproques communs; beaucoup de ces verbes gardent le même sens que les verbes non réciproques. Les verbes réciproques sont toujours au pluriel.

aimer	to love	**s'aimer**	to love each other
battre	to beat	**se battre**	to have a fight
écrire	to write	**s'écrire**	to write each other
embrasser	to kiss	**s'embrasser**	to kiss each other
marier	to marry off someone	**se marier**	to get married
quitter	to leave	**se quitter**	to leave each other
rencontrer	to meet	**se rencontrer**	to meet each other
téléphoner	to telephone	**se téléphoner**	to telephone each other
voir	to see	**se voir**	to see each other

REMARQUE: **On se = Nous nous**.

L'année dernière **on se** voyait tous les jours.

*Last year **we** saw **each other** every day.*

3. La majorité des verbes pronominaux n'ont ni sens réfléchi ni sens réciproque.

a. Certains ont le sens passif (voir chapitre 18).

Ce journal **ne se vend pas** ici.	*This paper **is not sold** here.*
Cela **ne se fait pas**.	*That **is not done**.*

Voici des verbes pronominaux de ce type:

s'accorder	**se dire**	**se placer**
s'appeler	**s'employer**	**se traduire**
se comprendre	**se faire**	**se trouver**
se conjuguer	**se manger**	**se voir**

REMARQUE: Ces verbes sont souvent employés au présent.

    b.   Quelques verbes pronominaux existent aussi sous la forme non pronominale et ils ont un sens différent.

Je **passe** devant le magasin.	I **walk** by the store.
Qu'est-ce qui **se passe**?	What **is happening**?
J'**entends** la musique.	I **hear** the music.
Ils ne **s'entendent** pas.	They don't **get along**.

Voici des verbes pronominaux de ce type:

aller	to go	s'en aller	to go away, to depart
attendre	to wait	s'attendre à	to expect
apercevoir	to see vaguely	s'apercevoir	to realize
demander	to ask	se demander	to wonder
douter	to doubt	se douter	to suspect
entendre	to hear	s'entendre	to get along
passer	to go by	se passer	to happen
servir	to serve	se servir de	to use
tromper	to deceive	se tromper	to be mistaken

    c.   Quelques verbes pronominaux n'existent pas sous la forme simple; ils n'existent que sous la forme pronominale.

L'oiseau **s'envole**.	The bird **flies away**.
Le voleur **s'enfuit**.	The thief **runs away**.

Voici des verbes pronominaux de ce type:

se dépêcher	to hurry	se méfier	to distrust
s'enfuir	to run away	se moquer	to make fun
s'envoler	to fly away	se souvenir	to remember
s'évanouir	to faint	se taire	to keep silent

REMARQUE: Les verbes **se rappeler** et **se souvenir** ont le même sens. **Se rappeler** est suivi de l'objet direct. **Se souvenir** est suivi de **de** + nom.

Tu te rappelles **la correction**?	Tu te **la** rappelles?
Je me souviens **de l'histoire**.	Je m'**en** souviens.

Exercice 10.8

Dans les phrases suivantes, mettez les verbes entre parenthèses au temps qui convient. Dites s'ils ont un sens réfléchi ou réciproque.

1. Tous les matins je (se réveiller, se lever, se préparer).
2. Hier soir, Jean-Paul (se déshabiller, ne pas se laver, se coucher).
3. Josée et Michel (s'aimer, s'embrasser beaucoup, se téléphoner tous les jours).
4. Quand nous étions jeunes, nous (s'acheter des bonbons et des gâteaux, se promettre de suivre un régime, ne pas se laver les dents tous les jours!).
5. L'an dernier vous (s'écrire tous les jours, se rencontrer régulièrement, se parler souvent).
6. Nous (se rencontrer dans un bal, se voir plusieurs fois, se marier au bout d'un mois!).
7. Marie-Claire (se maquiller, s'habiller élégamment, se plaire).

Exercice 10.9

Complétez les phrases suivantes avec un des verbes de la liste. Utilisez un verbe simple ou un verbe pronominal. Attention au temps!

Modèle: Aller/ s'en aller: Je _____ à Paris; je _____ pour un mois.

    *Je **vais** à Paris; je **m'en vais** pour un mois.*

entendre/ s'entendre	douter/ se douter	rappeler/ se rappeler
tromper/ se tromper	demander/ se demander	trouver/ se trouver
passer/ se passer	attendre/ s'attendre	manger/ se manger
servir/ se servir	apercevoir/ s'apercevoir	

1. Tu _____ la musique? Tu_____ bien avec tes parents?
2. Nous_____ l'autobus depuis une heure. Nous ne_____ (imparfait) pas à un si long retard.
3. Tout_____, tout lasse, tout casse! Cette histoire_____ en Algérie.

Suite à la page suivante

4. Les naufragés_____ (passé composé) un bateau. Ils_____
(passé composé) qu'ils n'allaient pas mourir!

5. Marie_____ (imparfait) quelle heure il était. Elle_____
(passé composé) l'heure à un passant.

6. Est-ce que les frites _____ avec les doigts? —Non, chez moi, on
ne_____ pas les frites avec les doigts.

7. Je suis venu vous voir lundi au lieu de mardi. Je _____ (passé composé) de jour! Ce banquier est malhonnnête, il _____ ses clients.

8. Est-ce que vous _____ (passé composé) le médicament que vous
cherchiez? —Non, ce médicament ne _____ pas en pharmacie.

9. Ma mère sait que je lui raconte des histoires. Elle _____ que je
mens. Maintenant elle _____ de ma sincérité.

10. Mes amis ne _____ pas de leur salle à manger en été. Ils
_____ leurs repas dans le jardin.

Exercice 10.10

Remplacez les groupes en italique par un verbe pronominal au temps qui convient.

1. L'oiseau *a pris son vol.* Il _____.

2. Claudine a appris la mauvaise nouvelle et elle *a perdu conscience.*
Elle_____.

3. *Allez un peu plus vite!* _____!

4. Les étudiants *arrêtent de parler.* Ils _____.

5. Je *n'ai pas confiance* en cet homme. Je _____ de lui.

6. Mon frère *fait* toujours *des plaisanteries* (*jokes*) à mon sujet. Il _____
de moi.

7. Le voleur a ouvert la porte de la prison et il *a pris la fuite.* Il _____.

8. *J'ai une bonne mémoire.* Je _____ de toute mon enfance.

SUPPLÉMENTS DE GRAMMAIRE

TOUT

Tout (*adjectif*) signifie *all, the whole*. Ses formes sont:

	masc.	fém.
sing.	**tout**	**toute**
pl.	**tous**	**toutes**

Il s'emploie devant le nom et un déterminant.

tout l'argent   **toute** la famille

tous mes amis   **toutes** ces pièces

REMARQUES:

*   **Tout,** avec un nom singulier sans déterminant, signifie *any, every, each.*

    tout homme   **toute** jeune fille

*   **Tout ce qui, tout ce que** signifient *everything*. (voir chapitre 16)

Tout (toute, tous, toutes) peut être pronom. Dans ce cas, le **-s** de **tous** est prononcé: /tus/.

Il a fait les exercices de la page 8. ——Quoi, **tous**?

On place le pronom entre l'auxiliaire et le participe passé, au temps composé.

Il a **tout** mangé. Je les ai **tous** vus.

1. **Tout** peut être adverbe. Il signifie **très**.

    L'immigrant est **tout** étonné.

    Il est invariable devant un adjectif masculin et devant un adjectif féminin singulier qui commence par une voyelle ou un **h** muet.

    Les **tout** petits enfants.   Elle est **tout** heureuse.

    Devant un adjectif féminin singulier qui commence par une consonne ou un **h** aspiré et devant un adjectif féminin pluriel **tout** s'accorde en genre et en nombre.

    Elle est **toute** petite.   Elle est **toute** honteuse.

    Elles sont **toutes** étonnées.   Elles sont **toutes** honteuses.[1]

---

1. Ne confondez pas le pronom et l'adverbe. Ils sont **tous** /tus/ contents (*They are all happy*) vs Ils sont **tout** /tu/ contents (*They are very happy*).

2. Expressions idiomatiques avec **tout**.

tout à fait	*completely*	à toute allure	*at full speed*
tout de suite	*right away*	tout à l'heure	*in a moment; a moment ago*
tout à coup	*suddenly*	en tout cas	*in any case*

Exercice 10.11

Répétez avec la forme correcte de tout. Le professeur dit à ses élèves:

1. Finissez la lecture.
2. Faites vos devoirs.
3. Gilles, efface le tableau.
4. Rangeons les bureaux.
5. Josiane, rapporte les livres à la bibliothèque.
6. Mettez la salle de classe en ordre.
7. Ne restez pas dehors pendant la récréation.
8. Ne parlez pas pendant l'étude.

Exercice 10.12

Complétez les phrases suivantes avec la forme correcte de tout.

1. Il comprend *toute la leçon.* Il l'a_____ comprise.
2. Vous embrassez *tous vos amis?* —Oui,_____.
3. Dans la maison, elle fait_____ elle-même.
4. J'ai lu *toutes ces nouvelles.* _____ m'intéressent.

Exercice 10.13

Répétez avec tout adverbe.

1. Ils sont heureux.

2. Elles sont contentes.

3. Vous êtes bronzé.

4. Elle est énervée.

5. Tu es fatigué.

6. Tu es blanche.

7. Le ciel est bleu.

8. La mer est verte.

EXPRESSIONS AVEC **COUP**

Le mot **coup** entre dans la composition de beaucoup d'expressions courantes; en voici quelques-unes:

d'un seul coup	all at once	**un coup de tête**	action on impulse
tout à coup	suddenly	**un coup de fil**	a phone call
un coup d'œil	a glance, a peek	**se donner un coup de peigne**	to run a comb through one's hair
un coup de main	a (helping) hand		
boire un coup (fam.)	to have a drink	**un coup de foudre**	love at first sight
un coup de soleil	sunburn		

Exercice 10.14

Traduisez les phrases suivantes. Utilisez une expression avec coup.

1. He gave me a phone call.

2. All of a sudden, I heard a clap of thunder.

3. You are red: you have a sunburn.

4. The child glanced at the screen.

5. Let's have a drink.

6. They met and got married the same day: it was love at first sight.

7. This package is heavy: come and help me.

8. In the morning, I comb my hair quickly.

TRADUCTION

- Bill (an American): Did you buy (yourself) a new big screen television and a dish antenna?

- Jean-Philippe (a Frenchman): Yes, I am going to be able now to view my favorite American television series.

- Bill: In which room is your television set located?

- Jean-Phillipe: It is located in the living room.

- Bill: Great! We are going to be able to get together at your place to watch sporting events and films.

- Jean-Philippe: Fortunately we are going to be able to also rent DVDs because I detest watching advertising on American television.

- Bill: Americans also complain a lot about advertising.

- Jean-Philippe: You know that in France it is forbidden to advertise, for example, prescription drugs.

- Bill: I am not surprised (**s'en douter au positif**)! Let's hurry and see the latest «Star Wars» movie.

- Jean-Philippe: I am a sci-fi film lover because their directors use many special effects. Have you seen the film by the famous French director Luc Besson? The full-length movie is called *The Fifth Element*. Besson also became well known for his film *The Big Blue*.

- Bill: No, but many French actors are becoming well known in the United States and on the international stage.

- Jean-Philippe: It's true that French cinema is doing well thanks to its numerous excellent scripts, actors, directors and producers. Who is your favorite French star?

- Bill: I love the acting by the French actress Marion Cotillard.

- Jean-Philippe: Let's stop talking! Let's get out of here and rent Luc Besson's film!

RÉDACTIONS

1. Expérience personnelle: De quels moments de votre enfance vous souvenez-vous particulièrement? À quoi vous intéressiez-vous? À quoi vous occupiez-vous? Dans quelles circonstances vous êtes-vous amusé(e) ou ennuyé(e)? Vous êtes-vous blessé(e) une fois, ou vous êtes-vous fait mal (casser un bras ou une jambe)? Vous sentiez-vous heureux(-se) ou malheureux(-se), généralement? Vous entendiez-vous mieux avec les enfants plus jeunes ou plus âgés?

2. Quelles émissions de télé regardez-vous? Qu'est-ce qui vous intéresse? Justifiez votre choix.

3. Avez-vous vu un bon film français récemment? Racontez-le pour encourager un(e) ami(e) à aller le voir.

CHAPITRE 11

L'infinitif

BUT DE CE CHAPITRE

Dans ce chapitre, on vous explique:

- les formes de l'infinitif, au présent et au passé
- l'infinitif à la forme négative
- l'emploi de l'infinitif après un autre verbe: 1. sans préposition; 2. précédé de **à** ou de **de** (d'); 3. avec d'autres prépositions
- la construction **faire** + infinitif
- la construction **laisser** + infinitif
- les verbes de perception + infinitif
- les expressions **trop … pour/ assez … pour**
- les expressions et adverbes communs: **sous, dessous**, etc.

THÈME DU CHAPITRE

- les sports en France et au Canada

VOCABULAIRE

aller bien (*here*) to fit right, to suit
amabilité (*f.*) graciousness
bâton (*m.*) (*here*) hockey stick
chandail (*m.*) (*here*) sports jersey
chef (*m.*) **d'équipe** team captain
commander to order
déchiré(e) torn
désespéré desperate
dévorer to devour
enlever to take off
équipe (*f.*) team
érable (*m.*) maple tree
étroit(e) narrow, tight
faire la loi to lay down the law
feuille (*f.*) leaf
frapper to hit, to strike
gant (*m.*) glove

garder (*here*) to keep, to hold on
glace (*f.*) (*here*) ice
larme (*f.*) tear
mettre to put on
mite (*f.*) moth
neuf (neuve) brand new
pardon (demander) to ask for
forgiveness
partie (*f.*) game
patin (*m.*) skate
patinoire (*f.*) skating rink
porter (*here*) to wear
se briser to break
se relever to get up, to stand up
se rendre to go
soupir (*m.*) sigh
troué(e) with hole

VOCABULAIRE SUPPLÉMENTAIRE

amateur de sport (*m.*) sports fan
arbitre (*m.*) referee
balle (*f.*) **de ping-pong, de baseball**
ping pong ball, baseball
ballon (*m.*) **de basket, de foot** basketball, soccer ball
basket (*m.*) basketball (*sport*)
baskets (*f. pl.*) basketball shoes
but (*m.*) goal
casque (*m.*) helmet
concours (*m.*) contest

entraînement (*m.*) practice, training
équipier (-ière) team member
filet (*m.*) net
foot (*m.*) soccer
jouer dans une équipe to play on a
team
joueur (-euse) player
match (*m.*) **de football, de hockey, de
tennis** soccer, hockey, tennis game
(match)
palet (*m.*) puck

panier (*m.*) basket
rondelle (*f.*) hockey puck (in Quebec)
s'entraîner to practice (a sport)
stade (*m.*) stadium, arena

survêtement (*m.*) sweat suit
tennis (*m.*) tennis (*sport*)
tennis (*m.* ou *f. pl.*) tennis shoes
terrain (*m.*) field

LECTURE

PROFIL DE L'AUTEUR

Roch Carrier (1937–) est né dans le village de Sainte-Justine au Québec. Il a fait ses études à l'université de Montréal, puis il a terminé son doctorat en littérature à la Sorbonne. Poète, romancier, dramaturge, c'est un des écrivains les plus populaires du Canada. Il a enseigné à l'université de Montréal et au collège militaire de Saint-Jean. Il est aussi devenu directeur du Conseil des arts puis bibliothécaire national du Canada.

Son histoire la plus connue est *Le Chandail de hockey* (1979), qui a été tournée en film. C'est le récit en grande partie autobiographique de l'enfance de l'auteur (à la fin des années quarante). Les hivers sont longs au Canada. La vie des enfants à cette époque était partagée entre trois lieux: l'école, l'église et la patinoire. Pour jouer au hockey sur glace, les jeunes joueurs portent le maillot tricolore des Canadiens de Montréal bleu, blanc rouge. Les joueurs de Toronto, leur adversaire principal, portent un chandail bleu et blanc, avec une feuille d'érable (*maple leaf*)

Lecture: *Le chandail de hockey* (de *Le chandail de hockey*) par Roch Carrier

Un jour, mon chandail des Canadiens de Montréal était devenu trop étroit; puis il était déchiré ici et là, troué. [...] Pour commander mon chandail de hockey, ma mère [...] écrivit une lettre à la compagnie Eaton: «Cher Monsieur Eaton, auriez-vous l'amabilité de m'envoyer un chandail de hockey des Canadiens pour mon garçon qui a dix ans [...]? [...]» [*mais au lieu du chandail bleu, blanc, rouge des Canadiens de Montréal, M. Eaton nous envoie un chandail bleu et blanc, avec la feuille d'érable, le chandail des Maple Leafs de Toronto....*]

Les larmes aux yeux, je trouvai assez de force pour dire: [...]

—J'pourrai jamais porter ça.*

—Pourquoi? Ce chandail-là te va bien... Comme un gant...

—Vous me mettrez pas dans la tête de porter le chandail des Maple Leafs de Toronto.

Ma mère eut un gros soupir désespéré et elle m'expliqua:

—Si tu gardes pas ce chandail …. il va falloir que j'écrive à M. Eaton pour lui expliquer que tu veux pas porter le chandail de Toronto. M. Eaton, c'est un Anglais; il va être insulté parce que lui, il aime les Maple Leafs de Toronto.

[*Sans chandail…Roc risque de ne pas participer à un match.*]

Je fus donc obligé de porter le chandail des Maple Leafs.

[*À la patinoire…, tous les copains sont en chandail en bleu, blanc, rouge, les couleurs des Canadiens de Montréal et durant toute la partie, le chef d'équipe trouve des occasions de ne pas faire jouer Rock.*]

—C'est de la persécution! C'est à cause de mon chandail bleu!

Je frappai mon bâton sur la glace si fort qu'il se brisa.

Me relevant, je vis le jeune vicaire, en patins, devant moi:

—Mon enfant, ce n'est pas parce que tu as un petit chandail neuf des Maple Leafs de Toronto, au contraire des autres, que tu vas nous faire la loi. Un bon jeune homme ne se met pas en colère. Enlève tes patins et va à l'église demander pardon à Dieu.

[...] Je me rendis à l'église, je priai Dieu.

Je lui demandai qu'il envoie au plus vite cent millions de mites qui viendraient dévorer mon chandail des Maple Leafs de Toronto.

Notes: désespéré = *distraught*; que j'écrive... (*subj. présent après* falloir) = *that I write*;

eut un gros soupir = *sighed heavily*; viendraient (*conditionnel of* venir) = *would come*

*J' **pourrai**; **T'es**: Dans la conversation, **Je** devient **J'**, **Tu** devient **T'**.

COMPRÉHENSION DU TEXTE

1. Relevez les passés simples du texte et remplacez-les par un passé composé: «ma mère écrivit … a écrit».

2. Relevez les mots dans le texte qui appartiennent au lexique du hockey sur glace.

3. Pourquoi faut-il acheter un nouveau chandail de hockey pour le jeune garçon?

4. De quelle couleur est le chandail de l'équipe des Canadiens de Montréal?

5. De quelle couleur est le chandail des Maple Leafs de Toronto? Pourquoi Roch ne veut-il pas porter le chandail de l'équipe de Toronto?

6. Pourquoi est-ce que Roch brise sa crosse de hockey?

7. Que lui dit le vicaire?

8. Quelle prière est-ce que le garçon fait à Dieu?

GRAMMAIRE: L'INFINITIF

FORMES

En français, contrairement à l'anglais, quand on donne l'infinitif d'un verbe, on n'emploie pas de préposition: **aller** (*to go*), **venir** (*to come*).

L'infinitif présent/ l'infinitif passé

L'infinitif a deux temps.

le présent	**manger**	**boire**	**aller**	**venir**
le passé:	**avoir mangé**	**avoir bu**	**être allé(e)(s)**	**être venu(e)(s)**

1. L'infinitif présent est caractérisé par sa terminaison.

-er	pour les verbes du 1er groupe	**donner**
-ir	pour les verbes du 2ème groupe et pour certains verbes irréguliers	**finir** **dormir**
-re	pour les verbes du 3ème groupe et pour certains verbes irréguliers	**vendre** **dire**
-oir	pour certains verbes irréguliers	**pouvoir**

2. L'infinitif passé se forme avec l'auxiliaire **avoir** ou **être** à l'infinitif: le participe passé suit les mêmes règles d'accord qu'au passé composé (voir page 48).

Je suis content **d'avoir vu** cette pièce.

Ces gens sont sympathiques: je suis ravi de *les* **avoir rencontrés**.

3. L'infinitif présent d'un verbe pronominal contient un pronom personnel qui se décline. On met ce pronom devant l'infinitif (voir page 226).

je vais **me reposer**   nous allons **nous reposer**

tu vas **te reposer**   vous allez **vous reposer**

il va **se reposer**   ils vont **se reposer**

elle va **se reposer**   elles vont **se reposer**

4. L'infinitif passé d'un verbe pronominal contient aussi le pronom personnel. Le participe s'accorde avec le pronom (voir pages 229).

Après **m'être reposé(e)**, **je** travaille.

Après **t'être reposé(e)**, **tu** travailles.

Après **s'être reposé**, **il** travaille.

Après **s'être reposée**, **elle** travaille.

Après **nous être reposé(e)s**, **nous** travaillons.

Après **vous être reposé(e)(s)**, **vous** travaillez.

Après **s'être reposés**, **ils** travaillent.

Après **s'être reposées**, **elles** travaillent.

L'infinitif négatif

1. Les négations suivantes ne sont pas séparées devant l'infinitif présent ou l'infinitif passé: **ne pas, ne plus, ne jamais, ne rien, ne pas encore**.

La maman de Roch est fâchée de **ne rien** comprendre aux bons de commande.

Cette maman est sûre de **ne jamais** avoir tort.

Je suis étonné de **ne pas encore** avoir reçu ma commande.

2. Les négations **de ne ... personne, ne ... aucun** entourent l'infinitif présent ou l'infinitif passé.

Les joueurs sont surpris de **ne** voir **personne** sur la patinoire, de **n'**entendre **aucun** bruit.

Ce promeneur est ravi de **n'**avoir rencontré **personne** dans le parc.

Exercice 11.1

Récrivez les phrases suivantes avec le verbe «**refuser de**» au temps qui convient et avec l'infinitif présent, en suivant le modèle.

> **Modèle: Je passe mes vacances à Paris.**
> *Je **refuse de passer** mes vacances à Paris.*

1. Roch porte le chandail à la feuille d'érable.
2. Tu restes assis sans jouer pendant tout le match.
3. Je me mets un vieux maillot sur le dos.
4. Nous avons écrit au directeur de la compagnie.
5. Les joueurs de hockey comprenaient la colère de Roch.
6. La maman de Roch a renvoyé le chandail.

Exercice 11.2

Récrivez les phrases suivantes avec «**être content de**» et l'infinitif passé, en suivant le modèle.

> **Modèle: Je passe mes vacances à Paris.**
> *Je **suis content d'avoir passé** mes vacances à Paris.*

1. Je reçois le chandail bleu, blanc, rouge.
2. Tu as marqué un but.
3. Il avait cassé son bâton.
4. Elle a reçu le chandail avant le match.
5. Nous avions vaincu l'équipe adverse.

Exercice 11.3

Récrivez les phrases suivantes. Mettez les infinitifs à la forme négative avec la négation indiquée entre parenthèses.

> **Modèle: Claire préfère sortir avec Guy. (pas)**
>
> *Claire préfère **ne pas** sortir avec Guy.*

1. Patrick est triste d'aller au mariage de sa cousine. (pas)

2. Paulette est fière de faire une faute à ses exercices. (aucun)

3. Raoul essaie d'oublier quelque chose pour ses cours. (rien)

4. Le vicaire décide de punir Roch sévèrement. (pas)

5. Je décide de me promener seule. (plus)

6. Ces deux joueurs promettent de se disputer. (jamais)

7. Mes amis regrettent d'avoir parlé à quelqu'un pendant la soirée. (personne)

8. Je regrette de vous avoir écrit. (pas encore)

EMPLOIS

On utilise l'infinitif plus souvent en français qu'en anglais. Souvent, l'infinitif en français est traduit par le *gerund* en anglais.

> Il met son blouson en cuir avant de **sortir**.
>
> *He puts on his leather jacket before **going out**.*

L'infinitif seul

1. Employé seul (sans préposition), l'infinitif peut être sujet ou objet direct.

Sujet

> **Se lever** tôt, c'est pénible.
>
> *__Getting up__ early is painful.*
>
> **Porter** un maillot de l'autre équipe, c'est la honte!
>
> *__To wear__ a jersey from the other team, that's shameful!*

Objet

> Nous aimons **marcher** sur le terrain du stade en hiver.
>
> *We like **walking** (or **to walk**) on the stadium field in winter.*

REMARQUE: On utilise **c'est** ou **ça** pour renforcer le sujet.

2. On utilise l'infinitif, à la place de l'impératif, dans les recettes de cuisine, les prescriptions pharmaceutiques, les modes d'emploi des appareils, les recommandations (*suggestions*).

> **Faire sauter** les oignons et **ajouter** du vin blanc.
>
> **Agiter** ce médicament avant l'emploi.
>
> **Ne pas oublier** de vous entraîner tous les jours.

3. On utilise l'infinitif seul, comme objet direct, après un certain nombre de verbes courants: des verbes de mouvement, des verbes de volonté et de nécessité, des verbes d'opinion et de préférence. Si l'infinitif a un objet qui est un pronom personnel, ce pronom se place devant l'infinitif.

    a. Verbes de mouvement

aller	descendre	monter	sortir
courir	entrer	partir	venir

> Gérard **est parti** voir sa mère.   Il **est parti** la voir.
>
> Gisèle **sort chercher** des ballons.   Elle **sort en** chercher.

    b. Verbes de volonté et de nécessité

désirer	espérer	il faut
devoir	vouloir	il vaut mieux

> **Voulez**-vous partager ce morceau de gâteau?   Voulez-vous **le** partager?
>
> **Il vaut mieux** ne pas aller au match ce soir.   **Il vaut mieux** ne pas **y** aller.

    c. Verbes d'opinion et de préférence

aimer	croire	oser	préférer
aimer mieux	détester	penser	savoir

> Nous **aimons mieux** rester chez nous.   Nous **aimons mieux y** rester.
>
> Gabrielle **déteste** écrire des mails.   Gabrielle **déteste en** écrire.

Exercice 11.4

Récrivez les phrases suivantes avec un infinitif sujet, en suivant le modèle.

> Modèle: on entraîne les joueurs/ c'est une bonne préparation
> *Entraîner les joueurs, c'est une bonne préparation.*

1. on mange avant le match/ ce n'est pas une bonne idée
2. vous battez l'adversaire/ c'est possible?
3. on trouve la meilleure ouverture pour marquer le but/ ce n'est pas facile
4. toi, tu écoutes les conseils de ton chef d'équipe/ ça te sauve
5. on lit le livre sur les meilleures techniques de hockey/ c'est obligatoire
6. ils restent sans défense/ ça décourage les adversaires
7. nous attachons notre casque de hockey/ c'est impératif
8. on célèbre la victoire de l'équipe/ ça vous fait plaisir?

Exercice 11.5

Combinez les groupes suivants en mettant le deuxième verbe à l'infinitif.

> Modèle: vous voulez/ vous conduisez votre fille au gymnase?
> *Vous voulez conduire votre fille au gymnase?*

1. j'aime/ je tape sur le palet.
2. tu préfères/ tu te lèves tard?
3. ils pensent/ ils partent en vacances demain.
4. elle n'ose pas/ elle discute avec son entraîneur.
5. nous aimons mieux/ nous nous servons d'internet pour nos commandes.
6. ses parents doivent/ ils achètent une paire de chaussures.

L'infinitif précédé de «à» ou de «de»

Certains verbes sont suivis de la préposition **à**, d'autres verbes sont suivis de la préposition **de/d'**. Il n'y a pas de règle pour déterminer l'emploi de **à** ou de **de**. Consultez l'Appendice ou le dictionnaire.

1. L'infinitif peut être précédé d'un verbe + **à**. Le verbe principal peut indiquer un effort, une direction, une aspiration. Voici quelques verbes courants:

aider à	*to help*	**se préparer à**	*to get ready to*
s'amuser à	*to have fun*	**réussir à**	*to succeed in*
apprendre à	*to learn how to*	**servir à**	*to be of use in, for*
chercher à	*to seek to, to try to*	**songer à**	*to think about*
se mettre à	*to begin*	**tenir à**	*to insist on*

2. L'infinitif peut être précédé d'un verbe + **de/d'**. Un grand nombre de verbes pronominaux se trouvent dans ce groupe. Voici quelques verbes courants:

s'arrêter de	*to stop*	**être obligé(e)(s) de**	*to be required to*
avoir envie de	*to want*	**s'excuser de**	*to apologize for*
avoir honte de	*to be ashamed of*	**finir de**	*to finish*
avoir peur de	*to be afraid of*	**oublier de**	*to forget to*
se contenter de	*to be content with*	**promettre de**	*to promise to*
se dépêcher de	*to hurry to*	**refuser de**	*to refuse to*
essayer de	*to try to*		

3. Certains verbes peuvent utiliser les deux constructions mais ils changent de sens selon la préposition utilisée.

> **se décider à** *(to make up one's mind to)*
>
> Il avait peur, mais il **s'est décidé à** plonger.
>
> **décider de** *(to decide to)*
>
> Nous **avons décidé d'**acheter une maison.

> **demander à** *(to ask permission to)*
>
> Il **demande à** sortir.
>
> **demander** (à quelqu'un) **de** *(to ask [someone] to)*
>
> Il **vous demande de** sortir.

REMARQUE: Les verbes **commencer** et **finir** ont deux constructions, avec **à** ou **de** et avec **par**. Leur sens change.

Il **commence à** pleuvoir.   J'ai **commencé par** faire mes maths.

It's **starting** to rain.   I **started with** my math homework.

Elle **a fini de** pleurer.   Elle **a fini par** comprendre.

She is **through** crying.   She **finally** understood.

4. Si l'infinitif a un objet direct ou indirect qui est un pronom, ce pronom est placé entre la préposition et l'infinitif.

Il a peur de parler **au professeur**.   Il a peur de **lui** parler.

Nous avons réussi à finir nos **devoirs**.   Nous avons réussi à **les** finir.

J'ai oublié d'acheter **du pain**.   J'ai oublié d'**en** acheter.

REMARQUE: Dans ce cas, on ne contracte jamais **à le, de le, à les, de les** parce que **le, les** sont des *pronoms*.

5. L'infinitif qui suit le verbe **être** et un adjectif peut être précédé de **à** ou de **de**.

a. **à:** Le sujet du verbe **être** est un nom (ou un pronom qui remplace ce nom) ou **ce** qui remplace une phrase, une idée déjà exprimée. Dans ce cas, l'infinitif ne peut pas avoir d'objet direct: il a un *sens passif*. On emploie **à**.

La leçon est **difficile à comprendre**.   Elle est **difficile à comprendre**.

The lesson is **difficult to understand**.   It is **difficult to understand**.

Marie ne s'est jamais mariée.   C'est **difficile à comprendre**.

Marie never got married.   It's **difficult to understand (why)**.

sujet +   **être** + adjectif + **à** + infinitif

(nom, pronom ou **ce**)

b. **de:** Le sujet du verbe **être** n'est jamais un nom. Le sujet est **il** (impersonnel) ou **ce** (**ce** est plus fréquent que **il**) (voir page 388). Dans ce cas, l'infinitif peut avoir un objet direct: il a un *sens actif*. L'infinitif seul (ou l'infinitif + son objet direct) est le véritable sujet du verbe **être**. On emploie **de**.

C'est important de se reposer.	*It's important to rest.*
Il est (C'est) difficile de dormir le jour.	*It's difficult to sleep during the day.*
Il est (C'est) difficile de comprendre cette leçon.	*It's difficult to understand this lesson.*
Il est important d'étudier vos verbes.	*It's important to study your verbs.*

sujet +   **être** + adjectif + **de** + infinitif

(**il** impersonnel ou **ce**)

6. L'infinitif qui suit un nom peut être précédé de **à** ou de **de**.

   a. **à:** On emploie **à** si en anglais la construction signifie *something that must be done to the preceding noun.*

une maison **à peindre**	*a house to paint*
un livre **à lire**	*a book to read*
une chanson **à chanter**	*a song to sing*
un film **à voir**	*a film to see*

   b. **de:** On emploie **de** si l'équivalent en anglais est *of* + la forme *-ing* du verbe.

la pensée **de revenir**	*the thought of coming back*
la façon **de parler**	*the manner of speaking*
l'idée **de partir**	*the idea of going*
la nécessité **de lire**	*the necessity of reading*

   On trouve souvent **de** avec les expressions de temps.

le temps **de travailler**	*the time to work*
le moment **de partir**	*the time to go*
l'heure **de dormir**	*the time to sleep*

L'infinitif avec d'autres prépositions

On emploie l'infinitif après d'autres prépositions courantes. Souvent on utilise la forme *-ing* du verbe anglais pour traduire l'infinitif.

avant de			before		
sans	}	**dormir**	without	}	*sleeping*
au lieu de			instead of		

> **Pour dormir**, il prend des pilules.　　　*In order to sleep*, he takes pills.
>
> **Sans dire** un mot, elle est sortie.　　　*Without saying* a word, she left.

REMARQUES:

- **Après** est suivi uniquement de l'infinitif passé.

  Après avoir bien déjeuné, ils ont fait la sieste.

  *After **having had a nice lunch**, they had a nap.*

  Après être partis, ils ont regretté ne pas être restés.

  *After **they left**, they were sorry they had not stayed.*

- La préposition **en** est suivie de la forme verbale en **-ant**. C'est le gérondif (voir page 428). **En** n'est jamais suivi de l'infinitif.

  Il chante toujours **en travaillant**.　　　*He always sings **while working**.*

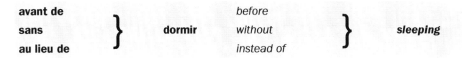

Exercice 11.6

Récrivez les phrases suivantes avec les verbes indiqués. Suivez le modèle.

Modèle: Tu vas faire du sport./ Il refuse.

> *Il **refuse de faire** du sport.*

1. J'aime dormir tard le dimanche matin.

   Essayez/ Elle ne réussit pas/ Tu n'es pas obligé/ Je tiens

2. Vous pouvez être puni.

   Elle ne cherche pas/ Tu n'as pas honte/ Vous risquez/ Je refuse/ Nous ne tenons pas

3. Je ne sais pas me servir d'un ordinateur.

   Avez-vous essayé?/ Tu as appris/ Nous nous amusons/ Je décide/ Il songe

4. Il faut vous acheter un maillot plus grand.

   Elle se décide/ Nous oublions/ Je promets/ Il va m'aider/ Ils ne tiennent pas

Exercice 11.7

Dans les phrases suivantes, mettez la préposition qui convient: à ou de.

1. J'ai une maison _____ vendre.
2. Je n'aime pas sa façon _____ parler.
3. Avez-vous le temps _____ vous entraîner?
4. Ce sport est difficile _____ pratiquer.
5. C'est impossible _____ jouer quand il pleut.
6. L'arabe et le chinois sont des langues difficiles _____ apprendre.
7. Ce n'est pas agréable _____ travailler dans une maison bruyante.
8. Tu n'es pas facile _____ convaincre.
9. C'est toujours pénible _____ entendre le bruit des voitures.
10. Vos dessins sont très jolis _____ regarder, mais trop chers _____ acheter.

Exercice 11.8

Dans les phrases suivantes, mettez la préposition qui convient.

1. Roch va à l'entraînement _____ apporter sa crosse. (après, pour, sans, en)
2. Les joueurs se relaxent _____ commencer à s'entraîner. (pour, avant de, sans)
3. Roch emprunte un baton et s'entraîne beaucoup _____ pouvoir jouer dans le grand match. (après, pour, sans)
4. Les joueurs quittent la patinoire _____ s'être entraînés. (après, pour, sans, en)

FAIRE + INFINITIF

Cette construction signifie *to have something done, to make or to force someone to do something.*

> Ses parents **font construire** une maison.
>
> Le fermier **fait travailler** ses enfants.

Le nom qui suit l'infinitif peut être l'objet direct (on construit **une maison**) ou le sujet de l'infinitif (**les enfants** travaillent).

1. Dans cette construction, l'infinitif suit immédiatement le verbe **faire**. Les pronoms qui remplacent l'objet direct ou le sujet de l'infinitif ont la forme du pronom personnel objet direct et se placent devant le verbe **faire**.

> **La maison?** Ses parents **la** font construire à la campagne.
>
> **Les enfants?** Le fermier **les** fait travailler.

ATTENTION:

- À l'impératif, les pronoms se placent entre **faire** et l'infinitif.

  > Faites-**la** construire. Fais-**les** travailler.

- Le pronom personnel de la première personne et de la deuxième personne du singulier est le pronom disjoint.

  > Tu **me** fais rire. Fais-**moi** rire! Ne **nous** fais pas rire!

2. Quelquefois, l'infinitif a un nom sujet et un nom objet direct. Dans ce cas, l'infinitif suit immédiatement le verbe **faire**. L'objet direct est placé après l'infinitif. Le sujet de l'infinitif devient «complément d'agent» accompagné de **à** ou de **par**.

> **Les enfants** (manger) des carottes.
>
> Françoise fait manger des carottes **à ses enfants**.
>
> *Françoise makes **her children** eat carrots.*

La construction avec **à** signifie: Françoise a *l'autorité, le pouvoir* de faire manger des carottes à ses enfants.

> **Le secrétaire** (taper) le livre.
>
> La romancière fait taper son livre **par le secrétaire**.
>
> *The novelist has **a secretary** type her book.*

La construction avec **par** signifie: Le secrétaire tape le roman pour la romancière, à sa place.

3. Les pronoms **lui** et **leur** remplacent **à** + nom ou **par** + nom. Ils précèdent le verbe **faire**. On peut aussi avoir les pronoms **me, te, nous, vous** comme agents.

> Françoise **leur** fait manger des carottes.
>
> La romancière **lui** fait taper son roman.
>
> Il **me** fait ramasser ses affaires.

Dans le cas où on a plusieurs pronoms, l'ordre des pronoms est normal (voir page 213).

> Françoise **leur en** fait manger.
>
> La romancière **le lui** fait taper.
>
> Il **me les** fait ramasser.

Constructions possibles de **faire** avec l'infinitif:

	à	
faire + infinitif + OD +	**au**	+ nom de l'agent
	aux	
	par	

REMARQUES:

- L'expression **se faire** + infinitif signifie *to have someone do something.*

  > Je **me fais couper** les cheveux. Ils **se font battre** au hockey.

- Les groupes **faire faire** (*to have someone do*) ou **se faire faire** (*to have something done for yourself*) sont fréquents.

  > Je **fais faire** mon ménage par une femme de ménage.
  >
  > Elle **s'est fait faire** une perruque (*wig*) avec ses propres cheveux.

- Si l'infinitif après **faire** est un verbe pronominal, **se** peut être supprimé.

  > Je **fais (se) promener** les chiens.

- Au passé composé, le participe passé **fait**, suivi d'un infinitif, ne s'accorde jamais.

  > Je les ai **fait** entrer.

Exercice 11.9

Faites deux phrases avec les groupes suivants et le verbe **faire**. Suivez les modèles.

Modèle: Le professeur/ les étudiants travaillent.

*Le professeur **fait travailler** les étudiants. Il **les fait travailler**.*

Ses cousins/ on a réparé leur voiture.

*Ses cousins **ont fait réparer** leur voiture. Ils **l'ont fait réparer**.*

1. La pluie/ les touristes sont partis.

2. Mon associé/ mon courrier ne suit pas.

3. Le clown/ les enfants riaient.

4. La tempête/ on a fermé les écoles.

5. Le vicaire/ Roch reste sur le banc.

Exercice 11.10

Combinez les groupes suivants avec le verbe **faire**, en suivant le modèle. Attention au temps!

> Modèle: Le froid/ tu trembles.
>> *Le froid **te fait trembler**.*

1. Ce film/ elles ont pleuré.

2. Le jogging/ vous avez maigri.

3. Le pain français/ je grossissais.

4. Leurs récits de voyage/ vous aviez rêvé.

5. Cette mauvaise expérience/ je réfléchis.

Exercice 11.11

Récrivez les phrases suivantes avec des pronoms, d'abord à l'impératif affirmatif, puis à l'impératif négatif.

> Modèle: Tu fais rire la petite fille.
>> ***Fais-la** rire.*
>> *Ne **la fais** pas rire.*

1. Nous faisons cuire les haricots.

2. Tu fais sauter les oignons.

3. Vous faites laver votre voiture.

4. Nous faisons chauffer le beurre.

5. Vous faites brûler ma côtelette.

6. Nous faisons obéir nos enfants.

Exercice 11.12

Combinez les groupes suivants d'abord avec **faire** et la formule **à** + agent ou **par** + agent, puis en utilisant des pronoms. Suivez le modèle.

> Modèle: Le patron/ la secrétaire tape son courrier.
>
> *Le patron fait taper son courrier **par la secrétaire**.*
>
> *Il **le lui** fait taper.*

1. La tante/ le bébé prend un bain.
2. La vieille dame/ la bonne ne lave pas la vaisselle.
3. Le vicaire/ les joueurs récitent une prière.
4. Ce monsieur/ un domestique repasser ses jeans.
5. Ma sœur/ la meilleure vétérinaire soigne son chien.

LAISSER + INFINITIF, VERBES DE PERCEPTION + INFINITIF

1. Le verbe **laisser** et les verbes de perception comme **regarder, entendre, écouter** et **sentir** ont aussi une construction avec l'infinitif, mais cette construction est moins stricte que la construction infinitive avec le verbe **faire**. Après **laisser, regarder,** etc., on peut placer le nom sujet de l'infinitif *avant* ou *après* le verbe, si l'infinitif n'a pas de complément.

> Je laisse **le chien** sortir. *ou* Je laisse sortir **le chien**.
>
> Tu regardes **les enfants** jouer. *ou* Tu regardes jouer **les enfants**.

ATTENTION: Si l'infinitif a un complément, l'ordre des mots est normal.

> **laisser**   + sujet de l'infinitif + infinitif + complément
>   *ou*
> verbe de perception

> Je laisse les enfants jouer **au parc**.

2. Quand les noms sont remplacés par des pronoms, ces pronoms sont placés avant **laisser** (ou le verbe de perception). Quand il y a deux pronoms, on peut aussi utiliser **lui**, **leur** comme dans la construction avec **faire**.

Je laisse le chien sortir.
Je laisse sortir le chien. } Je le laisse sortir.

Je laisse le chien manger ma côtelette. { Je le laisse la manger.
ou
Je la lui laisse manger.

3. Pour les formes négatives et impératives, ces verbes ont la même construction que **faire**.

Il **n'**a **pas** laissé jouer les enfants.

REMARQUE: Au passé composé, le participe passé (**laissé**, **entendu**, **regardé**) suivi d'un infinitif ne s'accorde pas.

Comparez: Il les a laiss**és** seuls.

Il les a laiss**é** regarder la télé.

Exercice 11.13

Faites des phrases en suivant le modèle avec les groupes suggérés.

Modèle: Je laisse/ les voitures passent.

Je *laisse passer* les voitures.

Je *laisse* les voitures *passer*.

1. Christine ne laisse pas/ sa fille joue au hockey sur glace.
2. Il a senti/ la colère montait.
3. Je regarde/ les patineurs tombent.
4. Nous regardons/ les touristes descendent du car.
5. Tu ne laisses pas/ le chien dort avec toi?

Exercice 11.14

Faites des phrases avec les verbes suggérés; ensuite remplacez les noms par des pronoms.

> **Modèle: Elle laisse/ son mari va au marché.**
>
> *Elle **laisse son mari aller** au marché.*
>
> *Elle **le laisse aller** au marché.*

1. Elles ont entendu/ les enfants crient dans le jardin.
2. Tu as vu/ les ballerines font des pirouettes?
3. Vous laissez/ je lis la lettre de votre mère.
4. Nous écoutons/ M. Rubinstein joue cette sonate.

SUPPLÉMENTS DE GRAMMAIRE

TROP ... POUR/ ASSEZ ... POUR

1. L'expression **trop ... pour** signifie *too (much) to*. On emploie **trop** avec un verbe, un adjectif ou un adverbe. On emploie **trop de** avec un nom.

    Il a **trop bu pour** pouvoir conduire.

    *He **drank too much** to be able to drive.*

    Elle **est trop malade pour** venir en classe.

    *She is **too sick to** come to class.*

    Vous **êtes parti trop tard pour** arriver à l'heure.

    *You left **too late to** arrive on time.*

    Il a **trop de travail pour** sortir.

    *He has **too much work to** go out.*

2. L'expression **assez ... pour** signifie *enough to*. On emploie **assez** avec un verbe, un adjectif ou un adverbe. On emploie **assez de** avec un nom.

Vous avez **assez travaillé pour** pouvoir vous reposer.

*You have **worked enough to** (be able to) rest.*

Roch n'a pas l'esprit **assez clair pour** contrôler sa colère.

*Roch does not have a mind **clear enough to** control his anger.*

Il ne court pas **assez vite pour** gagner la course.

*He's not running **fast enough** to win the race.*

Ils ont **assez d'argent pour** faire un voyage en Europe.

*They have **enough money to** take a trip to Europe.*

Exercice 11.15

Faites des phrases avec **trop ... pour** et **assez ... pour** et le vocabulaire indiqué.

trop ... pour

1. Jacques est paresseux/ il range sa chambre.
2. Les joueurs canadiens ont honte/ ils acceptent Roch dans l'équipe.
3. Il fait chaud/ rester au soleil.
4. J'ai des devoirs/ je sors ce soir.

assez ... pour

5. Je n'ai pas d'appétit/ je mange tout le gâteau.
6. Cette jeune fille a du talent/ elle joue dans une pièce.
7. Le vicaire est ferme/ il impose la punition.
8. La mère de Roch a du cœur/ elle comprend la réaction de son fils.

PRÉPOSITIONS ET ADVERBES COMMUNS

Pour remplacer une préposition et un nom, on peut employer un adverbe qui correspond à la préposition.

Le chat monte **sur** la table.	Il monte **dessus**.
Quand il fait froid, nous préférons être **dans** la maison.	Nous préférons être **dedans**.
Hors de la maison. on gèle (*freeze*).	**Dehors**, on gèle.

Voici une liste des prépositions communes et des adverbes correspondants.

prépositions		adverbes
sur	on	dessus
au-dessus de	above	au-dessus
sous	under	dessous
au-dessous de	underneath	au-dessous
dans	in, inside of	dedans
hors de	out of, outside of	dehors

Exercice 11.16

Complétez les phrases suivantes avec la préposition ou l'adverbe qui convient: **sous, dessous, dessus, sur, au-dessus de, au-dessus, hors de, dehors**, etc.

1. Mets tes paquets _____ cette chaise. Mais le chat est couché _____!
2. _____ la table, il y a un tapis. Mets ton sac _____.
3. Les enfants africains sont impatients d'aller _____. Ils peuvent parler leur dialecte _____ l'école.
4. L'enfant est malade; il doit rester _____ sa chambre; il n'aime pas rester _____.
5. Mon appartement est situé _____ une boulangerie: les odeurs montent. _____, il y a une terrasse.
6. La solution des mots croisés est _____ la grille (*grid*). Quand vous cherchez les réponses, ne regardez pas _____.

TRADUCTION

After sending Roch to the church to pray and apologize for his burst of anger, the young vicar felt bad. He realized he had been too harsh with the young boy. After the game, he decided to speak to Roch's mother. "Mme Carrier, I think Roch had good reasons for getting mad. It was not fair to not have him play with his team because of the color of his jersey." Mme Carrier said: "I know, it's my fault, for having ordered the wrong jersey," so the vicar helped Mme Carrier order a new jersey, this time, the tricolor one. The moths did not have time to eat the jersey.

RÉDACTION

Le vicaire oblige Roch à écrire sa prière devant lui: écrivez la prière de Roch: Je suis désolé de… je vous demande pardon…. Je vous promets de, etc.

CHAPITRE 12

Le futur

BUT DE CE CHAPITRE

Dans ce chapitre, on vous explique:

- les formes du futur de l'indicatif: futur simple et futur antérieur
- l'emploi du futur: 1. dans des phrases simples; 2. avec des conjonctions de temps
- comment utiliser **dans** et **en** comme expressions de temps
- les expressions **donc, aussi, alors**
- la traduction de «*will*»
- les verbes **connaître** et **savoir**

THÈMES DU CHAPITRE

- la France occupée (1940–1944)
- l'occupation revécue au cinéma

VOCABULAIRE

à (notre) tour in (our) turn

à présent now

arrêté arrested

avis (*m.*) notice

avouer to confess, to admit

bille (*f.*) marble (ball)

carte (*f.*) map

chacun(e) each (one)

coiffeur (-euse) barber, hairdresser

descentes (*f. pl.*) (*here*) raids

étoile (*f.*) star

frontière (*f.*) border

fuir to run away, to flee

itinéraire (*m.*) itinerary

juif, juive Jewish

libre free

nier to deny

recensement (*m.*) census

régler to settle, to resolve

sauvé(e) saved

s'en faire to worry

se débrouiller to manage

se faire voler to get robbed

sous (*m. pl.*) money (fam.)

sursauter to jump (with surprise)

tour (*m.*) (*here*) turn

tout à l'heure (*here*) later

VOCABULAIRE SUPPLÉMENTAIRE

à travers through, across

antisémite anti-Semitic

capturer to capture

collaborateur (-trice) collaborator

défaite (*f.*) defeat

échapper to escape

emprisonner to imprison

fuite (*f.*) (*here*) escape, get away

fusiller to shoot (execution)

patrie (*f.*) homeland

persécuter to persecute

poursuite (*f.*) chasing

rafle (*f.*) police roundup

réseau (*m.*) network

résistance (*f.*) resistance

restrictions (*f. pl.*) rationing

saboter to sabotage

s'évader to escape

torturer to torture

traque (*f.*) hunting down

LECTURE

NOTES CULTURELLES

La France occupée (1940–1944)

Après la défaite de juin 1940 et la signature de l'Armistice, la France est occupée par l'Armée allemande et divisée en deux zones. Il existe une zone occupée, la «zone Nord», par l'Armée allemande et une zone non-occupée (la «zone nono» ou libre). Les deux zones sont séparées par la ligne de démarcation. Il faut avoir une permission spéciale pour passer de la zone occupée à la zone non-occupée. Le Régime de Vichy est le gouvernement de la zone non-occupée. Ce régime qui remplace la Troisième République prend le nom officiel d'État français. Il collabore avec le Troisième Reich, le régime totalitaire nazi et antisémite d'Adolf Hitler. Le gouvernement s'installe à Vichy juste au sud de la ligne de démarcation dans la «zone Sud». À partir de novembre 1942, l'Allemagne décide d'occuper la zone libre ou le reste de la France jusqu'à la libération en août 1944.

L'Occupation revécue au cinéma

Parmi les films français les plus connus sur l'Occupation de la France, il y a deux films de Louis Malle: *Lucien Lacombe* (1974) et *Au revoir les enfants* (1987). D'autres films qui parlent de l'Occupation et de la Résistance[1] sont *Le Dernier Métro* (1980) de François Truffaut et *Lucie Aubrac* (1997) de Claude Berri. Plus récemment, *La rafle* (2010) est un film de Roselyne Bosch inspiré de la tragédie de la rafle du Vél' d'Hiv' ou du vélodrome d'Hiver à Paris le 16 et le 17 juillet 1942. C'est la plus grande arrestation massive de juifs en France. Environ treize mille personnes dont quatre mille cinquante et un enfants sont arrêtés. À cette époque, les juifs sont facilement reconnaissables parce qu'ils doivent porter l'étoile jaune, une pièce de tissu en forme d'étoile de David et de couleur jaune, comme signe vestimentaire distinctif. Ils doivent aussi mettre une affiche sur leur boutique ou entreprise commerciale: «Coiffeur juif, Épicerie juive». Ce marquage discriminatoire désigne les juifs aux nazis lors des rafles.[2]

---

1.   Pourquoi on entend souvent dans les films de guerre *Mayday!* pour dire «Au secours!»? L'expression vient du français «[Venez] m'aider!» (*Help me!*).

2.   L'étoile jaune n'a pas été portée en zone libre.

PROFIL DE L'AUTEUR

Joseph Joffo (1931–) est né à Paris. Son père était un émigré russe qui avait échappé aux persécutions du tsar contre les juifs et qui était devenu propriétaire d'un salon de coiffure à Paris. Les événements, pendant la Deuxième Guerre mondiale, obligent Joseph à interrompre ses études. Il obtient son certificat d'études après la guerre et travaille comme coiffeur comme son père et ses frères. En 1971, il va commencer à écrire ses souvenirs d'enfance, en particulier sa fuite avec son frère Maurice à travers la France occupée pour échapper aux persécutions nazies. Ses mémoires sont publiés sous le titre de *Un sac de billes*,[3] qui paraît en 1973 et qui devient un grand succès littéraire, traduit en dix-huit langues et dont on a fait un film. Joseph Joffo a publié de nombreux romans populaires.

Le passage suivant se situe au moment où tous les juifs de France sont persécutés. Le père des frères Joffo, conscient du danger qui menace sa famille, décide d'envoyer ses deux jeunes garçons, pour les protéger, rejoindre leurs frères qui sont coiffeurs à Menton.

Lecture: *L'étoile jaune (de Un sac de billes)* par Joseph Joffo

[Le père de Joseph parle à ses deux fils.]

—Oui, les garçons, vous allez partir, aujourd'hui, c'est votre tour... Vous avez vu que les Allemands sont de plus en plus durs avec nous. Il y a eu le recensement, l'avis sur la boutique, les descentes dans le magasin, aujourd'hui l'étoile jaune, demain nous serons arrêtés. Alors il faut fuir.

Je sursautai.

—Mais toi, toi et maman?

—Henri et Albert sont en zone libre. Vous partez ce soir. Votre mère et moi réglons quelques affaires et nous partirons à notre tour.

...Ne vous en faites pas...

À présent, dit mon père, vous allez bien vous rappeler ce que je vais vous dire. Vous partez ce soir, vous prendrez le métro jusqu'à la gare d'Austerlitz et là vous achèterez un billet pour Dax. Et là il vous faudra passer la ligne. Bien sûr, vous n'aurez pas de papiers pour passer, il faudra vous débrouiller. Tout près de Dax, vous irez dans un village qui s'appelle Hagetmau, là il y a des gens qui font passer la ligne. Une fois de

Suite à la page suivante

---

3. Joseph Joffo a échangé son étoile jaune contre «un sac de billes» («*a bag of marbles*»), le jeu favori des enfants de cette époque. L'expression donne son titre à l'œuvre.

l'autre côté, vous êtes sauvés. Vous êtes en France libre. Vos frères sont à Menton, je vous montrerai sur la carte tout à l'heure où ça se trouve, c'est tout près de la frontière italienne. Vous les retrouverez.

—Mais pour prendre le train?

—N'aie pas peur. Je vais vous donner des sous, vous ferez attention de ne pas les perdre ni de vous faire voler. Vous aurez chacun cinq mille francs.

Cinq mille francs! Quelle fortune!

Papa n'a pas fini, au ton qu'il prend je sais que c'est le plus important qui va venir.

—Enfin, dit-il, il faut que vous sachiez une chose. Vous êtes juifs, mais ne l'avouez jamais. Vous entendez: JAMAIS... À votre meilleur ami, vous ne le direz pas, ...vous nierez toujours. Vous m'entendez bien: toujours...

Note: sachiez (*subj. présent de* savoir) = *you must know*

COMPRÉHENSION DU TEXTE

1. Relevez les futurs du texte.
2. À quelle époque se passe cette histoire et dans quel endroit?
3. Qui sont les membres de cette famille et quelle est leur occupation?
4. De quelles manières les Allemands persécutaient-ils les juifs?
5. Que décident les parents? Quel itinéraire les enfants devront-ils suivre?
6. Quelle somme d'argent recevront-ils de leur père?
7. Qu'est-ce que leur père leur demande de toujours nier? Pourquoi?
8. Pourquoi les parents ne vont-ils pas avec les enfants? Quand partiront-ils?

GRAMMAIRE: LE FUTUR SIMPLE

FORMES

1. La majorité des futurs ont une formation régulière. On prend l'infinitif du verbe et on ajoute les terminaisons **-ai, -as, -a, -ons, -ez, -ont** qui sont identiques au verbe **avoir** au présent de l'indicatif (excepté **avons** et **avez**).

finir	**-ai**	je **finirai**
dormir	**-as**	tu **dormiras**
chanter	**-a**	il **chantera**
choisir	**-ons**	nous **choisirons**
sortir	**-ez**	vous **sortirez**
commencer	**-ont**	ils **commenceront**

2. Pour les verbes en **-dre** et **-re**, le **-e** de l'infinitif tombe.

      prendre   je **prendrai**

      suivre   tu **suivras**

REMARQUES:
- Il y a toujours le son /r/ au futur: / re/, / ra/, / rɔ̃/.
- Les verbes en **-ir** (2ème groupe et certains verbes irréguliers) ne posent pas de problèmes de prononciation.
- Les verbes en **-er** (1er groupe) présentent des problèmes de prononciation. Par exemple: **don/ ne/ rai**. On écrit *trois* syllabes; on prononce *deux* syllabes /don-Re/; mais on écrit et on prononce trois syllabes dans les verbes comme **parlerai** et **montrerai**.

3. Certains verbes ont des changements orthographiques au futur.

employer —> **j'emploierai**	appeler —> **j'appellerai**
acheter —> **j'achèterai**	jeter —> **je jetterai**

REMARQUES:
- **Payer** a deux formes: **paierai** ou **payerai**.
- **Envoyer** est irrégulier: **enverrai**.
- **Préférer**: l'accent ne change pas: **je préférerai**.

4. avoir/ être

avoir		être	
j'**aurai**	nous **aurons**	je **serai**	nous **serons**
tu **auras**	vous **aurez**	tu **seras**	vous **serez**
il, elle **aura**	ils, elles **auront**	il, elle **sera**	ils, elles **seront**

5. Plusieurs verbes irréguliers ont un futur irrégulier.

aller	j'**irai**		
courir	je **courrai** /RR/	tenir	je **tiendrai**
mourir	je **mourrai** /RR/	venir	je **viendrai**
apercevoir	j'**apercevrai**	vouloir	je **voudrai**
recevoir	je **recevrai**	voir	je **verrai** /R/
devoir	je **devrai**	savoir	je **saurai**
pouvoir	je **pourrai** /R/		
s'asseoir	je **m'assiérai** *ou* je **m'assoirai**		
faire	je **ferai**		
il faut	il **faudra**	ça vaut	ça **vaudra**
il pleut	il **pleuvra**		

REMARQUE: Le double r est parfois prononcé /r/, parfois /rr/.

Exercice 12.1

Écrivez les phrases suivantes en mettant les verbes au futur simple.

1. D'abord, Véronique et Jérôme (finir leurs études, ensuite se fiancer, et se marier).
2. Après notre mariage, nous (aller à la banque, demander un prêt, acheter un terrain, faire construire une maison).
3. Le père dit à ses garçons: «Vous (partir ce soir, prendre le métro, aller à la gare d'Austerlitz, prendre le train pour Dax).»
4. Avant de pouvoir conduire, tu (étudier le code de la route, passer ton permis et, après, conduire ma voiture).
5. Gabrielle (recevoir) beaucoup de cadeaux pour son diplôme: elle (écrire des lettres de remerciements, mettre des timbres sur les enveloppes, poster ses lettres).

Exercice 12.2

Continuez les phrases suivantes en répétant les verbes au futur simple.

1. Aujourd'hui, il fait beau, il ne pleut pas, j'ai envie de sortir. Mais demain aussi, ...

2. En ce moment, vous êtes sûr(e) de vous, vous savez votre leçon, vous pouvez répondre aux questions. Mais le jour de l'examen, est-ce que...?

3. En général, des enfants ne se rendent pas seuls à la gare, ils ne montent pas dans le train tous seuls, ils ne doivent pas se débrouiller. Mais dans l'histoire, les deux garçons...

4. Le père de Joseph et de Maurice dit à ses fils: «Dans toutes les circonstances, vous devez oublier votre race, vous ne l'avouez à personne, vous ne le dites même pas à votre meilleur ami. Même si les policiers vous interrogent...»

5. Tu es déprimé. Il faut te distraire. D'habitude, tu loues un DVD, tu t'assieds dans un bon fauteuil, tu regardes un bon film. Ce soir aussi,...

EMPLOIS

1. On emploie le futur pour indiquer qu'une action va arriver (*is going to happen*).

Un jour, tu **verras**, on **se reverra**...

REMARQUE: On emploie fréquemment **aller** + infinitif pour exprimer une action future proche (*in the immediate future*).

Je **vais suivre** un cours pour apprendre à réparer ma voiture.

2. Expressions adverbiales utiles pour le futur.

après	after, afterwards
bientôt	soon
dans une semaine, huit jours, un mois, un an	in a week, eight days, a month, a year
demain	tomorrow
ensuite	next, then

Suite à la page suivante

le mois prochain, la semaine prochaine	next month, next week
plus tard	later
tout à l'heure	later
un jour	someday

3. On emploie le futur en français après les conjonctions de temps si le verbe principal est au futur ou à l'impératif (avec une idée d'action future). Voici quelques conjonctions de temps:

quand	}	*when*	aussitôt que	}	*as soon as*
lorsque	}		dès que	}	
tant que		*as long as, since*	aussi longtemps que		*as long as*

> Dès qu'il **arrivera**, nous nous **mettrons** à table.
>
> *As soon as he arrives, we shall sit down to dinner.*
>
> **Quand** vous **aurez** le temps, **téléphonez**-moi.
>
> *When you have time, give me a call.*

ATTENTION: En anglais, on emploie le présent, pas le futur dans le groupe subordonné.

4. On emploie le futur après **si**, dans le sens de *whether*, quand on exprime une idée future.

> Je me demande **si** elles **s'amuseront** à ce match.
>
> Savez-vous **si** vous **prendrez** des vacances d'hiver?

5. On emploie le *présent*, pas le futur, après **si** exprimant une condition.

> **S'il fait** beau, nous irons à la plage.

6. Traduction de *will*

   a. Avant de traduire *will*, il faut déterminer si c'est l'auxiliaire du futur ou une conjugaison du verbe **vouloir**.

Will you stay long in Paris?	**Resterez-vous** longtemps à Paris? (*un futur*)
Will you please stay here?	**Voulez-vous** rester ici, s'il vous plaît?
	(*une prière, une requête*)
Yes, *I will*.	Oui, **je veux** bien.
No, *I won't*.	Non, **je ne veux pas**.

b. Quand *will* indique en anglais une action habituelle, il se traduit en français par un présent.

This man **will** often **go** several days without eating.

Cet homme **reste** souvent plusieurs jours sans manger.

Exercice 12.3

Récrivez les phrases suivantes en mettant le verbe principal au futur. Attention au temps qui suit la conjonction!

1. Quand tu veux me voir, tu viens.
2. Si tu vas à Menton, tu retrouves tes grands frères.
3. S'il ne se soigne pas, il meurt.
4. Quand ils entendent la cloche, ils courent.
5. Il ne faut pas avouer quand on vous interroge.
6. Vous rencontrez mon frère ce soir?
7. Aussitôt qu'il se réveille, il prend son petit déjeuner.
8. Je me demande s'ils bâtissent une nouvelle maison.
9. Dès que la sonnerie retentit, nous entrons en classe.
10. Tant qu'il y a des restrictions de chauffage, nous mangeons dans la cuisine.

Exercice 12.4

Traduisez les phrases suivantes.

1. When Joseph and Maurice meet their brothers in Menton, they will be happy.
2. If there is no wind, how will we be able to windsurf?

Suite à la page suivante

3. Will you please lend me your Céline Dion DVD? —Yes, I will.

4. Will Charles and his girlfriend get married?

5. Joseph's father will often talk about his childhood in Russia.

6. I wonder if we will be lucky in (**à**) the lottery.

7. Mother, will you please buy me this sweatshirt? —O.K., I shall.

GRAMMAIRE: LE FUTUR ANTÉRIEUR

FORMES

1. Le futur antérieur est le temps composé du futur. On prend l'auxiliaire **avoir** ou **être** au futur et on ajoute le participe passé.

verbes avec *avoir*	verbes avec *être*	
j'**aurai donné**	je **serai arrivé(e)**	je me **serai lavé(e)**
tu **auras pris**	tu **seras parti(e)**	tu te **seras réveillé(e)**
il, elle **aura vu**	il, elle **sera venu(e)**	il, elle **se sera dépêché(e)** dépêché(e)
nous **aurons connu**	nous **serons allé(e)s**	nous nous **serons rencontré(e)s**
vous **aurez choisi**	vous **serez descendu(e)(s)**	vous vous **serez vu(e)(s) vu(e)(s)**
ils, elles **auront parlé**	ils, elles **seront monté(e)s**	ils, elles se **seront aimé(e)s**

Elle **aura oublié**.   She **will have forgotten**.

2. On forme le futur antérieur interrogatif et le futur antérieur négatif comme les autres temps composés.

Auront-ils oublié leurs papiers? Non, ils **n'auront pas fait** une erreur aussi grave.

3. On accorde le participe passé dans les mêmes conditions que le participe passé du passé composé (voir page 48).

Mettez au frigidaire les fruits **que** vous n'aurez pas mang**és**.

Toute la famille se sera retrouv**ée**.

Les parents et leurs enfants **se** seront téléphoné.

Exercice 12.5

Conjuguez les verbes entre parenthèses au futur antérieur pour exprimer ce qu'on aura accompli en l'an 2025.

1. Beaucoup de personnes (faire) un voyage interplanétaire.
2. On (découvrir) d'autres planètes.
3. On (pouvoir) voyager facilement sur la lune.
4. Il (être) possible de communiquer avec d'autres galaxies.
5. Des extra-terrestres (atterrir) sur la Terre.

Exercice 12.6

La maman de Joseph rêve. Dites, au futur antérieur, ce qui aura changé en 1945.

«Nous sommes en 1942. En 1945, j'espère que la guerre (prendre fin), que les restrictions (disparaître), que mon mari (ne pas être obligé) d'aller dans un camp de concentration, qu'Henri et Albert (devenir de grands coiffeurs), que les Allemands (rentrer) chez eux, que nous (se retrouver) à Menton et que la vie (reprendre) son cours normal.»

EMPLOIS

1. Employé seul, le futur antérieur exprime l'idée qu'une action sera terminée dans le futur.

   J'aurai fini mes exercices à quatre heures.

   I shall have finished my exercises at four o'clock.

2. Le futur antérieur souligne la probabilité d'une action passée.

> Jean-Paul n'est pas encore arrivé?   *Jean-Paul has not yet arrived?*
>
> Il **aura manqué** son train.   ***He must have missed** his train.*
>
> (Il **a probablement manqué** son train.)   *(He **probably missed** his train.)*

3. On trouve le futur antérieur avec le sens d'une action terminée, après **si** dans le sens de *whether* (mais jamais après **si** exprimant une condition).

> **Si** (*whether*)
>
> Je me demande **si** j'**aurai** fini à cinq heures.
>
> **Si** (*if*)
>
> **Si** j'**ai fini** à cinq heures, j'irai au cinéma.

4. L'emploi le plus fréquent du futur antérieur est après les conjonctions **quand, après que, lorsque, aussitôt que, dès que** pour indiquer qu'une action future sera terminée avant une autre action future. Le verbe principal est au futur simple.

> Quand j'**aurai terminé** mon travail, je sortirai.
>
> *When **I finish (have finished)** my work, **I shall go** out.*
>
> Une fois que vous **aurez compris** cette difficulté, nous **continuerons**.
>
> *Once you **have understood** this difficulty, we **shall continue**.*

Tableau-résumé: Constructions avec *quand, après que, aussitôt que, dès que*	
Quand + *passé composé*	*présent*
Quand j'ai gagné de l'argent,	je le **mets** à la banque.
Quand + *plus-que-parfait*	*imparfait*
Quand j'avais gagné de l'argent,	je le **mettais** à la banque.
Quand + *futur antérieur*	*futur*
Quand j'aurai gagné de l'argent,	je le **mettrai** à la banque.

REMARQUE: L'auxiliaire du verbe avec **quand** est conjugué au même temps que le verbe principal.

Exercice 12.7

Mettez les verbes entre parenthèses au futur antérieur et indiquez le sens de votre phrase: action terminée dans le futur ou probabilité.

1. L'oiseau s'est envolé: quelqu'un (oublier) de fermer sa cage.
2. Dans dix ans, nous ne serons plus des adolescents: nous (grandir); nous (devenir) des grandes personnes; nous (se marier) peut-être.
3. Vous n'avez pas reçu la lettre de votre mère? Elle (oublier) de la mettre à la poste.
4. Dans dix ans, le Moyen Orient (trouver) la paix; les groupes qui se battent (se réconcilier).
5. Je ne trouve plus mes clés: je les (laisser) à la caisse du supermarché.
6. Dépêchez-vous! Vous rêvez! Vous (ne pas finir) votre examen à l'heure.

Exercice 12.8

Construisez des phrases en suivant le modèle.

Modèle: Lorsque vous/ prendre des vacances/ vous/ se sentir reposé.
*Lorsque vous **aurez pris** des vacances, vous vous sentirez reposé.*

1. Quand l'enfant/ arriver chez ses frères à Menton, il/ ne plus avoir peur.
2. Une fois que nous/ manger/ nous/ aller jouer dehors.
3. Quand Papa/ nous montrer où se trouve Menton/ nous/ savoir bien trouver cette ville.
4. Après que Joseph et Maurice/ passer la ligne de démarcation/ ils/ pouvoir respirer.
5. Aussitôt que les parents/ s'occuper de leurs affaires/ ils/ partir eux aussi.

Exercice 12.9

Construisez deux phrases avec le vocabulaire indiqué en suivant le modèle.

Modèle: (tu) m'obéir/ je/ être satisfait(e) (si/ quand)
Si tu m'obéis, je serai satisfait(e).
*Quand tu m'**auras obéi**, je serai satisfait(e).*

1. (tu) réussir à cet examen/ tu/ pouvoir se reposer (si/ aussitôt que)
2. (elle) recevoir ma lettre/ elle/ envoyer une réponse rapide (si/ dès que)
3. (vous) écouter mes instructions/ vous/ ne pas les oublier (si/ une fois que)
4. (les étudiants) répéter cette leçon vingt fois/ ils/ la savoir peut-être (si/ après que)

SUPPLÉMENTS DE GRAMMAIRE

DONC/ ALORS/ AUSSI
Ces trois mots expriment la même idée de conséquence (*so, therefore*).

1. On place **donc** après la virgule ou après le verbe.
   > Les persécutions deviennent plus dures, donc il n'y a pas (il n'y a **donc** pas) d'autre solution que d'envoyer les enfants en zone libre.

REMARQUE: Dans la formule «Je pense, donc je suis», **donc** est placé devant le groupe verbal et il a une valeur de déduction mathématique.

2. **Alors** donne une idée de temps à la conséquence (*so, then*). On place **alors** au commencement de la phrase. C'est la formule la plus couramment employée.
   > Ces deux jeunes gens ont envie de partir à l'aventure; **alors** ils vont bâtir un voilier.

3. Après **aussi** (*thus, consequently*), placé au début de la phrase, le sujet est inversé; c'est une formule de la langue écrite.

Les lois raciales sont très strictes; **aussi** la mère a-t-elle cousu une étoile jaune sur les manteaux de toute la famille.

4. **Aussi** dans le sens de *also* n'est jamais placé en première position; il est placé après le nom sujet, après le pronom disjoint ou après le verbe ou l'auxiliaire. Le sujet n'est pas inversé.

Tu fais tes devoirs sur un ordinateur? Mon frère **aussi** en a un.

Tu es fatigué? Moi **aussi**.

Ils ont visité l'Europe: ils ont **aussi** voyagé en Afrique.

On peut employer **et aussi** au début d'un groupe.

Ils ont visité l'Europe **et aussi** l'Afrique.

Exercice 12.10

Dans les phrases suivantes, placez *donc*, *alors* ou *aussi*.

1. Les Allemands faisaient des descentes dans les quartiers juifs, _____ les habitants vivaient-ils toujours dans la terreur.
2. Papa nous donne cinq mille francs chacun, _____ nous nous sentons richissimes.
3. Il nous dit: «Cinq mille francs, c'est une somme énorme, _____ faudra-t-il faire attention à ne pas les perdre.»
4. Les Allemands avaient passé une loi raciale, _____ les juifs étaient obligés de porter une étoile jaune.

EN/ DANS + LES EXPRESSIONS DE TEMPS

1. **En** exprime le temps, la durée qu'il faut ou qu'il a fallu pour accomplir une action.

Il a écrit sa rédaction **en** dix minutes.   *He wrote his essay **in** ten minutes.*

2. **Dans** exprime le début d'une action future.

Ils partiront **dans** dix minutes.   *They will leave ten minutes **from now**.*

Exercice 12.11

Mettez «en» ou «dans» dans les phrases suivantes.

1. Le docteur a dit à son malade de revenir le voir _____ deux semaines.
2. _____ deux semaines, j'ai grossi de six kilos.
3. Ils visiteront toute l'Europe _____ quinze jours?
4. _____ quatre jours nous partirons pour la Côte d'Azur.
5. Elle a appris tout le poème _____ cinq minutes.
6. La cloche va sonner _____ cinq minutes.

CONNAÎTRE/ SAVOIR

Le verbe **connaître** signifie *to know*, *to be acquainted with*, *to be familiar with*; il est toujours suivi par un nom ou un pronom.

Il **connaît** bien **la France**.	He **knows France** well.
Connaissez-vous **ce monsieur?**	Do you **know this gentleman?**
Je ne **connais personne**.	I don't **know anybody**.

Le verbe **savoir** signifie *to know something, to know how (if, when, where)*. On utilise **savoir** avec:

1. un infinitif.

    Elle ne **sait** pas **se servir** d'un ordinateur.

    *She doesn't **know how to use** a computer. (She never learned how to.)*

    Savez-vous **faire du surf?**

    *Do you **know how to surf?** (Did you learn how to?)*

2. une conjonction (**comment, si, quand, où,** etc.) + un verbe conjugué.

    Sais-tu **si** Denis et Gaby vont se marier?   Je ne **sais** pas **quand** ils arrivent.

3. un nom ou un pronom pour signifier *to know after learning* ou *to know as a science, a language.*

Cet élève ne **savait** pas sa **leçon**.	**Sait**-il le **latin**?
Il ne **la savait** pas.	**Le sait**-il?

Exercice 12.12

Complétez les phrases suivantes avec un des deux verbes, connaître ou savoir, au temps qui convient: passé composé, imparfait, présent, infinitif.

1. Gilberte _____ Philippe dans un club de natation.
2. Quand elle l'a vu, elle _____ tout de suite qu'elle allait l'aimer toute sa vie.
3. Ils se sont mariés et ils _____ plusieurs années de bonheur parfait.
4. Philippe, qui _____ bien parler anglais, a emmené sa jeune femme aux États-Unis.
5. Mais Gilberte, qui ne _____ personne dans la ville où ils se sont installés, s'est vite ennuyée.
6. Elle _____ que, si elle restait à la maison, ce serait terrible pour son couple.
7. Elle ne _____ pas la langue, elle ne _____ pas quoi faire toute la journée.
8. Enfin elle est allée suivre des cours du soir, a appris l'anglais, et _____ d'autres personnes comme elle.
9. Maintenant elle _____ qu'elle a vaincu une période difficile.
10. Comme elle _____ bien écrire, elle va raconter son expérience dans un livre, et peut-être que bientôt, tout le monde va la _____.

TRADUCTION

Thirty years later, Joseph is the father of two little boys.
One night, he watches them as they sleep.
"My dear boys, I hope you will not live the same life I lived.
I hope the world will be a better place for you than (it was) for me.
You will not have to run away.
You will not hide your faith.
No one will give you away and put you in a camp.

You will not go underground. You will not fight in a war.

You will not be taken prisoner, escape, suffer from persecution or be lacking of everything.

I promise you that I will do all I can.

When you grow up, you will have a happy life in a free and peaceful world."

RÉDACTIONS

1. Un des grands frères écrit à ses parents pour leur dire ce qu'il fera des enfants (bien s'occuper d'eux, les envoyer à l'école, etc.)

2. Visions d'avenir: Comment voyez-vous votre vie dans dix ans? dans vingt ans? Quels objectifs aurez-vous atteints? Quels progrès aurez-vous faits? Comment sera votre entourage, la société dans laquelle vous vivrez? Avez-vous une vue optimiste ou pessimiste de votre avenir?

CHAPITRE 13

Le conditionnel

BUT DE CE CHAPITRE

Dans ce chapitre, on vous explique:

- les formes et les emplois du conditionnel présent et du conditionnel passé
- comment construire des phrases exprimant des conditions avec **si**
- les emplois stylistiques du conditionnel
- comment traduire *would* et *could*
- comment utiliser la construction **aimer mieux** au conditionnel et **faire mieux** au conditionnel
- les sens différents du verbe **devoir**

THÈMES DU CHAPITRE

- identité française au Canada
- Acadiens et Cajuns

VOCABULAIRE

à force de as a result of
à l'étroit cramped
accueil (*m.*) welcome
atteindre to reach
canton (*m.*) county
culte (*m.*) religion
droit (*m.*) right
église (*f.*) church
errant (*m.*) wanderer
errer to wander
fixé established
flot (*m.*) influx
inique unfair
interdire to forbid

loi (*f.*) law
patrie (*f.*) homeland
prêche (*m.*) sermon
prêtre (*m.*) priest
pris au piège trapped
prix (*m.*) cost
quart (*m.*) quarter
reconquérir to get back (by force)
s'établir to settle down
sang (*m.*) blood
semer to plant
tentant tempting
terre (*f.*) plot of land
vanter to praise

VOCABULAIRE SUPPLÉMENTAIRE

accueil (*m.*) welcome
accueillir to welcome
faire bon ou mauvais accueil
  to be welcoming or unwelcoming

flots (*m. pl*) the waves
il flotte (*fam.*) **il pleut** it is raining
se hâter to hurry up
se vanter to brag

LECTURE

NOTES CULTURELLES

Identité française au Canada

La plupart des Canadiens français, les «Canadiens» ou «Canayens», sont arrivés de
France aux XVIIe et XVIIIe siècles en Nouvelle-France (1534–1763), la colonie

française au Canada mais aussi en Acadie (1604) et en Louisiane (1682). Ils ne viennent pas des mêmes régions de France. Alors que les Acadiens viennent en général du centre-ouest de la France, du sud de la Loire, du Poitou et de Touraine, les Québécois viennent plutôt d'autres provinces, surtout du nord de la Loire, de Picardie et de Normandie. Aujourd'hui, la majorité des Canadiens francophones sont concentrés au Québec (six millions d'entre eux) et le reste (un million d'entre eux) dans l'Ontario, en Acadie (aujourd'hui l'Île-du-Prince-Édouard, le Nouveau-Brunswick, la Nouvelle-Écosse et Terre-Neuve-et-Labrador) et dans le Manitoba. Comme moyen de mieux se différencier, ces «Canadiens français» préfèrent depuis les années 60 se désigner et s'identifier plus spécifiquement comme Québécois, Franco-Ontariens ou Ontarois, Acadiens ou Franco-Manitobains.

Acadien/ Cajun

Il y a de grandes différences culturelles et linguistiques entre les francophones canadiens pour des raisons historiques. À cause du «Grand Dérangement», c'est-à-dire la déportation de milliers d'Acadiens en Acadie par les Anglais entre 1755 et 1759, certains Acadiens ont dû quitter leur «pays» ou terre natale et se sont éventuellement installés en «Nouvelle-Acadie», c'est-à-dire en Louisiane. Ces Acadiens deviendront les «Cadiens» ou les Cajuns.[1] Tous ont été forcés dans les écoles de ne plus parler leur langue natale, le français.

PROFIL DE L'AUTEURE

Gabrielle Roy (1909–1983), dont la famille vient du Québec, est née au Manitoba, où son père était un agent d'immigration. Elle était la plus jeune d'une famille de 11 enfants. Malgré une santé fragile, et des difficultés financières, elle est devenue une excellente élève à l'Académie St Joseph à Winnipeg. Passionnée par l'étude du français, à un moment où le gouvernement avait interdit l'enseignement de sa langue maternelle, elle est devenue institutrice dans les écoles rurales du Manitoba. Elle a fait un séjour en France, puis en Angleterre avant la guerre, puis s'est fixée à Montréal. Elle a fait du théâtre mais sa vraie passion est l'écriture. Son premier livre «Bonheur d'occasion» connaît un succès immédiat. Elle y décrit la misère des ouvriers dans le quartier Saint Henri de Montréal au début de la Première Guerre mondiale. Dans tous ses livres: «Rue Deschambault», «La petite poule d'eau», etc.,

---

1.   En Acadie, «acadien» se prononçait «acadjin», d'où la prononciation «cadjin» ou cajun.

elle mêle les souvenirs personnels et la description de personnages humbles et courageux qu'elle a connus, surtout des femmes au caractère énergique et aventureux, qu'elle fait revivre avec une grande sensibilité. Elle a reçu de nombreux prix littéraires; elle est reconnue comme peintre d'une certaine population du Canada et témoin d'événements importants dans l'histoire de ce pays.

Dans cet extrait de «La détresse et l'enchantement», elle raconte une conversation entre sa mère et elle, au sujet des choix de sa famille, quand ils ont émigré du Connecticut au Manitoba.

Lecture: *Promesses aux émigrants* (de *La détresse et l'enchantement*) par Gabrielle Roy

[*La famille de Gabrielle vit alors au Connecticut. C'est la maman qui parle.*]

«Dans notre petite église de là-bas, où on nous faisait le prêche en français, [*un prêtre colonisateur*[1]] nous annonça que le Québec nous attendait bras ouverts, que des terres nous seraient distribuées dans un canton fertile, non loin de Joliette, si nous voulions revenir au pays...

[*Certains sont restés au Connecticut, d'autres sont venus s'établir à Saint-Jacques-l'Achignan*]

—Est-ce qu'ils ont été heureux, nos gens,[2] à Saint-Jacques-l'Achignan?

—Oui et non. Ils avaient beaucoup d'enfants. Nos prêtres disaient qu'à ce prix nous reconquerrions notre place au soleil. À Saint-Jacques-l'Achignan, ils furent bientôt à l'étroit...

[*La famille de Gabrielle va donc vivre à Saint-Alphonse de Rodriguez.*]

—Pourquoi si vous étiez heureux à Saint-Alphonse de Rodriguez, êtes-vous encore partis?

—On a peut-être du sang d'errants dans les veines à force d'errer.... Personne plus que moi n'aimerait être fixée une fois pour toutes.... Puis est venu vers nous un autre de ces prêtres colonisateurs pour nous vanter le Manitoba et l'accueil qu'on nous y ferait. Il parlait de belles terres riches où nous devrions nous hâter de prendre notre place avant les Écossais et les Anglais qui arrivaient à grand flot...

... Nos droits à notre langue, notre culte seraient respectés. À chaque chef de famille, à chacun de ses enfants mâles ayant atteint dix-huit ans, le gouvernement de la nouvelle province concèderait un quart de section. C'était tentant pour des gens comme nous....

Après quelques années, tout aurait pu être si beau à Saint-Léon, dit maman, car la terre était à nous...

Grand-mère semait dans son jardin les mêmes fleurs qu'au Québec, on n'entendait parler autour de nous que notre langue familière... et voici que le gouvernement du Manitoba se tourna contre nous. Il passa cette loi inique qui interdisait l'enseignement de la langue française dans nos écoles. Nous étions pris au piège, loin de notre deuxième patrie, sans argent pour nous en aller, et d'ailleurs, où aurions-nous été?...

J'eus tant de peine pour elle, pour mon père, pour tous ces gens dont nous avions parlé, que je n'aurais pas pu répondre...

Notes: 1. Un prêtre colonisateur: Le gouvernement envoyait des prêtres pour faire pression sur la population; 2. Nos gens: *our people*. La petite fille parle de la famille de ses parents.

COMPRÉHENSION DU TEXTE

1. Relevez les conditionnels du texte.
2. Dans quelles différentes parties du Canada est-ce que les ancêtres de Gabrielle ont vécu, après avoir quitté le Connecticut? Pourquoi ont-ils quitté chaque endroit?
3. Quelles promesses ont fait les prêtres colonisateurs aux «gens» de leur groupe? (utilisez le conditionnel)
4. Quels avantages ont trouvé les émigrants au Manitoba, et qu'est-ce qui a changé dans les écoles?
5. Pourquoi la mère de Gabrielle dit-elle qu'ils ont été «pris au piège»?
6. Expliquez la peine que Gabrielle a ressentie.

GRAMMAIRE: LE CONDITIONNEL PRÉSENT

Le conditionnel est la forme verbale qui correspond à l'anglais *would* + infinitif. C'est un mode qui représente l'action comme la conséquence possible ou irréelle d'un fait supposé, d'une condition. Il est généralement employé dans la proposition principale d'une phrase dont la deuxième partie, la proposition subordonnée, commence par la conjonction **si**. Il y a deux temps usuels au conditionnel, un présent et un passé.

> **Si** tu avais besoin de conseils, tu **pourrais** compter sur moi.
>
> *If you needed advice, you **could** count on me.*
>
> **Si** j'avais su, j'**aurais** mieux **cultivé** mon jardin.
>
> *If I had known, I **would have taken** better **care** of my garden.*

Dans cette construction, il n'y a jamais de conditionnel après **si**.

Le conditionnel présent et le conditionnel passé qu'on trouve après **si** ou **que** sont souvent appelés «futur du passé» ou «futur antérieur du passé». Ils n'expriment pas la condition, ils n'ont qu'une valeur de temps.

> Je me demandais **si** mes amis **viendraient** me voir.
>
> *I wondered **if** my friends **would come** and visit me.*
>
> Elle se demandait **si** sa grand-mère **aurait eu** une meilleure vie au Québec.
>
> *She wondered **if** her grandmother **would have had** a better life in Québec.*

FORMES

1. La majorité des verbes ont un conditionnel régulier. Pour le former, on prend l'infinitif et on ajoute les mêmes terminaisons que pour l'imparfait.

finir	**-ais**	je **finirais**
dormir	**-ais**	tu **dormirais**
chanter	**-ait**	il **chanterait**
choisir	**-ions**	nous **choisirions**
sortir	**-iez**	vous **sortiriez**
commencer	**-aient**	ils **commenceraient**

2. Pour les verbes en **-re**, le **-e** final de l'infinitif tombe.

> prendre je **prendrais**
>
> suivre je **suivrais**

REMARQUE: Les problèmes de prononciation sont les mêmes que pour le futur: On prononce deux syllabes /dɔn-rɛ/ dans **donnerais**. On prononce trois syllabes /parlərɛ/, /mõtrərɛ/ dans **parle**rait, **montre**rait.

3. Les verbes comme **employer**, **jeter**, etc., qui ont des changements orthographiques au futur, ont les mêmes changements au conditionnel.

employer   j'**emploierais**

jeter   je **jetterais**

4. Voici le conditionnel présent des verbes **avoir** et **être**.

avoir		être	
j'**aurais**	nous **aurions**	je **serais**	nous **serions**
tu **aurais**	vous **auriez**	tu **serais**	vous **seriez**
il, elle **aurait**	ils, elles **auraient**	il, elle **serait**	ils, elles **seraient**

5. Les futurs irréguliers donnent des conditionnels irréguliers.

aller	j'**irais**	tenir	je **tiendrais**
courir	je **courrais**/RR/	venir	je **viendrais**
mourir	je **mourrais**/RR/	vouloir	je **voudrais**
apercevoir	j'**apercevrais**	voir	je **verrais**/R/
recevoir	je **recevrais**	savoir	je **saurais**
devoir	je **devrais**		
pouvoir	je **pourrais**/R/		
s'asseoir	je **m'assiérais** *ou* je **m'assoirais**		
faire	je **ferais**		
il faut	il **faudrait**	ça vaut	ça **vaudrait**
il pleut	il **pleuvrait**		

REMARQUES:
- Le double **r** est parfois prononcé /r/, parfois /rr/.
- La différence de prononciation entre les futurs (j'**irai**, je **serai**, etc.) et les conditionnels (j'**irais**, je **serais**, etc.) n'est pas très grande. C'est l'emploi des deux temps qui permet de les distinguer.

Demain j'**irai** au marché.

Si j'avais de l'argent, j'**irais** passer des vacances à Hawaï.

Exercice 13.1

Dans les phrases suivantes, mettez les verbes entre parenthèses au conditionnel.

Modèle: Si j'avais des vacances, je (pars) au Mexique.

*Si j'avais des vacances, je **partirais** au Mexique.*

Suite à la page suivante

1. Si je faisais un héritage, je (paie mes dettes, monte une petite usine).

2. Si Marie-Claire avait le choix, elle (écoute de la musique, ne regarde pas la télé).

3. Si nous avions des examens, nous (étudions, ne sortons pas tous les soirs).

4. Si vous étiez moins paresseux, vous (vous réveillez tôt le matin, vous précipitez vers votre bureau).

5. Si Christophe mangeait moins de hamburgers-frites, il (ne grossit pas, a un corps d'athlète).

6. Si mes parents savaient que je n'ai pas de bonnes notes, ils (me punissent, m'empêchent de sortir).

7. Si tu gagnais à la loterie, qu'est-ce que (tu dis, fais)?

8. S'il pleuvait, nous (n'allons pas nous promener, rentrons directement chez nous).

Exercice 13.2

On peut toujours rêver. Chacun peut rêver et exprimer ce qu'il ferait s'il était une autre personne ou vivait dans d'autres conditions.

   Modèle: J'aimerais vivre en France. Je (parler français tout le temps).
   *Je **parlerais** français tout le temps.*

1. Jean-Paul aimerait être acteur. Il (vivre à Hollywood, obtenir un grand rôle, devenir célèbre).

2. Claudine aimerait être décoratrice et paysagiste. Elle (retaper des vieilles maisons, mettre des fleurs partout, créer des jardins magnifiques).

3. Thomas et Gérard aimeraient suivre des cours de cuisine. Ils (ouvrir un restaurant, apprendre des recettes délicieuses, pouvoir se régaler).

4. Nous aimerions avoir un magasin de vêtements. Nous (vendre des jeans haute couture, faire des affaires, être toujours bien habillés).

5. Vous aimeriez être un grand sportif. Vous (s'inscrire aux jeux Olympiques, courir dans des compétitions internationales, recevoir des médailles).

6. J'aimerais faire de la politique. Je (devoir faire des études spéciales, pouvoir être secrétaire général d'un grand parti, combattre les injustices du monde).

7. Tu aimerais devenir agriculteur. Tu (choisir un pays fertile, s'installer au bord d'une rivière, acquérir de bonnes machines).

8. Nous aimerions faire du volontariat. Nous (s'engager avec «Médecins sans frontières», aller dans des pays où il y a la guerre, s'occuper des blessés et des malades).

EMPLOIS

1. L'emploi le plus courant du conditionnel est dans un système avec **si**. On a généralement deux parties: la condition (le groupe avec **si**) et la conclusion (le verbe au conditionnel).

> **Si** tu voulais, tu **pourrais** voyager avec moi.
>
> *If you wished, you **could** travel with me.*

Le temps du verbe qui suit si est *l'imparfait*. Le verbe principal est au conditionnel présent. Dans cette construction, on n'emploie jamais le conditionnel après **si**. Cette construction est souvent employée pour exprimer un rêve d'avenir, un projet réalisable dans le futur.

> **Si** un jour je devenais riche, je **ferais** le tour du monde.
>
> *If one day I became rich, I **would take** a trip around the world.*

Elle exprime aussi qu'une action est impossible, irréalisable au moment où on parle.

> **Si** nous étions à Paris, nous **irions** sur les Champs-Élysées après le cours.
>
> *If we were in Paris, we **would go** to the Champs-Élysées after class.*

2. Après la conjonction **que**, et après **si** quand il a le sens de *whether*, on emploie le conditionnel présent avec un verbe principal au passé. Dans ce cas, la proposition qui commence par **que** ou **si** est toujours en 2ème position (c'est le discours indirect, voir page 400). Le conditionnel a une valeur de «futur dans le passé».

> Les prêtres ont cru **qu'**ils **pourraient** persuader les gens de s'établir dans le Manitoba.
>
> Les immigrants se demandaient **s'**ils **recevraient** un bon accueil.

REMARQUE: Contractez **si il** en **s'il**; ne contractez pas **si elle**.

3. Le conditionnel présent des verbes **pouvoir, vouloir, aimer** indique une volonté atténuée, ajoute une nuance de politesse.

Pourriez-vous fermer la porte?	***Could*** *you close the door?*
J'**aimerais** bien avoir trois enfants.	**I *would like*** *to have three children.*

Exercice 13.3

Mettez les verbes entre parenthèses au temps qui convient, imparfait ou conditionnel.

Modèle: Si tu (venir), je (être) content.
*Si tu **venais**, je **serais** content.*

1. Si tu (être) riche, que (faire)-tu de ton argent?
2. Si vous (aller) en Europe, quels pays (visiter)-vous?
3. Si nous (avoir) le choix, nous (préférer) vivre au bord de la mer.
4. Si Renée (recevoir) un héritage, elle (pouvoir) faire vivre toute la famille.
5. Si vos amis vous (déranger) toujours dans votre travail, est-ce que vous leur (pardonner)?

Exercice 13.4

Faites des phrases de condition avec le vocabulaire suggéré, si, l'imparfait et le conditionnel.

1. Georges/ ranger sa chambre/ sa mère/ le féliciter.
2. Les jeans/ ne pas exister/ comment s'habiller/ les jeunes?
3. Vous/ avoir envie de transformer votre maison/ engager un décorateur?
4. Tu/ prendre des cours de tango/ nous/ pouvoir danser ensemble.
5. Je/ visiter le Québec/ j'/ éviter d'y aller en plein hiver.
6. Nous/ mettre des fleurs dans notre jardin/ se sentir plus heureux.

Exercice 13.5

Refaites les phrases suivantes en mettant le verbe principal à l'imparfait. Suivez le modèle.

>   **Modèle: Je sais que tu réussiras.**
>> Je **savais** que tu **réussirais**.

1. Les parents ne savent pas s'ils auront un garçon ou une fille.
2. L'enfant rêve qu'il voyagera jusqu'au bout du monde.
3. L'étudiant se demande si le prof appréciera son travail.
4. La police est sûre que la loi sera respectée.

Exercice 13.6

Répétez au conditionnel ce que disent ces personnes quand elles veulent être polies.

1. Papa, Maman, voulez-vous me donner des conseils?
2. Monsieur l'instituteur, je peux parler français dans la cour de récréation?
3. Le prêtre et toi, est-ce que vous aimez voir construire une belle église sur ce terrain?
4. Cher monsieur, pouvez-vous m'expliquer pourquoi le magasin interdit l'entrée des chiens?

GRAMMAIRE: LE CONDITIONNEL PASSÉ

FORMES

1. On conjugue l'auxiliaire **avoir** ou **être** au conditionnel présent et on ajoute le participe passé.

verbes avec *avoir*	verbes avec *être*	
j'aurais donné	je **serais arrivé(e)**	je **me serais promené(e)**
tu **aurais pris**	tu **serais parti(e)**	tu **te serais lavé(e)**
il, elle **aurait vu**	il, elle **serait venu(e)**	il, elle **se serait rasé(e)**
nous **aurions connu**	nous **serions allés(ées)**	nous **nous serions rencontrés(ées)**
vous **auriez choisi**	vous **seriez descendu(e)(s)**	vous **vous seriez vu(e)(s)**
ils, elles **auraient parlé**	ils, elles **seraient montés(ées)**	ils, elles **se seraient aimés(ées)**

2. On forme le conditionnel passé interrogatif et négatif comme les autres temps passés

> Si tu avais eu le choix pour tes vacances. **aurais-tu préféré** une caravane ou un village de vacances?
>
> Je ne sais pas. Une chose est certaine: je ne **serais** pas **allé** au Club Méd.

Exercice 13.7

En mettant les verbes entre parenthèses au conditionnel passé, dites ce que chacun aurait fait.

1. Si j'avais été Québécois, je (ne pas écouter les prêtres colonisateurs, rester dans une province où on parle français, éviter tant de déplacements pour ma famille).
2. Si tu avais été Napoléon Bonaparte, tu (devenir empereur d'Europe, ne pas divorcer d'avec Joséphine, ne pas vendre la Louisiane).
3. Si vous aviez été Noé, vous (apprendre à nager, choisir une plus grande arche, emmener un vétérinaire).
4. Si les enfants avaient gouverné le pays, ils (abolir l'école, vouloir des parcs d'amusement, ne pas faire payer le cinéma).
5. Si les Allemands avaient occupé les États-Unis, beaucoup de gens (prendre le maquis, faire de la résistance, ne pas collaborer).

EMPLOIS

Si exprimant une condition

1. L'emploi le plus fréquent du conditionnel est dans une construction avec **si**.

> Si tu avais trop travaillé, tu **serais tombé(e)** malade.
>
> *If you had worked too hard, you **would have become** sick.*

Le temps du verbe qui suit **si** est le *plus-que-parfait* quand le verbe principal est au conditionnel passé. Dans ce cas, on n'emploie jamais le conditionnel passé après **si**. Cette construction exprime l'idée qu'une action, un souhait ou une situation n'ont pas été réalisés. Souvent elle indique un regret.

> Si j'avais su, je ne **serais** pas **venu(e)**.
>
> *If I had known, I **wouldn't have come**.*
>
> Si Gabrielle avait eu moins de volonté, elle **n'aurait pas appris** si bien le français.
>
> *If Gabrielle had had less willpower, she **would not have learned** French so well.*

Tableau-résumé:
Constructions avec *si* de condition

Si +	verbe principal	signification
1. **Si** + *présent* Si tu **veux** un ami,	*présent* ou *futur* ou *impératif* je t'en **trouverai** un.	*certitude*
2. **Si** + *imparfait* Si tu **voulais**,	*conditionnel présent* tu **pourrais** essayer.	*action future possible, action présente impossible*
3. **Si** + *plus-que-parfait* Si j'**avais** su,	*conditionnel passé* j'**aurais commencé** plus tôt.	*action passée impossible*

REMARQUE: On peut avoir des combinaisons entre la construction 3 et la construction 2. Dans ce cas, l'action principale (**pourrions, serais**) est un résultat présent de la condition passée.

> Si tu **avais fini** à quatre heures, nous **pourrions** sortir.
>
> *If you **had finished** by four o'clock, we **could** go out.*
>
> Si j'**avais écouté** vos conseils, je **ne serais pas** malade.
>
> *If I **had listened** to your advice, I **would not be** sick.*

2. Après la conjonction **que** ou après **si** dans le sens de *whether*, le verbe est au conditionnel passé quand le verbe principal est lui-même au passé. Le conditionnel a une valeur de futur antérieur du passé.

> Je croyais que vous **auriez terminé** plus tôt.
>
> *I thought you **would have finished** sooner.*
>
> Il se demandait s'il **aurait fini** avant minuit.
>
> *He was wondering whether he **would have finished** before midnight.*

REMARQUE: Dans ce cas, la proposition qui commence par **si** est toujours en 2ème position.

Exercice 13.8

Faites des phrases avec le vocabulaire suggéré, en suivant le modèle.

Modèle: Si je (avoir) de la chance, je (réussir) à mon examen.
> *Si j'**avais** eu de la chance, j'**aurais réussi** à mon examen.*

1. Si la loi (ne pas être) si stricte, on (pouvoir) émigrer.
2. Si elle (se hâter), elle (acheter) cette nouvelle robe à un prix intéressant.
3. Si les joueurs (ne pas se vanter) avant le match, ils (accepter) plus facilement le résultat.
4. Si les immigrants (atteindre) la frontière, le service de l'immigration les (accueillir).
5. Si tu (ne pas errer) aussi longtemps sur la plage, tu (rentrer) à une heure correcte.
6. Si les magasins (faire un meilleur accueil client), ils (vendre) plus de marchandises.

Exercice 13.9

Refaites les phrases suivantes en commençant par un imparfait.

Modèle: Je me demande si vous aurez fini à l'heure.

Je **me demandais** si vous **auriez fini** à l'heure.

1. Je pense qu'il aura mal compris mes indications.
2. Il ne sait pas si la conférence aura intéressé le public.
3. Tu penses qu'il se sera perdu?
4. Nous sommes sûrs que l'avion aura pris du retard.

Emplois stylistiques du conditionnel

Il existe des emplois moins courants du conditionnel présent et du conditionnel passé, qui ont une valeur stylistique.

1. Dans le style des journaux et de la radio, le conditionnel marque un fait douteux, annonce une nouvelle dont on n'est pas encore sûr.

   Une avalanche **aurait dévasté** un village de montagne.

   An avalanche **may have devastated** a mountain village.

   Il y **aurait** 250 morts.

   There **could be** (as many as) 250 deaths.

2. Les enfants qui jouent et imaginent une situation disent:

   Je **serais** le roi, tu **aurais** un cheval.

   I **would be** the king, you **would have** a horse.

   Il y **aurait eu** une guerre, on se **serait perdus** dans la forêt...

   There **would have been** a war, we **would have been lost** in the forest...

REMARQUE: **Si** + imparfait ou plus-que-parfait s'emploie dans une phrase incomplète pour exprimer:

- *un souhait:* **Si** seulement il **faisait** moins de vent!
- *une suggestion:* **Si** nous **allions** en discothèque?
- *un reproche, un regret:* **Si** seulement tu m'**avais écouté**!

Le souhait et la suggestion sont exprimés par *l'imparfait*; le reproche, le regret sont exprimés par le *plus-que-parfait*.

Exercice 13.10

Mettez les phrases suivantes au conditionnel présent ou au conditionnel passé.

1. Un cyclone a ravagé les Philippines. Il y a des milliers de disparus.
2. La princesse Stéphanie de Monaco a annoncé son prochain mariage.
3. Le chef d'État américain et le chef d'État russe ont signé un accord; le désarmement commence bientôt.

Exercice 13.11

Mettez au conditionnel cette conversation entre deux enfants qui jouent.

1. —Moi, je suis la princesse. Toi, tu es mon serviteur.
2. —Non, je suis aussi un prince.
3. —Un méchant roi m'a enlevée et veut m'épouser.
4. —Je viens à ton secours, je te délivre et on se marie.

Traduction de would et could

1. **would** = action passée/ action future

   Action passée

   a. Si l'action est habituelle et signifie *used to*, le verbe principal (en anglais le verbe qui suit *would*) se traduit en français par un imparfait.

   *Every day we **would** go to the beach.*

   Tous les jours, nous **allions** à la plage.

b. Si le verbe est une action achevée, on emploie le passé composé du verbe **vouloir**.

> *I asked her to sell her house. and she **would not** do it.*
>
> Je lui ai demandé de vendre sa maison et elle **n'a pas voulu** le faire.

c. Si le verbe est descriptif et indique un état mental, on emploie l'imparfait de **vouloir**.

> *He **wouldn't** do it [but finally I convinced him].*
>
> Il ne **voulait** pas le faire [mais je l'ai convaincu].

Action future

a. On emploie le conditionnel du verbe principal (en anglais, le verbe qui suit *would*) si une condition n'est pas exprimée, mais si on peut la rétablir mentalement.

> ***Would you go** to Mauritius [if you had the money]?*
>
> **Iriez-vous** à l'île Maurice?

b. On emploie le conditionnel du verbe **vouloir** si *would* exprime une requête polie.

> ***Would you please** shut the door?* **Voudriez-vous** fermer la porte?

2. *could* = **pouvoir** (action passée/ action future)

Action passée

a. Quand *could* se réfère à un passé, on emploie le passé composé de **pouvoir** si l'action est unique, finale.

> *He **couldn't** do it.*   Il **n'a pas pu** le faire.

b. On emploie l'imparfait de **pouvoir** si l'action est descriptive et interrompue.

> *He **couldn't** do it. but I helped him.*
>
> Il **ne pouvait pas** le faire, mais je l'ai aidé.

Action future

a.   Quand *could* se réfère à un futur, on emploie le conditionnel du verbe
     pouvoir.

Could you come tomorrow?   **Pourriez**-vous venir demain?

Exercice 13.12

Traduisez les phrases suivantes.

1. When I was young, my family and I (**nous**) would travel every year.
2. If you had the choice, would you go to London or Paris?
3. I asked my friend to come to the movies with us, but he would not.
4. When I lived in France, I would not go to the supermarket.
5. If I lived in France, I would buy French bread every day.
6. She would not jump into the water, so I pushed her.
7. Would you please make a reservation for me?
8. Would you go to Tahiti if you had enough money?

Exercice 13.13

Traduisez les phrases suivantes.

1. Could you write your name here?
2. Since he could not do this exercise, I did it for him.
3. Several times, she tried to stand (**se tenir debout**) on skis, but she could not.
4. Couldn't you borrow some money from the bank in order to buy a house?
5. We could not meet (**se rencontrer**) in Paris during our trip.
6. The movie star could not understand why she had to (**devoir**) be on time.

SUPPLÉMENTS DE GRAMMAIRE

AIMER MIEUX AU CONDITIONNEL

1. Cette expression signifie *would rather, would rather have.*

Conditionnel présent

J'**aimerais mieux** vous voir demain.   ***I'd rather*** see you tomorrow.

Conditionnel passé

J'**aurais mieux aimé** prendre le train.   ***I'd rather have*** taken the train.

2. Si on veut exprimer sa préférence entre deux choix, on continue la deuxième partie de la phrase avec **que de, plutôt que de, au lieu de** et l'infinitif.

J'aimerais mieux vous voir demain **que d'**attendre la semaine prochaine.

J'aurais mieux aimé prendre le train **plutôt que d'**aller en voiture avec ce mauvais chauffeur.

Exercice 13.14

Faites des phrases avec aimer mieux au conditionnel présent ou au conditionnel passé et le vocabulaire suggéré.

1. Les réfugiés/ s'établir au Québec/ émigrer au Manitoba.

2. Les enfants/ visiter le zoo/ aller au jardin public.

3. Les Canadiens français arrivés de France/ conserver/ leurs droits à leur langue et à leur culte/ se faire assimiler.

FAIRE MIEUX DE (AU CONDITIONNEL) + INFINITIF

Le verbe **faire** au conditionnel présent ou au conditionnel passé suivi de **mieux de** signifie *I (you, she, we, etc.) had better.* Dans la deuxième partie de la phrase, on emploie **que de, plutôt que de, au lieu de.**

Vous feriez mieux de travailler $\begin{cases} \textbf{que de} \\ \textbf{plutôt que de} \\ \textbf{au lieu de} \end{cases}$ regarder la télé.

Tu as mal à la tête? Tu **aurais mieux fait de** rester à l'ombre **au lieu de** marcher au soleil.

Exercice 13.15

Faites des phrases qui expriment un conseil avec l'expression «**faire mieux**» au conditionnel présent ou au conditionnel passé et le vocabulaire suggéré.

1. Elle/ étudier ses leçons/ bavarder au téléphone.
2. Il/ ne pas se marier/ fonder une famille si jeune.
3. Nous/ rester dans le même village/ aller chercher le bonheur dans un autre état.
4. Ce jeune homme/ passer la nuit chez ses amis/ conduire sa voiture après avoir bu.

DEVOIR

1. Le verbe **devoir** avec un nom objet direct signifie *to owe*.

   Françoise **doit** mille dollars à la banque.

   *Françoise **owes** the bank one thousand dollars.*

2. Le verbe **devoir** avec un infinitif est un auxiliaire à plusieurs sens:

   a. Un sens de **probabilité** (*must, probably*). C'est son emploi le plus courant.

   Il **doit faire** froid au pôle Nord.

   *It **must be** cold at the North Pole.*

   Tu as travaillé jusqu'à minuit? Tu **devais avoir** sommeil.

   *You worked until midnight? You **must have been** sleepy.*

   Il fait plus frais; il **a dû** pleuvoir cette nuit.

   *It's colder; it **probably** rained last night.*

   b. Un sens de **nécessité**, d'**obligation**, de **devoir moral** (*must, should, have to, ought to*). On peut conjuguer **devoir** à tous les temps:

présent:	
Ils **doivent** faire faire des réparations à leur maison.	They **have to** have their house repaired.
imparfait:	
Gabrielle **devait** parler anglais à l'école.	Gabrielle **had to** speak English at school.
futur:	
Vous **devrez** mettre les livres de G. Roy dans votre liste de lecture.	You **will have to** put the books of G. Roy in your reading list.
passé composé:	
Tous les hôtels étaient pleins; ils **ont dû** loger dans une chambre d'hôte.	All the hotels were full; they **were obliged** to go to a B&B.
conditionnel présent:	
La maman dit: «Nous **devrions** arrêter de changer de maison.»	The mother says: "We **ought to** stop changing house."
conditionnel passé:	
Papa **aurait dû** consulter un meilleur médecin.	Papa **should have** gone to see a better doctor.

c. Une **intention** ou une **action future** au présent; un **projet manqué** à l'imparfait.

> Nos amis **doivent** arriver demain à San Francisco.
>
> *Our friends **are supposed to** arrive tomorrow in San Francisco.*
>
> Marie **devait** venir nous voir. mais elle n'a pas pu.
>
> *Marie **was supposed to** come and visit us. but she couldn't.*

REMARQUE: Dans tous les cas où **devoir** a un sens de **probabilité, nécessité, obligation, devoir moral,** on peut remplacer **devoir** par **il faut,** conjugué au temps nécessaire, et suivi du subjonctif (voir page 331).

> Il **faut** qu'ils fassent...   Il **a fallu** qu'ils aillent...
>
> Il **fallait** que ma mère s'abstienne...   Il **faudrait** que tu transformes...
>
> Il **faudra** que vous pensiez...   Il **aurait fallu** que mon père soit...

Tableau-résumé:
Emplois du verbe *devoir*

	Probabilité	Obligation	Intention/ Action future	Conseils	Reproches
Présent	Il **doit** faire beau. *The weather **must be** fine.*	Vous **devez** travailler davantage. *You **must** work harder.*	Je **dois** partir à huit heures. *I **am supposed** to leave at eight o'clock.*		
Passé composé	Vous **avez dû** avoir peur. *You **must have been** scared.*	Il **a dû** prendre un taxi. *He **had to** take a taxi.*			
Imparfait	Tu **devais** avoir faim. *You **were probably** hungry.*	Autrefois, les femmes **devaient** porter un chapeau dans la rue. *In the past, women **had to** wear a hat (while walking) in the street.*	Josette **devait** partir en vacances, mais elle a eu un accident (*projet manqué*). *Josette **was supposed** to leave for a vacation, but she had an accident.*		
Futur		Tu **devras** revoir le docteur. *You **will have to** see the doctor again.*			
Conditionnel présent				Tu **devrais** transformer ta maison. *You **should** (ought to) modify the house.*	
Conditionnel passé					Papa **aurait dû** mettre de l'argent de côté. *Daddy **should have** set money aside.*

Exercice 13.16

Modifiez les phrases suivantes en employant le verbe **devoir** avec l'infinitif des verbes en italique (attention, le verbe **devoir** est conjugué au temps du verbe en italique). Indiquez aussi le sens de votre phrase: probabilité, obligation, intention, conseil, opinion.

Modèle: *Il fait* froid au pôle Nord.
> Il **doit** *faire froid au pôle Nord.* (probabilité)

1. Le groupe de touristes rêvait de voyager au Canada francophone, mais certains *ont hésité*. Les autres *respectent* leur volonté. S'ils ne vont pas au Québec, ils *se contenteront* d'aller aux Antilles. Selon les suggestions de l'agence de voyage, si les Antilles n'avaient pas été pas possibles, ils *auraient voyagé* à Tahiti.

2. Notre été a été un désastre: nous *partions* en vacances en Martinique, mais il y a eu un cyclone. Après ça, nous voulions partir en week-end ici et là. Alors, tous les vendredis, nous *nous préparions* à partir. Mais nous *restions* à cause du mauvais temps. Finalement, maman a eu une opération: elle ne *portera* pas d'objets lourds et nous *nous occuperons* d'elle pendant au moins deux mois.

Exercice 13.17

Refaites les phrases suivantes avec le verbe **devoir** pour exprimer un conseil, puis un reproche. Suivez le modèle.

Modèle: Allons au cinéma.
> Nous **devrions aller** *au cinéma*
> Nous **aurions dû aller** *au cinéma.*

1. Respectons les coutumes de ce pays.
2. N'errons pas trop longtemps dans cet endroit.
3. Elle écoute le prêche.
4. Ils ont beaucoup de peine.

TRADUCTION

The priest colonizers who came to preach in French in the little village churches bragged about the welcome Manitoba would give to Gabrielle's people. If they hurried to get there, before the English and the Scots, they would be greeted with open arms. They could settle down right away on the land which would be given to them. The government would respect their religion, their language. Everything could/ would have been perfect if the government had not had the terrible idea to pass an unfair law: the children could no longer study the French language at school. If these French Canadians had had money, they would have left, but without the means, where would they have gone? What would you have done in their place? Would you have fought this law? Would you have studied French at school secretly?

Under similar circumstances, would you have had the courage to become a famous writer in a language which you were forbidden («**on**») to use?

RÉDACTIONS

1. Imaginez ce que vous feriez, si vous gagniez à la loterie. Donneriez-vous votre argent, feriez vous des études, partiriez-vous en voyage?

2. Imaginez une suite à la phrase: «Si j'avais su…. » pour exprimer les regrets d'une action passée.

CHAPITRE 14

Le subjonctif

BUT DE CE CHAPITRE

Dans ce chapitre, on vous explique:

- les formes du subjonctif présent des verbes réguliers et des verbes irréguliers
- les emplois du subjonctif présent avec
  - les verbes de volonté
  - les verbes de préférence
  - les verbes de nécessité et d'opinion
  - les verbes de sentiment et d'émotion
  - les verbes de doute et de possibilité
  - les conjonctions de subordination
- les formes du subjonctif passé et ses emplois
- la concordance des temps
- la double construction de **il faut** et des verbes **demander, empêcher, permettre** avec le subjonctif ou l'infinitif

---

THÈMES DU CHAPITRE

- les animaux de compagnie
- les animaux dans les cirques, les zoos
- le braconnage et l'exploitation des animaux

VOCABULAIRE

animal de compagnie (*m.*) pet

animalerie (*f.*) pet store

araignée (*f.*) spider

banni banished

bébé phoque (*m.*) baby seal

bibelot (*m.*) trinket

bijou (*m.*) jewelry

braconnier (*m.*) poacher

chasser to hunt

cochon d'Inde (*m.*) guinea pig

confié entrusted

consacré dedicated

corne (*f.*) horn

coup de fouet (*m.*) whip

de sorte que so that

dépérir to die off

dresseur (*m.*) trainer

exiger to require

foule (*f.*) crowd

fourrure (*f.*) fur

il paraît que reportedly

pique (*f.*) spear

privé deprived

s'attendre à to expect

sauvage wild

sauvé saved

se réjouir to be glad

société (*f.*) company

SPA (*f.*) (Société pour la protection des animaux) SPCA

tour (*m.*) trick

vente (*f.*) sale

VOCABULAIRE SUPPLÉMENTAIRE

aboyer to bark

agressif (-ve) aggressive

caresser to pet

châtrer to neuter

chat(-te) cat

chenil (*m.*) kennel

chien(-ne) dog

croc (*m.*) tooth

fourrière (*f.*) pound

gémir to whine

griffer to scratch

gueule (*f.*) mouth (of an animal)

lécher to lick

litière (*f.*) cat litter

miauler to meow

mordre to bite

petits (*m. pl.*) (**avoir des**) (to have)
babies

poil (*m.*) fur, hair (of an animal)

queue (*f.*) tail

ramasser to pick up

ronronner to purr

sauver to save, to rescue

tortue (*f.*) turtle

vagabond stray

véto, vétérinaire (*m., f.*) vet

LECTURE

Lecture: Les animaux

Il paraît que la France est le pays où il y a le plus d'animaux de compagnie en Europe. Que ce soit chien, chat, hamster, cochon d'Inde, ou animal plus exotique comme lézard, serpent, iguane ou araignée, dans les familles françaises, on est sûr de trouver un de ces animaux qui conforte la solitude d'une vieille personne ou amuse un enfant. (Il y aurait environ 61 millions d'animaux de compagnie en France, la plus grande quantité en Europe.) Dans les animaleries, on peut s'attendre à ce qu'une foule de gens soit présente pour caresser, admirer et souvent acheter un animal. La SPA propose aussi des animaux sauvés de mauvais traitements ou simplement abandonnés. Car il arrive souvent qu'un animal soit d'abord adopté, puis confié à cette association pour qu'elle essaie de lui trouver un «parent».

Les zoos ont été créés, au début, pour permettre que les visiteurs puissent observer ou admirer des animaux exotiques: lions, tigres, éléphants, girafes, et pour que les enfants reçoivent une instruction sur leurs habitudes. Mais beaucoup de zoos sont encore déficients, et les animaux, privés de leur environnement naturel, souffrent et dépérissent.

C'est pire dans les cirques, où les dresseurs torturent les animaux de sorte qu'ils accomplissent des tours et leur obéissent à coups de fouet, de pique. De plus en plus, on voit apparaître des cirques où les animaux sont absents, comme le Cirque du Soleil. On peut se réjouir que seuls des magiciens, des acrobates, des clowns soient suffisants pour amuser un public.

Suite à la page suivante

En Afrique, des braconniers chassent et tuent des éléphants, des rhinocéros, pour leur prendre leurs cornes et les revendre dans des pays où ils sont populaires. Il est temps que les bibelots et bijoux en ivoire disparaissent des marchés, que les soupes à base de tortues, d'ailes de requins soient bannies du menu des restaurants. Est-il acceptable, à votre avis, que des touristes veuillent nager avec des dauphins, ou des tortues, pour les toucher, ou simplement pour qu'une photo paraisse sur Facebook? Que dire aussi des expériences que des laboratoires exigent qu'on fasse sur des animaux vivants pour faire des tests et encourager la vente de crèmes de beauté, de médicaments?

Une grande actrice française, Brigitte Bardot, a créé une société et consacré sa vie à protéger les animaux qui souffrent. Elle a obtenu ainsi, par sa célébrité, qu'on mette une fin au massacre des bébés phoques, que des chasseurs tuaient d'une façon sauvage et cruelle et dont ils vendaient la peau pour que des patrons de mode puissent fabriquer et vendre des manteaux ou des bottes de fourrure.

Notes: bibelots et bijoux en ivoire = *trinkets and ivory jewelry*; ailes de requin = *shark fins*

COMPRÉHENSION DU TEXTE

1. Relevez les subjonctifs du texte.
2. Nommez quelques animaux de compagnie. À quoi sert un animal de compagnie?
3. À quoi sert la SPA?
4. À l'origine, pourquoi a-t-on créé les zoos?
5. Que font les dresseurs pour apprendre des tours aux animaux?
6. Pourquoi les braconniers chassent-ils les éléphants et les rhinocéros?
7. Qui est Brigitte Bardot et qu'a-t-elle fait pour les animaux qui souffrent?

GRAMMAIRE: LE PRÉSENT DU SUBJONCTIF

L'indicatif et le subjonctif sont des modes. L'indicatif est le mode des actions réelles. Il décrit les faits (*facts*). Le subjonctif est le mode des actions souhaitées, possibles, douteuses. En français, on emploie souvent le subjonctif: il est surtout utilisé dans les propositions subordonnées (*subordinate clauses*). C'est le verbe principal ou la conjonction qui détermine si on a un subjonctif dans la proposition subordonnée.

Il faut qu'il **vienne**.   Je me prépare avant qu'il **vienne**.

Je veux qu'il **vienne**.   Il est possible qu'il **vienne**.

Je regrette qu'il **vienne**.   Je doute qu'il **vienne**.

En anglais, l'emploi du subjonctif est plus rare.

I wish **I were** in France.

The students ask that the teacher **speak** slowly.

It is essential that you **be** attentive.

Il y a quatre temps au subjonctif. Dans la langue courante, on emploie le présent et le passé. Dans la langue littéraire, on emploie aussi l'imparfait et le plus-que-parfait. Il n'y a pas de futur au subjonctif. C'est le présent du subjonctif qui donne l'idée du futur.

Je doute qu'ils **reviennent** au zoo.

I doubt that they **will come** back to the zoo.

FORMES

Subjonctif régulier

La majorité des verbes ont un subjonctif régulier. On forme le subjonctif avec la 3ème personne du pluriel du présent. On enlève la terminaison **–ent** pour obtenir le «radical» (*root*) et on ajoute les terminaisons suivantes: **-e**, **-es**, **-e**, **-ions**, **-iez**, **-ent**.

1. Verbes réguliers

    a. Verbes du 1er groupe

        regarder   ils regardent   **regard-**

b.   Verbes du 2ème groupe

finir   ils finissent   **finiss-**

c.   Verbes du 3ème groupe

entendre   ils entendent   **entend-**

regarder	finir	entendre
regard-	**finiss-**	**entend-**
que je regard**e**	finiss**e**	entend**e**
que tu regard**es**	finiss**es**	entend**es**
qu'il, elle regard**e**	finiss**e**	entend**e**
que nous regard**ions**	finiss**ions**	entend**ions**
que vous regard**iez**	finiss**iez**	entend**iez**
qu'ils, elles regard**ent**	finiss**ent**	entend**ent**

REMARQUES:

- Pour les verbes du 1er groupe, les trois personnes du singulier et la 3ème personne du pluriel sont identiques à l'indicatif présent.
- Pour les verbes du 2ème et du 3ème groupes, la 3ème personne du pluriel est identique à l'indicatif présent.
- Pour les trois groupes de verbes, les formes **nous** et **vous** sont identiques à l'imparfait.
- Les verbes qui ont des changements orthographiques sont conjugués comme les verbes réguliers. Les formes pour **je, tu, il, ils** sont identiques à l'indicatif présent. Les formes pour **nous** et **vous** sont identiques à l'imparfait.

commencer	que je **commence**	que nous **commencions**
voyager	que je **voyage**	que nous **voyagions**
payer	que je **paie**	que nous **payions**
acheter	que j'**achète**	que nous **achetions**
préférer	que je **préfère**	que nous **préférions**
appeler	que j'**appelle**	que nous **appelions**
jeter	que je **jette**	que nous **jetions**

2. Verbes irréguliers

a. La majorité des verbes irréguliers ont un subjonctif régulier.

dormir	que je **dorme**	que nous **dormions**
partir	que je **parte**	que nous **partions**
dire	que je **dise**	que nous **disions**
mettre	que je **mette**	que nous **mettions**

b. Les verbes suivants en **-ir**, **-oir** et **-re** qui sont irréguliers à l'indicatif présent ont deux radicaux au subjonctif présent: on utilise le radical de la 3ème personne du pluriel du présent pour **je, tu, il, ils** et l'imparfait pour **nous** et **vous**.

mourir	que je **meure**	que nous **mourions**
tenir	que je **tienne**	que nous **tenions**
venir	que je **vienne**	que nous **venions**
apercevoir	que j'**aperçoive**	que nous **apercevions**
devoir	que je **doive**	que nous **devions**
recevoir	que je **reçoive**	que nous **recevions**
boire	que je **boive**	que nous **buvions**
prendre	que je **prenne**	que nous **prenions**

c. Les verbes **croire**, **rire** et **voir** ont **-yi-** ou deux **-i-** aux personnes **nous** et **vous**.

croire	que je **croie**	que nous **croyions**
voir	que je **voie**	que nous **voyions**
rire	que je **rie**	que nous **riions**

Exercice 14.1

Refaites les phrases suivantes. Remplacez **Je vois** par **Il faut** et mettez le verbe au subjonctif.

Je vois...

1. que tu choisis un animal de compagnie.

Suite à la page suivante

2. qu'elle emmène sa fille au cirque.

3. que les animaux sauvages habitent en liberté.

4. que nous trouvons le temps de regarder les girafes.

5. qu'ils luttent pour la protection des animaux.

6. que je fais sortir le chien.

7. que ton chien aboie moins.

8. qu'on arrête des tests sur certains animaux.

9. que vous adorez toutes sortes d'animaux.

10. que nous respectons les animaux et leur habitat.

Exercice 14.2

Refaites les phrases suivantes. Remplacez **Je remarque** par **C'est important** et mettez le verbe au subjonctif.

Je remarque que...

1. tu vas à l'animalerie.

2. le zoo reçoit beaucoup de visiteurs.

3. vous travaillez pour la SPA.

4. vous apprenez à être vétérinaire.

5. il vient souvent au cirque.

6. vous arrêtez de chasser.

7. nous caressons le chat tous les jours.

8. Pierre voit les animaux sauvages en pleine nature.

9. on adopte plus d'animaux.

10. vous vous intéressez à Jacques Cousteau, ce grand explorateur.

Subjonctif irrégulier

1. avoir/ être

avoir		être	
que j'**aie**	que nous **ayons**	que je **sois**	que nous **soyons**
que tu **aies**	que vous **ayez**	que tu **sois**	que vous **soyez**
qu'il, elle **ait**	qu'ils, elles **aient**	qu'il, elle **soit**	qu'ils, elles **soient**

ATTENTION: **Ait** et **soit** sont les seuls subjonctifs qui ne sont pas terminés par un −**e** à la troisième personne du singulier.

2. Les verbes du tableau suivant sont irréguliers au subjonctif. **Faire, pouvoir** et **savoir** ont un seul radical. **Aller** et **vouloir** ont deux radicaux.

faire	que je **fasse**	que nous **fassions**
pouvoir	que je **puisse**	que nous **puissions**
savoir	que je **sache**	que nous **sachions**
aller	que j'**aille**	que nous **allions**
vouloir	que je **veuille**	que nous **voulions**
		que vous **vouliez***

*Note: *****Veuillez*** *est l'impératif.*

3. Verbes impersonnels

falloir	qu'il **faille**
plaire	qu'il **plaise**
pleuvoir	qu'il **pleuve**
valoir	qu'il **vaille**

Exercice 14.3

Refaites les phrases suivantes. Remplacez **Je constate** que par **Il est nécessaire que** et mettez le verbe au subjonctif.

Je constate que…

Suite à la page suivante

1. tu fais tes devoirs.
2. il peut courir avec son chien.
3. elle veut donner à manger à sa chatte.
4. nous avons du courage.
5. il pleut beaucoup.
6. tu es patient.
7. je sais ma leçon parfaitement.
8. nous allons plus vite.

EMPLOIS

On rencontre quatre emplois courants du subjonctif:

- le subjonctif après certains verbes de volonté, de nécessité, de sentiment, de doute
- le subjonctif après certaines conjonctions
- le subjonctif seul
- le subjonctif après un pronom relatif (voir page 370).

RÈGLES GÉNÉRALES

1. Les verbes qui expriment une volonté, une préférence, une nécessité, une émotion, un sentiment, un doute, une possibilité sont toujours suivis de **que** et du subjonctif, lorsque le verbe principal et le verbe subordonné ont des sujets différents.

   Brigitte est triste **que** son chien ne **soit** pas près d'elle.

   Vous désirez **que** nous **allions** visiter le Parc Zoologique de Paris?

2. Si le sujet du verbe principal est le même que le sujet du verbe subordonné, on a une construction avec l'infinitif.

   Brigitte est triste d'**être** loin de son chien.

   Vous désirez **visiter** le Parc Zoologique de Paris.

3. Si le verbe principal est un verbe impersonnel, il faut que le sujet du verbe subordonné représente un nom ou un pronom précis. Sinon on a une construction avec un infinitif.

> Il faut que Brigitte **écrive** une lettre à la SPA.
>
> Il faut **visiter** toutes les expositions d'animaux.

REMARQUE: Pour l'emploi de **de** ou **à** devant l'infinitif, ou l'emploi de l'infinitif seul, voir pages 249–254).

Verbes de volonté et de préférence

1. Voici quelques verbes de volonté et de préférence:

aimer mieux	to prefer	**souhaiter**	to wish
demander	to ask	**vouloir**	to want
désirer	to desire	**vouloir bien**	to be willing, to accept
proposer	to suggest		

> Michel **désire** que les singes **soient** en liberté.
>
> Michel **wants** the monkeys **to be** free.
>
> Le petit garçon **souhaite** que ses parents le **comprennent**.
>
> The little boy **wishes** that his parents **understood** him.

2. Le verbe **vouloir**

La construction du verbe **vouloir** (*to want*) est différente dans les deux langues.

En anglais on a: *I want you to* + infinitif.

En français on dit: **Je veux que vous** + subjonctif.

> *I want you **to listen** to me.*   Je veux que vous m'**écoutiez**.
>
> *They want us **to go away**.*   Ils veulent que nous **partions**.

Verbes impersonnels de nécessité et d'opinion

1. Voici quelques verbes impersonnels de nécessité et d'opinion:

il faut	**il est bon**	**il vaut mieux** (*it is better*)
il est nécessaire[1]	**il est essentiel**	**il est juste** (*fair*)

---

1.   Dans la langue parlée, on dit souvent **c'est** à la place de **il est**.

il est indispensable (*essential*)   c'est inutile   c'est normal

Il vaut mieux que vous regardiez dans le catalogue.

2. **Avoir besoin** (*to need*) est une expression courante qui n'est pas impersonnelle.

J'ai besoin que tu me rendes un service.

Verbes de sentiment et d'émotion

Voici quelques-uns de ces verbes:

avoir honte	to be ashamed	être fier	to be proud
avoir peur	to be afraid	être heureux	to be happy
c'est dommage	it's too bad	être malheureux	to be unhappy
être content	to be happy	être ravi	to be delighted
être désolé	to be sorry	être surpris	to be surprised
être ennuyé	to be sorry	être triste	to be sad
ère étonné	to be surprised	regretter	to regret
être fâché	to be upset		

Le chasseur est fâché que la chasse soit interdite.

L'enfant est désolé que son père aille seul au cirque.

Le petit chien a peur que le gros chien le morde.

Verbes de doute et de possibilité

1. Voici une liste de ces verbes:

douter	
il est douteux	il se peut
il est impossible	il semble (*it seems*)
il est possible	nier (*to deny*)

Je doute que votre chien guérisse.

Quand un verbe de doute est à la forme négative (ou interrogative), logiquement il exprime une certitude. Il est donc suivi de l'indicatif. Mais on peut aussi avoir le subjonctif:

a. parce que l'habitude d'employer le subjonctif après le verbe **douter** est devenue automatique.

b. pour nuancer la pensée: l'indicatif renforce l'idée de certitude, le subjonctif celle de doute.

> Je doute qu'il aille à l'université.
>
> Je ne doute pas (= je suis sûr) qu'il ira à l'université (ou qu'il aille).

2. Le verbe **attendre**

Les verbes **attendre que** (*to wait*) et **s'attendre à ce que** (*to expect*), qui n'expriment pas un doute, sont cependant construits avec un subjonctif.

> J'**attends** que les enfants **fassent** leur prière.
>
> Vous **vous attendez à ce qu'**il **pleuve.**

3. Le verbe **faire** à l'impératif

Pour exprimer une prière, un souhait (*wish*), on emploie le verbe **faire** à l'impératif, suivi du subjonctif.

> Mon Dieu, **faites que** je **réussisse** à mon examen.

4. Le verbe **comprendre**

Ce verbe a deux significations. Quand il veut dire **saisir par l'esprit, réaliser, se rendre compte**, il est suivi de l'indicatif.

> Le dresseur a compris que le lion **souffrait.**

Quand il veut dire **sentir, ne pas être étonné**, il est suivi du subjonctif, mais de l'indicatif quand je comprends signifie «je vois bien».

> Je comprends que vous **soyez** inquiet. Je comprends que vous **avez eu** grand peur.

Subjonctif ou indicatif?

Les verbes qui expriment une opinion, une déclaration, une certitude, et le verbe **espérer** (*to hope*) sont suivis de l'indicatif quand ils sont à la forme affirmative. Voici une liste de ces verbes:

penser	dire	être sûr, certain
croire	admettre	c'est évident
trouver	déclarer	il est probable

Je **pense qu'**il **va** pleuvoir.   Vous **êtes sûrs que** nous **avons** raison.

Il **dit que** ses enfants sont des génies.

On **espère que** la situation **changera**.

Mais si ces verbes sont à la forme négative ou interrogative, ils expriment un doute; alors, on peut avoir le subjonctif. Cependant l'indicatif est toujours possible. C'est une différence de qualité de la langue. Dans une langue soignée, élégante, écrite, on a le *subjonctif.* Dans une langue simple, parlée on a l'*indicatif.*

Je **ne pense pas** qu'il **pleuve.**   (ou qu'il **va pleuvoir**)

Il **ne dit pas** que ses enfants **soient** des génies.   (ou **sont**)

Êtes-vous sûrs que nous **ayons** raison?   (ou **avons**)

Tableau-résumé: Emploi de l'indicatif ou du subjonctif			
Indicatif		**Subjonctif**	
opinion/certitude		*volonté*	
Je **crois**	qu'il **vient.**	Je **désire**	
Je **dis**	qu'il **viendra.**	Je **veux**	qu'il **vienne.**
J'**affirme**		Je **souhaite**	
J'**espère**			
		nécessité	
		Il faut	qu'il **vienne.**
		sentiment/émotion	
		J'ai **peur**	
		Je suis **heureux**	qu'il **vienne.**
		Je suis **triste**	
		doute/incertitude	
		Je **doute**	
		Je **nie**	qu'il **vienne.**
opinion négative (langue courante)		*opinion négative (langue soignée)*	
Je ne **crois** pas	qu'il **viendra.**	Je ne **crois** pas	qu'il **vienne.**
Pensez-vous		**Pensez**-vous	qu'il **vienne?**
Espérez-vous	qu'il **viendra?**	**Espérez**-vous	

REMARQUE: Pour lui donner plus d'importance et créer un effet de style, on peut placer la proposition qui commence par **que** au début de la phrase. Dans ce cas le verbe est au subjonctif, même si le verbe principal demande un indicatif.

Rien de plus naturel **que** notre père **veuille** aller au stade.

Que notre père **veuille** aller au stade, rien de plus naturel.

Qu'il fasse beau demain, j'en suis tout à fait sûr.

Je suis tout à fait sûr **qu'il fera** beau demain.

Exercice 14.4

Faites des phrases avec les groupes donnés en suivant le modèle.

Modèle: Il veut/ nous **travaillons** avec lui.

*Il veut que nous **travaillons** avec lui.*

1. Acceptez-vous/ votre fille sort tous les soirs?
2. Il aime mieux/ nous fumons dans le salon.
3. Ils défendent/ tu bois du whisky.
4. Le président souhaite/ le peuple français est d'accord.
5. La loi n'admet pas/ on met des affiches sur ces murs.
6. Les jeunes mariés souhaitent/ il fait beau pendant leur lune de miel.
7. Certaines personnes suggèrent/ on met les fauves en liberté.
8. Le professeur désire/ les étudiants savent bien leurs conjugaisons.

Exercice 14.5

Faites des phrases avec les groupes donnés en suivant le modèle.

Modèle: Il est important/ tu **fais** ton travail.

*Il est important que tu **fasses** ton travail.*

1. Il faut/ tu prends ton billet d'avion en avance.
2. Il est nécessaire/ tu suis un cours d'informatique.

Suite à la page suivante

3. C'est essentiel/ elle apprend à conduire.
4. Il est inutile/ vous emportez des pulls pour aller en Afrique centrale.
5. C'est nécessaire/ il pleut en cette saison.
6. Nous n'avons pas besoin/ nos amis nous font des cadeaux.
7. Il est indispensable/ tu lis *Les Misérables*.
8. Elle a toujours besoin/ on lui fait des compliments.

Exercice 14.6

Faites des phrases avec les groupes donnés en suivant le modèle.

Modèle: J'ai de la peine/ vous ne dites rien.
*J'ai de la peine que vous ne **disiez** rien.*

1. Je me réjouis/ vous réussissez dans votre carrière.
2. C'est dommage/ tu ne comprends pas l'importance de la SPA.
3. Je suis content/ nous allons au zoo ensemble.
4. Maryse a peur/ son fils a un accident.
5. Ulysse est étonné/ son chien le reconnaît.

Exercice 14.7

Faites des phrases avec les groupes donnés en suivant le modèle.

Modèle: Il est important/ nous parlons.
*Il est important que nous **parlions**.*

1. Est-il possible/ je peux emmener Fido dans l'avion?
2. Je doute/ l'animal est content de rester dans sa cage.
3. Il est important/ le chien sait quand il faut sortir faire ses besoins.

4. Attendons/ la chatte revient pour lui donner à manger.

5. Il est certain/ les deux animaux s'entendent bien et vont s'amuser ensemble.

6. Alors, tu peux toujours espérer/ ils ne vont pas aboyer, mais moi je doute/ c'est facile de le faire.

7. Tu n'as plus qu'à espérer/ le braconnage disparaît, ainsi il se peut/ il n'y a plus de vente d'ivoire.

Le subjonctif après certaines conjonctions

1. Voici les principales conjonctions suivies du subjonctif (les autres conjonctions sont expliquées dans l'Appendice B):

à condition que	provided	bien que	although	pour que	in order that
à moins que	unless	de peur que	for fear	pourvu	provided that
avant que	before	jusqu'à ce que	that until	que	without
				sans que	

2. Pour certaines de ces conjonctions, le subjonctif est logique parce que l'action qui suit n'a pas encore eu lieu, n'est pas encore réalisée (**jusqu'à ce que, avant que, pourvu que, pour que, sans que**) ou contient une émotion (**de peur que**).

> Nous allons vous expliquer cette règle **jusqu'à ce que** vous la **compreniez**.
>
> Les enfants sont sortis du salon **sans que** je m'en **aperçoive**.
>
> Mets deux timbres sur ta lettre **de peur qu'**elle (ne) **soit** trop lourde.

3. On emploie le subjonctif avec les conjonctions **avant que, pour que, de peur que, sans que** quand on a deux sujets différents dans la proposition principale et dans la proposition subordonnée. Si les sujets des deux propositions représentent la même personne, on emploie une préposition et un infinitif.

avant que→avant de   de peur que→de peur de

pour que→pour   sans que→sans

Je me prépare **avant que** <u>nous</u> **sortions**. Je me prépare avant de sortir.	I get ready **before we go out**. I get ready **before going out**.
<u>Je</u> prends mon parapluie **de peur qu'**<u>il</u> **pleuve**. Je prends mon manteau **de peur d'avoir froid**.	I take my umbrella **for fear that it will rain**. I take my coat **for fear of being cold**.

Suite à la page suivante

Il travaille **pour que** <u>sa famille</u> **puisse** vivre.	He works **so that** his family can live.
Il travaille **pour faire vivre** sa famille.	He works **to enable** his family to live.
Il est sorti **sans que** <u>je</u> le **voie**.	He left **without my seeing** him.
Il est sorti **sans faire** de bruit.	He left **without making** any noise.

Exercice 14.8

Combinez les phrases suivantes avec la conjonction suggérée.

Modèle: Nous allons au Jardin des Plantes demain/ il ne pleut pas. (pourvu que)

*Nous allons au Jardin des Plantes demain **pourvu qu'**il ne **pleuve** pas.*

1. Le mari adopte un chien/ sa femme peut faire des objections. (avant que)
2. Le mari quitte l'appartement/ sa femme le voit. (sans que)
3. Il espère l'adopter à la SPA/ la SPA est ouverte. (à condition que)
4. Il se dit: «Il ne faut pas que j'oublie la cage de transport/ il veut s'échapper» (de peur que)
5. Il se dit aussi: «Il ne faut pas non plus que j'oublie la laisse/ il est trop fatigué pour se promener.» (à moins que)
6. Devant le bâtiment de la SPA, il était très confiant de trouver le chien de ses rêves/ il est entré. (jusqu'à ce que)
7. Et pourtant, son ami vétérinaire lui avait conseillé d'y aller/ sa famille peut trouver un excellent animal de compagnie. (pour que)
8. Il a fini par adopter un chat/ ses enfants préfèrent les chiens. (bien que)

Le subjonctif seul

1. Le subjonctif seul est rare. On le trouve dans des phrases toutes faites comme:

   Vive le roi!   *Long **live** the King!*

   Ainsi **soit**-il!   *So **be** it! or Amen!*

   ou bien pour exprimer l'impératif à la 3ème personne du singulier et du pluriel.

   Qu'elles **aillent** se promener!   *Let them **go** take a walk!*

   Qu'il **fasse** ce qu'il veut!   *Let him **do** what he wants.*

2. Voici des expressions courantes contenant le subjonctif:

Que Dieu vous entende!	*May God hear you!*
Que Dieu vous bénisse!	*(May God) bless you!*
Soit![2]	*All right!*
Ainsi soit-il!	*Amen!*
Advienne que pourra!	*Come [Happen] what may!*
Sauve qui peut!	*Run for your life!*
Coûte que coûte!	*At all costs!*
Grand bien vous fasse!	*A lot of good that will do you!*
Qu'il pleuve ou qu'il vente...	*Rain or shine . . .*

Exercice 14.9

Employez une des formules ci-dessus comme réaction à la phrase donnée, pour compléter la phrase ou pour remplacer la partie de la phrase en italique.

Modèle: Je fume, je bois et je ne suis pas de régime! *Grand bien vous fasse!*

1. La reine d'Angleterre arrive en Australie. Que crient les spectateurs du défilé?
2. Nous allons faire une promenade à la campagne, *même s'il pleut ou s'il fait du vent.*
3. Il y a un incendie dans un cinéma. Tout le monde essaie de se sauver.
4. Le lycéen pense: «Mon Dieu j'espère que vous m'entendez, si seulement je pouvais réussir au bac.»
5. Les parents de Jacques font des sacrifices pour qu'il fasse des études. Il aura un diplôme,...
6. C'est la fin d'une prière.
7. Le pape passe dans la foule et parle aux fidèles.
8. J'ai fait le maximum de révisions pour cet examen. Maintenant je suis fataliste. *On verra bien ce qui arrivera.*

---

2.   Dans ce cas, le **t** de **soit** est prononcé.

GRAMMAIRE: LE PASSÉ DU SUBJONCTIF

FORMES

Le passé du subjonctif est régulier pour tous les verbes. On prend le passé composé de l'indicatif et on met l'auxiliaire **avoir** ou **être** au subjonctif.

verbes avec *avoir*	verbes avec *être*	
que j'**aie parlé**	que je **sois allé(e)**	que je **me sois lavé(e)**
que tu **aies vu**	que tu **sois venu(e)**	que tu **te sois réveillé(e)**
qu'il, elle **ait pris**	qu'il, elle **soit parti(e)**	qu'il, elle **se soit rasé(e)**
que nous **ayons fini**	que nous **soyons monté(é)s**	que nous **nous soyons vu(e)s**
que vous **ayez entendu**	que vous **soyez descendu(e)(s)**	que vous **vous soyez regardé(e)(s)**
qu'ils, elles **aient ouvert**	qu'ils, elles **soient entré(e)s**	qu'ils, elles **se soient reconnu(e)s**

REMARQUES:

- Le passé du subjonctif du verbe **avoir** est: **que j'aie eu, qu'il ait eu**, etc.
- Le passé du subjonctif du verbe **être** est: **que j'aie été, qu'il ait été**, etc.

Exercice 14.10

Refaites les phrases suivantes avec **Je suis content(e) que**.

1. Vous n'avez pas abandonné votre chien sur la plage.
2. Nous sommes allés voir les animaux à la SPA.
3. Elle est restée dîner avec nous hier soir.
4. Il a trouvé une bonne situation.
5. Ils n'ont pas oublié notre rendez-vous.
6. Elles sont sorties.
7. Tu as eu une bonne note.
8. Vous êtes rentré tôt.

Faites des phrases avec les groupes donnés en suivant le modèle. Employez le passé du subjonctif.

> **Modèle: Je suis surpris/ vous ne voyez pas Maurice au concert.**
>
> *Je suis surpris que vous **n'ayez pas vu** Maurice au concert.*

1. Je regrette/ vous n'aimez pas ce film.
2. Il attend/ nous choisissons un restaurant.
3. Elle n'est pas sûre/ son fils s'amuse bien dans ce camp de vacances.
4. C'est dommage/ vous taquinez vos camarades.
5. Il est possible/ elle ne veut pas voir souffrir les animaux.
6. C'est bizarre/ il oublie de promener le chien.
7. Je suis content/ les chiens n'aboient pas trop.
8. Elle doute/ un requin attaque les nageurs.

EMPLOIS

Le subjonctif passé indique qu'une action s'est passée *avant* l'action du verbe principal même si le verbe principal est au passé.

> Tu es content: je t'**ai montré** le Sacré Cœur
>
> Tu es content que je **t'aie montré** le Sacré Cœur.
>
> Elle avait peur: son ami **avait oublié** son pays natal.
>
> Elle avait peur que son ami **ait oublié** son pays natal.

CONCORDANCE DES TEMPS

1. Dans la langue parlée et dans la langue écrite simple, on emploie le subjonctif présent et le subjonctif passé.

   a. Le subjonctif présent s'emploie pour indiquer que l'action du verbe subordonné a lieu en même temps ou après l'action du verbe principal, même si le verbe principal est au passé.

Je **suis** content:
$\left\{ \begin{array}{l} \text{tu } \textbf{prends} \text{ des vacances.} \\ \text{tu } \textbf{vas prendre} \text{ des vacances.} \\ \text{tu } \textbf{prendras} \text{ des vacances.} \end{array} \right.$
Je **suis** content que tu
prennes des vacances.

Odette **était** contente:
son frère
$\left\{ \begin{array}{l} \text{lui } \textbf{rendait} \text{ visite.} \\ \textbf{allait} \text{ lui rendre visite.} \end{array} \right.$
Odette **était** contente
que son frère lui **rende** visite.

Ma grand-mère était contente: Je lui rendais visite.

J'allais lui rendre visite.

Ma grand-mère **était contente que** je lui **rende** visite.

b. Le subjonctif passé s'emploie pour indiquer que l'action s'est passée avant l'action du verbe principal.

2. Dans la langue écrite littéraire, on a deux autres temps: le subjonctif imparfait et le subjonctif plus-que-parfait (voir l'Appendice B).

Exercice 14.12

Combinez les phrases suivantes. Employez le subjonctif présent ou le subjonctif passé.

1. Je suis surpris/ vous n'avez pas entendu la nouvelle.
2. La petite fille a eu peur/ son père la perd dans le métro
3. Le président n'est pas sûr/ son discours a été très clair.
4. Il avait voulu/ elle connaît la Corse.
5. Tu regrettes/ les oiseaux sont partis?
6. Nos parents ont été contents/ nous leur avons écrit pendant nos vacances.
7. C'est impossible/ Michel n'a pas été émerveillé par l'aquarium.
8. Ils ont été étonnés/ nous sommes arrivés à l'heure.
9. Ça vous a plu/ vos amis se souviennent de votre anniversaire?
10. Il est choqué/ les touristes ne se sont pas bien habillés pour aller à l'Opéra.

SUPPLÉMENTS DE GRAMMAIRE

IL FAUT

1. **il faut** + infinitif

   L'expression **il faut** + infinitif s'emploie pour exprimer l'obligation, sans spéci-
   fier le sujet: *it is necessary to, one must.*

   > Il faut travailler pour vivre.   *One must work to make a living.*

   Si on parle à une personne en particulier, cette expression signifie: *you must,*
   you have to.

   > Si tu veux réussir, il faut travailler plus.

   > *If you want to succeed, you must work harder.*

   À la forme négative, **il ne faut pas** signifie *one (you) should not, one (you) must*
   not.

   > Il ne faut pas vous (ou se) décourager.

   > *You (or one) must not become discouraged.*

   You don't have to se traduit: **Vous n'avez pas besoin de**.

   > *You don't have to* bring a present.

   > Vous n'avez pas besoin d'apporter un cadeau.

   Au passé, *you didn't have to* se traduit: **Vous n'auriez pas dû/ Il ne fallait pas**.

   > *You didn't have to* come.   Vous n'auriez pas dû/ Il ne fallait pas venir.

2. **Il faut** + nom ou pronom.

   Le nom qui suit **il faut** est précédé de l'article indéfini ou partitif. Le nom de la
   personne est *objet indirect* et précédé de **à**. La forme du pronom de la personne
   est *objet indirect*.

   > Il faut **du** temps, **de la** patience.

   > Il faut **un** grand parc naturel aux animaux sauvages.

   > Il **me** (**nous, lui, leur**) faut **de** l'argent.

3. L'expression **il me faut** + infinitif est archaïque et est souvent remplacée par **il**
   faut que + subjonctif.

   > Il me faut aller en ville.   Il faut que j'aille en ville.

Exercice 14.13

Traduisez les phrases suivantes avec «**il faut**» ou «**il ne faut pas**».

1. You must not cry.
2. I have to read this book.
3. You need time.
4. We must not forget.
5. It is necessary to be patient.
6. This family needs a new house.
7. You have to get up early.
8. One must do it.

VERBES À DOUBLE CONSTRUCTION

Les verbes **demander** (*to ask*), **empêcher** (*to prevent*), **permettre** (*to permit*), **défendre** (*to forbid*) et **interdire** (*to forbid*) peuvent être suivis de deux constructions différentes.

1. avec **que** + subjonctif

    Je **demande qu'**on **fasse** moins de bruit.

    Vous **permettez que** je **sorte** une minute?

    Elle **défend que** les étudiants **se moquent** d'elle.

2. avec **de** + infinitif

    Je **demande** aux étudiants **de faire** moins de bruit.

    Elle **empêche** ses enfants **de sortir** tard le soir.

    Tu **permets** à ton chien **de dormir** dans ton lit?

REMARQUES:

- **Empêcher** est suivi d'un nom *objet direct*.
- **Demander, permettre, défendre, interdire** sont suivis d'un nom *objet indirect*.

Exercice 14.14

Refaites les phrases suivantes avec les deux constructions: le subjonctif et l'infinitif.

Modèle: **Je défends/ vous parlez anglais en classe.**
Je **défends** que vous **parliez** anglais en classe.
Je vous **défends de parler** anglais en classe.

1. Elle permet/ son perroquet vole dans la maison.
2. Tu empêches/ tes enfants se battent.
3. L'acteur interdit/ les reporters le photographient.
4. Nous demandons au chien/ il fait ses besoins dehors.
5. Brigitte ne permet pas à sa chatte/ elle sort dans la rue.

TRADUCTION

—Hey, Mom, it's time that you remember your promise!

—What promise, dear son?

—Your promise to get me a pet for my birthday!

—Sure! I remember. As long as it is not an exotic pet, like a snake, an iguana.

—No, no, I'd like a dog or a cat. I suggest we go to a pet shop right away.

—Wait, wait. I would prefer that we go the SPCA. It is an association which deserves help (that we help them), where it is possible to find an abandoned animal who needs to be rescued (that someone rescues it).

— Ok, I agree. Shall we go?

—Yes, but before you make that big decision, I want you to remember that you need (**il faut que**) to respect some conditions: whether (it will be) a dog or a cat, this animal will need for you (use **il faut**) to feed it, to clean its cat litter, to brush it often, so that its hair looks clean. A dog needs to be walked at least twice a day and that you pick up after him.It is also necessary that you take it to the vet and pay for the visits. Of course, your pet will have to be neutered. This is to prevent her, if it's a female, from having babies! However cute kittens and puppies may be (**quoique** + sujet + verbe + adjectif). I don't wish my house to turn into a zoo or a menagerie! And it is well known that unneutered dogs and cats can become more aggressive, more stray.

—Wow! It seems like a lot of rules. What if you buy me a turtle? I heard that they sleep half of the year, and no need to brush them.

—It seems to me you are becoming reasonable.

RÉDACTION

En ce qui concerne les animaux de compagnie, la SPA, les animaux exploités dans les cirques ou dans les zoos, exprimez ce qui vous fait plaisir, ce qui vous contrarie, ce qui vous révolte, ce que vous souhaitez que quelqu'un fasse… «Ça me fait plaisir que, je suis révolté(e) que, je souhaite que…»

CHAPITRE 15

Le possessif

BUT DE CE CHAPITRE

Dans ce chapitre, on vous explique:

- les formes et les emplois des adjectifs possessifs, **mon, ton, son, ma, ta, sa**, etc.
- l'emploi de l'article à la place du possessif
- les formes et les emplois des pronoms possessifs **le mien, la tienne, les vôtres**, etc.
- l'expression **«En quoi est…?»** et les noms de matières

THÈMES DU CHAPITRE

- les fêtes en France
- les célébrations d'une vie

VOCABULAIRE

air (*m.*) melody

anniversaire (*m.*) anniversary, birthday

avoir lieu to take place

bougie (*f.*) candle

brin (*m.*) strand

Chandeleur (*f.*) Candlemas

char (*m.*) car, float

croyant(e) religious, believer

déballer to unwrap

défilé (*m.*) parade

déguisement (*m.*) disguise

diamant (*m.*) diamond

donner lieu to lead, to result

drapeau (*m.*) flag

étrennes (*f. pl.*) New Year's gift

fête (*f.*) celebration, festivity, party

fêter to celebrate

feux d'artifices (*m. pl.*) fireworks

fiançailles (*f. pl.*) engagement

filleul(e) godchild

jouet (*m.*) toy

lumière (*f.*) light

lune de miel (*f.*) honeymoon

manifestation (*f.*) demonstration, protest

marraine (*f.*) godmother

muguet (*m.*) lily of the valley

musulman(e) Muslim

noces (*f. pl.*) wedding, wedding anniversary

nouveaux mariés (*m. pl.*) newlyweds

Pâques (*f. pl.*) Easter

parrain (*m.*) godfather

Père Noël (*m.*) Santa Claus

poêle (*f.*) skillet, frying pan

porte-bonheur bringing good luck

récolter to gather

récompenser to reward

Réveillon (*m.*) Christmas or New Year's Eve dinner

se déguiser to dress up, to wear a disguise

se jeter to throw, to fling

se souhaiter to wish each other

soulier (*m.*) shoe

sucrerie (*f.*) sweet

temple (*m.*) church (Protestant), temple (Buddhist)

Toussaint (*f.*) All Saints' Day

voisin(e) neighbor

voyage de noces (*m.*) honeymoon (trip)

VOCABULAIRE SUPPLÉMENTAIRE

congé payé (*m.*) paid leave
faire le pont to take an extra day off
  (e.g., long weekend)
jour de congé (*m.*) vacation day, day
  off

jour férié (*m.*) public holiday
se marier en douce, à la sauvette to
  elope

LECTURE

Lecture: Quelques fêtes françaises

Les fêtes de fin d'année Noël (25 décembre): Les enfants mettent leurs souliers devant la cheminée. Le «Père Noël» passe dans la nuit et dépose des cadeaux. Le matin chaque enfant se précipite pour déballer ses jouets.

Le Jour de L'An (1er janvier): Certaines personnes font un «réveillon», un grand repas traditionnel. On s'embrasse à minuit et on se souhaite «bonne année». Les étrennes sont un cadeau offert en début d'année, au début du mois de janvier. On récompense ses enfants, ses petits enfants, son employé(e) de maison, son facteur, en leur donnant de l'argent!

La Chandeleur (2 février): C'est la «Fête de la Lumière», on prépare des crêpes.

Mardi gras (entre le 3 février et le 9 mars): C'est le carnaval. Il y a un défilé de chars dans les rues, et on se déguise. On se jette des confettis et à la fin de la journée, vous trouvez des confettis dans vos vêtements, dans vos cheveux.

La Saint-Valentin (14 février): Chaque amoureux offre des fleurs à sa copine, ou des chocolats. Tout le monde échange des cartes avec des cœurs, pour prouver son amour.

Suite à la page suivante

Pâques (entre le 22 mars et le 25 avril): Les parents cachent des œufs en chocolat et leurs enfants les cherchent dans le jardin.

La Fête du Travail (1ᵉʳ mai): Il y a des défilés et des manifestations souvent politiques. Les travailleurs et travailleuses célèbrent leur unité. Vous offrez du muguet porte-bonheur.

La Fête des Mères (dernier dimanche de mai): Les enfants offrent des cadeaux à leur mère.

La Fête des Pères (troisième dimanche de juin): Les enfants offrent des cadeaux à leur père.

La Fête Nationale (14 juillet): Il y a un grand défilé militaire à Paris sur les Champs-Élysées, des drapeaux partout et le soir des feux d'artifices. On danse dans les rues.

Halloween (31 octobre): Fête héritée des Anglais, elle se célèbre parfois en France. Elle est très populaire parmi les enfants.

La Toussaint et le Jour des morts. (1ᵉʳ et 2 novembre): C'est une fête pour honorer la mémoire des morts. On fleurit leurs tombes de chrysanthèmes.

Célébrations au cours d'une vie: Dans les familles croyantes, on fête le baptême d'un enfant. Après la cérémonie religieuse, le parrain et la marraine font des cadeaux à leur filleul ou leur filleule et un grand repas réunit la famille. On distribue des dragées (*sugar coated almonds*).

La première communion a lieu dans les familles catholiques ou protestantes, avec vêtement spécial, grand repas, cadeaux. Le bar'mitzva se célèbre dans les familles juives. Il n'y a pas de cérémonie équivalente chez les musulmans.

Le mariage civil a lieu à la mairie, et le mariage religieux à l'église, à la mosquée, à la synagogue ou au temple. Une liste de mariage vous aide à faire votre choix. Il n'y a pas de «*bridal shower*» en France (ni de *baby shower*). Les nouveaux mariés partent en voyage de noces, c'est la lune de miel.

L'anniversaire: Chaque année, chacun fête son anniversaire. Vos amis vous préparent une fête, avec un gâteau spécial décoré de bougies et on chante «Joyeux anniversaire» sur le même air que «*Happy Birthday to you!*»

L'anniversaire de mariage c'est «*anniversary*»: les noces d'argent (25 ans), d'or (50 ans), de diamant (60 ans).

La Fête de votre nom: Comme chaque jour du calendrier est consacré à un saint ou une sainte, on peut souhaiter à chacun de ses amis sa «fête». Ce jour est signalé chez les fleuristes. Le 25 novembre, souhaitez «Bonne fête» à votre amie Catherine et offrez-lui un petit bouquet. Roger, le 30 décembre, préférera une bonne bouteille.

COMPRÉHENSION DU TEXTE

1. Relevez les possessifs dans le texte.
2. Pendant les grandes fêtes de fin d'année, qui donne quoi aux enfants le 24 décembre et le 1ᵉʳ janvier?
3. Quel plat intéressant prépare-t-on pour la Chandeleur?
4. Décrivez la fête de Pâques dans une famille catholique.
5. Comment les Français célèbrent-il leur Fête Nationale?
6. Nommez les événements principaux dans une vie qui s'accompagnent d'une célébration spéciale.

GRAMMAIRE: L'ADJECTIF POSSESSIF

FORMES

L'adjectif possessif est un mot qui précède le nom comme un article. Voici les formes de l'adjectif possessif:

	masc.	fém.	pluriel	
je	mon	ma	mes	*my*
tu	ton	ta	tes	*your (fam.)*
il, elle	son	sa	ses	*his, her, its*
nous	notre	notre	nos	*our*
vous	votre	votre	vos	*your*
ils, elles	leur	leur	leurs	*their*

1. Les formes **mon, ton, son** correspondent à l'article défini **le** et à l'article élidé **l'** (*m.* ou *f.*). C'est ce qui explique l'emploi de **mon, ton, son** devant un nom féminin qui commence par une voyelle ou un *h* muet.

mon cadeau   (**ton**, **son** cadeau)

mon époux   (**ton**, **son** époux)

mon amie   (**ton**, **son** amie)

mon habitude   (**ton**, **son** habitude)

2. Les formes **ma, ta, sa** correspondent à l'article **la**.

ma voiture   **ta** femme   **sa** politesse

3. Les formes **mes, tes, ses** correspondent à l'article **les**.

mes parents   **tes** papiers   **ses** photos

EMPLOIS

1. On accorde **son, sa, ses** avec l'objet possédé (le nom qui suit). Le genre du possesseur n'est pas pris en compte.

Dans **sa** chambre (la chambre), Bernard a **son** portable (le portable), **sa** calculette (la calculette), **ses** vidéos (les vidéos). Rosine aussi a **son** ordinateur, **sa** calculette et **ses** vidéos dans sa chambre.

2. On emploie **notre, votre, leur** avec un nom singulier, masculin ou féminin, et **nos, vos, leurs** avec un nom pluriel, masculin ou féminin.

notre cadeau	notre carte	nos frères et nos sœurs
votre garage	votre générosité	vos oncles et vos tantes
leur appartement	leur maison	leurs pieds et leurs mains

ATTENTION: **Leur** (*adjectif possessif*) s'accorde en nombre; **leur** (*pronom personnel*) est invariable.

3. **Son, sa, ses, leur, leurs** peuvent avoir comme possesseurs des noms de choses; c'est la traduction de *its, their.*

> J'aime Paris. **ses** vieilles maisons, **son** atmosphère...
>
> Enlevez ces fleurs: **leur** parfum me donne mal à la tête.

4. On répète l'adjectif possessif devant chaque nom.

> **Mon** père et **mon** frère sont tous les deux docteurs.

Exception: Dans la langue administrative, parfois on ne répète pas l'adjectif.

> Écrivez **vos** nom, prénoms et adresse.

5. Quand il y a un doute sur le genre du possesseur à la 3ème personne du singulier ou du pluriel, pour clarifier, on peut employer la préposition **à** + un pronom disjoint (**à lui, à elle, à eux, à elles**) après le nom.

> Félix serait heureux de revoir **Stéphanie** avant **son** départ.
>
> (Le départ de **Félix**? —**Son** départ **à lui**.)
>
> (Le départ de **Stéphanie**? —Son départ **à elle**.)

À la 1ère ou à la 2ème personne du singulier ou du pluriel (**je, tu, nous, vous**) cette construction sert à insister sur le possesseur (**à moi, à toi, à nous, à vous**): en anglais on aurait des italiques, ou on insisterait avec la voix.

> Tu as **ton** téléphone **à toi**?   *You have **your own** telephone?*

On peut aussi ajouter l'adjectif **propre** (*own*) entre le possessif et le nom; **propre** renvoie alors à la personne ou la chose qui fait l'action.

> Valérie a dit à son mari de s'occuper de **ses** affaires, de **ses propres** affaires (*his own*).
>
> Chaque fleur a **son propre** parfum.

6. L'adjectif **leur** s'emploie quand plusieurs personnes ou choses ont une possession en commun.

   > Ces enfants adorent **leur** père. Ces entreprises ont **leur** syndicat.

   Leur indique aussi que chaque personne ou chose du groupe possède un objet.

   > Dans cet autobus, tous les hommes fumaient **leur** pipe. (Chaque homme a **une**
   > pipe.)
   >
   > Ils gagnent **leur** vie et préparent **leur** avenir. (Chacun a **une** vie, **un** avenir.)
   >
   > Tous les partis politiques ont **leur** secrétaire. (Chaque parti a **un[e]** secrétaire.)

7. Si le sujet est un mot indéfini comme **on, tout le monde, quelqu'un, chacun,**
   le possessif est **son, sa, ses.**

   > **Tout le monde** doit gagner **sa** vie pour élever **ses** enfants.

Exercice 15.1

**Dans les phrases suivantes, remplacez l'article en italique par l'adjectif possessif
qui correspond au sujet du verbe.**

> **Modèle: J'ai apporté *le* cadeau.**
> *J'ai apporté **mon** cadeau.*

1. Les enfants ont envoyé *les* vœux à leur grand-mère.
2. Elle parle à *la* mère.
3. Je mets toujours *les* lettres à cette poste.
4. M'as-tu donné *l'*adresse?
5. Yves a cassé *le* vase.
6. *Au* mariage, vous avez eu de la musique?
7. Nous allons voir *les* cousins.
8. Vous avez apporté *les* photos?
9. Tu ne viens pas? L'auto est en panne? Prends *la* bicyclette.
10. Ces gens sont trop aimables. *La* politesse est excessive.

Exercice 15.2

Refaites les phrases suivantes et employez le pronom tonique (**à moi**, **à toi**, **à lui**, **à elle**, **à nous**, **à vous**, **à eux**, **à elles**) après l'expression en italique.

    Modèle: J'ai *mon appartement.*

        *J'ai **mon** appartement **à moi**.*

1. C'est *ton cadeau?*
2. *Mes parents* sont généreux.
3. Vous avez *votre auto?*
4. *Leurs enfants* vivent à la maison.
5. Nathalie? *Son mariage* a eu lieu à la Madeleine.
6. François? *Son mariage* a eu lieu à Notre-Dame.
7. Dans *notre ville*, il n'y a pas de mosquée.
8. C'est *sa famille* (la famille de Gérard) qui a offert aux jeunes mariés leur voyage de noces.
9. *Mon mariage* n'a pas eu lieu à l'église.
10. *Tes cousins* habitent à Québec?

Exercice 15.3

Dans les phrases suivantes, mettez l'adjectif possessif qui convient.

— Comment ça va, Annie?

— Ça va, et vous Nicolas?

— Très bien, merci. Vous savez, il y a un mois, quelqu'un a téléphoné pour vous envoyer (1) _____ souvenir et exprimer (2) _____ reconnaissance pour le service que vous lui avez rendu.

— Qui était-ce?

Suite à la page suivante

— Il n'a pas laissé (3) _____ nom.

— Ah! Étrange. Au fait, vous savez que je me marie en juin? Ma tante et (4) _____ oncle, que vous connaissez bien, ne viendront pas à notre mariage civil. Mais (5) _____ cousins et (6) _____ cousines assisteront aux deux cérémonies.

— Au mariage de ma cousine, vous vous souvenez, tout le monde avait apporté (7) _____ cadeaux à l'avance et envoyé (8) _____ félicitations par la poste. Et des quantités de photos avaient été prises. Ma cousine garde les photos de (9) _____ mariage dans (10) _____ album et (11) _____ mari en a un aussi. Et vos projets de voyage de noce sont faits?

— Oui. On va d'abord à Marseille, pour voir (12) _____ vieux port, (13) _____ gare, (14) _____ vieux quartiers pittoresques et (15) _____ animation. Après, nous allons dans plusieurs villes en Italie. Nous visitons toujours les musées d'une ville. (16) _____ œuvres d'art nous in- téressent. Puis c'est le retour au travail. Tout le monde doit travailler pour gagner (17) _____ vie!

EMPLOI DE L'ARTICLE POUR L'ADJECTIF POSSESSIF

1. On emploie l'article défini (**le, la, les**) à la place d'un adjectif possessif (**mon, ta, ses, notre**, etc.) avec certains verbes qui indiquent que l'action du posses- seur est faite **sur son propre corps**; il n'y a pas de doute sur le possesseur. Ces verbes peuvent être **lever, baisser, ouvrir, fermer, hausser** (*shrug*), etc., ou des verbes pronominaux comme **se laver, se brosser, se maquiller, se raser, se casser**, etc.

Levez **la** main! (*votre*)   Je me lave **les** pieds. (*mes*)

Nous avons baissé **la** tête. (*notre*)   Tu te brosses **les** dents? (*tes*)

Ils ont ouvert **les** yeux. (*leurs*)   Elle s'est cassé **la** jambe. (*sa*)

Ferme **la** bouche! (*ta*)

Mais si l'objet possédé est accompagné d'un adjectif qualificatif, il faut em- ployer l'adjectif possessif.

Elle a baissé **ses grands** yeux.   Ferme **ta jolie** bouche!

Tu as rasé **ta** belle barbe **rousse**!

Seuls les adjectifs **droit(e)** et **gauche** font exception. On emploie l'article devant un nom accompagné de **droit(e)** ou **gauche**.

Levez **la** main **gauche**.   Elle s'est cassé **le** bras **droit**.

2. On emploie un article défini à la place de l'adjectif possessif quand l'action sur une partie du corps est faite par une autre personne, et on ajoute un pronom personnel objet indirect (**me, te, nous, vous, lui, leur**) devant le verbe.

Gisèle est affreuse (*looks awful*): sa sœur **lui** a coupé les cheveux.

Je me suis blessé; le docteur **m'**a bandé **la** main.

Dans ce cas aussi, si le nom est accompagné d'un adjectif (autre que **droit(e)** ou **gauche**), on garde l'adjectif possessif.

Sa sœur **lui** a coupé **ses longs** cheveux.

Le docteur **m'**a bandé **ma** main **blessée**.

3. On emploie l'article à la place de l'adjectif possessif devant le nom d'une partie du corps avec les expressions suivantes: **avoir mal à, avoir froid à, avoir chaud à, faire mal à, faire** ou **donner chaud** ou **froid à**.

ATTENTION: La contraction **à** + **le** = **au**; **à** + **les** = **aux**.

Il n'a pas froid **aux** pieds.   Cela me fait mal **au** cœur.

Tu as mal **à la** tête?

Mais si le nom est accompagné d'un adjectif (autre que **droit(e)** ou **gauche**), on garde l'adjectif possessif. Comparez ces deux phrases:

Tu as mal à **ton petit** doigt?

J'ai chaud **au** pied **droit** et froid **au** pied **gauche**.

4. On emploie l'article défini à la place de l'adjectif possessif dans un complément descriptif formé d'un nom et d'un adjectif ou d'un nom et d'un complément de lieu, quand ce complément est placé après un nom ou un verbe, et est séparé de ce nom ou de ce verbe par une virgule (*comma*).

Le professeur, **les** mains dans **les** poches, marchait dans la classe.

Les élèves rêvaient, **les** yeux au plafond.

Ils sortirent, **les** dents serrées.

Comparez les exemples ci-dessus avec les exemples suivants (ce n'est pas un complément descriptif et il n'y a pas de virgule).

> Le professeur a mis **ses** mains dans ses poches.

> Elle a ouvert **ses** yeux pleins de larmes.

Cette règle s'applique aussi aux vêtements.

> Il est entré, **le** chapeau sur **la** tête.

MAIS:

> Il a mis **son** chapeau sur **sa** tête.

5. Dans beaucoup d'expressions idiomatiques, l'article a une valeur de possessif.

(se) donner la main	*to hold hands*
perdre la mémoire	*to lose one's memory*
perdre la tête	*to lose one's head*
perdre la vie	*to lose one's life*
perdre la voix	*to lose one's voice*
perdre la vue	*to lose one's eyesight*
(se) serrer la main	*to shake hands*

Tableau-résumé: Emploi de l'article pour le possessif

L'article	*L'adjectif possessif*
verbes + partie du corps	*partie du corps + adjectif*
Levez **les** yeux!	Elle a levé **ses grands** yeux. MAIS: Levez **la** main droite, puis **la** gauche.
pronom objet indirect + verbe + partie du corps	
Le docteur **lui** a bandé **la** main.	Sa sœur **lui** a coupé **ses beaux** cheveux. MAIS: Le docteur **lui** a bandé **la** main gauche.
avoir froid (chaud, mal) + à + partie du corps	
J'ai mal à la tête.	**J'ai froid à mes** petits pieds. MAIS: **J'ai froid au** pied gauche.

complément descriptif	
les mains dans **les** poches	
expression idiomatique	
donner **la** main	

REMARQUE: Rappelez-vous! Avec le verbe **avoir** + une partie du corps et un adjectif descriptif, on emploie l'article défini en français, alors qu'il n'y a pas d'article en anglais.

Elle a **les** yeux bleus.   *She has blue eyes.*

Exercice 15.4

Dans les phrases suivantes, mettez l'article ou l'adjectif possessif qui convient.

1. En classe, levez _____ main avant de répondre.
2. Jérôme s'est cassé _____ bras droit pendant une partie de foot. Mais_____ bras gauche est en bon état.
3. Tu as vu Sophie? _____ mère lui a fait couper _____ cheveux.
4. Sophie a pleuré quand elle a dû faire couper _____ beaux cheveux blonds.
5. Le docteur m'a ausculté. Il m'a dit: «Ouvrez _____ bouche! Fermez _____ yeux! Baissez _____ tête!»
6. Jean-Paul n'a rien dit. Il a haussé _____ épaules.
7. Il a _____ épaules larges. Il porte son enfant sur _____ épaules.

Exercice 15.5

Dans les phrases suivantes, mettez l'article ou l'adjectif possessif qui convient.

— Eh, fais bonne impression au repas, hein! Tu sais qu'un monsieur bien élevé ne doit pas garder (1) _____ chapeau sur (2) _____ tête! Et qu'est-ce

Suite à la page suivante

que tu as? Tu as mal à (3) _____ main droite?

— Oui. Je suis obligé de me servir de (4) _____ main gauche.

— Alors, fais attention quand tu manges.

— Oh, là, là... l'encens qu'on brûle dans les églises me donne mal à (5) _____ tête! Je suis contente qu'on soit sortis de l'église. Eh! Tu as remarqué quand la jeune mariée, (6) _____ visage couvert d'un voile, s'est avancée vers l'autel? C'était beau!

— Ah, oui alors! Dis, tu savais que le père de Sophie était mort très jeune? Il a perdu (7) _____ vie dans un accident de voiture.

—Non! Quelle tragédie! Et tu as vu? Les beaux-parents se sont serré (8) _____ main. Et puis, quand les mariés se sont embrassés (9) _____ joues rouges? C'était émouvant! J'en ai (10) _____ cœur qui bat!!!

GRAMMAIRE: LE PRONOM POSSESSIF

FORMES

Le pronom possessif est un mot qui remplace un nom précédé d'un adjectif possessif. Il est formé de deux mots, l'article **le, la, les** et un autre mot, **mien, tienne, siens**, etc. Voici les formes du pronom possessif qui correspondent aux pronoms sujets et aux adjectifs possessifs.

Pronom sujet	Adjectif			Pronom		
	genre	*sing.*	*pluriel*	*sing.*	*pluriel*	
je	*masc.*	mon	mes	**le mien**	**les miens**	*mine*
	fém.	ma		**la mienne**	**les miennes**	
tu	*masc.*	ton	tes	**le tien**	**les tiens**	*yours*
	fém.	ta		**la tienne**	**les tiennes**	
il, elle	*masc.*	son	ses	**le sien**	**les siens**	*his*
	fém.	sa		**la sienne**	**les siennes**	*hers*

nous	*masc.* *fém.*	notre notre	nos	**le nôtre** **la nôtre**	**les nôtres**	*ours*
vous	*masc.* *fém.*	votre votre	vos	**le vôtre** **la vôtre**	**les vôtres**	*yours*
ils, elles	*masc.* *fém.*	leur leur	leurs	**le leur** **la leur**	**les leurs**	*theirs*

REMARQUES:

- Il y a un accent circonflexe sur le ô de le nôtre, la nôtre, les nôtres, le vôtre, etc. Le ô est fermé /o/. L'adjectif votre, notre, n'a pas d'accent circonflexe; le o est ouvert /ɔ/.

  Notre prononciation est meilleure que **la vôtre**.

- Dans **la leur, leur** est invariable.

EMPLOIS

Les pronoms possessifs s'accordent avec les noms qu'ils remplacent.

1. **Le mien, le tien, le sien, le nôtre, le vôtre, le leur** remplacent un nom masculin singulier.

   J'admire les cadeaux: **le vôtre** et **le nôtre** sont dans la corbeille. Jeannine a oublié **le sien**.

2. **La mienne, la tienne, la sienne, la nôtre, la vôtre, la leur** remplacent un nom féminin singulier.

   J'ai fait ma communion; il n'a pas fait **la sienne**. Ils feront **la leur** ce printemps.

3. **Les miens, les tiens,** etc., remplacent un nom masculin pluriel.

   Est-ce que vous préférez ses parents ou **les nôtres**? **Les leurs** sont plus libéraux que **les miens**.

4. **Les miennes, les tiennes,** etc., remplacent un nom féminin pluriel.

   Vos vacances sont plus longues que **les miennes**.

5. **Le sien** (*his, hers*) représente un objet **masculin** possédé par un homme ou par une femme; **la sienne** (*his, hers*) représente un objet féminin possédé par un homme ou par une femme.

> Annie a déménagé dans **mon appartement**; **le sien** n'avait pas de téléphone.
>
> Daniel est jaloux de **mon auto**; **la sienne** est toujours en réparation.

6. Les articles **le, les** qui composent les pronoms possessifs se contractent avec les prépositions **à** et **de**. On obtient:

> **au mien, aux vôtres, au tien,** etc. (à + le, à + les)
>
> **du mien, du nôtre, des leurs,** etc. (de + le, de + les)
>
> Je m'occupe de mes affaires et vous **des vôtres.**

Au féminin, **à la, de la** ne se contractent pas: **à la mienne, à la vôtre, de la sienne, de la leur.**

> Tu penses à ta mère, et moi **à la mienne.**
>
> Nous parlons de notre lune de miel, et eux **de la leur.**

Exercice 15.6

Remplacez les groupes entre parenthèses par un pronom possessif.

1. Ses enfants et (mes enfants) vont à la même école.
2. Il a perdu son chien l'année où j'ai perdu (mon chien).
3. Mes parents et (vos parents) vont faire un voyage ensemble.
4. Emballe mes cadeaux et (tes cadeaux).
5. Qui est le meilleur: votre docteur ou (leur docteur)?
6. Je pense à mon mari, pas (à votre mari).
7. Joséphine nous a donné des nouvelles de ses cousins et (de nos cousins).
8. Mon explication est plus logique que (ton explication).
9. Ton frère et (son frère) ont fait des études de médecine.
10. Serge et Suzanne se disputent: il veut inviter plus de membres de sa propre famille que (de sa famille à elle) à leur mariage.
11. Elle parle de ses maladies et ils parlent (de leurs maladies).
12. Il dit: «À votre santé!» et je réponds («À votre santé!»).

SUPPLÉMENTS DE GRAMMAIRE

EXPRESSIONS IDIOMATIQUES AVEC LE POSSESSIF

1. Les pronoms **les miens, les tiens, les vôtres**, etc. (au masculin pluriel) ont le sens spécial de **ma famille, mes parents, tes parents, vos parents.**

> Il est rentré de voyage et il est revenu vivre près **des siens**.
>
> *He returned from his trip and he came back to live near **his family**.*
>
> Mon bon souvenir **aux vôtres**.
>
> *My regards to **your family**.*

2. L'expression ... *is mine* (*yours*, *his*) peut se traduire de deux façons.

est + à + moi (*pronom disjoint*): Dans ce cas on répond à la question *Whose ... is ...?* Une personne identifie un objet et nomme son possesseur.

> **À qui est** ce livre? —Il **est à moi**.

C'est + le mien (*pronom possessif*): Dans ce cas on répond à la question: *Is this yours?* On distingue deux ou plusieurs objets presque identiques, et on en reconnaît un.

> Est-ce **le vôtre**? —Oui, c'est **le mien**.

REMARQUE: *To belong to* se dit **appartenir à**.

> Ce livre **m'appartient**.

3. *A friend of mine, a friend of yours.* Ces deux expressions se traduisent ainsi:

un de mes amis	un ami à moi
un de vos amis	un ami à vous

Exercice 15.7

Dans les phrases suivantes, traduisez les expressions en italique.

1. Cette Française aime retourner dans son pays et passer des vacances parmi *her family*.

2. Vous avez vu ce cadeau magnifique dans la table?—*It's not mine*.

Suite à la page suivante

3. La grande maison blanche sur la colline, *does it belong to you?—Yes, it is mine.*

4. *A friend of mine* a rencontré la princesse de Monaco à une fête de charité.

5. Cet acteur célèbre est *a friend of yours?*

6. À la fin d'une lettre polie, qu'est-ce que vous écrivez? —*My regards to your family.*

LES MATIÈRES

1. En quoi est ... ?

Quand on veut savoir en quelle matière un objet est fait, on utilise la formule suivante:

En + quoi + être + le nom?

Dans la question **En quoi est ...** et dans la réponse avec le verbe **être**, seule la préposition **en** est possible.

En quoi est votre pull?   *What is your sweater **made of**?*

——Il est **en laine**.   *It is **made of wool**.*

En quoi est le sac de Renée?   *What is Renée's purse **made of**?*

—Il est **en plastique**.   *It is **made of plastic**.*

2. En coton/ de coton

Pour décrire la matière d'un objet sans verbe, comme complément descriptif, on peut utiliser deux formules:

nom de l'objet + **en** + nom de matière

nom de l'objet + **de** + nom de matière

Après le nom de l'objet, on a le choix entre **en** et **de**. La différence entre **en** et **de** n'est pas très importante.

Jacques achète un tee-shirt { **en coton.** **de coton.**   Marlyse porte un chemisier { **en soie.** **de soie.**

3. Noms de matières

Les autres objets	Les bijoux	Les chaussures	Les maisons	Les tissus des vêtements (*clothing material*)
l'acier (*m.*) (*steel*)	l'argent (*m.*) (*silver*)	le cuir	la brique	le coton
l'aluminium (*m.*)	l'or (*m.*) (*gold*)	le caoutchouc (*rubber*)	le ciment (*cement*)	l'acrylique (*m.*)
le fer (*iron*)	le diamant	la fourrure (*fur*)	le plâtre	le synthétique
le zinc	la perle	le daim (*suede*)	le bois (*wood*)	la fourrure
le plastique	l'ivoire (*m.*)		la pierre (*stone*)	la laine
	le jade		la tuile (*tile*)	la soie
	le rubis		le béton (*concrete*)	le nylon
	la turquoise		le verre (*glass*)	
			le stuc	

Exercice 15.8

Répondez aux questions suivantes.

1. Quels tissus préférez-vous pour les vêtements? En quoi sont les vêtements que vous portez en été? En hiver? En quoi sont les vêtements que vous portez aujourd'hui?

2. Avez-vous une montre? Des bijoux? En quoi sont-ils?

3. Les maisons de différents pays sont faites de matériaux différents. Dans les villes, elles sont faites en béton, en brique; à la campagne, dans les pays nordiques, à la montagne, en bois. En quoi sont faites les maisons dans votre région? En quoi sont faits votre maison et les objets familiers qui vous entourent?

TRADUCTION

We Americans think our vacations are very short when we see that the French have a lot of vacation days and are always on vacation because they receive five weeks of paid leave per year. We French people enjoy our eleven public holidays. In order to celebrate their religious holidays, people go to different places. You Catholics go to your church. You Jewish people go to your synagogue. Muslims go to their mosque, and Protestants go to their church.

My mother loves to receive a pot of chrysanthemums as a gift for her birthday or for Mother's day. In France, chrysanthemums will not be appreciated because they are associated with All Souls' Day and the flower of the dead. In my family, Christmas, All Saints Day, and Easter are important religious holidays. For my French cousins, New Year's Day, Labor Day and, of course, the National Holiday are also important public holidays. During Labor Day there are many demonstrations and during the National Holiday there is a big military parade on the Champs-Élysées in Paris. A large crowd listens to the President when he gives his speech and watches the fireworks at night.

What is your favorite holiday? Mine is my birthday because all of my friends and neighbors wish me "happy birthday!" I receive many gifts and eat birthday cake decorated with many candles. My sister says that her wedding day is her favorite celebration. Her honeymoon took place on the French Riviera. Next year she will be celebrating her silver wedding anniversary.

RÉDACTION

Quelle est votre fête préférée? Décrivez-la. Quels membres de votre famille y assistent? Quels cadeaux recevez-vous, lesquels faites-vous? Comparez cette fête avec une fête similaire dans un autre pays. Pourquoi les deux fêtes sont-elles différentes et comment la célèbre-t-on, ailleurs?

CHAPITRE 16

Les pronoms relatifs

BUT DE CE CHAPITRE

Dans ce chapitre, on vous explique:

- les formes des pronoms relatifs: **qui, que, dont,** etc.
- les emplois de ces pronoms
- l'emploi d'un pronom sans antécédent
- l'emploi du subjonctif avec un pronom relatif
- les prépositions **pour/pendant**
- l'emploi de **quelque, quelques-uns, de chaque, chacun, chacune**

THÈMES DU CHAPITRE

- les Grandes Écoles
- les finances, budgets, économies, faillite

VOCABULAIRE

argenterie (*f.*) silverware
bijou (*m.*) jewelry
carrière (*f.*) career
charge (*f.*) (financial) responsibility
compte (*m.*) account
concilier to reconcile
côtelette (*f.*) **d'agneau** lamb chop
dépense (*f.*) expense
diriger to direct
droit (*m.*) right **faire du droit** to go to law school
durer to last
économe thrifty

économies (*f. pl.*) savings
faillite (*f.*) bankruptcy
gagner to earn
gérer to manage
gouvernante (*f.*) nanny
hebdomadaire (*m.*) weekly magazine
loyer (*m.*) rent
mettre … de côté to put … aside
prendre conscience to become aware
sténodactylo (*f.*) shorthand typist
supporter to tolerate, to put with
veille (*f.*) (*here*) verge, lead-up

VOCABULAIRE SUPPLÉMENTAIRE

avoir les moyens to have the means, to afford
bruyant noisy
contrarier to annoy, to upset
emménager to move in

locataire (*m.*) tenant
louer to rent
respirer to breathe
usine (*f.*) factory

LECTURE

NOTES CULTURELLES

Les Grandes Écoles (equivalent of Ivy League schools)

Créées par Napoléon, elles sont un des choix qui se présentent aux étudiants qui veulent faire des études supérieures. On y entre par concours (*competitive exam*): la sélection est sévère. On y fait des études financées par l'État. Ces études sont spécialisées: en humanités et littérature (École Normale Supérieure ou ENS mixte depuis 1985 qui se trouve rue d'Ulm à Paris), en politique et administration (École Nationale d'Administration ou ENA), en mathématiques (École Polytechnique appelée familièrement l'X), etc. Ces écoles préparent une élite intellectuelle, et la plupart des membres du gouvernement, des écrivains célèbres, des savants, sortent d'une de ces écoles.

Les finances

Il est important d'apprendre très jeune à gérer ses finances. Il devrait y avoir des cours spéciaux dans les écoles secondaires pour apprendre à tenir un compte en banque, réconcilier son chéquier (*balance your checkbook*). Il est nécessaire d'avoir un budget et s'y tenir (*stick to it*). De combien disposez-vous chaque mois pour ce que vous devez payer pour votre loyer, votre nourriture, les transports, ou l'essence de votre voiture, vos loisirs? Mettez-vous de l'argent de côté pour faire des cadeaux, ou pour vos vacances? Attention aux cartes de crédit qui peuvent vous faire des dettes. Rien de plus désagréable que d'être endetté.

Quelle est votre attitude vis-à-vis de l'argent? Êtes-vous endetté(e), économe, pingre?

PROFIL DE L'AUTEURE

Françoise Giroud (1916–2003), de son vrai nom France Gourdji, est née à Genève, en Suisse, dans une famille d'origine turque. Elle a débuté comme sténodactylo, script-girl, assistante de plusieurs réalisateurs de films. Auteure de talent, elle a écrit des chansons, des scénarios de films, des interviews avec des personnalités parisiennes et un essai sur la jeunesse: «La Nouvelle Vague». Devenue journaliste, elle a dirigé la rédaction de la revue *Elle* et en 1953 elle a contribué à la fondation de *L'Express*, un hebdomadaire très engagé. Elle montre beaucoup de sens critique, de finesse, d'humour, et ses jugements politiques sont équilibrés et humains. Elle a été Ministre à la Condition féminine sous la présidence de Giscard d'Estaing (1974–1981), et a fait beaucoup pour aider les femmes à prendre conscience de leurs droits (*rights*).

Le texte suivant, extrait de *Si je mens*, est une biographie présentée sous la forme d'une interview: Françoise Giroud répond aux questions que lui pose une journaliste sur ce qu'elle a vu, vécu. C'est l'histoire d'une femme et d'une carrière.

Lecture: *Une enfance bizarre* (de *Si je mens*) par Françoise Giroud

Mon père a été essentiellement une absence,... d'abord à cause de la guerre, puis d'une mission aux États-Unis dont il a été chargé par le gouvernement français, ensuite d'une maladie que l'on ne savait pas soigner à l'époque et dont il est mort. Cette maladie a duré des années pendant lesquelles je ne l'ai jamais vu. Ma mère .... a joué un rôle considérable non seulement dans ma vie, ce qui est normal, mais dans celle de tous les gens qui l'ont approchée.... Quoi encore? J'ai eu une grand-mère arrogante et dure, qui ne se nourrissait que de côtelettes d'agneau, jouait au bridge et mobilisait une personne pour lui brosser les cheveux pendant une heure chaque après-midi. J'ai eu aussi une gouvernante anglaise, jusqu'à cinq ou six ans... Enfin, j'ai vu se désintégrer l'univers de mon enfance, après la mort de mon père. Tout a été vendu, petit à petit. Les choses disparaissaient. Les bibelots, les tapis, le piano. Un Bechstein* de concert, avec lequel j'avais une relation très affectueuse.... Disparus aussi la gouvernante, bien sûr, la femme de chambre, la cuisinière, ...les bijoux, l'argenterie...

Ma mère ... a dilapidé les lambeaux (*remnants*) d'un héritage dans ... des entreprises extravagantes.... Ma sœur et moi, nous avons été mises en pension. Une pension qui était toujours payée avec retard naturellement. Ma sœur en (*because of it*) est tombée malade. Moi, j'ai trouvé assez vite la seule manière de supporter cela.... Je me racontais que je ferais du droit... ou l'École de Sèvres... Ou peut-être médecine... Mais sept ans d'études... Huit même, après le premier bac. À la charge de qui? Alors, à la veille de mes quinze ans, ...j'ai compris que tout cela était du domaine du rêve, ...et que je n'avais qu'une chose à faire: travailler. Gagner ma vie. Apporter de l'argent à la maison....

Note: celle ... pronom démonstratif qui remplace *la vie de*, voir p. 385

*A brand of piano

COMPRÉHENSION DU TEXTE

1. Relevez les pronoms relatifs et analysez-les. Exemple: «Une mission aux États-Unis dont il a été chargé» **Dont**: le pronom remplace «d'une mission».

2. Expliquez pourquoi le père de Françoise Giroud a été absent pendant son

enfance. Où était-il? De quoi est-il mort?

3. Comment était la grand-mère de Françoise? Décrivez deux de ses occupations préférées.

4. Quels sont les détails (objets, style de l'appartement, style de vie) qui indiquent que la famille avait été riche et est devenue pauvre?

5. De quelles études supérieures rêve Françoise?

6. Que décide-t-elle de faire, finalement? Et pourquoi ?

GRAMMAIRE: LES PRONOMS RELATIFS

Un pronom relatif est un mot de liaison placé entre deux groupes de mots pour faire une phrase plus longue, sans répéter un nom.

> Donnez-moi **le livre**. **Le livre** est sur la table.
>
> Donnez-moi **le livre qui** est sur la table.

Le mot *livre* dans la 2ème phrase s'appelle *l'antécédent*. Les principaux pronoms relatifs sont: **qui**, **que**, **dont**, **lequel**. Le pronom relatif est généralement placé immédiatement après son antécédent. En français, le pronom relatif est toujours exprimé; il ne disparaît pas comme parfois en anglais: *the book* [*that*] *I bought*.

FORMES

Le pronom relatif est le même pour les personnes et pour les choses, sauf pour l'objet de la préposition.

	personnes	choses
sujet	**qui**	**qui**
objet direct	**que, qu'**	**que, qu'**
objet de **de**	**dont**	**dont**
objet de prép.	[avec] **qui**	[avec] **lequel, laquelle, lesquels, lesquelles**
	[avec] **lequel, laquelle, lesquels, lesquelles**	

EMPLOIS

Le pronom relatif, comme le nom qu'il remplace, a différentes fonctions: il est sujet, objet direct, objet de la préposition **de**, objet d'une autre préposition.

1.   Qui (*sujet*): *who, which, that*

Qui est le pronom relatif sujet. Il remplace un nom de personne ou un nom de chose. **Qui** ne s'élide jamais.

Françoise adorait son père, **qui** fut absent pendant son enfance.

Il avait fait des voyages **qui** l'avaient enrichi.

2.   Que, qu' (*objet direct*): *whom, which, that*

Que est le pronom relatif objet direct. Il remplace un nom de personne ou un nom de chose. **Que** s'élide en **qu'** devant une voyelle ou un **h** muet.

La jeune fille parlait de sa grand-mère, **qu'**elle n'aimait pas beaucoup.

Ils ont vendu les bibelots **que** nous préférions.

REMARQUE: Avec **que**, le participe passé du verbe qui suit s'accorde avec l'antécédent.

Je connais bien **la sténodactylo que** le directeur a engagé**e**.

3.   Souvent, les deux groupes (la proposition [*clause*] principale et la proposition subordonnée relative) s'ajoutent l'un à l'autre. La proposition relative suit immédiatement l'antécédent.

Gisèle a fait un voyage **qui** l'a intéressée.

Le Monde est un journal **que** les intellectuels lisent.

Quelquefois, la proposition relative est insérée (*inserted*) dans la principale.

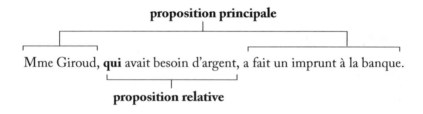

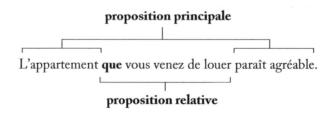

4. **Dont** (*objet de* **de**): *whose, of whom, of which*

a. **Dont** remplace **de** + un nom. **Dont** est placé immédiatement après l'antécédent. L'ordre des mots est toujours: **dont** + sujet + verbe + complément du verbe ou adjectif

J'ai plusieurs amis **dont** les enfants s'intéressent aux ordinateurs. (**dont** = **de mes amis**)

Ils vont envoyer leur fille à l'école **dont** je leur ai parlé. (**dont** = **de l'école**)

b. **Dont** exprime une relation de possession...

Françoise, **dont** le piano a été vendu, étudie maintenant la guitare. (**dont** = **de Françoise**)

...ou une relation de parenté.

J'ai un cousin **dont** le fils veut être matelot sur un voilier! (**dont** = **de mon cousin**)

c. **Dont** est employé avec un verbe construit avec **de (avoir besoin de, se servir de, avoir peur de, avoir envie de, manquer de,** etc.).

On achète souvent des choses **dont** on a envie et **dont** on n'a pas vraiment besoin. (**dont** = **des choses**)

d. **Dont** est employé avec un adjectif construit avec **de (être content de, fier de, amoureux de, dégoûté de,** etc.).

Les étudiants écrivent des rédactions **dont** ils sont fiers et **dont** le professeur n'est pas toujours satisfait. (**dont** = **des rédactions**)

e. La proposition relative qui commence par **dont** peut s'ajouter à la proposition principale ou s'insérer dans la proposition principale.

Nous avons un micro-ordinateur **dont** nous nous servons tous les jours.

Daniel, **dont** le père était sportif, faisait du ski avec lui.

Exercice 16.1

Combinez les phrases suivantes. Mettez le pronom relatif qui convient: **qui** ou **que (qu')**.

Modèle: J'écris souvent à **mon grand-père**. **Mon grand-père** habite à la campagne.

*J'écris souvent à mon grand-père, **qui** habite à la campagne.*

Elle téléphone à **son ami**. Elle ne voit pas souvent **son ami**.

*Elle téléphone à son ami, **qu'**elle ne voit pas souvent.*

1. Tout le monde aimait sa mère. Sa mère était affectueuse.
2. Son père est mort d'une maladie. Personne ne savait soigner cette maladie, à l'époque.
3. Elle regrette le piano. On a vendu le piano.
4. On a renvoyé la gouvernante. La gouvernante n'enseignait rien aux enfants.
5. Ses parents n'ont pas d'argent pour la pension. Il faut payer la pension.
6. C'est Paul qui a fait cuire la côtelette d'agneau? J'ai mangé la côtelette.
7. Elle a mis l'argent à la caisse d'épargne. Elle a économisé l'argent.
8. Le monsieur est un agent d'assurances. Le monsieur vous a téléphoné.

Exercice 16.2

Combinez les phrases suivantes avec **dont**.

Modèle: Vous avez fait **un travail**. Vous pouvez être fier **de ce travail**.

*Vous avez fait un travail **dont** vous pouvez être fier.*

1. Françoise ne voyait pas souvent son père. On parlait de son père comme d'un héros.
2. Il était parti pour une mission. Le gouvernement l'avait chargé de cette mission.
3. Ces personnes ont eu des revers de fortune. Elles ne veulent pas se souvenir de ces revers de fortune.
4. Françoise n'a pas fait les études. Elle rêvait de ces études.

5. Les côtelettes ne la rendaient pas malade. La grand-mère se nourrissait de côtelettes.

6. La brosse est très dure. Elle se sert de la brosse pour se brosser les cheveux.

7. Vous avez de la chance; vous réussissez toutes les choses. Vous vous occupez de ces choses.

8. J'aimerais bien acheter les bibelots. J'ai envie de ces bibelots.

---

5. **Lequel** (*objet de préposition*)

a. **Lequel** s'emploie après une préposition. Il remplace un nom de personne ou un nom de chose. Il a les mêmes formes que le pronom interrogatif de choix.

	masc.	fém.
sing.	lequel	laquelle
pl.	lesquels	lesquelles

Mes amis ont une fille **pour laquelle** ils ont tout sacrifié.

Suzanne a un piano **sur lequel** elle fait des gammes (*scales*) tous les jours.

Voici des prépositions courantes qui précèdent ces pronoms:

dans	pour	parmi (*among*)
avec	entre	selon (*according to*)
chez	par (*by, through*)	d'après (*according to*)

REMARQUE: Si l'antécédent est un nom de personne, on peut avoir **qui: avec qui, chez qui, sans qui.** (*Exception:* la préposition **parmi**; il faut dire **parmi lesquels**.)

Elle a épousé un jeune homme **avec qui** (**lequel**) elle avait suivi des cours de biologie.

À l'université, j'avais des amis **parmi lesquels** il y avait beaucoup d'étrangers.

b. **Auquel, auxquels:** contractions avec **à**
Si la préposition est **à**, on a les contractions suivantes: **auquel, auxquels, auxquelles.** Au féminin singulier, il n'y a pas de contraction: **à laquelle.**

Elle a des parents **auxquels** elle n'écrit jamais.

Voilà une solution **à laquelle** je n'avais pas pensé.

c. **Duquel, desquels**: contractions avec **de**

Si la préposition est longue et composée avec **de** (**au sujet de, à propos de,** etc.), on a les contractions suivantes: **duquel, desquels, desquelles**. Au féminin singulier, il n'y a pas de contraction: **de laquelle**.

C'est une question **à propos de laquelle** nous ne sommes pas d'accord.

Si l'antécédent est un nom de personne, on peut employer **de qui** à la place de **duquel**, etc.

Gabrielle avait un parrain, **à la charge de qui** ses parents l'ont laissée.

ATTENTION: Avec les prépositions longues, il ne faut jamais employer **dont**.

C'est agréable d'avoir des enfants **au sujet desquels** on ne se fait pas de soucis.

L'Élysée est une grande propriété **à l'intérieur de laquelle** il y a des jardins magnifiques.

Voici des prépositions longues suivies de **de**:

au-dessus de	*above*	**en face de**	*opposite*
au-dessous de	*below*	**au sujet de**	*about*
au milieu de	*in the middle of*	**à l'intérieur de**	*inside*
à propos de	*about*	**à l'extérieur de**	*outside*
autour de	*around*	**à la charge de**	*in the care of*

d. **Lequel** comme sujet

On emploie **lequel, laquelle**, etc. comme sujets, dans un style littéraire, dans une phrase où il y a un doute sur l'antécédent, ou quand il y a plusieurs autres **qui**.

Le propriétaire a renvoyé le chèque au locataire, **lequel** a dû payer un loyer plus élevé.

Françoise a présenté sa mère à la directrice, **laquelle** n'a pas été très polie.

6. Où (*adverbe*): *where, in which, on which, etc.*

a. **Où** remplace **dans lequel, sur laquelle**, etc.

Je ne trouve pas le magasin **où** elle a acheté cet objet d'art.

b. **D'où** (*from where, from which*) remplace **duquel, de laquelle,** etc.

   Connaissez-vous la ville **d'où** il vient?

c. **Par où** (*through which*) remplace **par lequel, par laquelle,** etc.

   Il a des photos des pays **par où** il est passé pendant son voyage.

d. **Où** signifie *when* dans les expressions suivantes:

   le jour **où**, l'année **où**, etc.   *the day **when**, the year **when**, etc.*

REMARQUE: Souvent, après un pronom relatif, on a l'inversion simple du nom sujet. L'ordre est: pronom relatif + verbe + nom sujet.

   Elle a vendu le bijou **que** lui **avait donné son ami.**

   Voilà la maison **où vivaient les étudiants.**

Exercice 16.3

Mettez dans l'espace indiqué le pronom relatif qui convient: **qui** ou **lequel, laquelle, lesquels, lesquelles.**

   Modèle: Je rêvais de mon père pour _____ **j'avais de l'admiration.**

   *Je rêvais de mon père pour **lequel** (ou **qui**) j'avais de l'admiration.*

1. Quelle enfance! À la pension, j'avais des camarades parmi _____ je me suis fait des amies pour la vie.

2. J'avais une institutrice devant _____ j'étais paralysée de peur.

3. Mais il y a les bons souvenirs: les arbres sous _____ nous pique-niquions quand j'étais petite étaient remplis d'oiseaux.

4. Un de nos cousins avait une propriété derrière _____ il faisait pousser des kiwis que nous dégustions avec plaisir.

5. J'avais quelques cousines aussi avec _____ ma sœur et moi passions nos vacances.

6. J'ai travaillé dans une librarie toute une année, pendant _____ j'ai beaucoup appris.

Exercice 16.4

Mettez **à qui** ou **auquel, auxquels, auxquelles, à laquelle** dans l'espace indiqué.

Modèle: La banque_____ **j'ai envoyé une demande d'emploi ne m'a pas répondu.**

*La banque **à laquelle** j'ai envoyé une demande d'emploi ne m'a pas répondu.*

1. Ma mère avait des difficultés _____ elle ne savait pas faire face.

2. Alors, après mon année dans la librairie, pour continuer à gagner ma vie, j'ai voulu essayer le travail de bureau. Le premier bureau _____ je me suis adressée ne m'a jamais répondu. Mais j'ai persisté et vite trouvé un emploi.

3. Ma sœur, elle, après s'être rebellée contre mon père, _____ elle refusait d'obéir, a fini par s'entendre avec lui.

4. Elle a gardé beaucoup d'amies de pension _____ elle tient énormément.

5. Parmi ses amis, il y en a beaucoup _____ elle pense encore tous les jours.

6. Une amie _____ elle écrit tous les mois lui répond aussi régulièrement.

Exercice 16.5

Combinez les phrases suivantes avec la préposition en italique + **qui** ou la forme de **lequel** qui convient.

Modèle: Le locataire a parlé au propriétaire de son loyer. Il n'est pas d'accord *au sujet de* **son loyer.**

*Le locataire a parlé au propriétaire de son loyer **au sujet duquel** il n'est pas d'accord.*

1. Suzanne a quitté ses parents. Elle ne voulait plus être *à la charge de* ses parents.
2. Ils ont loué un appartement. L'autoroute passait *à côté de* l'appartement.
3. Ma mère a ouvert une agence immobilière. *En face de* cette agence, il y a un marchand de glaces.
4. Josée et Michel sont partis pour faire le tour du monde. *En vue de* ce tour du monde ils avaient fait des préparatifs pendant des mois.
5. Dans cet ancien cratère il y a un lac. *Au milieu du* lac, on peut voir une île.
6. Cet acteur s'est fait construire un château. *À l'extérieur du* château, il y a une réserve d'animaux sauvages (*game preserve*).

Exercice 16.6

Combinez les phrases suivantes. Utilisez où, par où, d'où.

Modèle: Elle a ouvert plusieurs comptes dans une banque. Elle les a laissés dans cette banque pendant plusieurs années.

> *Elle a ouvert plusieurs comptes dans une banque **où** elle les a laissés pendant plusieurs années.*

1. Elle n'aimait pas la pension. Elle a été interne dans cette pension.
2. J'ai vu beaucoup d'hôtels dans cette rue. Je suis passée par la rue.
3. On a revendu le piano au magasin. Il venait de ce magasin.
4. Je vais placer mon argent dans cette banque. Le taux d'intérêt est plus élevé dans cette banque.
5. Nous n'allons pas nous arrêter dans les pays. Vous êtes passés par ces pays.
6. Tu n'as jamais visité la province? Je viens de cette province.
7. Les amoureux célèbrent toujours le jour. Ils se sont rencontrés ce jour.

GRAMMAIRE: LE PRONOM RELATIF SANS ANTÉCÉDENT

Quand le pronom relatif n'a pas de nom antécédent, on a les formes suivantes:

sujet	**ce qui**	what, that which
objet direct	**ce que**	what, that which
objet de **de**	**ce dont**	what, that of which, about which
objet de prép.	**ce à quoi** **avec quoi** **sans quoi**	what, that to which with which without which

1. **Ce qui** est sujet; il représente une phrase entière qui précède ou annonce une idée exprimée plus loin et qui est parfois introduite par **c'est** ou **ce sont**.

    Ma mère m'a influencée, **ce qui** est normal.

    *My mother influenced me, **which** is normal.*

    Ce qui me plaît, c'est son accent.

    ***What** I like is her accent.*

2. **Ce que** est objet direct; il signifie **la chose que, les choses que** (*what, that which*).

    Je ne comprends pas **ce que** vous dites.

    *I do not understand **what** you say.*

    Ce que je voudrais faire, c'est voyager.

    ***What** I would like to do is to travel.*

3. **Ce dont** est objet de **de** et signifie **la chose dont, les choses dont** (*what, that of which*).

    Je lui ai donné **ce dont** elle avait envie.

    *I gave her **what (that of which)** she wanted.*

    Ce dont j'ai besoin, c'est de dormir.

    ***What (That of which)** I need is to sleep.*

4. **(Ce) à quoi, avec quoi, sans quoi** sont objets de préposition; ils signifient **la chose à laquelle, avec laquelle, sans laquelle,** etc. Il faut ajouter **ce** au début d'une phrase.

Je ne sais pas **avec quoi** elle vit.

*I don't know **what** she lives on.*

Ce à quoi je rêve en hiver, c'est une île du Pacifique.

***What** I dream of in winter is an island in the Pacific*

5. **tout ce qui, tout ce que, tout ce dont** (*everything*)

Je ne comprends pas **tout ce qu'**elle dit.

Il m'a donné **tout ce dont** j'avais besoin.

6. **de quoi**

Le relatif **de quoi** se trouve dans les expressions suivantes: **avoir de quoi payer, vivre, manger** (*to have enough to pay, live, eat*), **donner de quoi manger** (*to give something to eat*).

Dans certains pays, les gens n'ont pas **de quoi manger**.

Quelques étudiants n'ont pas **de quoi payer** leur loyer.

REMARQUE: On entend souvent, en réponse à «Merci», l'expression «Il n'y a pas de quoi». Cela n'est pas recommandé. Il vaut mieux dire «De rien» ou «Je vous en prie».

Exercice 16.7

Complétez les phrases suivantes avec le pronom qui convient: **ce qui, ce que, ce dont**.

1. La mère de Françoise a joué un rôle important dans la vie de sa fille, _____ est normal.

2. Cet étudiant est très bavard, _____ je ne supporte pas.

3. Françoise savait très bien _____ elle voulait.

4. Elle n'a pas compris _____ il est question.

5. _____ me plaît dans notre appartement, ce sont les deux étages.

6. On n'a pas dit à la grand-mère _____ était arrivé.

7. La femme de chambre ne fait pas _____ je lui dis.

8. _____ vous avez besoin, c'est de gagner votre vie.

Suite à la page suivante

9. Elle a eu une gouvernante anglaise, _____ est un signe de richesse.

10. _____ m'inquiète, c'est l'avenir de ma fille.

Exercice 16.8

Dans les phrases suivantes, mettez le pronom qui convient: à quoi, sans quoi, avec quoi, etc.

1. Il a acheté trop de vêtements; il n'a plus _____ payer son loyer!

2. Je me demande _____ elle fait vivre sa famille.

3. Son mari ne lui dit jamais _____ il pense.

4. Envoyez-moi des cartes postales de votre voyage; _____, nous ne serons plus amis.

LE SUBJONCTIF APRÈS UN PRONOM RELATIF

1. On trouve parfois le subjonctif après un relatif (voir page 318). Il faut que la proposition principale contienne:

   a. **le seul, le premier, le dernier, le plus, le moins, le meilleur** (une expression qui indique la singularité, la supériorité).

       Pierre est le seul étudiant **que** je **voie** tous les jours à la bibliothèque.

   b. **je cherche...** (quelque chose qui n'existe peut-être pas).

       Je cherche une personne **qui sache** parfaitement la grammaire française.

   c. une expression négative de doute ou une expression interrogative.

       Il n'y a pas une personne au monde **à qui** il **puisse** se confier.

       Y a-t-il quelqu'un ici **qui connaisse** le fonctionnement de cette machine?

2. Quelquefois on a le choix entre le subjonctif et l'indicatif.

    a. Le subjonctif indique une émotion, un doute, le sentiment que la chose qu'on cherche n'existe pas.

        Elle **cherche** une bonne **qui puisse** vivre à la maison.

    b. L'indicatif indique un fait réel; la chose qu'on cherche existe.

        La police **cherche** un enfant **qui a disparu** depuis six mois.

Exercice 16.9

Faites des phrases avec un pronom relatif et le vocabulaire suggéré.

    Modèle: Gagarine/ le premier homme/ voler dans une fusée (*rocket*) autour de la terre.

        *Gagarine est le premier homme **qui ait volé** dans une fusée autour de la*

        terre.

1. Christophe Colomb/ est-il le premier navigateur européen/ découvrir l'Amérique.

2. Le 15 avril/ le dernier jour/ on/ pouvoir payer ses impôts.

3. Madame Curie/ la première savante/ on/ donner deux prix Nobel.

4. Est-ce que Marilyn/ la seule actrice/ se suicider?

5. La Suisse/ le seul pays/ ne pas faire la guerre?

6. Est-ce que ce champagne/ le vin le moins cher/ tu/ trouver dans ce magasin?

Exercice 16.10

Faites des phrases avec un pronom relatif. Commencez chaque phrase par (1) Je connais; (2) Je cherche. Mettez le verbe qui suit au mode qui convient, indicatif ou subjonctif.

    Modèle: une femme de ménage/ faire la cuisine.

        Je connais *une femme de ménage **qui fait** la cuisine.*

        Je cherche *une femme de ménage **qui fasse** la cuisine.*

Suite à la page suivante

1. un chanteur/ vouloir donner un gala de charité.
2. des enfants/ obéir à leurs parents.
3. un banquier/ avoir de l'argent à nous prêter.
4. un mécanicien/ être consciencieux.
5. une psychologue/ pouvoir te conseiller.
6. une amie/ prendre le temps de m'écouter.

SUPPLÉMENTS DE GRAMMAIRE

PENDANT/ POUR

Les prépositions **pendant** et **pour** signifient *for* devant une expression de durée.

1. **Pendant** signifie *for, during* et s'emploie quand l'action est passée et achevée,

   Le docteur a attendu ses honoraires (*payment*) **pendant** six mois.

   ou quand l'action est au présent,

   Sa grand-mère se brosse les cheveux **pendant** une heure tous les jours.

   ou quand l'action est au futur.

   Elle restera en pension **pendant** trois ans.

REMARQUE: On peut omettre **pendant** devant une expression de durée qui contient un nombre ou les expressions **«toute la journée, toute la nuit»**, etc.

   Il a dormi une heure.   Ils voyageront deux semaines.

2. **Pour** signifie *for* (*a period of time to come* or *in the future*) et s'emploie générale-ment après les verbes **partir, s'en aller, sortir, venir,** etc.

   Tu pars **pour** trois jours.

   Ils s'en vont **pour** deux semaines.

   ou quand au verbe s'ajoute une idée d'intention, de but, de possibilité.

   Son père est parti **pour** deux ans en mission aux États-Unis.

   Nos locataires s'en vont à Tahiti **pour** trois mois et désirent sous-louer leur

   appartement.

REMARQUE: Pour ne peut pas être omis.

Exercice 16.11

Mettez la préposition, **pendant** ou **pour,** ou mettez X dans l'espace vide.

1. Après son accident, Paul est resté à l'hôpital_____
   trente-quatre jours.
2. Elle va avoir une opération. Elle entre à la clinique _____
   deux jours seulement.
3. L'année prochaine, je resterai dans une pension de famille
   _____ trois semaines.
4. Tous les jours, j'attends l'autobus _____ un quart
   d'heure au moins.
5. _____ mon absence, mon propriétaire a repeint mon
   appartement.
6. Avez-vous fait des provisions de champagne _____ la
   soirée du 31 décembre?
7. Josyane a écouté la radio _____ toute la nuit.
8. Mes cousins viendront nous voir _____ le week-end
   dans notre location au bord de la mer.

QUELQUE, QUELQUES, QUELQU'UN, QUELQUES-UNS, QUELQUES-UNES

1. **Quelque, quelques** sont adjectifs: ils accompagnent un nom. Le singulier
   quelque signifie **un certain**. On le trouve dans des expressions courantes:
   quelque chose, quelquefois, quelque part, quelque temps. Le pluriel
   quelques signifie un petit nombre, plusieurs.

   > Nous avons **quelques** minutes pour écouter vos malheurs.

2. **Quelqu'un** est un pronom. Il signifie une personne indéterminée; la forme du
   féminin est rare et peu employée. L'adjectif qui suit **quelqu'un** est au masculin
   et accompagné de **de**.

   > Ils ont rencontré **quelqu'un d'important** [= une personne importante].

3. **Quelques-uns** et **quelques-unes** sont des pronoms; ils signifient un petit nombre de personnes (hommes ou femmes) ou d'objets.

> Je vais vous présenter mes amis. **Quelques-uns** parlent français.
>
> Beaucoup d'Américaines sont sportives. **Quelques-unes** pratiquent plusieurs sports.

Exercice 16.12

Complétez les phrases avec les mots suivants: **quelque chose, quelque temps, quelque part, quelqu'un, quelques-uns, quelques-unes.**

1. Hier, ils ont lu pendant _____.
2. Où ai-je mis mon stylo? Je l'ai perdu _____.
3. Ils ne comprennent rien à ce film. Et toi, tu comprends _____?
4. Elle a rencontré _____ de fascinant à la soirée.
5. Tous mes amis sont bilingues. _____ parlent même trois langues.
6. J'ai beaucoup de fleurs dans mon jardin. Cueillez-en _____.
7. Pour faire vivre sa famille, ce monsieur a fait beaucoup d'emprunts. Il en a remboursé _____.
8. Beaucoup de bonnes en France sont portugaises. _____ ont du mal à s'adapter.
9. Pour_____, nous allons nous passer de lave-vaisselle.
10. As-tu vu mes clés _____? —Non.

CHAQUE, CHACUN, CHACUNE

1. **Chaque** est adjectif, féminin ou masculin. Il n'y a pas de pluriel.

> **chaque** enfant   **chaque** après-midi   **chaque** fleur

2. **Chacun** est un pronom masculin singulier (*each one*). **Chacune** est un pronom féminin singulier. Il n'y a pas de pluriel. Avec **chacun, chacune,** on doit employer le possessif **son, sa, ses** et le pronom **soi** (voir page 208).

Chacun pour soi et Dieu pour tous.

Les petites filles jouaient. Chacune avait sa poupée.

Exercice 16.13

Complétez les phrases suivantes avec **chaque, chacun, chacune.**

1. _____ soir, ils font une promenade dans le parc.
2. Tous leurs enfants sont mariés. _____ a sa propre maison.
3. Mes filles ont eu _____ un bébé cette année.
4. Pour Noël, _____ enfant reçoit des cadeaux.
5. Les petites filles jouaient dans la neige. _____ avait sa luge (*sled*).
6. _____ doit se préoccuper de son avenir.
7. _____ employé dans cette usine reçoit un bon salaire.
8. _____ paie une cotisation (*contribution*) pour la retraite.
9. _____ année, il faut penser à payer ses impôts.
10. Cette grand-mère est généreuse. Elle fait un cadeau à _____ de ses petits-enfants.

TRADUCTION

—Gilbert, are you happy with the apartment where you live?

—Not really. There are lots of problems that bother me. The apartment I rent is small, noisy, and located near a train station and a factory that pollutes the air I breathe.

—I am looking for a room that is larger, quieter, and in a neighborhood where I would not suffer from allergies. Do you know of a place that you could recommend? It is important for my studies that I find a place where I can move in soon. I cannot concentrate on my work, which annoys my teachers.

—As a matter of fact, I have a friend whose parents own a large house for students. They are looking for tenants. The rooms I have seen are large and bright (**clair**). The house is located near a park where there are lots of trees. Everything you want and need.

—But will I be able to afford the rent?

—What you have to pay is reasonable. I will talk to them about you.

—You are a real friend. Thank you for your help, which I will always remember.

RÉDACTION

Racontez votre enfance. Décrivez les membres de votre famille qui ont joué un rôle important dans votre vie. Ajoutez des détails—vrais ou inventés—sur la situation financière de vos parents et des membres de votre famille. Employez beaucoup de pronoms relatifs.

CHAPITRE 17

Les démonstratifs

BUT DE CE CHAPITRE

Dans ce chapitre, on vous explique:

- les formes et les emplois des adjectifs démonstratifs: **ce, cette, cet, ces**
- les formes et les emplois des pronoms démonstratifs
  - forme simple: **celui, celle, ceux, celles**
  - forme composée: **celui-ci, celle-ci**, etc.
- la forme neutre du pronom démonstratif: **ce, ceci, cela**
- emploi de **c'est** vs **il/elle est**
- l'emploi du verbe «**manquer**»
- les différents verbes de mouvement

THÈMES DU CHAPITRE

- une promenade dans Paris
- l'achat d'une voiture

VOCABULAIRE

attirer to attract

bourse (*f.*) (*here*) stock exchange

cohabitation (*f.*) coexistence

comptant (*m.*) cash

épicerie (*f.*) grocery, convenience store

gaffe (*f.*) blunder **faire une gaffe** to blunder, goof

liasse (*f.*) wad

livrer to deliver

liquide (*m.*) **(en)** cash

marque (*f.*) brand

mensualité (*f.*) (monthly) installment

poche (*f.*) pocket

pont (*m.*) bridge

rangé stored, organized

rive (*f.*) (river) bank

suffire to be enough

vendeur(-euse) salesperson

VOCABULAIRE SUPPLÉMENTAIRE

carnet (*m.*) **de chèque, chéquier** (*m.*) checkbook

concessionnaire (*m.*) auto dealer(ship)

emprunt (*m.*) loan (*from the borrower's side*)

emprunter to borrow

endosser to endorse

hypothèque (*f.*) mortgage

prêt (*m.*) loan (*from the bank's side*)

prêter to loan

taux (*m.*) **d'intérêt** interest rate

LECTURE

NOTES CULTURELLES

Promenade dans Paris[1]

La capitale a toujours été un des hauts lieux (*landmarks*) de la littérature et des arts et attire encore les écrivains et les artistes du monde entier. La Seine traverse Paris en formant des méandres (*twists and turns*), et on la traverse sur des ponts célèbres, pont Neuf, pont des Arts, pont de l'Alma, dont chacun a une histoire et un style particulier. Chaque rive a son caractère bien défini: «la rive gauche qui pense» (le quartier Latin, les Grandes Écoles) et «la rive droite qui dépense» (le quartier de

---

1.   Dans Paris = inside Paris as opposed to à Paris, in Paris

la Bourse, de l'Opéra, les Grands Magasins). Les touristes «traditionnels» veulent voir le Louvre, Notre Dame, la Tour Eiffel. Mais le Paris secret, moins connu, se cache: les jardins du Palais-Royal en sont un exemple. Il y a aussi la Promenade plantée, aussi nommée la coulée verte (*green alley, garden walkway*), sur l'ancienne ligne du train Bastille-Vincennes, le Parc Montsouris, le Parc Monceau, le Canal Saint-Martin, l'Île Saint-Louis.

La cohabitation ethnique

Chaque quartier de Paris présente un intérêt différent, une unité architecturale ou ethnique. Dans le Marais, on trouve une communauté juive vivante et colorée, avec ses magasins «kosher». Dans le quartier de Belleville, qu'on appelle le Petit Saïgon, résident une majorité de Vietnamiens. Dans le quartier de la Goutte d'or, on trouve une grande concentration de musulmans, de maghrébins et des noirs d'Afrique centrale. Cette diversité ethnique est un des caractères importants du Paris moderne. La fraternité culturelle et les échanges entre diverses ethnies suggèrent plus qu'une possibilité de cohabitation dans la paix: une amitié, une relation affectueuse entre des personnes d'origine et de croyance différentes. La relation entre M. Ibrahim et Momo en est un exemple.

PROFIL DE L'AUTEUR

Éric-Emmanuel Schmitt (1960–), un des auteurs les plus lus de sa génération, vit à Bruxelles. Il est normalien (titulaire du diplôme de l'École Normale Supérieure) et docteur-ès-Lettres. Il a été maître de conférence en philosophie à l'université de Savoie. Connu d'abord pour ses pièces de théâtre, jouées en France, en Belgique et en Suisse, il a reçu trois «Molières» (prix décernés aux meilleurs auteurs dramatiques). *Oscar et la dame en rose* est cité, d'après un sondage, comme «l'ouvrage qui a changé la vie des lecteurs».

Monsieur Ibrahim et les fleurs du Coran est à l'origine une pièce de théâtre tournée en film, avec l'acteur Omar Sharif (César du meilleur acteur en 2004) dans le rôle de M. Ibrahim. Dans ce récit, un adolescent juif, Moïse, dit Momo, abandonné par sa mère, puis par son père dépressif et suicidaire, vit seul dans un appartement d'un quartier pauvre de Paris. Il fait ses courses dans une épicerie du quartier tenue par un vieil homme d'origine turque, M. Ibrahim, qui ferme les yeux quand Momo n'a pas d'argent et lui vole des provisions. Petit à petit, le jeune garçon et le vieil homme s'attachent l'un à l'autre, au point que M. Ibrahim décide d'adopter l'enfant. Ce livre donne un exemple de l'existence possible de fraternité entre différentes ethnies.

Lecture: *Promenade dans Paris* (de *M. Ibrahim et les fleurs du Coran*) par Éric-Emmanuel Schmitt

Le lendemain, monsieur Ibrahim m'emmena à Paris, le Paris joli, celui des photos, des touristes. ...On a marché dans les jardins des Champs-Élysées. Puis rue du Faubourg-Saint-Honoré, où il y avait plein de magasins qui portaient des noms de marque, Lanvin, Hermès, Saint Laurent, Cardin...* ça faisait drôle, ces boutiques immenses et vides, à côté de l'épicerie de monsieur Ibrahim, qui était pas plus grande qu'une salle de bains [...].

M. Ibrahim décide d'adopter Momo. Cela prend plusieurs mois de démarches.

Le jour où on l'a eu, le papier, le fameux papier qui déclarait que j'étais désormais le fils de celui que j'avais choisi, monsieur Ibrahim décida que nous devions acheter une voiture pour fêter ça...

Nous sommes allés chez le garagiste.

—Je veux acheter ce modèle. C'est mon fils qui l'a choisi....

—Avez-vous le permis, monsieur?

—Bien sûr.

Monsieur Ibrahim sort de son portefeuille... un document écrit en arabe.

—C'est un permis de conduire, ça?

—Ça se voit, non?

—Bien. Alors nous vous proposons de payer en plusieurs mensualités....

—Quand je vous dis que je veux acheter une voiture, c'est que je peux. Je paie comptant.

Il était très vexé, monsieur Ibrahim. Décidément, ce vendeur commettait gaffe sur gaffe (*one blunder after another*).

—Alors faites-nous un chèque de...

—Ah mais ça suffit! Je vous dis que je paie comptant. Avec de l'argent. Du vrai argent.

Et il posa des liasses de billets sur la table, de belles liasses de vieux billets rangées dans des sacs plastique. [...]

—Mais... mais... personne ne paie en liquide... ce... ce n'est pas possible...

—Eh bien quoi, ce n'est pas de l'argent, ça? ...Momo, est-ce que nous sommes entrés dans une maison sérieuse?

...Deux jours après, on nous livrait la voiture, devant l'épicerie... il était fort monsieur Ibrahim.

Note: *Noms de couturiers qui ont des boutiques de luxe

COMPRÉHENSION DU TEXTE

1. Relevez démonstratifs du texte.
2. Où se trouvent les magasins Lanvin, Hermès, etc.? Quelles sont leurs caractéristiques? En quoi sont-ils différents de l'épicerie de M. Ibrahim?
3. Dans quels quartiers de Paris M. Ibrahim et Momo se sont-ils promenés?
4. Quels sont les sentiments que M. Ibrahim et Momo expriment quand ils disent: «M. Ibrahim», «mon fils»?
5. Qu'est-ce que M. Ibrahim propose de faire pour «fêter ça»? Que vont-ils acheter et où vont-ils aller?
6. Qu'est-ce que le vendeur demande à M. Ibrahim? Comment est le document que M. Ibrahim lui montre?
7. Comment le garagiste propose-t-il à M. Ibrahim de payer? Comment M. Ibrahim veut-il payer? Que sort-il de sa poche?

GRAMMAIRE: L'ADJECTIF DÉMONSTRATIF

FORMES

Voici les formes de l'adjectif démonstratif. Il se place devant le nom comme un article. Il sert à montrer.

	masc.	fém.	
sing.	ce, cet	cette	this, that
pl.	ces	ces	these, those

EMPLOIS

1. **Ce**: On emploie **ce** au masculin singulier devant un nom à consonne initiale ou **h** aspiré[2] initial.

    ce paquet   **ce** Hongrois

2. **Cet**: On emploie **cet** au masculin singulier devant un nom à voyelle initiale ou **h** muet initial. Le **t** est prononcé.

    cet enfant   **cet** homme

3. **Cette**: On emploie **cette** devant tous les noms féminins singuliers. Même ceux qui commencent par un **h** aspiré.

    cette dame   **cette** idée   **cette** halte   **cette** horreur

4. **Ces**: On emploie **ces** devant tous les noms pluriels, masculins ou féminins.

ces paquets	**ces** Hongrois	**ces** horreurs
ces hommes	**ces** dames	**ces** enfants
ces haltes	**ces** idées	

5. Pour opposer deux personnes ou deux choses—l'une proche, l'autre éloignée —on ajoute **-ci** ou **-là** après le nom.

    ce livre**-ci** = *this book* (***here***)

    ce livre**-là** = *that book* (***there***)

    Souvent, **-ci** et **-là** n'indiquent pas toujours la proximité ou l'éloignement mais peuvent opposer simplement deux objets différents.

    Qu'est-ce que vous préférez: **ce** tableau**-ci** ou **ce** tableau**-là**?

REMARQUES:

- Le français est moins précis que l'anglais et on dit indifféremment **ce livre** pour ***this*** *book* ou ***that*** *book*.
- Voici des expressions courantes où l'adjectif démonstratif **ce** (sans **-ci** ou **-là**) a un sens bien précis:

---

2.   Le **-s** de **ces** est prononcé /z/ devant une voyelle ou un **h** muet. Il n'est pas prononcé devant une consonne ou un **h** aspiré.

ce matin = *this morning*

ce soir = *tonight*

cette année = *this year*

Comparez avec:

ce matin-là = *that morning* (a very specific morning)

ce soir-là = *that evening*

cette année-là = *that year*

Exercice 17.1

Refaites les phrases suivantes en remplaçant l'article en italique par un adjectif démonstratif.

1. Mon fils, regarde! Voici le pont des Arts. *Le* pont est une voie piétonne.
2. Et tu as vu toutes les voitures dans le magasin? *La* voiture dans le fond me plaît.
3. Ah, le quartier du Louvre... il est ancien. Je connais bien *l'*endroit. Et toi? Non? Alors, allons-y!
4. Que tu es curieux, Momo! Tu voudrais vraiment voir toutes *les* expositions?
5. As-tu visité *les* monuments? Non? Et *l'*église? Alors, visitons-les!
6. Eh bien! Nous en avons vu des choses! Allons donc prendre un verre dans les jardins du Palais-Royal. Je me demande pourquoi *les* jardins sont secrets.
7. *Le* citron pressé n'était pas assez sucré, hein?
8. Bon, reprenons le chemin du retour. Tu te souviens? Quand je marche longtemps dans *la* ville je me fatigue.
9. Alors, mon fils? Tu t'es bien amusé? *La* journée de visite de Paris t'a plu?

GRAMMAIRE: LE PRONOM DÉMONSTRATIF

Le pronom démonstratif remplace un nom accompagné d'un adjectif démonstratif. Il s'accorde en genre et en nombre avec le nom qu'il remplace.

FORMES

Il y a une forme simple et deux formes composées.

	Forme simple		Forme composée	
	masc.	*fém.*	*masc.*	*fém.*
sing.	celui	celle	celui-ci celui-là	celle-ci celle-là
pl.	ceux	celles	ceux-ci ceux-là	celles-ci celles-là

REMARQUES:

- Les formes du pronom démonstratif sont comparables aux formes des pronoms disjoints.

  celui/ lui   celle/ elle   ceux/ eux   celles/ elles

- L'*adjectif* a une seule forme au pluriel: **ces** (*m.* et *f.*) Le *pronom* a deux formes au pluriel: **ceux** (*m.*) et **celles** (*f.*)

EMPLOIS

1. La forme composée **celui-ci, celle-ci/ celui-là, celle-là**

a. On emploie la forme composée du masculin et du féminin pour opposer deux objets distincts quand on doit faire un choix,

   Dans quel café allons-nous nous arrêter?

   Dans **ce** café-**ci** ou dans **ce** café-**là**?

   Dans **celui-ci** ou dans **celui-là**?

   ou pour décrire les qualités respectives de deux personnes, de deux objets différents.

   Ces deux livres ont des qualités, mais **celui-ci** est plus intéressant que **celui-là**.

b. Cette forme traduit aussi *the latter* (**celui-ci, celle-ci**) et *the former* (**celui-là, celle-là**).

   Pierre et son père se ressemblent beaucoup, mais **celui-ci** a les cheveux blancs, tandis que **celui-là** est blond.

2. La forme simple **celui, celle, ceux, celles**

On emploie la forme simple du pronom démonstratif principalement dans deux cas:

a. Avec un pronom relatif

celui qui	*the one who* (*that*)
celle que	*the one who* (*that*)
ceux dont	*those of whom* (*of which*)
celles à qui	*those to whom* (*to which*)
celles avec lesquelles	*those with whom* (*with which*)

Paris est un enchantement pour tous **ceux qui** la visitent.

b. Avec la préposition **de**

celui de ⎱
celle de ⎰ *the one of, that of*

ceux de ⎱
celles de ⎰ *the ones of, those of*

J'ai mes livres et **ceux de** Bernard.

*I have my books and **Bernard's**.*

Ma grand-mère et **celle de** Jeanne ont le même âge.

*My grandmother and **Jeanne's** are the same age.*

C'est la traduction du cas possessif anglais: *Bernard's, Jeanne's.*

Exercice 17.2

Refaites les phrases suivantes en remplaçant les expressions en italique par des pronoms démonstratifs.

Modèle: **Ce pont-là est plus haut que** *ce pont-ci.*

Ce pont-là est plus haut que **celui-ci**.

1. Chez le marchand de voiture: Ce vendeur-là est maladroit. *Ce vendeur-ci* est plus habile.

2. Il vante les caractéristiques de cet engin-ci et de *cet engin-là.*

3. Cette voiture-ci est plus chère que *cette voiture-là.*

Suite à la page suivante

4. Le vendeur me dit que ces documents-ci sont illisibles et que *ces documents-là* sont plus clairs.

5. Il me demande si j'ai ces autorisations-ci et où sont *ces autorisations-là.*

6. Pour moi la question ne se pose pas non plus de savoir si je vais payer avec cette carte-là ou *cette carte-ci.*

7. J'ai mis mes dollars dans ce portefeuille-ci et mes euros dans *ce portefeuille-là.*

Exercice 17.3

Complétez les phrases suivantes avec la forme simple du pronom démonstratif: celui, celle, ceux, celles.

1. Mes cousins ne savaient pas s'ils prendraient leur voiture ou _____ de leurs parents.

2. Nous comparons les avantages de la vie à Paris à _____ de la vie à la campagne.

3. L'employé du bureau d'adoption est plus aimable que _____ de la banque.

4. Je préfère le Paris des quartiers secrets à _____ des touristes.

5. Cet ouvrage parle de l'Égypte. (La voyageuse) _____ qui le lira y trouvera des renseignements sur ce pays.

6. J'ai perdu les clés de ma maison et _____ de ma voiture.

7. Je tenais beaucoup à ce miroir. C'est _____ que ma grand-tante m'a laissé en héritage.

8. Les conseils que je vous donne sont _____ que m'a donnés l'agence de voyages.

La forme neutre du pronom: **ce, ceci, cela** *(this, that)*

Il existe une forme de pronom démonstratif qui n'est ni masculin, ni féminin. C'est la forme neutre **ce**. **Ce** est la forme simple: combiné avec **-ci** et **-là** ce pronom devient **ceci, cela**. Dans la langue familière, **cela** est contracté en **ça**.

REMARQUE: Il n'y a pas d'accent sur **cela** ni sur **ça**.

1. **Ce**: La forme **ce** apparaît dans **c'est, ce qui, ce dont,** etc.

2. **Ceci** désigne un objet proche et **cela** un objet éloigné, ou deux objets distincts que l'on montre du doigt.

> Aide-moi à laver la vaisselle: je laverai **ceci**, et tu laveras **cela**.

3. **Ceci** annonce une phrase qui suit. **Cela (ça)** rappelle une phrase qui précède.

> Écoutez bien **ceci**: je commence à m'énerver!
>
> Venez à minuit: **cela** ne me dérangera pas.

4. Avec le verbe **être**, on emploie **ce** ou **c'**. Avec **cela** on emploie un verbe autre qu'**être**.

> Venez à minuit: **c'est** important.   **Ça** ne me dérange pas.

Exceptions: Dans les expressions **cela m'est égal (ça m'est égal), cela m'est indifférent (ça m'est indifférent)**, on emploie **cela** avec le verbe **être**.

Exercice 17.4

Complétez les phrases suivantes avec la forme correcte du pronom neutre: ce, cela, ça, ceci.

1. _____ est dingue comme Momo aime bien se promener avec moi!

2. _____ est vrai que notre quartier a _____ d'agréable: il a beaucoup de jardins publics.

3. Mais une longue promenade dans Paris, _____ est toujours une expérience pleine de surprises.

4. Cependant, marcher toute la journée dans une grande ville, _____ est fatigant et _____ demande de l'énergie.

5. Quand il pleut, _____ peut gâter votre plaisir.

Suite à la page suivante

6. Alors le métro a des avantages: _____ va plus vite que l'autobus.

7. Mais le mieux _____ est d'avoir une voiture.

8. _____va me faire plaisir d'en chercher une dans le catalogue.

9. Si je paie comptant, _____me fera économiser de l'argent.

10. Mais _____ qui inquiète Momo, _____ est que je n'ai pas de permis de conduire.

C'est/il est, elle est (*it is*)

1. Si on peut poser la question **Qu'est-ce que c'est?**, la réponse est **c'est un (une, le, la)** ou **c'est des (ce sont des)**.

    On montre un livre: —**Qu'est-ce que c'est?**

                                  —**C'est un** livre.

    On montre des livres: —**Qu'est-ce que c'est?**

                                  —**C'est des** livres. **Ce sont des** livres.

2. Si on peut poser les questions **Où est-il?, Où est-elle?, Comment est-il?, Comment est-elle?**, la réponse est **il est, elle est**.

    On cherche un livre: —**Où est-il?**

                                  —**Il est** sur la table.

REMARQUE: On reprend dans la réponse les deux derniers mots de la question.

    Qu'est-ce que **c'est?** —**C'est un**...   Où est-**il?** —**Il est**...

    Comment **est-elle?** —**Elle est**...

3. Avec un adjectif, **c'est** est plus courant que **il est**. L'adjectif qui suit est toujours masculin singulier. **C'est** rappelle ce qui précède. **Il est** annonce un groupe qui suit.

    Il est évident que vous avez raison.   (**C'est** *est possible.*)

    Vous avez raison: **c'est** évident.   (**Il est** *est impossible.*)

REMARQUES:

- Si le véritable sujet du verbe être est un infinitif, on a **il est** ou **c'est** quand l'infinitif suit.

  Il est dangereux de **faire du ski** seul.

  C'est dangereux de **faire du ski** seul.

- On a **c'est** (jamais **il est**) quand l'infinitif précède.

  Vous aimez **faire du ski**? —Oui, c'est amusant, mais c'est dangereux.

- Il y a une attraction de l'adjectif démonstratif qui suit. L'adjectif est neutre (i.e. masculin)

  C'est triste et beau, **cette** histoire.

- Cette construction-ci est plus courante que la construction suivante:

  Elle est triste et belle, **cette** histoire.

4. On emploie **c'est** ou **il est** avec les expressions de temps. Comparez les phrases suivantes:

Il est	C'est
Il est l'heure.	**C'est** l'heure.
Quelle heure **est-il?**	Quel jour **est-ce?**
Il est midi.	**C'est** aujourd'hui mardi.
Il est tôt.	**C'est** tôt.
Il est tard. (remarque dans l'asolu)	Deux heures du matin, **c'est** tard pour aller se coucher.
Il est temps de partir.	

5. Pour l'emploi de **c'est** ou **il est, elle est** avec des noms de profession, de religion et de nationalité, voir page 124.

Exercice 17.5

Mettez la forme qui convient dans les phrases suivantes: ce, cela ou il.

1. _____ est toujours difficile de choisir _____ qu'on veut faire dans la vie.

2. _____ est indispensable de conduire lentement sur les routes de campagne.

Suite à la page suivante

3. Notre appartement est assez grand, mais _____ n'est pas confortable.

4. _____ est mercredi aujourd'hui. —Quelle chance! Pour moi, _____ est le meilleur jour de la semaine.

5. On dîne à dix heures du soir dans cette famille: _____ est tard pour les enfants qui vont à l'école le lendemain.

6. Quelle heure est-il? —Onze heures. _____ est tard, je vais me coucher.

7. _____ est temps que vous vous aperceviez de vos erreurs.

8. _____ est complètement idiot, cette politique du président.

9. Accumuler des dettes, _____ est toujours un risque.

10. Leur demande d'adoption a été refusée. _____ est dommage!

SUPPLÉMENTS DE GRAMMAIRE

MANQUER (*TO MISS, TO LACK*)

Le verbe **manquer** a plusieurs constructions et des sens différents.

1. **Manquer** + objet direct signifie *to miss* (*a train, a bus, a plane, a class, an event*).

Philippe **manque** toujours les cours de chimie.

Hier, j'**ai manqué** un excellent programme sur la Russie.

2. **Manquer** + **de** + nom sans article signifie *to lack*.

Vos parents **manquent-ils d'**intérêt pour les sports?

Cet enfant terrible **manquait de** discipline.

Ton gâteau **ne manque pas de** sucre?

REMARQUE: **ne manquer de rien** = *to have everything*

3. **Manquer** + **à** + nom a plusieurs sens: *to fail; to break one's word; to be missed by (someone).*

Ce jeune homme **a manqué à** sa promesse de travailler mieux.

*This young man **failed** to keep his promise to work better.*

Il **a manqué à** sa parole de ne plus tricher.

*He **broke** his word not to cheat any more.*

Vous me **manquez**. Elle **manque** à ses parents.

*I **miss** you. Her parents **miss** her.*

REMARQUES:

- Vous **me manquez** = *I miss you.* L'ordre en français est l'inverse de l'ordre en anglais.
- *I missed you* peut se traduire par **Je t'ai manqué** ou **Je vous ai manqué** seulement dans les circonstances suivantes: Vous quittez une fête juste avant qu'un de vos amis arrive. Il peut vous dire: «Je suis arrivé cinq minutes après ton départ. Je t'ai manqué».

4. **Il manque** (*verbe impersonnel*) + objet indirect signifie *to be missing, to be short.*

La caissière était inquiète: **il lui manquait** trente euros.

*The cashier was worried: **she was missing** thirty euros.*

Je ne peux pas acheter cette chaîne, parce qu'il **me manque** cent dollars.

*I can't buy this stereo because **I'm short** one hundred dollars.*

Exercice 17.6

Traduisez les groupes en italique.

1. Claire *missed her French class* hier.
2. Quand j'ai fait une longue randonnée, *I lack energy* pour sortir le soir.
3. Le père de Marie *lacked ambition.*
4. Cette bonne élève *did not fail to keep her promises.*
5. Quand elle est allée vivre aux États-Unis, *she missed her parents.*
6. Qu'est-ce qu'on achète pour Noël à *somebody who has everything*?
7. *She broke her promise to stop smoking.*
8. *I miss my friends.*

Suite à la page suivante

9. Le directeur de la banque a dit à l'employé: *"you are short €5,000."*

10. *I am always short one hundred euros* à la fin du mois.

11. Le frère de Rosette *was always missing* les cours de maths.

12. J'ai essayé la veste, *but there were two buttons missing.*

13. Quand Juliette était à Paris, elle écrivait à René: *«I miss you».*

14. Hier, *I missed the bus,* et je suis arrivé en retard.

15. Quand le père de Laurent est arrivé à la caisse, *he was short fifty euros* pour payer les commissions.

VERBES DE MOUVEMENT

Plusieurs verbes de mouvement en anglais ont une traduction française différente s'ils sont employés seuls ou avec un complément de destination indiquant l'endroit où on va, un adverbe, un complément de lieu descriptif.

	Vers une destination	Adverbe, complément descriptif, ou verbe seul
to fly	**aller en avion** Je **vais** à Paris **en avion.**	**voler** L'avion **vole** à 6 000 mètres.
to sail	**aller en bateau** Vous **allez** en Europe **en bateau?**	**naviguer** Le voilier **navigue** sur la mer.
to ride a bike	**aller à bicyclette (à vélo)** Je **vais** en ville **à bicyclette.**	**rouler, faire de vélo** Ne **roule** pas trop vite. Le dimanche, j'aime **faire du vélo.**
to ride a horse	**aller à cheval** Le cow-boy **est allé** au rodéo **à cheval.**	**faire du cheval** Ils **font du cheval** au Bois de Boulogne.
to ski	**aller à skis** Autrefois, les petits Canadiens **allaient** à l'école **à skis.**	**skier, faire du ski** Ce champion **skie** vite. Elle **fait du ski** dans les Alpes.
to swim	**traverser à la nage** Il **a traversé** la Seine **à la nage.**	**nager** Vous **nagez** bien.

Exercice 17.7

Traduisez les phrases suivantes.

1. In the Alps, some children ski to school.
2. They do not ski fast, but they like skiing.
3. Did you fly to Europe?
4. No, we went by boat.
5. This young athlete swam across the river.
6. In the country, one can ride a horse.
7. If you ride your bike to school, ride carefully.
8. This new plane flies fast.

TRADUCTION

1. After M. Ibrahim pulled his driver's license out of his pocket, the salesman thought:
2. —"What is this strange document?"
3. M. Ibrahim assured him it was what he had received in his country.
4. The salesman then offered him to pay in several installments.
5. But then M. Ibrahim pulled out of his pocket a wad of bills.
6. — "You don't understand what I am talking about. This car, I tell you I pay cash for it. And I want it now."
7. — Not possible! We will have the car available two weeks from today.
8. — Two weeks? Momo, this store is not serious. Let's go to the one next door (*d'à côté*).
9. Two days later, the car was delivered in front of M. Ibrahim's grocery store.
10. But when he tried to drive it, he said: "This car is not like the one I used to drive when I was younger!"

RÉDACTION

D'après les renseignements que vous trouverez dans les notes culturelles et dans le texte, imaginez une promenade dans Paris.

CHAPITRE 18

Le discours indirect

BUT DE CE CHAPITRE

Dans ce chapitre, on vous explique:

- le discours indirect
- avec des verbes suivis de **que**
- avec des mots interrogatifs: **si, qui, ce qui, ce que**
- avec d'autres mots interrogatifs
- les changements qui arrivent quand on passe du discours direct au discours indirect
- les constructions **avoir l'air/ sembler/ paraître**
- la différence entre **faire semblant/ prétendre**

THÈMES DU CHAPITRE

- la bande dessinée
- une résidence secondaire à la campagne

VOCABULAIRE

à force de due to

bande dessinée (*f.*) comic strip

bruyant noisy, loud

carrefour (*m.*) crossroad, intersection

cesser to stop, to discontinue

comptable (*m.*) accountant

crier après to yell at

décerner to award

défaut (*m.*) fault, shortcoming

dessinateur(-trice) cartoonist

encombré(e) cluttered

étonné(e) surprised

grave serious, big deal

indications (*f. pl.*) (*here*) directions

inscrire to write down

métier (*m.*) job, occupation

pancarte (*f.*) road sign

personnage (*m.*) character (person)

rater to miss

rattraper son chemin to find one's way again

retaper to fix up

sagesse (*f.*) wisdom

scénariste (*m., f.*) scriptwriter

se perdre to get lost

travaux (*m. pl.*) road repairs, roadwork

travers (*m.*) flaw

VOCABULAIRE SUPPLÉMENTAIRE

aire (*f.*) **de repos** rest area

brûler un feu rouge to run a red light

céder le passage to yield

centre-ville (*m.*) downtown

chaussée (*f.*) **déformée** rough road

département (*m.*) **des véhicules** DMV

déviation (*f.*) detour

embouteillage (*m.*) traffic jam

impasse (*f.*) dead end

interdiction (*f.*), **défense** (*f.*) **de stationner** no parking (sign)

panneau (*m.*) **de signalisation** road sign

passage (*m.*) **piétons** pedestrian crossing

péage (*m.*) toll

rond-point (*m.*) roundabout

sens (*m.*) **interdit** wrong way

station-service (*f.*) gas station

verglas (*m.*) (black) ice

voie (*f.*) **sans issue** dead end

voie (*f.*) **unique** one-way street

LECTURE

NOTES CULTURELLES

La bande dessinée

La bande dessinée ou la BD (bédé) est souvent désignée comme le «neuvième art». La série de bandes dessinées *Les Aventures de Tintin* du dessinateur et scénariste belge Georges Remi, dit (*known as*) Hergé, représente le grand classique de la bande dessinée franco-belge. Hergé est souvent considéré comme «le père de la bande dessinée européenne». René Goscinny, l'un des auteurs français les plus lus au monde, est le créateur d'*Astérix* et du *Petit Nicolas* et le scénariste de *Lucky Luke*.

Il y a plusieurs fêtes francophones importantes de la bande dessinée. Il y a, par exemple, le festival de la BD à Bruxelles, à Lyon et à Montréal. Organisé depuis 1974 et ayant lieu chaque année au mois de janvier, c'est le Festival International de la Bande Dessinée d'Angoulême dans le sud-ouest de la France qui est le plus important et le plus prestigieux d'Europe. Il décerne plusieurs prix aux meilleurs auteurs de bandes dessinées pour l'ensemble de leur œuvre et pour les meilleurs albums.

Résidence secondaire

Beaucoup de Français qui vivent dans des appartements, dans des grandes villes bruyantes et encombrées, ont un rêve: avoir une petite maison à la campagne où ils pourraient s'évader le week-end. Pour quelques-uns, ce rêve se réalise: on hérite une «cabane» de ses grands-parents, ou à force d'économies, on achète une «ruine» et on la retape, on la rénove. Enfin, on peut cultiver quelques fleurs, des légumes, inviter les amis moins chanceux à un «barbecue», et respirer l'air pur. Seule une famille sur dix possède une maison à la campagne.

PROFIL DE L'AUTEUR

René Goscinny (1926–1977) est né à Paris et a vécu plusieurs années en Argentine. Il a fait divers métiers avant d'être journaliste. Il est le père du célèbre Astérix (personnage de bande dessinée) et a collaboré à un journal de jeunes: *Pilote*.

Les aventures du Petit Nicolas, illustrées par son ami Sempé, le dessinateur de bandes humoristiques, amusent les enfants et les adultes depuis 1954. Le petit

Nicolas est âgé de huit ou dix ans. La popularité et l'humour de ses aventures viennent de ce que, souvent, l'enfant observe et ridiculise les défauts et les travers des grandes personnes. Il montre plus de sagesse et de bon sens qu'eux.

Dans cet extrait, Nicolas et ses parents sont invités à un déjeuner, un dimanche, chez des amis qui ont une maison à la campagne.

Lecture: *Une visite à la campagne* (de *Le petit Nicolas et les copains*) par René Goscinny

Nous sommes invités à passer le dimanche dans la nouvelle maison de campagne de M. Bongrain. M. Bongrain fait le comptable dans le bureau où travaille Papa, et il paraît qu'il a un petit garçon qui a mon âge, qui est très gentil et qui s'appelle Corentin.

Moi, j'étais bien content, parce que j'aime beaucoup aller à la campagne et Papa nous a expliqué que ça ne faisait pas longtemps que M. Bongrain avait acheté sa maison, et qu'il lui avait dit que ce n'était pas loin de la ville. M. Bongrain avait donné tous les détails à Papa par téléphone, et Papa a inscrit sur un papier et il paraît que c'est très facile d'y aller....

On est partis, Papa, Maman et moi, assez tôt le matin dans la voiture, et Papa chantait, et puis il s'est arrêté de chanter à cause de toutes les autres voitures qu'il y avait sur la route. On ne pouvait plus avancer. Et puis Papa a raté le feu rouge où il devait tourner, mais il a dit que ce n'était pas grave, qu'il rattraperait son chemin au carrefour suivant. Au carrefour suivant, ils faisaient des tas de travaux et ils avaient mis une pancarte où c'était écrit: «Détour»; et nous nous sommes perdus; et Papa a crié après Maman en lui disant qu'elle lui lisait mal les indications qu'il y avait sur le papier; et Papa a demandé son chemin à des tas de gens qui ne savaient pas; et nous sommes arrivés chez M. Bongrain presque à l'heure du déjeuner, et nous avons cessé de nous disputer.

[...] Papa ... a dit à M. Bongrain que nous nous étions perdus, et M. Bongrain a eu l'air tout étonné.

—Comment as-tu fait ton compte? il a demandé. C'est tout droit.

Notes: Fait le comptable = est comptable «langue enfantine»; Ça ne faisait pas longtemps que = *it hadn't been long since*; faire son compte = *to manage*

COMPRÉHENSION DU TEXTE

1. Trouvez dans le texte des constructions de discours indirect.
2. Où est-ce que Nicolas et ses parents sont invités à passer le dimanche?
3. Qui est M. Bongrain? Que fait-il dans la vie?
4. Pourquoi Nicolas est-il content?
5. Où est située la maison de M. Bongrain? Comment y arrive-t-on?
6. Pourquoi la famille de Nicolas s'est-elle perdue?
7. Pourquoi y a-t-il beaucoup de voitures?
8. Pourquoi le père a-t-il crié? Que reproche-t-il à sa femme?
9. À votre avis qui est responsable du retard?

GRAMMAIRE: LE DISCOURS INDIRECT

Dans un discours direct, on dit quelque chose ou on pose une question directement.

Papa dit: « Je me suis perdu.»

Le professeur a demandé: «Est-ce que vous comprenez?»

Dans un discours indirect, on rapporte indirectement les paroles d'une ou de plusieurs personnes ou on pose indirectement une question. Il n'y a pas de guillemets (*quotation marks*), pas de point d'interrogation. Pour marquer l'intonation la voix descend à la fin de la phrase.

Papa dit qu'il s'est perdu.

Le professeur a demandé si vous compreniez.

On peut avoir des phrases avec **que** et des phrases avec des mots interrogatifs. Certains changements se produisent quand on passe du discours direct au discours indirect.

PHRASES AVEC QUE

1. La majorité des verbes qui rapportent le discours sont suivis de **que** + l'indicatif.

affirmer	*to affirm*	**expliquer**	*to explain*
ajouter	*to add*	**ignorer**	*to not know*
annoncer	*to announce*	**observer**	*to observe*
assurer	*to guarantee*	**promettre**	*to promise*
avouer	*to confess*	**remarquer**	*to remark, note*
constater	*to observe*	**se rendre compte**	*to realize*
crier	*to shout*	**répondre**	*to answer*
déclarer	*to declare*	**savoir**	*to know*
dire	*to say*		

Papa **dit que ce n'est pas** grave.

Je lui **explique que je ne suis jamais allé** à la campagne.

Papa **crie que Maman lit mal** les explications.

REMARQUES:

- Si le verbe principal est au présent, le verbe subordonné reste au même temps que dans le discours direct.
- Les réponses **«oui»** et **«non»** deviennent...**que oui,...que non** dans le discours indirect.

Je dis **que oui**.   *I say yes.*

Je réponds **que non**.   *My answer is no.*

2. Quelques verbes sont suivis de **que** + le subjonctif (voir page 406).

proposer **suggérer**	to suggest	**dire** **demander**	to tell to ask	(expressing an order)

Ils **proposent** que nous **allions** à leur maison de campagne.

Je **dis** aux enfants qu'ils **fassent** moins de bruit.

Le professeur **demande** que les étudiants **sachent** leurs leçons.

Exercice 18.1

Faites des phrases en employant le discours indirect avec le vocabulaire suggéré.
Mettez le premier verbe au présent.

Modèle: Je/ savoir/ vous/ avoir une maison à la campagne.

*Je sais **que vous avez** une maison à la campagne.*

1. Le papa de Nicolas/ assurer/ il/ connaître la route.
2. La maman/ expliquer/ il/ devoir tourner à gauche.
3. Le papa/ admettre/ il/ se tromper.
4. Nicolas/ se rendre compte/ ses parents/ se disputer.
5. M. Bongrain/ déclarer/ ce être facile de trouver son chemin.
6. Mme Bongrain/ annoncer/ on/ aller se mettre à table.
7. Les invités/ avouer/ ils/ être ravis de leur journée.

PHRASES AVEC UN MOT INTERROGATIF

Après certains verbes, on a un mot interrogatif, mais il y a des changements dans la
forme de certains mots et dans l'ordre des mots (inversion du sujet). Il n'y a jamais
de subjonctif après un mot interrogatif.

1. Questions portant sur le verbe
   Quand la question porte sur le verbe (avec la voix, l'inversion du verbe ou est-
   ce que), on emploie **si** (*whether*) dans le discours indirect. Voici des verbes qui
   sont suivis de **si**.

demander	**savoir/ ne pas savoir**
se demander	**décider**
dire	**être sûr**
ignorer	**remarquer**

Dis-moi. Ton père chante?	
Ton père chante-t-il?	Dis-moi si ton père chante.
Est-ce que ton père chante?	

REMARQUE: Il est possible d'avoir un futur après **si** dans le sens de *whether*. Un futur est impossible après **si** de condition (voir page 274).

J'aurai du travail?	
Aurai-je du travail?	Je ne sais pas si j'aurai du travail.
Est-ce que j'aurai du travail?	

2. Pronoms interrogatifs d'identité

a. Pour les *personnes,* on emploie **qui** dans tous les cas.

Je me demande **qui** a téléphoné. (*sujet*)

Tu ne sais pas **qui** tu aimes. (*objet direct*)

Nous ignorons **avec qui** elle sort. (*objet de prép.*)

REMARQUE: Dans la langue courante on peut avoir la forme longue, mais ce n'est pas recommandé.

Je voudrais savoir **qui est-ce qui** a téléphoné.

Tu lui dis **qui est-ce que** tu aimes.

Vous cherchez à savoir **avec qui est-ce qu'**elle sort.

b. Pour les *choses,* on emploie le pronom sujet **ce qui** ou le pronom objet direct **ce que**. Le pronom objet de préposition est **quoi**.

Qu'est-ce qui se passe? Je ne comprends pas **ce qui** se passe. (*sujet*)

Qu'est-ce que vous faites? Dites-nous **ce que** vous faites. (*objet direct*)

Avec quoi a-t-elle préparé ce plat? Je me demande avec **quoi** elle a préparé ce plat. (*objet de prép.*)

REMARQUE: **Ce qui, ce que** sont les deux derniers mots de la forme longue: **qu'est-ce qui, qu'est-ce que**. Dans la langue courante on peut avoir la forme longue, mais ce n'est pas recommandé.

J'ignore **qu'est-ce qui** se passe.

Elle sait **qu'est-ce que** vous faites.

Je me demande **avec quoi est-ce qu'**elle se coiffe.

3. Les autres mots interrogatifs

Les pronoms de choix (**lequel, laquelle**), les adjectifs (**quel, quels**) et les adverbes (**où, quand, comment, pourquoi, combien**) ne changent pas.

J'ignore **laquelle** de ses deux voitures elle va acheter.

Je sais **quelle** heure il est.

Je me demande **pourquoi** vous pleurez.

Exercice 18.2

Faites des phrases au style indirect en suivant le modèle.

Modèle: Je te demande. Est-ce que tu viens?

*Je te demande **si** tu viens.*

1. L'enfant demande à son père. Est-ce que je peux jouer dehors?
2. Le chanteur se demande. Est-ce que ma voix est assez forte?
3. Les élèves ignorent. Le professeur a-t-il corrigé les examens?
4. Dites-nous. Avez-vous assez d'argent pour vos vacances?
5. Ils ne savent pas. Retourneront-ils en France bientôt?
6. Demandez-lui. A-t-il trouvé facilement le chemin?
7. Avez-vous décidé? Allez-vous vous marier?
8. Nous ne sommes pas sûrs. Est-ce que nous devons tourner à droite ou à gauche?

Exercice 18.3

Refaites les phrases suivantes en employant le discours indirect avec le verbe ou le groupe de mots entre parenthèses.

Modèle: Qu'est-ce qui fait ce bruit? (Il se demande)
*Il se demande **ce qui** fait ce bruit.*

1. Qu'est-ce qui est arrivé? (Nous ignorons)
2. Qu'est-ce que vous faites ce soir? (Dites-nous)
3. À qui avez-vous écrit? (Sait-il?)
4. Avec quoi est-ce que vous faites cette peinture? (Expliquez-moi)
5. Qui est-ce qui a tout compris? (Je voudrais savoir)
6. Que mangent les moustiques? (Le professeur de sciences demande)
7. De tous les travaux ménagers, lequel est-ce qu'elle déteste le plus? (Demandez à votre mère)
8. Pourquoi les Bongrain sont-ils partis si tôt? (Je ne sais pas)

4. Place du sujet dans le discours indirect

a. Le pronom sujet n'est jamais placé après le verbe dans le discours indirect.

Discours direct	Discours indirect
verbe + pronom sujet Quand **viendrez-vous**?	*pronom sujet + verbe* Dites-moi quand **vous viendrez**.

b. Le nom sujet peut être placé après le verbe (ou avant le verbe) si le verbe n'a pas d'objet direct.

Discours direct	Discours indirect
verbe + nom sujet ou *nom sujet + verbe + pronom sujet*	*verbe + nom sujet* ou *nom sujet + verbe*

Combien $\begin{cases} \textbf{gagne} \text{ ta mère?} \\ \text{ta mère } \textbf{gagne-t-elle?} \end{cases}$ Dis-moi $\begin{cases} \text{combien } \textbf{gagne ta mère.} \\ \text{combien } \textbf{ta mère gagne.} \end{cases}$

c. Le nom sujet ne peut jamais être placé après le verbe dans les conditions suivantes:

Si le verbe a un objet direct.

sujet   O.D.

Où ton **père** a-t-il acheté sa **voiture**?

     sujet   O.D.

Je voudrais savoir où ton **père** a acheté sa **voiture**.

Avec les mots interrogatifs suivants: **qui** (*O.D.*) et **pourquoi**.

Qui Marie va-t-elle épouser? Je sais **qui** Marie va épouser.

Pourquoi Jacques pleure-t-il? Je sais **pourquoi** Jacques pleure.

Exercice 18.4

Refaites chaque phrase en employant le discours indirect avec le verbe ou le groupe de mots entre parenthèses. Donnez les deux constructions possibles si la place du sujet peut varier.

 Modèle: **Où habitent les Bongrain? (Je ne sais pas)**
  *Je ne sais pas où **habitent les Bongrain**.*
  *Je ne sais pas où **les Bongrain habitent**.*

1. Quand tes parents arriveront-ils? (Tu vas nous dire)
2. À quoi jouent les enfants? (Je me demande)
3. Où le président ira-t-il en vacances? (Le reporter cherche à savoir)
4. Comment les électeurs voteront-ils? (Les ministres ignorent)
5. Pourquoi ce magasin est-il fermé? (Je ne comprends pas)
6. Combien Claire a-t-elle payé ces chaussures? (Sais-tu)
7. Lequel de ces deux desserts va-t-elle prendre? (Son mari lui demande)
8. À quelle heure le cours commence-t-il? (Nous voudrions savoir)

Changements

1. Quand on passe du discours direct au discours indirect, souvent les pronoms personnels et les adjectifs possessifs changent, comme en anglais.

> Renée déclare: «**Je** vais au concert avec **mon** amie.»
>
> Renée déclare **qu'elle** va au concert avec **son** amie.

2. Quand on passe du discours direct au discours indirect, il se produit des changements dans les temps des verbes et dans les adverbes, comme en anglais.

    a. Si le verbe principal est au passé, les temps changent de la façon suivante:

Discours direct	Discours indirect
L'imparfait	reste *imparfait.*
Il **faisait** beau.	Il a dit qu'il **faisait** beau.
Le *présent*	devient *imparfait.*
Il **fait** beau.	Il a dit qu'il **faisait** beau.
Le *passé composé*	devient *plus-que-parfait.*
Il **a fait** beau.	Elle a dit qu'il **avait fait** beau.
Le *futur*	devient *conditionnel présent.*
Il **fera** beau.	Elle a dit qu'il **ferait** beau.
Le *futur antérieur*	devient *conditionnel passé.*
Il **aura fini** à deux heures.	Elle a dit qu'il **aurait fini** à deux heures.

    b. À l'impératif, il y a les changements suivants:

Discours direct	Discours indirect
L'impératif (tu ou vous)	devient *infinitif.*
Arrête la voiture.	Elle lui a demandé d'**arrêter** la voiture.
L'impératif (nous)	devient *subjonctif présent.*
Allons au cinéma.	Elle a suggéré qu'ils **aillent** au cinéma.

    c. Le subjonctif reste subjonctif.

> Il m'a dit: «Je veux que tu **viennes**.»   Il m'a dit qu'il voulait que je **vienne**.

Exercice 18.5

Faites des phrases en employant le discours indirect. Suivez le modèle.

> **Modèle:** J'ai demandé: «Il pleut?»
>
> *J'ai demandé* **s'il pleuvait**.

1. J'ai demandé à mon copain: «Il y a un embouteillage?»
2. Mes parents m'ont dit: «Roulez plus lentement quand il y a du verglas.»
3. Le scénariste a demandé au dessinateur: «Est-ce que tu peux dessiner un nouveau personnage?»
4. Le dessinateur a répondu: «Oui, mais il me faut plus de temps.»
5. Ma sœur a suggéré: «Allons faire le plein à la station-service.»
6. Le locataire a promis à son voisin: «Nous ne serons plus bruyants.»
7. Elle m'a demandé: «Tu t'es déjà perdue en voiture?»
8. J'ai voulu savoir: «Qu'est-ce que tu dessines? Il s'agit de moi?»
9. Je lui ai affirmé: «Je n'ai pas brûlé de feu rouge.»
10. J'ai dû admettre: «Le gendarme a eu raison de me donner une contravention.»

SUPPLÉMENTS DE GRAMMAIRE

AVOIR L'AIR/ SEMBLER/ PARAÎTRE

Ces trois verbes ont le même sens: *to look, seem, appear*. Ils se construisent avec un adjectif

> Elle **a l'air** triste.   Elle **semble** triste.   Elle **paraît** triste.

ou avec un infinitif.

> Vous **avez l'air** de dormir.   Vous **semblez** dormir.   Vous **paraissez** dormir.

REMARQUES:

- Quand **avoir l'air** est suivi d'un infinitif, il faut ajouter **de**.
- **Il paraît que** est suivi de l'indicatif. Cette expression signifie: *It seems = The rumor is, I heard.*

  Il **paraît qu'**ils **vont** se marier.

- **Il semble que** (*It seems, but it's doubtful*) est suivi du subjonctif.

  Il semble que le président ait regagné des voix.

- **Il me semble, il lui semble, il vous semble** sont suivis de l'indicatif et signifient **je crois**, il ou **elle croit, vous croyez**.

  Il me semble que vous avez maigri.

Exercice 18.6

Traduisez les phrases suivantes en français.

1. It seems the socialists lost the elections.
2. They do not seem very happy. (*Faites cette phrase de trois façons.*)
3. It seems to me they have a chance to win.
4. I heard they will try again in four years.
5. Are you listening? You look as though you are sleeping.
6. I heard that you bought a new car.
7. It seems you did not understand this problem.

FAIRE SEMBLANT/ PRÉTENDRE

Faire semblant signifie *to pretend* et se construit avec **de** + l'infinitif.

  Vous faites semblant de travailler, mais vous rêvez.

Prétendre signifie *to claim* et se construit avec **que** + le verbe conjugué.

  Elle prétend qu'elle ne l'oubliera jamais.

Exercice 18.7

Traduisez les phrases suivantes en français.

1. She is pretending to listen, but she is sleeping.
2. They claim they visited all of Europe in a week.
3. Do not pretend you are crying.
4. You claim you do not have any money!

PRÉPOSITIONS ET ADVERBES COMMUNS (*SUITE*)

Voici d'autres prépositions courantes et des adverbes qui correspondent.

prépositions		adverbes
en haut de	*on top of*	**en haut**
en bas de	*at the bottom of*	**en bas**
à côté de, près de	*beside, near*	**à côté, près**
loin de	*far*	**loin**
autour de	*around*	**autour**
au milieu de	*in the middle of*	**au milieu**
au-delà de	*beyond*	**au-delà**
en face de	*facing, in front of*	**en face**

Exercice 18.8

Dans les phrases suivantes, mettez la préposition ou l'adverbe qui convient: **en haut de, en haut, en bas de, en bas,** etc.

1. Il y a un grand mur _____ des jardins de l'Élysée. Nous avons un petit jardin; _____, il n'y a pas de clôture (*fence*).
2. _____ l'arbre, il y avait des pommes; j'ai grimpé _____ pour les ramasser et je suis tombée.
3. Maurice est assis _____ un étudiant qui dort pendant la classe. Bien sûr, _____, il y a un radiateur.
4. _____ la rivière il y a un courant très fort. Il est préférable de nager sur les bords, pas _____.
5. Nous avons rendez-vous _____ l'église. Vous trouverez facilement. La gare se trouve de l'autre côté de la rue, juste _____.
6. Si vous voulez voyager _____ Zagora, il faut prendre une jeep ou un chameau (*camel*), parce qu'_____ , c'est le désert.
7. Cette jeune fille n'aime pas vivre _____ ses parents. Elle n'est pas indépendante. Moi, quand je suis _____, je me débrouille.
8. _____ l'escalier il y a une porte. La cave est _____.

TRADUCTION

1. Last Sunday, Dad, Mom, and I went to spend the day at M. Bongrain's new country house.
2. Dad had called M. Bongrain to ask him how to get to his house.
3. M. Bongrain told Dad that it was really easy; he told him to take the first street to the right, then to turn left at the first light.
4. Then, he told him that at the crossroad there was some roadwork but that after that it was straight ahead.
5. Of course, we got lost, because Dad missed the turn at the stoplight.
6. Dad screamed at Mom and told her she was reading poorly the directions he had written on the paper.
7. We stopped and asked a man if he knew where M. Bongrain's country house was.
8. Finally, we arrived after lunch at M. Bongrain's.

RÉDACTION

Vous êtes scénariste de bande dessinée. Écrivez un scénario de bande dessinée.

CHAPITRE 19

Le passif – le participe présent

BUT DE CE CHAPITRE

Dans ce chapitre on vous explique:

- le verbe passif
  - la forme du verbe passif
  - les emplois du verbe passif
  - la différence entre le vrai passif et le faux passif
  - comment éviter le passif

- le participe
  - les différentes formes de participe: participe présent, participe passé, gérondif, etc.
  - les emplois des participes dans la langue courante
  - les emplois des participes dans la langue écrite
  - les problèmes de traduction

THÈMES DU CHAPITRE

- le commerce «triangulaire» et l'esclavage
- l'île de Gorée
- la science-fiction

VOCABULAIRE

à l'égard de with regard to, towards
à partir de from, out of
abrité(e) sheltered
angoisse (*f.*) anguish, anxiety
arracher to pull out, rip from
arriver à ses fins to succeed
atterrir to land
atterrissage (*m.*) landing
bien-être (*m.*) well-being, comfort
blotti(e) huddled, curled up
chaloupe (*f.*) launch
coin (*m.*) (*here*) area, place
cour (*f.*) court
destituer (d'une fonction) to dismiss, to remove (from office)
dévisager to stare at, to look hard at
disperser to scatter
effroyable frightening
enfer (*m.*) hell
enfermer to lock up
enlèvement (*m.*) kidnapping
épaule (*f.*) shoulder
épreuve (*f.*) test
esclavage (*m.*) slavery
esclave (*m. ou f.*) slave

estrade (*f.*) platform
florissant(e) flourishing, booming
fusée (*f.*) rocket
grisé(e) intoxicated
intrigue (*f.*) plot
jumeau (jumelle) twin
odieux (-euse) heinous, awful
oser to dare
ôter to remove
pas (*m.*) step
patrimoine (*m.*) heritage
perruche (*f.*) parakeet
puissant(e) powerful
planer to glide
poudre (*f.*) powder
prise (*f.*) capture
respirable breathable
règne (*m.*) (*here*) kingdom
renommé(e) renowned
revêtir to put on
royaume (*m.*) kingdom
savant(e) (*here*) scientist
scaphandre (*m.*) space suit
s'éloigner to get far from
se hasarder to venture

se poursuivre to chase one another
sol (*m.*) ground
tenter to try
Terrien(-nne) earthling

traite (*f.*) **négrière** slave trade
traversée (*f.*) crossing
vautour (*m.*) vulture

VOCABULAIRE SUPPLÉMENTAIRE

androïde (*m.*) android
extraterrestre (*m. f.*) extraterrestrial
fantastique (*adj.* ou *nom, m.*) fantastic
galaxie (*f.*) galaxy
interstellaire interstellar
lunaire lunar
machine (*f.*) **à explorer le temps** time machine
Martien(-nne) Martian

merveilleux (*m.*) the supernatural
mutant (*m.*) mutant
OVNI (*m.*) **objet volant non identifié** unidentified flying object (UFO)
roman (*m.*) **d'anticipation** science fiction (events dealing only with the future)
satellite (*m.*) satellite
télépathie (*f.*) telepathy

LECTURE 1

NOTES CULTURELLES

Le commerce «triangulaire» et l'esclavage

C'est d'Europe qu'est parti le commerce des esclaves d'Afrique. Les colonies avaient besoin de «main d'œuvre» (*manpower*). Les bateaux négriers (*slave ships=slave traders*)[1] venaient d'Espagne, du Portugal, de France, du Danemark et d'Angleterre. Ils transportaient aussi des armes, du tissu, de la poudre à canon, des bijoux. De 1715 à 1789, il y eut 1 427 expéditions négrières à partir de Nantes, qui devint le premier port négrier de France.

---

1. Ce mot désigne un commerçant de traite des esclaves d'Afrique. L'adjectif «négrier» s'applique à un bateau, un port, une expédition, un commerce. Le mot «nègre» est aussi péjoratif que *negro* en anglais, sauf dans les expressions artistiques: Art nègre, Revue nègre. Dans les autres cas, on utilise les mots «noir» ou «de couleur». En littérature, un nègre est un *ghostwriter*.

L'île de Gorée

Cette petite île, longue de 900 m et large de 300 m, à trois kilomètres au large de Dakar, était, il n'y a pas si longtemps encore, l'un des entrepôts (*warehouses*) de la traite négrière. Les chasseurs d'enfants et d'adultes ravageaient les villages et amenaient à Gorée (et dans d'autres forts) leurs prises qui étaient ensuite achetées et embarquées vers le Nouveau Monde: l'Amérique du Nord, les Antilles (*the Caribbean*) ou le Brésil. Ils étaient ensuite revendus dans des marchés aux esclaves. À cette jolie petite île de Gorée, bien abritée des alizés (*trade winds*), les bateaux, spécialement équipés pour cet odieux transport, vinrent s'amarrer (*to dock, to moor*) pendant quatre siècles. On peut encore visiter «la maison des esclaves», qui constitue le principal vestige (*remains, trace*) de la pratique du commerce du «bois d'ébène»[2] sur l'île. Elle servait à enfermer les victimes en attendant que l'on vienne les chercher. En 1978, l'île de Gorée a été inscrite au patrimoine mondial de l'UNESCO.

La science-fiction (SF)

Ce genre littéraire est lié à la science et à ses aspects irrationnels. Jules Verne (1828–1905) est un des premiers écrivains français qui a rendu les œuvres de science-fiction populaires à travers le monde. *Voyage au centre de la terre, Vingt mille lieues sous les mers, De la terre à la lune* font encore rêver les jeunes (et les moins jeunes) lecteurs et sont devenus des films très populaires. Longtemps dépassée par la science-fiction américaine (Ray Bradbury), la SF française a retrouvé du succès grâce à des auteurs comme Pierre Boulle et Gérard Klein. Le film américain «Planet of the Apes» est devenu un classique du cinéma.

PROFIL DE L'AUTEURE

Maryse Condé (1945–) est née à Pointe-à-Pitre, à la Guadeloupe. Elle a vécu en Afrique, au Mali. Titulaire d'un doctorat de littérature comparée de l'université de Paris III (Sorbonne) en 1975, elle a enseigné la littérature négro-africaine, la littérature des diasporas noires dans des universités françaises et américaines (Berkeley, Virginie, Maryland, Harvard). En plus de *Ségou*, son best-seller, d'où est extrait le texte de ce chapitre, elle a écrit des romans et des essais sur la civilisation africaine. *Moi, Tituba, sorcière* a reçu le grand prix littéraire de la femme en 1986. En 1999,

---

2.   «bois d'ébène» *ebony, (here)* «biggledeeboo» *(racist term for black person)*

elle a reçu le prix Marguerite Yourcenar,[3] destiné à récompenser une œuvre de fiction récente, publiée en français par un auteur résidant aux États-Unis.

Le roman *Ségou* est l'histoire d'un royaume, situé entre Bamako et Tombouctou, autrefois florissant. Maryse Condé raconte les querelles entre les tribus et les kidnappings d'enfants et d'adultes vendus ensuite aux négriers.

Lecture 1: *L'histoire de Romana* (de *Ségou*) par Maryse Condé

(Romana est une ancienne princesse de la tribu Yoruba. Elle raconte à un autre esclave l'histoire de son enlèvement et de sa rencontre avec Naba.)

Je suis née à Oyo, dans le plus puissant des royaumes yorubas. Mon père avait d'importantes fonctions à la cour puisqu'il était un arokin, chargé des récitations des généalogies royales. Nous habitions dans l'enceinte du palais. Puis un jour, victime des querelles, des intrigues d'ennemis, mon père a été destitué de ses fonctions. Notre famille a été dispersée. Je ne sais pas ce que sont devenus mes frères, mes sœurs. Moi, j'ai été vendue à des négriers et emmenée au fort de Gorée. Peux-tu imaginer la douleur d'être séparée de ses parents, arrachée à une vie de luxe et de bien-être? J'avais alors treize ans à peine, j'étais une enfant. Alors dans ce fort abominable, parmi ces créatures promises comme moi à l'enfer, je ne cessais de pleurer. Je souhaitais mourir et je serais certainement arrivée à mes fins quand un homme est apparu. Il était grand, fort. Il portait à l'épaule un sac d'oranges. Il m'en a offert une et c'était comme si le soleil qui, depuis des semaines, refusait pour moi de se lever, réapparaissait dans le ciel.

Pour moi, pour me protéger, cet homme a fait l'effroyable traversée. [...]*

Puis nous sommes arrivés dans une grande ville sur la côte du Brésil. Peux-tu imaginer ce que c'est que d'être vendue? La foule qui vous dévisage autour de l'estrade, les groupes de nègres blottis les uns contre les autres, l'examen des muscles, des dents, des parties sexuelles, le marteau du commissaire-priseur! Hélas! Naba et moi, nous avons été séparés. [...]

Notes: arokin = un sorcier africain; le marteau du commissaire-priseur... = *the auctioneer's hammer*

* ... *de l'océan Atlantique, pour aller d'Afrique au Brésil, Naba a accompagné Romana dans ce voyage pour la protéger.*

---

3.   Marguerite Yourcenar (1903-1987), née à Bruxelles, femme de lettres de nationalités française et américaine, auteure de poèmes, d'essais, de pièces de théâtre, de romans historiques ou autobiographiques. La première femme élue à l'Académie française (1980).

COMPRÉHENSION DU TEXTE

1. Relevez les verbes passifs dans le texte.

2. Quel type de vie a eu Romana?

3. Pour quelles raisons est-ce que son père a été destitué?

4. Décrivez Naba. Qu'a-t-il donné à l'enfant ?

5. Par qui Romana a-t-elle été accompagnée au Brésil? Pourquoi Naba l'a-t-il accompagnée?

6. Pourquoi la vente des esclaves est-elle une chose horrible? Décrivez une scène de vente.

7. Qu'est-ce qui est arrivé à Naba et à Romana après leur arrivée au Brésil?

LECTURE 2

PROFIL DE L'AUTEUR

Pierre Boulle (1912–1994) est né en Avignon. Il a fait des études scientifiques à Paris et a reçu un diplôme d'ingénieur. Infatigable voyageur, il est devenu planteur en Malaisie puis a mené en Extrême-Orient une vie d'aventures qui forme la matière de son œuvre de romancier. Pendant la Seconde Guerre mondiale, il s'est battu en Indochine et en Birmanie après l'invasion japonaise. Ses expériences de guerre lui ont inspiré plusieurs de ses romans, en particulier *Le Pont de la rivière Kwaï* (1959) dont le film a connu un grand succès. Presque tous les romans de l'auteur donnent des exemples de romantisme héroïque.

La planète des singes (1963) est un récit de science-fiction vite devenu célèbre à travers le monde grâce à son interprétation au cinéma. Ce roman a les caractéristiques d'un conte philosophique et moralisateur et exprime l'angoisse et les tensions créées par la guerre froide. Son pessimisme à l'égard de l'humanité est évident.

Le passage suivant est situé au début du roman. Trois Terriens arrivent dans une fusée en vue de la planète Soror dans le système de Bételgeuse: Un jeune journaliste, Ulysse, qui raconte l'histoire; le professeur Antelle, savant renommé et chef de l'expédition; son assistant, et Hector, leur chimpanzé, atterrissent sur la planète pour la première fois.

Lecture 2: *La planète Soror* (de *La planète des singes*) par Pierre Boulle

«Ayant revêtu nos scaphandres, nous ouvrîmes avec précaution un hublot de la chaloupe [...] Nous sortîmes de la chaloupe, accompagnés d'Hector. Le professeur Antelle tint d'abord à analyser l'atmosphère d'une manière précise. Le résultat fut encourageant: l'air avait la même composition que celui de la Terre, ...il devait être parfaitement respirable. Cependant, par excès de prudence, nous tentâmes d'abord l'épreuve sur notre chimpanzé. Débarrassé de son costume, le singe parut fort heureux et nullement incommodé. Il était comme grisé de se retrouver libre, sur le sol. Après quelques gambades, il se mit à courir vers la forêt, [...] et disparut, malgré nos gestes et nos appels.

Alors, ôtant nous-mêmes nos scaphandres, nous pûmes nous parler librement. [...] et nous nous hasardâmes à faire quelques pas, sans nous éloigner de la chaloupe.

Il n'est pas douteux que nous étions sur une sœur jumelle de notre Terre. La vie existait. Le règne végétal était même particulièrement vigoureux. Certains de ces arbres devaient dépasser quarante mètres de hauteur. Le règne animal ne tarda pas à nous apparaître sous la forme de gros oiseaux noirs, planant dans le ciel comme des vautours, et d'autres plus petits, assez semblables à des perruches qui se poursuivaient en pépiant. D'après ce que nous avions vu avant l'atterrissage, nous savions qu'une civilisation existait aussi. Des êtres raisonnables – nous n'osions pas encore dire des hommes – avaient modelé la face de la planète. Autour de nous, pourtant, la forêt paraissait inhabitée. Cela n'avait rien de surprenant: tombant au hasard dans quelque coin de la jungle asiatique, nous eussions éprouvé la même impression de solitude.

Avant toute initiative, il nous parut urgent de donner un nom à la planète. Nous la baptisâmes Soror, en raison de sa ressemblance avec notre Terre.

Notes: hublot... = *porthole of the launch;* ne tarda... = *soon appeared to us;* eussions... (*cond. passé*) = nous aurions éprouvé; en raison de = à cause de; pépier = *to chip;* modeler = *to shape*

COMPRÉHENSION DU TEXTE

1. Relevez les verbes au passé simple et remplacez-les par des passés composés.
2. Relevez les verbes au participe présent dans le texte.

3. Comment les astronautes se protègent-ils avant de sortir de la chaloupe?
4. Par qui sont-ils accompagnés et que font-ils pour s'assurer que l'air de la planète est respirable?
5. Que fait le singe?
6. Quels signes de vie végétale et animale apparaissent autour d'eux?
7. Que signifie le nom «Soror» et pourquoi l'ont-ils choisi?

GRAMMAIRE: LE VERBE PASSIF

Le passif est une forme verbale utilisée quand on veut montrer que le sujet est en train de subir l'action (*receive the action*) plutôt que de faire l'action. Quand on passe d'une construction active à une construction passive, l'ordre des mots, la forme du verbe changent de la façon suivante: le sujet de la phrase active devient l'agent de la phrase passive; l'objet direct de la phrase active devient le sujet de la phrase passive; le verbe devient composé et est conjugué avec le verbe **être**. Comparez les phrases suivantes:

Un chien **attaque** un enfant.	*A dog **attacks** a child.*
Un enfant **est attaqué** par un chien.	*A child is **attacked** by a dog.*

1. Le sujet **chien** est devenu l'agent par un chien.
2. L'objet direct **enfant** est devenu le sujet.
3. Le verbe **attaque** est devenu **est attaqué** (forme composée, auxiliaire **être**).

FORMES

On conjugue l'auxiliaire **être** au temps désiré et on ajoute le participe passé.

1. Voici le présent et le passé composé passifs du verbe **obliger**.

je **suis obligé(e)** (*I am obliged*)	j'**ai été obligé(e)** (*I have been, was obliged*)
tu **es obligé(e)**	tu **as été obligé(e)**
il, elle **est obligé(e)**	il, elle **a été obligé(e)**

nous **sommes obligé(e)s**	nous **avons été obligé(e)s**
vous **êtes obligé(e)(s)**	vous **avez été obligé(e)(s)**
ils, elles **sont obligé(e)s**	ils, elles **ont été obligé(e)s**

2. Voici les autres temps.

infinitif prés.:	**être obligé(e)(s)**	*infinitif passé:*	**avoir été obligé(e)(s)**
imparfait:	j'**étais obligé(e)**	*plus-que-parfait:*	j'**avais été obligé(e)**
futur:	je **serai obligé(e)**	*futur antérieur:*	j'**aurai été obligé(e)**
cond. prés.:	je **serais obligé(e)**	*cond. passé:*	j'**aurais été obligé(e)**
subj. prés.:	que je **sois obligé(e)**	*subj. passé:*	que j'**aie été obligé(e)**
passé simple:	je **fus obligé(e)**		

REMARQUES:

- Aux temps composés du passif, il y a toujours trois mots pour le verbe.
- Le participe passé s'accorde avec le sujet; **été** reste invariable.

3. À la forme négative, la négation entoure l'auxiliaire du verbe **être**. À la forme interrogative, l'ordre des mots est le même que pour la forme interrogative des verbes actifs aux temps composés.

Son père **a-t-il été blessé**?   Non, il **n'a pas été blessé**.

Exercice 19.1

Mettez les phrases suivantes à la forme passive, en suivant le modèle.

Modèle: On découvre l'Amérique.

L'Amérique est découverte.

1. On nous appelait au téléphone.
2. On te menacera de perdre ton permis.
3. On me met à la porte.
4. On les a séparés de leur famille.
5. On la vendra comme esclave.
6. On les avait frappés pendant le voyage.

Suite à la page suivante

7. On destituera le père de ses fonctions.
8. Sur l'estrade, on vous dévisage.
9. On nous appréciait pour nos qualités.
10. On avait vaincu l'ennemi.

EMPLOIS

La forme passive du verbe s'emploie dans certaines conditions décrites ci-dessous. On préfère souvent employer une construction active pour éviter le passif.

1. Seul un verbe transitif (suivi d'un objet direct) peut être mis au passif. L'objet direct devient le sujet du verbe passif.

O.D.	sujet
On fabrique une **voiture**.	Une **voiture** est fabriquée.

2. Un verbe intransitif (qui n'a pas d'objet direct) ne peut pas être mis au passif.

   Tu **réponds à Marc**.   Vous n'**obéissez** pas **à vos parents**.

   La forme passive est impossible: **Marc, vos parents** sont des *objets indirects* qui représentent des personnes et dans ce cas ils ne peuvent pas devenir sujets d'un verbe passif. Ceci est très important car en anglais on peut dire *Marc was answered. The parents were obeyed.* Impossible en français!!!!

3. Les verbes **dire, demander, promettre, défendre, interdire,** qui sont à la fois transitifs et intransitifs, suivent la règle suivante: Ils peuvent être mis au passif quand ils ont un objet direct à la forme active.

On **dit** un **poème**.	Un **poème** est **dit**.
Elle **promet** une **récompense**.	Une **récompense** est **promise**.
Le docteur **interdit** la **cigarette** à son malade.	La **cigarette** lui est **interdite**.

   Ils ne peuvent pas être mis au passif avec un sujet qui représente un nom de personne (comme cela est possible en anglais). Dans ce cas on emploie une tournure avec «on».

... dire à Paul de venir (*Paul was told*)

***On* a dit à Paul** de venir.

... promettre aux enfants une surprise (*The children were promised*)

***On* a promis** une surprise **aux enfants**.

... interdire aux immigrants de voter (*The immigrants were forbidden*)

***On* interdit aux immigrants** de voter.

4. Le complément d'agent avec **par** ou **de**

On peut trouver les prépositions **par** ou **de** devant le complément d'agent.

L'enfant a été attaqué **par** un chien.   Ce professeur est aimé **de** ses élèves.

Par est toujours possible devant l'agent du verbe passif; **de** n'est pas toujours possible.

On peut dire:

Ce professeur est aimé **de** ses élèves ou **par** ses élèves.

Il faut dire:

Pierre a été attaqué **par** un chien.

Voici les nuances de sens entre **par** et **de**.

Par	De
• **par** s'emploie avec des verbes qui indiquent une action physique: La voiture est tirée **par** un cheval.	• **de** s'emploie avec des verbes qui indiquent un sentiment, une émotion: Ce professeur est aimé **de** ses étudiants.
• **par** s'emploie avec des verbes pris au sens propre, concret: L'explorateur a été dévoré **par** un lion.	• **de** s'emploie avec des verbes pris au sens figuré, souvent sans article: Il est dévoré **de** chagrin.
• **par** s'emploie avec un nom déterminé: La place est encombrée **par** les habitants du village.	• **de** s'emploie avec un nom seul, sans article: La place est encombrée **d'**habitants.
	• **de** est la construction habituelle de certains verbes qui indiquent une quantité: **être rempli de, être entouré de, être couvert de, être orné de, être décoré de**

5.   Faux passif/ vrai passif

a.   Souvent le passif est utilisé pour exprimer le résultat d'une action passée. C'est le verbe **être** (conjugué au temps désiré) et un participe passé qui a une valeur d'adjectif. L'agent n'est pas exprimé. C'est le faux passif.

Je **suis fatigué**.   La porte **était fermée**.

b.   Le vrai passif exprime *une action en train de se produire*. Il y a générale-ment un agent exprimé ou sous-entendu.

Comparez les phrases suivantes:

Faux passif (résultat)	*Vrai passif (action)*
La porte **est fermée**.	Tous les soirs, la porte de la banque **est fermée par un gardien**.
Ma voiture **est réparée**.	Ma voiture **a été réparée par le meilleur mécanicien**.
Le dîner **est servi**.	Tous les jours, le dîner **est servi par la bonne**.
L'ennemi **est battu**.	Cette pauvre femme **est battue par son mari**.

c.   Souvent, même si le verbe exprime un vrai passif, l'agent n'est pas ex-primé; l'identité de cet agent est évidente ou imprécise. Cet emploi est fréquent au passé composé, au plus-que-parfait ou au futur.

Le président **a été élu**. (*L'identité est évidente: par les électeurs.*)
Les routes **seront construites**. (*L'identité est imprécise.*)

6.   Comment éviter le passif?
À part le faux passif, qui est très courant, le vrai passif est plus rare en français qu'en anglais.

a.   On préfère souvent en français une phrase à la voix active, quand un passif est possible en anglais.

Ses amis l'**admirent** beaucoup.   He is much **admired** by his friends.

b. Le pronom indéfini **on** est utilisé souvent comme sujet d'un verbe actif. Dans ce cas, **on** représente **une** ou des **personnes indéfinies**.

Au Québec **on parle** français.

In Quebec, French is spoken.

On n'a pas encore trouvé de remède contre le rhume banal.

*A cure for the common cold **has not yet been found**.*

c. On peut employer un verbe pronominal de sens passif (voir page 233).

Ça **ne se fait pas**; ça **ne se dit pas**.   *This is not done; that is not said.*

Exercice 19.2

Mettez les phrases suivantes au passif. Employez de ou par devant l'agent.

1. Un kidnappeur a volé l'enfant.
2. Autrefois, de nombreux poissons remplissaient la mer.
3. L'inquiétude dévorait cette mère anxieuse.
4. Des jardins superbes entourent la maison.
5. Un gangster armé avait attaqué la banque.
6. L'extinction menace plusieurs espèces d'animaux et de plantes.
7. Des passants encombraient la rue.
8. Les loups ont dévoré quelques moutons.
9. En hiver, une neige épaisse couvrira les montagnes.
10. Pendant cette nuit de camping, les moustiques nous ont piqués.
11. Des marchands envoyèrent des Africains comme esclaves en Amérique.
12. Les bombardements détruisirent beaucoup de villes en France.

Exercice 19.3

Transformez les phrases suivantes avec un verbe pronominal ou avec on.

1. Il a été opéré hier.
2. Il a été trouvé assassiné.

Suite à la page suivante

3. Les timbres sont aussi vendus dans des bureaux de tabac.
4. Le dîner est servi à huit heures.
5. Ce poisson est mangé froid.
6. La question a été posée à Paul.
7. Ils ont été aperçus dans un bar.
8. Notre-Dame est à Paris.
9. Une piqûre lui a été faite.
10. Cette chose n'est jamais dite.
11. Au passé composé, les verbes pronominaux sont conjugués avec l'auxiliaire être.
12. Au Sénégal, les habitants parlent français.

GRAMMAIRE: LES PARTICIPES

On groupe sous le nom de participes des formes verbales variées: certaines ont une valeur d'adjectifs, d'autres ont une valeur de verbes avec un présent, un passé, un actif et un passif.

FORMES

	présent	passé	parfait
actif	parlant	parlé	ayant parlé étant arrivé
passif	étant fini	fini	ayant été fini

1. Le participe présent

   Le participe présent actif se forme à partir de la première personne du pluriel du présent du verbe (nous **parl/ ons**). On enlève la terminaison **-ons** et on ajoute la terminaison **-ant**.

donner:	nous **donn/** ons	donnant
finir:	nous **finiss/** ons	finissant

sortir:	nous **sort** / ons	**sortant**
prendre:	nous **pren**/ ons	**prenant**

a. Seuls les verbes en **–cer** et **–ger** ont des changements orthographiques.

-cer → çant   -ger → -geant

commencer → **commençant**   manger → **mangeant**

b. Pour les verbes pronominaux, on utilise le pronom réfléchi correspondant au sujet.

(je) **me** promenant   (nous) **nous** promenant

(tu) **te** promenant   (vous) **vous** promenant

(il, elle) **se** promenant   (ils, elles) **se** promenant

c. Il y a trois verbes qui ont un participe présent irrégulier.

être	**étant**	MAIS:	nous **sommes**
avoir	**ayant**	MAIS:	nous **avons**
savoir	**sachant**	MAIS:	nous **savons**

2. Le participe passé

Les formes du participe passé sont présentées dans le chapitre 2 (voir page 43).

3. Le participe passé composé

Le participe parfait actif est le «passé composé» du participe. Il est formé avec le participe présent de l'auxiliaire **avoir** ou **être** + un participe passé.

a. **ayant** + le participe passé pour les verbes qui se conjuguent avec **avoir**

ayant vu   *having seen*

ayant appris   *having learned*

ayant dormi   *having slept*

b. **étant** + le participe passé pour les verbes qui se conjuguent avec **être**

étant allé   *having gone*

étant venu   *having come*

étant sorti   *having gone out*

| s'étant levé | *having gotten up* |
| nous étant rencontrés | *having met* |

4. Le participe passif

Le participe passif a une forme simple: le participe passé, et deux formes composées: le présent et le parfait, formées avec l'auxiliaire **être**, comme tous les passifs.

présent:	étant fini, étant perdu, étant compris *being finished, being lost, being understood*
passé:	fini, perdu, compris *finished, lost, understood*
parfait:	ayant été fini, ayant été perdu, ayant été compris *having been finished, having been lost, having been understood*

REMARQUES:

- Le participe passé s'accorde dans les mêmes conditions que le verbe passif (voir page 419).
- Les verbes pronominaux n'ont pas de passif.

5. La formation négative du participe

Au présent, **ne** et **pas** entourent le participe. Aux temps passés et au passif, **ne** et **pas** entourent l'auxiliaire.

ne donnant **pas**	**ne** se souvenant **pas**	**ne** s'étant **pas** promené(e)(s)
n'ayant **pas** vu	**n'**étant **pas** allé(e)(s)	**n'**ayant **pas** été perdu(e)(s)
n'étant **pas** fini(e)(s)		

Exercice 19.4

Dans les groupes suivants, mettez les verbes au participe présent.

Les explorateurs...

1. vivre une aventure extraordinaire

2. ne pas savoir où ils sont

3. atterrir sur la planète

4. vouloir sortir de la chaloupe

5. baptiser la planète
6. enlever leurs scaphandres
7. se sentir légers
8. se mettre à se parler
9. appeler Hector
10. avancer dans la jungle

Exercice 19.5

Dans les groupes suivants, mettez les verbes au participe parfait.

Les femmes astronautes...

1. voir les étoiles
2. savoir calculer l'altitude
3. ne pas finir de s'étonner
4. devenir impatientes
5. appeler le singe
6. aller chercher cet animal
7. commencer à s'inquiéter
8. faire les premiers pas sur la planète
9. ne pas pouvoir respirer
10. sortir de la chaloupe

Exercice 19.6

Dans les groupes suivants, mettez les verbes au participe passif, présent et parfait.

Modèle: la clé (perdre)
    *la clé **étant perdue**/ la clé **ayant été perdue***

1. la planète (habiter)
2. de gros oiseaux (apercevoir)

Suite à la page suivante

3. la leçon (ne pas comprendre)
4. la porte (ouvrir)
5. la certitude (acquérir)
6. le journal (lire)
7. la lettre (ne pas écrire)
8. l'exploration (permettre)

EMPLOIS

Dans la langue courante, parlée ou écrite, on emploie le participe présent sous la forme du *gérondif*. On emploie aussi le participe présent et le participe passé sous la forme de l'*adjectif verbal*.

Dans la langue écrite, mais jamais dans la conversation, on emploie les autres participes.

Emplois dans la langue courante

1. Le gérondif = **en –ant**

   en pleurant   **en** riant

ATTENTION: En anglais, la préposition varie: *in, by, with, while;* en français, c'est toujours **en**. Le gérondif représente une action faite par le sujet du verbe principal, mais la terminaison **–ant** ne s'accorde pas. Le gérondif peut être suivi d'un complément.

Françoise est une petite fille bien élevée:	*Françoise is a well-behaved little girl:*
Elle ne parle pas **en mangeant**.	*She doesn't speak **while eating**.*
Je l'ai rencontré **en traversant** la rue.	*I met him **while crossing** the street.*

   a. Le gérondif exprime l'idée que deux actions sont faites en même temps par la même personne.

   Il parle **en mangeant** (il parle et il mange).   *He talks **while eating**.*

   b. Il décrit la manière ou le moyen de faire une chose.

   Il a ouvert la porte **en donnant** des coups de pied.

   *He opened the door **by kicking** (it).*

c.   Il implique une condition nécessaire avant l'action principale.

> **En travaillant** plus, tu pourrais   ***By studying*** *more, you could get good*
> avoir de bonnes notes.   *grades.*
>
> (**Si tu travaillais** plus...)   (***If you studied*** *more...*)

d.   Souvent le gérondif est précédé de **tout**. **Tout** renforce l'idée que deux
     actions ont lieu en même temps, et quelquefois s'opposent.

> **Tout en faisant** très attention, les explorateurs avançaient.

Exercice 19.7

Refaites les phrases suivantes avec un gérondif.

1.   Les explorateurs marchent et observent la nature en même temps.
2.   Est-ce que vous fumez quand vous mangez?
3.   Nous voyons des vautours et des perruches quand nous nous promenons dans la forêt.
4.   On découvre des choses merveilleuses quand on voyage d'une planète à l'autre.
5.   Ils ont pu s'offrir un voyage dans la lune; ils ont fait des économies pendant dix ans.
6.   Tu réussirais plus facilement dans tes études si tu te concentrais un peu plus.
7.   L'actrice a répondu aux questions indiscrètes; elle a souri en même temps.
8.   Est-ce que ces enfants deviendront plus sages quand ils grandiront?

2.   L'adjectif verbal

     Il peut avoir la forme du participe présent ou celle du participe passé. Il s'accorde avec le nom qu'il accompagne, comme un adjectif.

> Régine est une femme **charmante**.
>
> Le singe, **débarrassé** de son costume, faisait des pirouettes.

Emplois dans la langue écrite

1. Le participe présent

Le participe présent s'emploie **uniquement** dans la langue écrite. Il ne s'accorde pas. Il a plusieurs sens.

   a.   Il correspond à une proposition relative.

   Ma mère, **croyant** que j'allais m'évanouir,   *My mother, **thinking** I was going to*
   m'a donné un verre d'eau.   *faint, gave me a glass of water.*

   (Ma mère, **qui croyait...**)   (*My mother, **who thought...***)

   b.   Il indique un sens de causalité.

   Étant très riche, ce monsieur   ***Being** very rich, this gentleman did not*
   n'avait pas besoin de travailler.   *need to work.*

   (**Comme il était...**)   (***Since he was...***)

   c.   Il indique que deux actions sont successives.

   Prenant son chapeau, il sortit.   ***Taking** his hat, he left.*

   (Il **prit** son chapeau et il **sortit**.)   (*He **took** his hat and he **left**.*)

Tableau-résumé: Différences entre le participe présent et l'adjectif verbal	
Le participe présent	*L'adjectif verbal*
C'est un verbe.	*C'est un adjectif.*
• il indique une action	• il exprime une qualité, un état durable
• il ne s'accorde pas	• il s'accorde
• il peut avoir un objet direct	• il n'a pas d'objet direct

• à la forme négative on dit:
  ne croyant pas
	• à la forme négative on dit:
	  pas charmant(e) ou **peu charmant(e)**

• l'adverbe suit:
  croyant **toujours**
	• l'adverbe précède:
	  elle est **toujours** charmante

• l'orthographe des mots suivants varie:	

négligeant	négligent
fatiguant	fatigant
différant	différent
convainquant	convaincant
Convainquant sa mère de lui donner de l'argent, elle a pu aller au cinéma.	Votre histoire n'est pas **convaincante**.

Exercice 19.8

Dans les phrases suivantes, mettez le verbe entre parenthèses à la forme qui convient: participe présent, gérondif ou adjectif verbal.

1. (Sortir) de la chaloupe, le professeur prit la tête de l'expédition.

2. (Trembler) d'émotion, les astronautes sont partis à la découverte de la planète.

3. Le vieux chien se tenait à peine sur ses jambes (trembler).

4. Nous avons lu (trembler) le message trouvé dans la bouteille.

5. Les chevaux font le tour du corral (courir).

6. Dans la langue française (courir) il y a beaucoup de mots anglais.

7. Je ne croyais pas vous déranger (frapper) à la porte.

8. Il y a entre ces planètes une ressemblance (frapper).

9. Denis a remis le lait au réfrigérateur, (négliger) de fermer la porte.

10. Cette femme de ménage est très (négliger).

2. Le participe passé composé

Le participe passé composé s'emploie dans les mêmes conditions que le participe présent, mais il ajoute l'idée que l'action a été achevée avant l'action du verbe principal.

Cette pauvre femme, **ayant eu** beaucoup d'ennuis, était devenue très sombre.

*This poor woman, **having had** many problems, had become very gloomy.*

*(...**because she had had**...)*

S'**étant levée**, elle sortit.

Having gotten up, she left.

*(**After she got up**...)*

3. Le participe passé

Souvent, dans des phrases elliptiques, le participe passé composé est réduit au participe passé, après un nom ou après une expression comme **sitôt**, **une fois**.

> **Sitôt levée**, elle va faire une promenade.
>
> ***As soon as she is up***, she'll go for a walk.
>
> **Une fois arrivé(e)s**, nous nous reposerons.
>
> ***Once there (Once arrived)***, we will rest.

REMARQUE: Dans ce cas, le participe passé s'accorde avec le nom ou le pronom qu'il accompagne.

4. La proposition participe

C'est une construction de langue écrite et littéraire, qui remplace couramment une proposition subordonnée avec une conjonction. Elle est formée d'un nom sujet accompagné d'un participe (présent, parfait, passé ou passif). Le nom ne doit pas avoir d'autre fonction dans le reste de la phrase.

Ses enfants partant le lendemain en vacances, M. Dupont décida de les accompagner.	***His children leaving the next day for a vacation***, Mr. Dupont decided to go along.
(**Comme ses enfants partaient...**)	(***Since his children were leaving...***)
Un soir, **une panne l'ayant surpris sur la route**, il dut dormir dans sa voiture.	One evening, ***a breakdown having surprised him on the road***, he was forced to sleep in his car.
(Un soir, **comme une panne l'avait surpris...**)	(One evening, ***since a breakdown had surprised him...***)
La tempête terminée, nous sortirons faire une promenade.	***The storm (being) over***, we shall go out for a walk.
(**Quand la tempête sera terminée...**)	(***When the storm is over...***)

Exercice 19.9

Refaites les phrases suivantes avec des propositions participes.

1. Comme ma porte d'entrée était fermée, je suis passé par la fenêtre.

2. Quand son examen a été terminé, le médecin a fait son diagnostic.

3. Comme les enfants sont très bruyants, on les envoie dans leur chambre.

4. Une fois que les fêtes de Noël seront passées, je me mettrai au régime.

5. Les jeunes gens ôtèrent leur scaphandre, et la petite troupe commença sa reconnaissance des lieux.

6. Le singe a disparu, et les trois terriens sont partis à sa recherche.

7. Après que plusieurs heures furent passées, ils se sentirent fatigués.

Problèmes de traduction

1. *–ing* = le présent ou l'imparfait d'un verbe ou de l'expression **être en train de** + infinitif

I *am reading*.	He *was reading*.
Je **lis**.	Il **lisait**.
Je **suis en train de lire**.	Il **était en train de lire**.

2. *–ing* = un infinitif

La forme *–ing* du verbe anglais qui suit un autre verbe ou une préposition doit se traduire en français par l'infinitif (voir page 254).

I like **reading**.	J'aime **lire**.
You enjoy **sleeping**.	Tu as du plaisir à **dormir**.
Instead of **playing**...	Au lieu de **jouer**....

3. *–ing* = un nom

Un grand nombre de mots anglais en *–ing* se traduisent par des noms quand ils sont employés après les verbes **aimer, faire, préférer,** etc., ou quand ils sont sujets.

hiking **la marche**	Il fait de la **marche**.
swimming **la natation**	J'aime la **natation**.

skiing **le ski**	Vous préférez le **ski** ou la **luge**?
sledding **la luge**	
cross-country skiing **le ski de fond**	**Le ski de fond** redevient populaire.

4. Certains participes exprimant une position (*sitting, leaning, bending, kneeling, rising*) se traduisent par un participe passé si la position est déjà prise: **assis, appuyé, penché, agenouillé, levé**. Ils se traduisent par un participe présent ou un gérondif si le mouvement est en train de s'effectuer: **s'asseyant, s'appuyant, se penchant, s'agenouillant, se levant**.

> **Sitting (seated)** *on a small chair, the little girl ate her soup.*
>
> **Assise** sur une petite chaise, la petite fille mangeait sa soupe.
>
> **Sitting down** *on a chair, he started to cough.*
>
> **S'asseyant** sur une chaise, il commença à tousser.

Standing se dit **debout** (invariable) si on décrit une position déjà prise et **se levant** si on décrit le mouvement.

> **Standing up**, *he started talking.*
>
> **Se levant**, il commença à parler.
>
> **Standing** *on a chair, she tries to open the cupboard.*
>
> **Debout** sur une chaise, elle essaie d'ouvrir le placard.

Exercice 19.10

Traduisez les phrases suivantes.

1. I like skiing.
2. The hikers enjoy walking.
3. Instead of trying, let's relax.
4. We dream while sleeping.
5. Without writing anything, she remembers everything.
6. Swimming is fun.
7. By working, you will succeed.
8. You prefer waiting?
9. Sitting on the grass, the little girl was playing with her dog.
10. Leaning against the window of the living room, the children admire the snow falling.

11. The musicians are not standing; they are sitting on chairs.

12. Kneeling in front of the queen, the knight (**le chevalier**) bent his head.

13. Hiking is becoming a popular exercise.

14. Standing up suddenly, I knocked over (**faire tomber**) the chair.

15. Leaning over the balcony of our apartment, we see a beautiful view of Paris.

TRADUCTIONS

1. One day, while Naba was visiting the black slave prison, he met a young princess who, too, had been kidnapped and sold. Together, they were sent to Brazil where they were shown at a slave market, separated, and sold to different farmers. Eventually, they found each other again and were given their freedom.

2. After discovering that the air was breathable, the astronauts got rid of their space suits, and they started exploring the surroundings. They entered the forest, and at the same time they were calling the chimp, who had escaped. Looking for signs of human life, they were walking one behind the other. They saw birds, gliding like vultures, trees rising higher than forty meters.

RÉDACTIONS

1. Imaginez la vie de Naba et Romana après qu'ils ont été libérés.

2. Imaginez la suite de la visite des explorateurs (vous pouvez vous inspirer du film, si vous l'avez vu).

CHAPITRE 20

La phrase complexe

BUT DE CE CHAPITRE

Dans ce chapitre, on vous explique la phrase complexe, c'est-à-dire la phrase qui contient au moins deux propositions, une principale et une ou plusieurs propositions subordonnées, introduites par un mot de subordination.

DÉFINITIONS

Une phrase est un groupe de mots autour d'un verbe conjugué (c'est-à-dire un verbe qui n'est ni un infinitif ni un participe). *Une phrase simple* se compose d'un seul verbe conjugué, ou de plusieurs verbes, reliés entre eux par une virgule ou par une conjonction de coordination: **et, mais, donc**. Généralement, il n'y a pas de subjonctif dans une phrase simple.

Il **a bu** son café et il **a allumé** une cigarette, **mais** il ne m'a pas **parlé**.

Une phrase complexe se compose d'au moins deux verbes conjugués. Les deux verbes sont reliés par un mot de subordination. Le verbe qui est seul s'appelle le verbe principal. Le verbe qui est introduit par un mot de subordination s'appelle le verbe subordonné. Le verbe principal peut être à l'indicatif ou au conditionnel jamais au subjonctif. Le verbe subordonné peut être à l'indicatif, au conditionnel ou au subjonctif.

Le mot de subordination peut être:

1. un pronom relatif: **qui, que**. Le subjonctif est rare dans les propositions relatives (voir page 370).

2. un mot interrogatif: **qui, ce que, comment, pourquoi** (voir page 181). Les verbes qui suivent les mots interrogatifs ne sont jamais au subjonctif.

3. une conjonction.

   a. La conjonction **que** introduit un verbe subordonné qui complète l'idée du verbe principal. Le verbe subordonné se met à l'indicatif après certains verbes tels que **penser que, croire que**. Il est au subjonctif après les verbes principaux tels que **vouloir que, douter que** (voir page 322).

   b. D'autres conjonctions de subordination expriment une circonstance:
   le temps: Quand l'action principale se produit-elle?
   la cause: Pourquoi l'action principale se produit-elle?
   la conséquence: Quel est le résultat de l'action principale?
   la condition: Dans quelles conditions l'action principale se produit-elle?
   le but: Dans quel but l'action principale se produit-elle?
   l'opposition: Malgré quelles circonstances l'action principale se produit-elle?

La liste complète de ces conjonctions est: **comme, quand, si,** ou une expression formée avec **que (avant que, pour que, bien que**, etc. excepté **est-ce que ou ne ... que**). Plusieurs conjonctions ont déjà été étudiées dans les chapitres précédents. Ce chapitre complète l'étude de la phrase complexe en groupant les conjonctions d'après leur sens et en spécifiant l'emploi du subjonctif ou de l'indicatif. Pour les conjonctions suivies du subjonctif, ce chapitre présente à la fin de chaque section l'alternative de constructions simples qui ne nécessitent pas l'emploi du subjonctif: soit des prépositions suivies d'un nom ou d'un infinitif, soit des conjonctions suivies de l'indicatif, soit, dans la langue écrite, l'emploi d'une proposition participe.

REMARQUE: Il y a une règle générale importante en ce qui concerne les conjonctions (**que** et certaines conjonctions de subordination) suivies du subjonctif: Il faut avoir un sujet différent pour le verbe principal et le verbe subordonné. Si le sujet des deux verbes est le même, on emploie une construction simple avec un infinitif.

CONJONCTIONS DE TEMPS

Les conjonctions de temps sont très nombreuses. Pour les classer, il faut considérer si l'action principale a lieu *avant, pendant* ou *après* l'action subordonnée.

Si elle a lieu *avant*, l'action subordonnée est au subjonctif. Si elle a lieu *pendant* ou *après*, l'action subordonnée est à l'indicatif, mais il y a des problèmes de temps.

avant *subjonctif*	pendant *indicatif*	après *indicatif*
avant que	pendant que	après que
en attendant que	alors que	quand
jusqu'à ce que	tandis que	lorsque
	lorsque	aussitôt que
	quand	dès que
	tant que	une fois que
	aussi longtemps que	à peine que
	en même temps que	
	chaque fois que	
	depuis que	

CONJONCTIONS SUIVIES DU SUBJONCTIF

L'action principale a lieu avant l'action subordonnée.

1. **avant que** (*before*)

> Les profs et les élèves nettoient la classe **avant que** l'inspecteur vienne faire sa visite. Gisèle lit tout un livre **avant de s'endormir.**

REMARQUE: Après **avant que**, on peut avoir **ne** explétif devant le verbe. L'emploi de **ne** n'est pas obligatoire.

> Faites vacciner votre chien contre la rage **avant qu'**il *ne* soit trop tard.

2. en attendant que (*while waiting for, to*)

> Jacques lit le journal **en attendant que** le café **soit** prêt.

> Philippe lit le journal **en attendant d'entrer** dans le cabinet du dentiste.

3. jusqu'à ce que (*until*)

Avec cette conjonction on peut avoir le même sujet pour le verbe principal et le verbe subordonné.

> Nicolas répète son poème **jusqu'à ce qu'**il le **sache**.

Quand l'action principale et l'action subordonnée sont faites par la même personne, on peut employer la préposition **jusqu'à** l'infinitif. Cette construction n'est pas très fréquente.

> Jacques a travaillé **jusqu'à tomber** de fatigue.

Jusqu'au moment où a la même signification que **jusqu'à ce que**, mais se construit avec l'indicatif.

> Christine restera au soleil **jusqu'au moment où** elle **sera** complètement
>   déshydratée.

REMARQUE: *Not until* se traduit par **pas avant que**.

> Ne partez **pas avant que** je sois prête!

CONJONCTIONS SUIVIES DE L'INDICATIF

L'action principale et l'action subordonnée ont lieu en même temps.

1. pendant que/ alors que/ tandis que (*while*)

Alors que et **tandis que** (prononcé / tãdikə/) ont parfois un sens d'opposition dans le temps (*whereas*).

> Il mange de la viande **tandis que** nous nous **nourrissons** de légumes.

2. lorsque/ quand (*when*)

Lorsque a le même sens que **quand**. **Quand** est plus employé dans la conversation.

Lorsque (Quand) Sylvie et Jérôme **sont rentrés** de province, ils ont donné leur rapport au directeur.

3. **tant que/ aussi longtemps que** (*as long as*)
   Ces conjonctions s'emploient de la même façon, souvent avec un futur.

   Tant que/ Aussi longtemps que je **vivrai**, je me rappellerai ce voyage extraordinaire.

4. **comme** (*as, just as*)
   Avec le sens de *as, just as*, **comme** est toujours suivi de l'imparfait. Le verbe principal est à l'imparfait, au passé composé ou au passé simple.

   Comme je **sortais** de chez moi, le facteur est arrivé avec un paquet.

5. **à mesure que** (*as*)
   C'est une conjonction courante. Elle signifie que deux actions progressent ou changent en même temps dans la même proportion ou en sens inverse.

   À mesure que Daniel **grandissait**, il devenait plus indépendant.

6. **en même temps que** (*at the same time*)/ **chaque fois que** (*each time*)
   En même temps que Azouz **écrivait** sa rédaction, sa sœur écoutait la radio.
   Chaque fois que Fatima **quitte** l'Algérie, elle pleure.

7. **depuis que** (*since*)
   Depuis que Maryse **a** un diplôme de la Sorbonne, ses camarades ne se moquent plus d'elle.

REMARQUE: Quand *since* a un sens de cause, on le traduit par **puisque** ou par **comme** (voir page 446).

L'action principale a lieu après l'action subordonnée.

1. **après que, quand, lorsque** (*after*)/ **aussitôt que, dès que** (*as soon as*)/ **une fois que** (*once*) Avec ces conjonctions, l'emploi des temps suit la règle de concordance suivante: le verbe principal est à un temps simple qui correspond au

temps composé du verbe subordonné. Cette concordance est très stricte. L'auxiliaire du verbe subordonné et le verbe principal sont au même temps.

Après que le chat **est parti,** les souris **dansent.**

                              sera parti,   **danseront.**

                              était parti,   **dansaient.**

REMARQUES:

- Si le verbe principal est au passé composé, le verbe subordonné est au passé surcomposé.

  Après que le chat **a été parti,** les souris **ont dansé.**

- Si le verbe principal est au passé simple, le verbe subordonné est au passé antérieur.

  Après que le chat **fut parti,** les souris **dansèrent.**

2. à peine . . . que (*hardly . . . when*)

a. Avec **à peine,** il y a deux constructions possibles. **À peine** est le premier mot de la proposition subordonnée et on a l'inversion du verbe; **que** commence la proposition principale.

   À peine étions-nous sortis **qu'il** a commencé à pleuvoir.

REMARQUE: On a l'inversion simple du sujet si le sujet est un pronom. On a l'inversion double si le sujet est un nom.

   À peine les enfants étaient-ils sortis **qu'il** a commencé à pleuvoir.

On peut aussi placer **à peine** après l'auxiliaire du verbe subordonné. Dans ce cas on ne fait pas l'inversion du sujet.

   Nous étions **à peine** sortis **qu'il** a commencé à pleuvoir.

b. Avec cette conjonction, on n'a pas la concordance des temps employée avec **après que, aussitôt que,** etc.

à peine + plus-que-parfait	passé composé
	que + passé simple
	imparfait
À peine étions-nous sortis qu'il	a commencé
	commença à pleuvoir.
	commençait

    c.   La proposition subordonnée précède toujours la proposition principale.

CONSTRUCTIONS SIMPLES DE TEMPS

1. La préposition **à** avec un nom peut remplacer une proposition avec **quand**.

      quand il arriva → à son arrivée

      quand il partit → à son départ

2. Les prépositions **avant, après, depuis, jusqu'à** + nom peuvent remplacer les conjonctions et verbes subordonnés quand le sujet des deux verbes est le même.

      Après mon retour, je suis allé faire une promenade.

      Jusqu'à sa mort, il a travaillé dur.

3. Les prépositions **avant de, après, en attendant de** + l'infinitif peuvent remplacer les conjonctions et verbes subordonnés quand le sujet des deux verbes est le même.

      Avant de regarder, il mit ses lunettes.

      Après avoir enlevé son chapeau, il nous tendit la main.

4. La proposition participe est aussi une construction simple, mais elle appartient à la langue écrite (voir page 437).

      Une fois les informations terminées, nous passons à table.

Exercice 20.1

Combinez les phrases suivantes en utilisant une de ces conjonctions: **jusqu'à ce que, en attendant que, avant que**.

1. Il faut profiter de la vie. Il est trop tard.
2. Nous mangeons des biscuits salés. La soupe refroidit.
3. Je vais répéter ce poème. Je le sais.
4. Les enfants jouent dans le jardin. Le dîner est prêt.
5. Vous ne pouvez pas écrire. Le professeur vous le dit.
6. Elle rêve de plage, de soleil. L'hiver finit.

Exercice 20.2

Faites des phrases avec le vocabulaire suggéré et les conjonctions suivantes: **alors que, chaque fois que, tant que, à mesure que, comme**.

1. Pendant mon enfance, nous (rester) tout l'été en ville/ les autres enfants (aller) à la mer.
2. Le jeune époux a dit à sa femme:/ «Je (vivre), je (t'aimer).»
3. Nous (aller) partir en voyage/ nous (recevoir) une mauvaise nouvelle.
4. Les troupes allemandes (reculer) en Normandie/ les Alliés (avancer).
5. Tu (avoir envie) de sortir/ ta mère (faire des recommandations)
6. Agnès (aller) se coucher/ son mari (arriver) avec des invités.
7. L'élève distrait (regarder par la fenêtre)/ les autres élèves (écouter le maître).
8. J'allais sortir, il s'est mis à pleuvoir.

Exercice 20.3

Refaites les phrases suivantes en changeant les temps des verbes. Mettez le verbe auxiliaire au présent, à l'imparfait, au futur; et le verbe subordonné au temps qui convient.

> **Modèle: Quand le chat (partir), les souris (danser).**
>
> *Quand le chat est parti, les souris dansent.*
> *Quand le chat était parti, les souris dansaient.*
> *Quand le chat sera parti, les souris danseront.*

1. Aussitôt que le député (finir) son discours, tout le monde (applaudir).
2. Une fois que les élections (avoir) lieu, un nouveau président (diriger) le pays.
3. Dès que Bertrand (voir) un médecin, il (aller) à la pharmacie acheter des médicaments.
4. Après que la chaloupe (atterrir), les explorateurs (mettre) leur scaphandre.

Exercice 20.4

Transformez les groupes en italique en constructions simples.

1. Nous avons tous applaudi *quand il est arrivé*.
2. *Avant que vous partiez*, je veux vous voir.
3. *Une fois que cette loi sera votée*, le salaire des femmes sera égal à celui des hommes.
4. *Quand il dit ces mots*, je ne pus m'empêcher de rire.
5. *Comme nous avions terminé notre conversation*, nous sommes allés boire un café.
6. *Une fois que tu auras écrit ta composition*, tu pourras regarder la télé.

Faites des phrases avec le vocabulaire suggéré et la conjonction «**à peine ... que**». Variez la place de à peine: au début de la phrase ou après l'auxiliaire du verbe. Utilisez le passé composé et le plus-que-parfait.

1. Joseph et Maurice (approcher) de la zone libre/ (il y a) un contrôle de police.
2. M. Ibrahim (rencontrer) Momo/ il (décider) de l'adopter.
3. Françoise (perdre) son travail de vendeuse/ elle (trouver) un job de gouvernante.
4. L'accident (avoir lieu)/ le gendarme (arriver).

CONJONCTIONS DE CAUSE

La cause et la conséquence sont inséparables. Comparez les phrases suivantes:

> Vous avez mauvaise mine./ Vous fumez trop.

Vous avez mauvaise mine est le résultat, la conséquence. **Vous fumez trop** est la raison, la cause. On peut exprimer la cause ou la conséquence par une conjonction de subordination.

> Cause: Vous avez mauvaise mine **parce que** vous fumez trop.
>
> Conséquence: Vous fumez **tellement que** vous avez mauvaise mine.

Pour exprimer une *cause* on a plusieurs conjonctions. La plupart sont suivies de l'indicatif. Deux sont suivies du subjonctif.

indicatif	subjonctif
parce que	soit que ... soit que
puisque	ce n'est pas que ... mais
comme	
du moment que	
étant donné que	
sous prétexte que	
maintenant que	
si ... c'est que	

CONJONCTIONS SUIVIES DE L'INDICATIF

1. parce que (*because*)

Cette conjonction exprime la cause simple. Attention à la différence entre la construction de **parce que** + verbe et la construction de **à cause de** + nom.

> Daniel s'est rasé la tête **parce que** c'est la mode.
>
> **à cause de** la mode.

2. puisque/ comme (*since*)

Ces conjonctions expriment des causes qui sont évidentes pour la personne qui parle. On les place généralement au début de la phrase.

> **Puisque** nous passons par Montréal, allons rendre visite au cousin Jules!
>
> **Comme Bertrand** n'avait pas consulté son calendrier, il avait (a) manqué un rendez-vous important.

REMARQUES:

- *Since* qui indique le temps se dit **depuis que** (voir page 440).

  > **Depuis que** Claire ne fume plus, elle court plus vite et plus longtemps.

- **Comme** qui indique le temps s'emploie seulement avec l'imparfait (voir page 440).

3. du moment que (*since*)

Cette conjonction a le même sens que **puisque.**

> **Du moment que** votre mère vous a donné la permission de conduire sa voiture, je ne peux rien dire.

ATTENTION: **Du moment que** n'exprime pas le temps.

4. étant donné que (*since*)

Cette conjonction s'emploie dans une langue oratoire ou mathématique.

> **Étant donné que** $A + B = C$, C est plus grand que A ou B.

5. sous prétexte que (*under the pretext that*)

Cette conjonction indique un prétexte, une cause prétendue.

> M. Bongrain conduit sa voiture à 120 kilomètres à l'heure, **sous prétexte qu'**il ne
> veut pas arriver en retard. (En réalité, il aime conduire vite.)

Sous prétexte de est la préposition qui correspond à cette conjonction. Elle est suivie d'un infinitif.

> **Sous prétexte de** travailler, il s'enferme dans sa chambre.

6. maintenant que (*since . . . now*)

Cette conjonction combine une idée de cause et une idée de temps.

> **Maintenant que** vous avez dix-huit ans, vous pouvez voter.

7. si ... c'est que (*if . . . it is because*)

Cette expression met la conséquence en évidence, avec **si** au commencement de la phrase.

> **Si** Azouz se sent seul, **c'est qu'**il n'a pas de frère.

CONJONCTIONS SUIVIES DU SUBJONCTIF

1. soit que ... soit que (*whether . . . or because*)

Cette conjonction est suivie du subjonctif.

> Les nappes de ce restaurant ne sont jamais bien blanches, **soit que** la blanchis-
> serie **se serve** d'une lessive de mauvaise qualité, **soit que** leur machine **ne**
> **marche pas** bien.

Dans la langue courante on peut remplacer **soit que ... soit que** par **soit parce que ... soit parce que** avec l'indicatif.

> Les nappes de ce restaurant ne sont jamais bien blanches, **soit parce que** la
> blanchisserie **se sert** d'une lessive de mauvaise qualité, **soit parce que** leur
> machine **ne marche pas** bien.

2. ce n'est pas que ... mais (*it is not that . . . but*)

Cette conjonction est constituée de deux parties. On emploie le subjonctif après **ce n'est pas que** et l'indicatif après **mais.**

> **Ce n'est pas que** ce restaurant **soit** mauvais, **mais** il y **a** vraiment trop de bruit.

CONSTRUCTIONS SIMPLES DE CAUSE

1. **à cause de** + nom est la construction la plus courante.

2. **sous prétexte de** + l'infinitif

3. **grâce à** (*thanks to*), **de** (*of, from*), **à force de** (*by dint of, owing to*) + nom

Frédéric a pu faire des études **grâce à** ses parents.

Tu vas mourir **de** froid si tu sors dans le blizzard.

À force d'obstination, Bénédicte a obtenu son diplôme d'avocate.

REMARQUE: Il n'y a pas d'article devant le nom qui suit **à force de** et **de**.

4. **à force de** + l'infinitif

À force de supplier son père, l'étudiant est allé faire des études en France.

5. **tant/ tellement** (*because . . . so much*)

Ces adverbes signifient **parce que ... beaucoup.** On les place devant le deuxième verbe, après une virgule.

Vous allez grossir, **tellement** vous mangez de bonbons.

(... **parce que** vous mangez **beaucoup** de bonbons.)

Exercice 20.6

Dans les phrases suivantes, mettez la conjonction de cause qui vous paraît la plus logique: **parce que, puisque, comme, maintenant que, si ... c'est que.**

1. Vous êtes tellement impatient, partez avant nous.
2. Elle est mariée, elle n'a plus le temps de sortir avec ses amies.
3. Les astronautes hésitent à sortir de la chaloupe, ils ne sont pas sûrs que l'air est respirable
4. Nous avions quelques économies, nous avons acheté une télé en couleurs.
5. Tu hésites à répondre, tu as quelque chose à cacher.

6. (Le docteur a dit à Catherine): vous êtes en vacances, il faut vous reposer.
7. Tout le monde se moque de cette dame, elle porte des chapeaux ridicules.
8. Cette jeune fille adore les pulls avec des perles, c'est la mode.

Exercice 20.7

Faites des phrases avec **soit que … soit que** ou **ce n'est pas que … mais** et le vocabulaire suggéré.

1. Jean-Pierre a échoué à son examen: il n'a pas assez travaillé; il ne peut pas se concentrer.
2. Françoise va recevoir une punition: elle ne fait pas ses devoirs; elle a oublié ses livres.
3. Nous manquons d'enthousiasme; il fait vraiment trop chaud pour sortir.
4. Cette pièce est mauvaise; les acteurs sont des amateurs.

Exercice 20.8

Faites des phrases avec **à cause de, grâce à, à force de, de, sous prétexte de** et le vocabulaire suggéré.

1. Les Français ont perdu leurs colonies. (une mauvaise politique)
2. Cette actrice a reçu l'oscar. (l'influence de son producteur)
3. Ils sont morts. (la faim)
4. Il a terminé ses études. (la volonté)
5. Les enfants ont quitté la table. (Ils ont dit qu'ils allaient jouer au jardin [mais c'était pour fumer]).
6. Cet écrivain pourra écrire son livre. (son nouvel ordinateur)
7. Vous tremblez? (le froid ou l'appréhension)
8. Jérôme a mal à la gorge. (crier)

Exercice 20.9

Faites des phrases avec **tant** ou **tellement** et le vocabulaire suggéré.

> **Modèle:** Elle me fatigue. Elle parle.
>
> *Elle me fatigue, **tellement** elle parle.*

1. Tous les poissons meurent. La rivière est (très) polluée.
2. Cette chanteuse a l'air vulgaire. Elle se maquille (trop).
3. Vous vous détruisez la santé. Vous aimez (trop) manger.
4. Nous ne vous comprenons pas. Vous parlez (trop) bas.
5. Je ne l'ai pas reconnue. Elle a grandi (beaucoup).
6. Nicolas a eu plusieurs accidents. Il conduit sa moto (vite).

CONJONCTIONS DE CONSÉQUENCE

La majorité des conjonctions de conséquence sont suivies de l'indicatif. Deux sont suivies du subjonctif.

indicatif	subjonctif
tant ... que	assez ... pour que
si ... que	trop ... pour que
tellement ... que	
tel ... que	
de sorte que	
de manière que	
de façon que	
si bien que	
au point que	

CONJONCTIONS SUIVIES DE L'INDICATIF

1. **tant ... que/ si ... que/ tellement ... que** (*so . . . that, so much . . . that*)
Ces conjonctions expriment un degré dans la conséquence.

   a. On emploie **tant** avec un verbe ou un nom précédé de **de.**
      Ce jeune homme a **tant** bu **qu**'il refuse de conduire sa voiture.
      Fanny a **tant de** chagrin **qu**'elle ne peut plus lire la lettre de Marius.

   b. On emploie **si** avec un adjectif ou un adverbe.
      Il faisait **si** chaud cet été **que** nous n'avions plus d'énergie pour travailler.
      Vous conduisez **si** vite **que** vous aurez un accident un de ces jours.

   c. On peut employer **tellement** à la place de **tant** ou de **si** dans tous ces cas, mais on évite la rencontre de **tellement** avec un autre adverbe en **-ment** pour des raisons d'euphonie (par exemple: **tellement rapidement**).
      Ce jeune homme a **tellement** bu **qu**'il refuse de conduire sa voiture.
      Fanny a **tellement de** chagrin **qu**'elle ne peut plus lire la lettre de Marius.
      Il faisait **tellement** chaud cet été **que** nous n'avions plus d'énergie pour travailler.
      Vous conduisez **tellement** vite **que** vous aurez un accident un de ces jours.

   d. On emploie **tellement** devant une expression qui contient une préposition et un nom.
      J'étais **tellement** en colère **que** je tremblais.

2. **un tel ... que/ une telle ... que** (*such a . . . that*); **de tels ... que/ de telles ... que** (*such . . . that*)
Ces conjonctions s'emploient avec un nom. Elles signifient **un si grand, une si grande, de si grands, de si grandes.**
      Le président a **une telle** résistance **qu**'il n'est jamais fatigué.
      Ils ont fait **de telles** dépenses pendant leur voyage **qu**'ils n'ont plus d'argent.

3. **de sorte que/ de manière que/ de façon que** (*so that*)
Ces trois conjonctions ont la même signification; elles s'emploient surtout dans la langue écrite; elles ont deux constructions.

a.   Suivies de l'indicatif, elles expriment la conséquence.

	de sorte qu'	
Le professeur parle	de manière qu'	on l'**entend** bien.
	de façon qu'	

b.   Suivies du subjonctif, elles indiquent un but (voir page 458).

Parlez fort **de sorte qu'**on vous **entende**.

4. faire en sorte que (*to manage so that*)

Cette expression contient toujours le verbe **faire** et est toujours suivie du subjonctif.

Faites en sorte que tous les invités **soient présentés** aux mariés.

5. si bien ... que/ au point ... que (*so that*)

Si bien ... que et **au point ... que** signifient *so that* et sont suivis de l'indicatif.

Il a plu tout l'été **si bien que** nous **n'avons pas pu** camper.

Josée s'est sentie malade **au point (à tel point) qu'**elle **a dû** rentrer chez elle.

CONJONCTIONS SUIVIES DU SUBJONCTIF

1. assez . . . pour que/ trop . . . pour que (*enough to; too much, too many to*)

Ces deux conjonctions doivent s'employer avec deux sujets différents.

Vous avez **assez** d'argent **pour que *nous*** allions tous au cinéma.

Il y a **trop** de moustiques dehors **pour que *nous*** dînions au jardin.

Si le verbe principal et le verbe subordonné ont le même sujet, on emploie les prépositions **assez ... pour** et **trop ... pour** avec l'infinitif.

Vous avez **assez** d'argent **pour** faire un voyage.

Daniel a **trop** peur des moustiques **pour** dîner dehors.

CONSTRUCTIONS SIMPLES DE CONSÉQUENCE

1. faire en sorte de + l'infinitif

Ils **ont fait en sorte de** se rencontrer à Paris.

2. **assez ... pour** et **trop ... pour** + l'infinitif

3. **alors, donc** et **aussi** (*so, therefore*) + l'indicatif
    Le sens et l'emploi de ces expressions sont étudiés à la page 280.

    REMARQUE: On emploie **alors** au début de la proposition et **donc** après le verbe.

    > François se couche tard, **alors** il ne peut pas se lever le matin.
    >
    > Ces gens n'ont pas d'enfants: ils peuvent **donc** voyager quand ils veulent.

4. **par conséquent** (*consequently, therefore*), **c'est pourquoi, c'est la raison pour laquelle** (*that's why*) + l'indicatif

    a. **Par conséquent** s'emploie dans un raisonnement mathématique, logique.

        > San Francisco se trouve sur une faille (*fault*), **par conséquent on peut** s'attendre à un tremblement de terre.

    b. **C'est pourquoi** et **c'est la raison pour laquelle** sont employés plus couramment.

        > Cet écrivain a appris à se servir d'un micro-ordinateur, **c'est pourquoi il a terminé** son livre si vite.

Exercice 20.10

Faites des phrases avec tant ... que, si ... que, tellement ... que et le vocabulaire suggéré.

1. Les parents de Françoise sont pauvres. Ils ne peuvent pas payer sa pension.
2. Mme Martin se trompe souvent de chemin quand elle vient me voir. Je lui ai acheté une carte.
3. Nous avons des devoirs à faire à la maison. Nous nous couchons tard.
4. Je me suis ennuyé à cette soirée. Je me suis endormi dans un fauteuil.
5. La chambre de Jean-Marie est en désordre. Le chien refuse d'y entrer.
6. Il y a des provisions dans le frigidaire. On ne peut plus fermer la porte.
7. Vous êtes effrayé de tomber malade. Vous ne sortez pas?
8. Nous avons mangé des bonbons. Nous n'avons plus faim.

Exercice 20.11

Faites des phrases avec **assez ... pour que** et **trop ... pour que** et le vocabulaire suggéré.

1. Ces gens sont ennuyeux. Nous les invitons de nouveau.
2. Je vous écris souvent. Vous me répondez au moins une fois.
3. Cette amie t'a rendu des services. Tu lui fais plaisir, cette fois.
4. Agnès est fatiguée. La visite de ses amis la réjouit.
5. Ce café est chaud. Je ne peux pas le boire
6. La mère de Françoise a fait des dettes. Ses filles peuvent aller dans une pension chic.

CONJONCTIONS DE CONDITION

La conjonction de condition la plus courante est **si**. Il y a d'autres conjonctions qui expriment des nuances de sens variées (en anglais *under the condition, on condition, supposing that, provided*, etc.).

En français, la majorité des conjonctions de condition sont suivies du subjonctif, mais il y en a une qui demande le conditionnel.

indicatif	subjonctif	conditionnel
si	à condition que	au cas où
	à supposer que	des fois que
	pourvu que	
	à moins que	
	soit que ... soit que	

CONJONCTION SUIVIE DE L'INDICATIF

1. **si**

   Cette conjonction a été étudiée en détail au chapitre 13. **Si** est suivi de l'indicatif. Le verbe principal est au conditionnel.

   Si tu te **trouvais** dans un embouteillage, est-ce que tu t'**énerverais?**

CONJONCTIONS SUIVIES DU SUBJONCTIF

1. **à condition que** (*on condition that*)

> Je ferai le ménage **à condition que** tu **fasses** le dîner.

Si le verbe principal et le verbe subordonné ont le même sujet, on peut avoir **à condition de** + l'infinitif.

> J'irai voir ce musée **à condition d'avoir** le temps.

2. **à supposer que** (*supposing that*)

Cette conjonction a une autre forme: **en supposant que.**

> Nos cousins achèteront une maison, **à supposer que** (**en supposant que**) la
> banque leur **fasse** un prêt.

3. **pourvu que** (*provided that*)

> J'aime Noël **pourvu qu'**il y **ait** de la neige.

Pourvu que + le subjonctif, sans verbe principal, s'emploie dans une exclamation (*If only . . . !*).

> **Pourvu qu'**il **fasse** beau dimanche!

4. **à moins que** (*unless*)

> Elle fait son marché le samedi **à moins que** le frigidaire **soit** vide avant.

Avec cette conjonction, dans la langue littéraire, on emploie **ne** explétif.

> Ils sortent tous les dimanches **à moins qu'**il **ne** pleuve.

À moins de + un infinitif s'emploie si le verbe principal et le verbe subordonné ont le même sujet.

> Elle aura toujours des problèmes, **à moins de se faire soigner.**

5. **(soit) que ... (soit) que ...** (*whether . . . or*)

> Elle court deux kilomètres par jour, **(soit) qu'il pleuve** ou **(soit) qu'il fasse** froid.

On évite d'employer **soit qu'il soit** pour des raisons d'euphonie.

REMARQUE: Cette conjonction peut aussi avoir le sens de la cause (voir page 447).

CONJONCTIONS SUIVIES DU CONDITIONNEL

1. au cas où (*in case* [*that*])

Cette conjonction s'emploie avec le conditionnel.

> Vous allez en Europe en automne? Emportez des vêtements chauds **au cas où** il **ferait** froid.

2. des fois que (*in case* [*that*])

Dans la conversation, **des fois que** (avec un conditionnel) remplace souvent **au cas où.**

> Prenez un maillot de bain **des fois qu'**il y **aurait** une piscine à ce motel.

CONSTRUCTIONS SIMPLES DE CONDITION

1. à condition de et **à moins de** + l'infinitif

> Tu sortiras ce soir **à condition de rentrer** tôt.

2. en cas de + nom

> **En cas d'**interruption de service des bus, on recommande d'aller à bicyclette.

3. On peut avoir deux verbes au conditionnel qui se suivent.

> **J'aurais** de l'argent, je ne **travaillerais** plus.
>
> (Si j'**avais** de l'argent, je ne **travaillerais** plus.)

Exercice 20.12

Faites des phrases avec les groupes indiqués et une des conjonctions suivantes: **à condition que, à supposer que, pourvu que, à moins que, au cas où.**

1. Nous achèterons cette voiture. Le prix n'est pas trop élevé.

2. J'emporterai des tas de livres pour mon week-end. Je m'ennuie avec les gens qui m'invitent.

3. Cette jeune femme veut bien faire la cuisine. Son mari fait le marché.

4. Bernard sera récompensé. Il va à l'école tous les jours.

5. Vous avez gagné à la loterie. Pensez-vous que votre avenir va changer?

6. Nicolas ne peut jamais s'endormir. Sa grand-mère vient lui chanter une chanson.

7. Jean-Marie s'entendra avec son père. Ils font tous les deux un effort.

8. Nos invités arriveront à l'heure. Ils se sont perdus.

Exercice 20.13

Combinez les phrases suivantes avec une des expressions suivantes: si, à condition de, à moins de, ou deux conditionnels.

1. Vous avez de l'argent. Vous le placez à la banque?

2. Ils changeront de métier. Ils auront une occasion.

3. Nous ne sortons pas. Nous sommes invités.

4. J'avais quelque chose à vendre. J'ai mis une annonce dans le journal.

CONJONCTIONS DE BUT

Le but est un résultat qu'on souhaite obtenir ou éviter. Toutes les conjonctions de but sont suivies du subjonctif.

afin que	de sorte que	de peur que
pour que	de manière que	de crainte que
de façon que		

CONJONCTIONS SUIVIES DU SUBJONCTIF

1. afin que/ pour que (*in order that*)

Ces deux conjonctions ont le même sens. **Afin que** appartient à la langue littéraire. **Pour que** est plus courant.

Napoléon institua le blocus continental **afin que** l'Angleterre **soit** isolée de l'Europe.

Si le verbe principal et le verbe subordonné ont le même sujet, on a les prépositions **afin de** et **pour** + l'infinitif.

> Elle prend des somnifères **afin de** mieux **dormir.**
>
> Elle prend des somnifères **pour** mieux **dormir.**

2. de sorte que (*so that*)

De sorte que avec le subjonctif exprime le but à atteindre.

> Parlez plus fort **de sorte qu'**on **puisse** vous entendre du fond de la salle.
>
> *Speak louder **so that** one **can** hear you at the back of the hall.*

La préposition qui correspond à **de sorte que** est **en sorte de,** que l'on emploie exclusivement avec le verbe **faire.** Elle est suivie d'un infinitif.

> **Faites en sorte d'**arriver à l'heure.
>
> ***Try to*** *arrive on time.*

3. de manière que, de façon que (*so that*)

Ces conjonctions ont le même sens que **de sorte que.** Elles s'emploient surtout dans la langue écrite.

> Elle a travaillé toute la nuit **de manière que (de façon que)** sa rédaction **soit**
>   parfaite.

Si le verbe principal et le verbe subordonné ont le même sujet, on emploie les prépositions **de manière à, de façon à** + l'infinitif.

> Elle a travaillé toute la nuit **de manière à finir** sa rédaction.

REMARQUE: **De sorte que, de manière que, de façon que** + l'indicatif ont un sens de conséquence (voir page 451).

4. de peur que, de crainte que (*for fear that*)

On peut employer **ne** explétif après ces deux conjonctions. Dans le cas où le verbe principal et le verbe subordonné ont le même sujet, on emploie les prépositions **de peur de** et **de crainte de** + l'infinitif.

> Elle ne veut plus vivre dans ce quartier, **de peur que (de crainte que)** son appartement **ne** soit cambriolé par des voleurs.
>
> Nous nous sommes fait vacciner **de peur d'attraper** la grippe.

CONSTRUCTIONS SIMPLES DE BUT

1. pour, afin de + l'infinitif

2. faire en sorte de + l'infinitif

3. de manière à, de façon à + l'infinitif

4. de peur de, de crainte de + l'infinitif

5. Deux prépositions de but qui n'ont pas de conjonctions correspondantes: **dans l'intention de** (*with the intention of*) + l'infinitif et **en vue de** (*for the purpose of*) + nom.

> Ils font des économies **dans l'intention de faire** un voyage.

> ... **en vue d'une expédition** au pôle Sud.

Exercice 20.14

Faites des phrases avec les conjonctions suivantes: **afin que, pour que, de sorte que, de peur que, de crainte que.**

1. Les rois ont beaucoup d'enfants. La dynastie ne s'éteint pas.
2. Ces parents gagnent de l'argent. Leurs enfants pourront le dépenser.
3. Ils ont engagé un détective. Leur fils est kidnappé.
4. Je vais rentrer mes géraniums. Le froid les fait mourir.
5. Allumez l'électricité. Je vous verrai mieux.
6. Je vais te donner des indications. Tu pourras trouver ma maison plus facilement.
7. Je vais repeindre ma maison. Le bois ne pourrit (*rot*) pas après le mauvais temps.
8. Faites les choses nécessaires! Tout sera prêt avant la cérémonie.

Exercice 20.15

Refaites les phrases suivantes en employant une préposition de but + l'infinitif.

1. Elle suit un régime. Elle maigrira.
2. Jean et son frère ont acheté un terrain. Ils feront construire.
3. Marius prépare son bateau. Il va faire une course autour du monde.
4. Vous faites du jogging. Vous participez au marathon de Boston.
5. Arrivez de bonne heure. Profitez d'une bonne journée à la campagne.
6. Andrée emporte des médicaments en Afrique. Elle a peur d'être malade.
7. Ce jeune homme va à la bibliothèque tous les jours. Il va rencontrer la jeune fille qu'il aime.
8. Vous allez porter une ceinture spéciale. Vous craignez de perdre votre argent.

CONJONCTIONS D'OPPOSITION

L'opposition est une conséquence illogique, en contradiction avec la cause. Si on dit:

Je suis malade; je reste au lit.

on exprime un rapport de *cause-conséquence*. Mais, si on dit:

Je suis malade; je viens en classe.

on exprime une *opposition*. La plupart des conjonctions d'opposition sont suivies du subjonctif. Trois sont suivies du conditionnel et une de l'indicatif. Attention: toutes ces conjonctions ont un sens proche (*although, even though, however, whatever,* etc.).

indicatif	subjonctif	conditionnel
même si	quoique/ bien que	quand même
	quoi que	quand bien même
	où que	alors même que
	pour ... que/ tout ... que/ si ... que	
	encore que	
	quel que soit	
	quelque ... que	

CONJONCTION SUIVIE DE L'INDICATIF

1. même si (*even though, even if*)
Même si s'emploie comme **si.**

> Même s'il ne **fait** pas beau, nous ferons une randonnée.

CONJONCTIONS SUIVIES DU SUBJONCTIF

1. quoique/ bien que (*although*)
Ces deux conjonctions ont le même sens et le même emploi.

> **Quoique** je **sois** malade, je viens à l'université.
> **Bien que** je **sois** malade...

REMARQUES:

- **Quoique** est un seul mot, **bien** et **que** sont séparés. Le sujet des deux verbes peut représenter la même personne.
- Souvent après **quoique** et **bien que** le verbe **être** et son sujet sont éliminés et on a la construction:

  quoique + adjectif
  bien que + adjectif

  > **Quoique malade,** elle vient à l'école.

- Dans la langue courante, on emploie **quoique** avec l'indicatif ou le conditionnel.

  > M. et Mme Bongrain sont contents de leur nouvelle maison, **quoiqu'**il leur **faudra** du temps pour s'installer.

2. quoi que en *deux* mots (*whatever*)
Il ne faut pas le confondre avec **quoique** (*although*).

> **Quoi que** tu **fasses, quoi que** tu **dises,** j'irai où je veux aller.
> *Whatever* you do, *whatever* you say . . .

3. où que (*wherever*)

> **Où que** vous **alliez,** j'irai avec vous.
> *Wherever* you go . . .

4. **pour … que/ tout … que/ si … que** (*however* + adjective)

Ces trois expressions entourent un adjectif.

> **Pour grands que** soient les rois, ils ne sont que des hommes.
>
> **Toute riche qu**'elle soit, elle est restée simple.
>
> **Si vieux que** soit mon père, il fait son jardin tout seul.

Si … que a une construction spéciale. On peut supprimer **que** et faire l'inversion du pronom sujet.

> **Si** vieux **soit-il**, il fait son jardin tout seul.

REMARQUES:

- Avec **tout … que,** l'indicatif est possible.

  > **Tout** fatigué **que** vous **êtes**, vous continuez à travailler comme un fou.

- À la place de **si … que,** on a quelquefois **aussi … que.**

  > **Aussi** riche **qu**'on **soit**, on a souvent des problèmes.

5. **encore que** (*even though, although*)

Encore que s'emploie avec le subjonctif ou l'indicatif.

> Ma grand-mère est en excellente santé **encore qu**'elle ne **soit** plus très jeune.
>
> … **encore qu**'elle n'**est** plus très jeune.

6. **quel que soit** (*however, whatever*)

Cette conjonction appartient à la langue littéraire. **Quel** est un adjectif; il s'accorde avec le nom. Le verbe est toujours **être.** Le dernier mot est un nom.

> **quel** (adjectif) + **que** + **être** + nom

> **Quel que soit mon état de santé**, je viens à l'université.
>
> (*Whatever my state of health may be. . .*)
>
> **Quelles que soient les difficultés**, il fera ce travail.

7. **quelque … que** (*however* + adjective)

Cette conjonction est construite comme **pour … que, tout … que, si … que** avec un adjectif.

> **Quelque fragile que** soit cette statue, elle ne se cassera pas.

Dans une langue littéraire, **quelque** s'emploie avec un nom. Dans ce cas, il s'accorde.

> **Quelques difficultés** que vous rencontriez, vous les surmonterez.

CONJONCTIONS SUIVIES DU CONDITIONNEL

1. quand même, quand bien même, alors même que (*even though*)
Ces conjonctions sont suivies du conditionnel.

> **Quand bien même** vous **essaieriez** de partir plus tôt, vous serez en retard.

CONSTRUCTIONS SIMPLES D'OPPOSITION

1. quoique ou **bien que** + adjectif

2. malgré + nom

> **Malgré de mauvaises critiques,** cette romancière a reçu le prix Goncourt.

3. avoir beau + l'infinitif

> Cette romancière **a eu beau recevoir** de mauvaises critiques. elle a reçu le prix Goncourt.

4. Des conjonctions de coordination: et, mais
On peut renforcer **et** ou **mais** avec **quand même,** placé immédiatement après le verbe.

> Je suis malade, **et (mais)** je viens **quand même** faire mon travail.
>
> *I'm sick,* **but** *I'm coming to do my work* ***anyway.***

5. Des adverbes d'opposition: pourtant, cependant

> Il pourrait se permettre de prendre des vacances, **pourtant** il ne manque pas une journée de travail.

RÉPÉTITION D'UNE CONJONCTION

Dans une phrase complexe longue, au lieu de répéter la conjonction, on emploie **que.** Si la conjonction prend le subjonctif, on a le subjonctif après **que.**

> Elles ont mangé **jusqu'à ce que** les provisions **soient** épuisées et **que** le frigidaire **soit** vide.

Si la conjonction prend l'indicatif, on emploie l'indicatif après **que.**

> **Quand** le soleil **se couche** et **que** la lumière **change,** ce paysage devient magnifique.

Pour répéter la conjonction **si,** on emploie **que** suivi du subjonctif.

> **Si** vous me téléphonez et **que** vous n'**ayez** pas de réponse, essayez encore.

Exercice 20.16

Faites des phrases au subjonctif ou au conditionnel avec le vocabulaire suggéré et les conjonctions **quoique, tout … que, si … que, quel que, quand bien même, alors même que.**

1. Romana est une princesse./ Elle a été vendue comme esclave.
2. Leurs opinions/ ces gens sont très tolérants.
3. Tes devoirs sont importants./ Tu devrais aussi te distraire.
4. Le film est long./ Je resterai jusqu'à la fin.
5. Ma sœur me supplie de venir./ Je n'irai pas la voir.
6. On annonce une tempête./ Cela est incertain.
7. Vincent est millionnaire./ Paulette ne veut pas se marier avec lui.
8. La décision du président/ les députés voteront en faveur de cette loi.

Exercice 20.17

Récrivez chaque groupe suivant avec **bien que, malgré, avoir beau, et … quand même.**

1. Suzanne a envie de chocolats./ Elle n'en mangera pas.
2. Gérard fait des efforts./ Il ne réussit pas à courir plus vite.
3. Vous êtes fatigué./ Vous vous couchez tard.

Tableau-résumé
Emploi des conjonctions et constructions simples

	temps	cause	conséquence	condition	but	opposition
subjonctif	*avant que *en attendant que jusqu'à ce que	soit que ... soit que ce n'est pas ... mais	*assez ... pour que *trop ... pour que	*à condition que *à moins que pourvu que soit que ... soit que etc.	*afin que *pour que *de sorte que *de peur que etc.	quoique bien que pour ... que tout ... que si ... que etc.
indicatif	*après que pendant que etc.	parce que puisque comme etc.	tant ... que si ... que tellemet ... que de sorte ... que etc.	si		même si etc.
conditionnel				au cas où		quand bien quand bien même alors même que
constructions simples	à + nom avant + nom avant de + inf. après + nom après + inf. Passé jusqu'à + nom etc.	à cause de tant tellement etc.	assez ... pour + inf. trop ... pour + inf. alors donc etc.	à condition de à moins de etc.	pour afin de de peur de + inf. dans l'intention de en vue de etc.	quoique + adj. malgré + nom avoir beau et mais pourtant etc.

APPENDICE A

La conjugaison du verbe

Infinitif et Participes	Indicatif		
1. verbes en -er **parler** (*to speak*) parlant parlé	*présent*	*imparfait*	*passé simple*
	je parle tu parles il/elle/on parle nous parlons vous parlez ils/elles parlent	je parlais tu parlas il/elle/on parlait nous parlions vous parliez ils/elles parlaient	je parlai tu parlas il/elle/on parla nous parlâmes vous parlâtes ils/elles parlèrent
	passé composé	*plus-que-parfait*	
	j'ai parlé	j'avais parlé	
2. verbes en -ir **finir** (*to finish*) finissant fini	*présent*	*imparfait*	*passé simple*
	je finis tu finis il/elle/on finit nous finissons vous finissez ils/elles finissent	je finissais tu finissais il/elle/on finissait nous finissions vous finissiez ils/elles finissaient	je finis tu finis il/elle/on finit nous finîmes vous finîtes ils/elles finirent
	passé composé	*plus-que-parfait*	
	j'ai fini	j'avais fini	
3. verbes en -re **perdre** (*to lose*) perdant perdu	*présent*	*imparfait*	*passé simple*
	je perds tu perds il/elle/on perd nous perdons vous perdez ils/elles perdent	je perdais tu perdais il/elle/on perdait nous perdions vous perdiez ils/elles perdaient	je perdis tu perdis il/elle/on perdit nous perdîmes vous perdîtes ils/elles perdirent
	passé composé	*plus-que-parfait*	
	j'ai perdu	j'avais perdu	

	Conditionnel	Impératif	Subjonctif
futur	*présent*		*présent*
je parlerai	je parlerais	-	que je parle
tu parleras	tu parlerais	parle	que tu parles
il/elle/on parlera	il/elle/on parlerait	-	qu'il/elle/on parle que
nous parlerons	nous parlerions	parlons	nous parlions
vous parlerez	vous parleriez	parlez	que vous parliez
ils/elles parleront	ils/elles parleraient	-	qu'ils/elles parlent
futur antérieur	*passé*		*passé*
j'aurai parlé	j'aurais parlé		que j'aie parlé
futur	*présent*		*présent*
je finirai	je finirais	-	que je finisse
tu finiras	tu finirais	finis	que tu finisses
il/elle/on finira	il/elle/on finirait	-	qu'il/elle/on finisse
nous finirons	nous finirions	finissons	que nous finissions
vous finirez	vous finiriez	finissez	que vous finissiez
ils/elles finiront	ils/elles finiraient	-	qu'ils/elles finissent
futur antérieur	*passé*		*passé*
j'aurai fini	j'aurais fini		que j'aie fini
futur	*présent*		*présent*
je perdrai	je perdrais	-	que je perde
tu perdras	tu perdrais	perds	que tu perdes
il/elle/on perdra	il/elle/on perdrait	-	qu'il/elle/on perde
nous perdrons	nous perdrions	perdons	que nous perdions
vous perdrez	vous perdriez	perdez	que vous perdiez
ils/elles perdront	ils/elles perdraient	-	qu'ils/elles perdent
futur antérieur	*passé*		*passé*
j'aurai perdu	j'aurais perdu		que j'aie perdu

Infinitif et Participes	Indicatif		
4. verbe pronominal **se laver** (*to wash oneself*) se lavant lavé	*présent*	*imparfait*	*passé simple*
	je me lave tu te laves il/elle/on se lave nous nous lavons vous vous lavez ils/elles se lavent	je me lavais tu te lavais il/elle/on se lavait nous nous lavions vous vous laviez ils/elles se lavaient	je me lavai tu te lavas il/elle/on se lava nous nous lavâmes vous vous lavâtes ils/elles se lavèrent
	passé composé	*plus-que-parfait*	
	je me suis lavé(e)	je m'étais lavé(e)	

CONJUGAISONS IRRÉGULIÈRES

Infinitif et Participes	Indicatif		
	présent	*imparfait*	*passé simple*
1. **aller** (*to go*) allant allé	je vais tu vas il/elle/on va nous allons vous allez ils/elles vont	j'allais tu allais il/elle/on allait nous allions vous alliez ils/elles allaient	j'allai tu allas il/elle/on alla nous allâmes vous allâtes ils/elles allèrent
2a. **s'asseoir** (*to sit*) asseyant assis	je m'assieds tu t'assieds il/elle/on s'assied nous nous asseyons vous vous asseyez ils/elles s'asseyent	je m'asseyais tu t'asseyais il/elle/on s'asseyait nous nous asseyions vous vous asseyiez ils/elles s'asseyaient	je m'assis tu t'assis il/elle/on s'assit nous nous assîmes vous vous assîtes ils/elles s'assirent
2b. **s'asseoir** assoyant	je m'assois tu t'assois il/elle/on s'assoit nous nous assoyons vous vous assoyez ils/elles s'assoient	je m'assoyais tu t'assoyais il/elle/on s'assoyait nous nous assoyions vous vous assoyiez ils/elles s'assoyaient	-

	Conditionnel	Impératif	Subjonctif
futur	*présent*		*présent*
je me laverai	je me laverais	-	que je me lave
tu te laveras	tu te laverais	lave-toi	que tu te laves
il/elle/on se lavera	il/elle/on se laverait	-	qu'il/elle/on se lave
nous nous laverons	nous nous laverions	lavons-nous	que nous nous lavions
vous vous laverez	vous vous laveriez	lavez-vous	que vous vous laviez
ils/elles se laveront	ils/elles se laveraient	-	qu'ils/elles se lavent
futur antérieur	*passé*		*passé*
je me serai lavé(e)	je me serais lavé(e)		que je me sois lavé(e)

		Conditionnel	Impératif	Subjonctif
passé composé	*futur*	*présent*		*présent*
je suis allé(e)	j'irai	j'irais	-	que j'aille
	tu iras	tu irais	va	que tu ailles
	il/elle/on ira	il/elle/on irait	-	qu'il/elle/on aille
	nous irons	nous irions	allons	que nous allions
	vous irez	vous iriez	allez	que vous alliez
	ils/elles iront	ils/elles iraient	-	qu'ils/elles aillent
je me suis assis(e)	je m'assiérai	je m'assiérais	-	que je m'asseye
	tu t'assiéras	tu t'assiérais	assieds-toi	que tu t'asseyes
	il/elle/on s'assiéra	il/elle/on s'assiérait	-	qu'il/elle/on s'asseye
	nous nous assiérons	nous nous assiérions	asseyons-nous	que nous nous asseyons
	vous vous assiérez	vous vous assiériez	asseyez-vous	que vous vous asseyiez
	ils/elles s'assiéront	ils/elles s'assiéraient	-	qu'ils/elles s'asseyent
-	je m'assoirai	je m'assoirais	-	que je m'assoie
	tu t'assoiras	tu t'assoirais	assois-toi	que tu t'assoies
	il/elle/on s'assoira	il/elle/on s'assoirait	-	qu'il/elle/on s'assoie
	nous nous assoirons	nous nous assoirions	assoyons-nous	que nous nous assoyions
	vous vous assoirez	vous vous assoiriez	assoyez-vous	que vous vous assoyiez
	ils/elles s'assoiront	ils/elles s'assoiraient	-	qu'ils/elles s'assoient

Infinitif et Participes	Indicatif		
	présent	*imparfait*	*passé simple*
3. **battre** (*to beat*) battant battu	je bats tu bats il/elle/on bat nous battons vous battez ils/elles battent	je battais tu battais il/elle/on battait nous battions vous battiez ils/elles battaient	je battis tu battis il/elle/on battit nous battîmes vous battîtes ils/elles battirent
4. **boire** (*to drink*) buvant bu	je bois tu bois il/elle/on boit nous buvons vous buvez ils/elles boivent	je buvais tu buvais il/elle/on buvait nous buvions vous buviez ils/elles buvaient	je bus tu bus il/elle/on but nous bûmes vous bûtes ils/elles burent
5. **conduire** (*to lead*) conduisant conduit et composés	je conduis tu conduis il/elle/on conduit nous conduisons vous conduisez ils/elles conduisent	je conduisais tu conduisais il/elle/on conduisait nous conduisions vous conduisiez ils/elles conduisaient	je conduisis tu conduisis il/elle/on conduisit nous conduisîmes vous conduisîtes ils/elles conduisirent
6. **connaître** (*to be acquainted with*) connaissant connu et composés	je connais tu connais il/elle/on connaît nous connaissons vous connaissez ils/elles connaissent	je connaissais tu connaissais il/elle/on connaissait nous connaissions vous connaissiez ils/elles connaissaient	je connus tu connus il/elle/on connut nous connûmes vous connûtes il/elles connurent
7. **courir** (*to run*) courant couru	je cours tu cours il/elle/on court nous courons vous courez ils/elles courent	je courais tu courais il/elle/on courait nous courions vous couriez ils/elles couraient	je courus tu courus il/elle/on courut nous courûmes vous courûtes ils/elles coururent
8. **craindre** (*to fear*) craignant craint joindre	je crains tu crains il/elle/on craint nous craignons vous craignez ils/elles craignent	je craignais tu craignais il/elle/on craignait nous craignions vous craigniez ils/elles craignaient	je craignis tu craignis il/elle/on craignit nous craignîmes vous craignîtes ils/elles craignirent
9. **croire** (*to believe*) croyant cru	je crois tu crois il/elle/on croit nous croyons vous croyez ils/elles croient	je croyais tu croyais il/elle/on croyait nous croyions vous croyiez ils/elles croyaient	je crus tu crus il/elle/on crut nous crûmes vous crûtes ils/elles crurent

		Conditionnel	Impératif	Subjonctif
passé composé	*futur*	*présent*		*présent*
j'ai battu	je battrai	je battrais	-	que je batte
	tu battras	tu battrais	bats	que tu battes
	il/elle/on battra	il/elle/on battrait	-	qu'il/elle/on batte
	nous battrons	nous battrions	battons	que nous battions
	vous battrez	vous battriez	battez	que vous battiez
	ils/elles battront	ils/elles battraient	-	qu'ils/elles battent
j'ai bu	je boirai	je boirais	-	que je boive
	tu boiras	tu boirais	bois	que tu boives
	il/elle/on boira	il/elle/on boirait	-	qu'il/elle/on boive
	nous boirons	nous boirions	buvons	que nous buvions
	vous boirez	vous boiriez	buvez	que vous buviez
	ils/elles boiront	ils/elles boiraient	-	qu'ils/elles boivent
j'ai conduit	je conduirai	je conduirais	-	que je conduise
	tu conduiras	tu conduirais	conduis	que tu conduises
	il/elle/on conduira	il/elle/on conduirait	-	qu'il/elle/on conduise
	nous conduirons	nous conduirions	conduisons	que nous conduisions
	vous conduirez	vous conduiriez	conduisez	que vous conduisiez
	ils/elles conduiront	ils/elles conduiraient	-	qu'ils/elles conduisent
j'ai connu	je connaîtrai	je connaîtrais	-	que je connaisse
	tu connaîtras	tu connaîtrais	connais	que tu connaisses
	il/elle/on connaîtra	il/elle/on connaîtrait	-	qu'il/elle/on connaisse
	nous connaîtrons	nous connaîtrions	connaissons	que nous connaissions
	vous connaîtrez	vous connaîtriez	connaissez	que vous connaissiez
	ils/elles connaîtront	ils/elles connaîtraient	-	qu'ils/elles connaissent
j'ai couru	je courrai	je courrais	-	que je coure
	tu courras	tu courrais	cours	que tu coures
	il/elle/on courra	il/elle/on courrait	-	qu'il/elle/on coure
	nous courrons	nous courrions	courons	que nous courions
	vous courrez	vous courriez	courez	que vous couriez
	ils/elles courront	ils/elles courraient	-	qu'ils/elles courent
j'ai craint	je craindrai	je craindrais	-	que je craigne
	tu craindras	tu craindrais	crains	que tu craignes
	il/elle/on craindra	il/elle/on craindrait	-	qu'il/elle/on craigne
	nous craindrons	nous craindrions	craignons	que nous craignions
	vous craindrez	vous craindriez	craignez	que vous craigniez
	ils/elles craindront	ils/elles craindraient	-	qu'ils/elles craignent
j'ai cru	je croirai	je croirais	-	que je croie
	tu croiras	tu croirais	crois	que tu croies
	il/elle/on croira	il/elle/on croirait	-	qu'il/elle/on croie
	nous croirons	nous croirions	croyons	que nous croyions
	vous croirez	vous croiriez	croyez	que vous croyiez
	ils/elles croiront	ils/elles croiraient	-	qu'ils/elles croient

Infinitif et Participes	Indicatif		
	présent	*imparfait*	*passé simple*
10. **cueillir** (*to pick*) cueillant cueilli et composés	je cueille tu cueilles il/elle/on cueille nous cueillons vous cueillez ils/elles cueillent	je cueillais tu cueillais il/elle/on cueillait nous cueillions vous cueilliez ils/elles cueillaient	je cueillis tu cueillis il/elle/on cueillit nous cueillîmes vous cueillîtes ils/elles cueillirent
11. **devoir** (*to awe, to have to*) devant dû, due	je dois tu dois il/elle/on doit nous devons vous devez ils/elles doivent	je devais tu devais il/elle/on devait nous devions vous deviez ils/elles devaient	je dus tu dus il/elle/on dut nous dûmes vous dûtes ils/elles durent
12. **dire** (*to say, to tell*) disant dit et composés	je dis tu dis il/elle/on dit nous disons vous dites ils/elles disent	je disais tu disais il/elle/on disait nous disions vous disiez ils/elles disaient	je dis tu dis il/elle/on dit nous dîmes vous dîtes ils/elles dirent
13. **dormir** (*to sleep*) dormant dormi s'endormir	je dors tu dors il/elle/on dort nous dormons vous dormez ils/elles dorment	je dormais tu dormais il/elle/on dormait nous dormions vous dormiez ils/elles dormaient	je dormis tu dormis il/elle/on dormit nous dormîmes vous dormîtes ils/elles dormirent
14. **écrire** (*to write*) écrivant écrit et composés	j'écris tu écris il/elle/on écrit nous écrivons vous écrivez ils/elles écrivent	j'écrivais tu écrivais il/elle/on écrivait nous écrivions vous écriviez ils/elles écrivaient	j'écrivis tu écrivis il/elle/on écrivit nous écrivîmes vous écrivîtes ils/elles écrivirent
15. **faire** (*to do, to make*) faisant fait et composés	je fais tu fais il/elle/on fait nous faisons vous faites ils/elles font	je faisais tu faisais il/elle/on faisait nous faisions vous faisiez ils/elles faisaient	je fis tu fis il/elle/on fit nous fîmes vous fîtes ils/elles firent
16. **falloir** (*to be necessary*) fallu	il faut	il fallait	il fallut

		Conditionnel	Impératif	Subjonctif
passé composé	*futur*	*présent*		*présent*
j'ai cueilli	je cueillerai tu cueilleras il/elle/on cueillera nous cueillerons vous cueillerez ils/elles cueilleront	je cueillerais tu cueillerais il/elle/on cueillerait nous cueillerions vous cueilleriez ils/elles cueilleraient	- cueille - cueillons cueillez -	que je cueille que tu cueilles qu'il/elle/on cueille que nous cueillions que vous cueilliez qu'ils/elles cueillent
j'ai dit	je dirai tu diras il/elle/on dira nous dirons vous direz ils/elles diront	je dirais tu dirais il/elle/on dirait nous dirions vous diriez ils/elles diraient	- dis - disons dites -	que je dise que tu dises qu'il/elle/on dise que nous disions que vous disiez qu'ils/elles disent
j'ai dit	je dirai tu diras il/elle/on dira nous dirons vous direz ils/elles diront	je dirais tu dirais il/elle/on dirait nous dirions vous diriez ils/elles diraient	- dis - disons dites -	que je dise que tu dises qu'il/elle/on dise que nous disions que vous disiez qu'ils/elles disent
j'ai dormi	je dormirai tu dormiras il/elle/on dormira nous dormirons vous dormirez ils/elles dormiront	je dormirais tu dormirais il/elle/on dormirait nous dormirions vous dormiriez ils/elles dormiraient	- dors - dormons dormez -	que je dorme que tu dormes qu'il/elle/on dorme que nous dormions que vous dormiez qu'ils/elles dorment
j'ai dormi	je dormirai tu dormiras il/elle/on dormira nous dormirons vous dormirez ils/elles dormiront	je dormirais tu dormirais il/elle/on dormirait nous dormirions vous dormiriez ils/elles dormiraient	- dors - dormons dormez -	que je dorme que tu dormes qu'il/elle/on dorme que nous dormions que vous dormiez qu'ils/elles dorment
j'ai fait	je ferai tu feras il/elle/on fera nous ferons vous ferez ils/elles feront	je ferais tu ferais il/elle/on ferait nous ferions vous feriez ils/elles feraient	- fais - faisons faites -	que je fasse que tu fasses qu'il/elle/on fasse que nous fassions que vous fassiez qu'ils/elles fassent
il a fallu	il faudra	il faudrait		qu'il faille

Infinitif et Participes	Indicatif		
	présent	*imparfait*	*passé simple*
17. **fuir** (*to flee*) fuyant fui s'enfuir	je fuis tu fuis il/elle/on fuit nous fuyons vous fuyez ils/elles fuient	je fuyais tu fuyais il/elle/on fuyait nous fuyions vous fuyiez ils/elles fuyaient	je fuis tu fuis il/elle/on fuit nous fuîmes vous fuîtes ils/elles fuirent
18. **lire** (*to read*) lisant lu élire	je lis tu lis il/elle/on lit nous lisons vous lisez ils/elles lisent	je lisais tu lisais il/elle/on lisait nous lisions vous lisiez ils/elles lisaient	je lus tu lus il/elle/on lut nous lûmes vous lûtes ils/elles lurent
19. **mentir** (*to lie*) mentant menti sentir	je mens tu mens il/elle/on ment nous mentons vous mentez ils/elles mentent	je mentais tu mentais il/elle/on mentait nous mentions vous mentiez ils/elles mentaient	je mentis tu mentis il/elle/on mentit nous mentîmes vous mentîtes ils/elles mentirent
20. **mettre** (*to put*) mettant mis et composés	je mets tu mets il/elle/on met nous mettons vous mettez ils/elles mettent	je mettais tu mettais il/elle/on mettait nous mettions vous mettiez ils/elles mettaient	je mis tu mis il/elle/on mit nous mîmes vous mîtes ils/elles mirent
21. **mourir** (*to die*) mourant mort	je meurs tu meurs il/elle/on meurt nous mourons vous mourez ils/elles meurent	je mourais tu mourais il/elle/on mourait nous mourions vous mouriez ils/elles mouraient	je mourus tu mourus il/elle/on mourut nous mourûmes vous mourûtes ils/elles moururent
22. **naître** (*to be born*) naissant né	je nais tu nais il/elle/on naît nous naissons vous naissez ils/elles naissent	je naissais tu naissais il/elle/on naissait nous naissions vous naissiez ils/elles naissaient	je naquis tu naquis il/elle/on naquit nous naquîmes vous naquîtes ils/elles naquirent
23. **ouvrir** (*to open*) ouvrant ouvert offrir, couvrir, souffrir	j'ouvre tu ouvres il/elle/on ouvre nous ouvrons vous ouvrez ils/elles ouvrent	j'ouvrais tu ouvrais il/elle/on ouvrait nous ouvrions vous ouvriez ils/elles ouvraient	j'ouvris tu ouvris il/elle/on ouvrit nous ouvrîmes vous ouvrîtes ils/elles ouvrirent

		Conditionnel	Impératif	Subjonctif
passé composé	*futur*	*présent*		*présent*
j'ai fui	je fuirai tu fuiras il/elle/on fuira nous fuirons vous fuirez ils/elles fuiront	je fuirais tu fuirais il/elle/on fuirait nous fuirions vous fuiriez ils/elles fuiraient	- fuis - fuyons fuyez -	que je fuie que tu fuies qu'il/elle/on fuie que nous fuyions que vous fuyiez qu'ils/elles fuient
j'ai lu	je lirai tu liras il/elle/on lira nous lirons vous lirez ils/elles liront	je lirais tu lirais il/elle/on lirait nous lirions vous liriez ils/elles liraient	- lis - lisons lisez -	que je lise que tu lises qu'il/elle/on lise que nous lisions que vous lisiez qu'ils/elles lisent
j'ai menti	je mentirai tu mentiras il/elle/on mentira nous mentirons vous mentirez ils/elles mentiront	je mentirais tu mentirais il/elle/on mentirait nous mentirions vous mentiriez ils/elles/mentiraient	- mens - mentons mentez -	que je mente que tu mentes qu'il/elle/on mente que nous mentions que vous mentiez qu'ils/elles mentent
j'ai mis	je mettrai tu mettras il/elle/on mettra nous mettrons vous mettrez ils/elles mettront	je mettrais tu mettrais il/elle/on mettrait nous mettrions vous mettriez ils/elles mettraient	- mets - mettons mettez -	que je mette que tu mettes qu'il/elle/on mette que nous mettions que vous mettiez qu'ils/elles mettent
je suis mort(e)	je mourrai tu mourras il/elle/on mourra nous mourrons vous mourrez ils/elles mourront	je mourrais tu mourrais il/elle/on mourrait nous mourrions vous mourriez ils/elles mourraient	- meurs - mourons mourez -	que je meure que tu meures qu'il/elle/on meure que nous mourions que vous mouriez qu'ils/elles meurent
je suis né(e)	je naîtrai tu naîtras il/elle/on naîtra nous naîtrons vous naîtrez ils/elles naîtront	je naîtrais tu naîtrais il/elle/on naîtrait nous naîtrions vous naîtriez ils/elles naîtraient	- nais - naissons naissez -	que je naisse que tu naisses qu'il/elle/on naisse que nous naissions que vous naissiez qu'ils/elles naissent
j'ai ouvert	j'ouvrirai tu ouvriras il/elle/on ouvrira nous ouvrirons vous ouvrirez ils/elles ouvriront	j'ouvrirais tu ouvrirais il/elle/on ouvrirait nous ouvririons vous ouvririez ils/elles ouvriraient	- ouvre - ouvrons ouvrez -	que j'ouvre que tu ouvres qu'il/elle/on ouvre que nous ouvrions que vous ouvriez qu'ils/elles ouvrent

Infinitif et Participes	Indicatif		
	présent	*imparfait*	*passé simple*
24. **partir** (*to leave*) partant parti et composés	je pars tu pars il/elle/on part nous partons vous partez ils/elles partent	je partais tu partais il/elle/on partait nous partions vous parties ils/elles partaient	je partis tu partis il/elle/on partit nous partîmes vous partîtes ils/elles partirent
25. **peindre** (*to paint*) peignant peint	je peins tu peins il/elle/on peint nous peignons vous peignez ils/elles peignent	je peignais tu peignais il/elle/on peignait nous peignions vous peigniez ils/elles peignaient	je peignis tu peignis il/elle/on peignit nous peignîmes vous peignîtes ils/elles peignirent
26. **plaire** (*to please*) plaisant plu et composés	je plais tu plais il/elle/on plait nous plaisons vous plaisez ils/elles plaisent	je plaisais tu plaisais il/elle/on plaisait nous plaisions vous plaisiez ils/elles plaisaient	je plus tu plus il/elle/on plut nous plumes vous plûtes ils/elles plurent
27. **pleuvoir** (*to rain*) pleuvant plu	il pleut	il pleuvait	il plut
28. **pouvoir** (*to be able*) pouvant pu	je peux, puis tu peux il/elle/on peut nous pouvons vous pouvez ils/elles peuvent	je pouvais tu pouvais il/elle/on pouvait nous pouvions vous pouviez ils/elles pouvaient	je pus tu pus il/elle/on put nous pûmes vous pûtes ils/elles purent
29. **prendre** (*to take*) prenant pris et composés	je prends tu prends il/elle/on prend nous prenons vous prenez ils/elles prennent	je prenais tu prenais il/elle/on prenait nous prenions vous preniez ils/elles prenaient	je pris tu pris il/elle/on prit nous primes vous prîtes ils/elles prirent
30. **recevoir** (*to receive*) recevant reçu et composés	je reçois tu reçois il/elle/on reçoit nous recevons vous recevez ils/elles reçoivent	je recevais tu recevais il/elle/on recevait nous recevions vous receviez ils/elles recevaient	je reçus tu reçus il/elle/on reçut nous reçûmes vous reçûtes ils/elles reçurent

		Conditionnel	Impératif	Subjonctif
passé composé	*futur*	*présent*		*présent*
je suis parti(e)	je partirai tu partiras il/elle/on partira nous partirons vous partirez ils/elles partiront	je partirais tu partirais il/elle/on partirait nous partirions vous partiriez ils/elles partiraient	- pars - partons partez -	que je parte que tu partes qu'il/elle/on parte que nous partions que vous partiez qu'ils/elles partent
j'ai peint	je peindrai tu peindras il/elle/on peindra nous peindrons vous peindrez ils/elles peindront	je peindrais tu peindrais il/elle/on peindrait nous peindrions vous peindriez ils/elles peindraient	- peins - peignons peignez -	que je peigne que tu peignes qu'il/elle/on peigne que nous peignions que vous peigniez qu'ils/elles peignent
j'ai plu	je plairai tu plairas il/elle/on plaira nous plairons vous plairez ils/elles plairont	je plairais tu plairais il/elle/on plairait nous plairions vous plairiez ils/elles plairaient	- plais - plaisons plaisez -	que je plaise que tu plaises qu'il/elle/on plaise que nous plaisions que vous plaisiez qu'ils/elles plaisent
il a plu	il pleuvra	il pleuvrait		qu'il pleuve
j'ai pu	je pourrai tu pourras il/elle/on pourra nous pourrons vous pourrez ils/elles pourront	je pourrais tu pourrais il/elle/on pourrait nous pourrions vous pourriez ils/elles pourraient		que je puisse que tu puisses qu'il/elle/on puisse que nous puissions que vous puissiez qu'ils/elles puissent
j'ai pris	je prendrai tu prendras il/elle/on prendra nous prendrons vous prendrez ils/elles prendront	je prendrais tu prendrais il/elle/on prendrait nous prendrions vous prendriez ils/elles prendraient	- prends - prenons prenez -	que je prenne que tu prennes qu'il/elle/on prenne que nous prenions que vous preniez qu'ils/elles prennent
j'ai reçu	je recevrai tu recevras il/elle/on recevra nous recevrons vous recevrez ils/elles recevront	je recevrais tu recevrais il/elle/on recevrait nous recevrions vous recevriez ils/elles recevraient	- reçois - recevons recevez -	que je reçoive que tu reçoives qu'il/elle/on reçoive que nous recevions que vous receviez qu'ils/elles reçoivent

Infinitif et Participes	Indicatif		
	présent	*imparfait*	*passé simple*
31. **rire** (*to laugh*) riant ri sourire	je ris tu ris il/elle/on rit nous rions vous riez ils/elles rient	je riais tu riais il/elle/on riait nous riions vous riiez ils/elles riaient	je ris tu ris il/elle/on rit nous rîmes vous rîtes ils/elles rirent
32. **savoir** (*to know*) sachant su	je sais tu sais il/elle/on sait nous savons vous savez ils/elles savent	je savais tu savais il/elle/on savait nous savions vous saviez ils/elles savaient	je sus tu sus il/elle/on sut nous sûmes vous sûtes ils/elles surent
33. **suivre** (*to follow*) suivant suivi et composés	je suis tu suis il/elle/on suit nous suivons vous suivez ils/elles suivent	je suivais tu suivais il/elle/on suivait nous suivions vous suiviez ils/elles suivaient	je suivis tu suivis il/elle/on suivit nous suivîmes vous suivîtes ils/elles suivirent
34. **tenir** (*to hold, to keep*) tenant tenu	je tiens tu tiens il/elle/on tient nous tenons vous tenez ils/elles tiennent	je tenais tu tenais il/elle/on tenait nous tenions vous teniez ils/elles tenaient	je tins tu tins il/elle/on tint nous tînmes vous tîntes ils/elles tinrent
35. **vaincre** (*to conquer*) vainquant vaincu et composés	je vaincs tu vaincs il/elle/on vainc nous vainquons vous vainquez ils/elles vainquent	je vainquais tu vainquais il/elle/on vainquait nous vainquions vous vainquiez ils/elles vainquaient	je vainquis tu vainquis il/elle/on vainquit nous vainquîmes vous vainquîtes ils/elles vainquirent
36. **valoir** (*to be worth*) valant valu	je vaux tu vaux il/elle/on vaut nous valons vous valez ils/elles valent	je valais tu valais il/elle/on valait nous valions vous valiez ils/elles valaient	je valus tu valus il/elle/on valut nous valûmes vous valûtes ils/elles valurent
37. **venir** (*to come*) venant venu et composés	je viens tu viens il/elle/on vient nous venons vous venez ils/elles viennent	je venais tu venais il/elle/on venait nous venions vous veniez ils/elles venaient	je vins tu vins il/elle/on vint nous vînmes vous vîntes ils/elles vinrent

		Conditionnel	Impératif	Subjonctif
passé composé	*futur*	*présent*		*présent*
j'ai ri	je rirai tu riras il/elle/on rira nous rirons vous rirez ils/elles riront	je rirais tu rirais il/elle/on rirait nous ririons vous ririez ils/elles riraient	- ris - rions riez -	que je rie que tu ries qu'il/elle/on rie que nous riions que vous riiez qu'ils/elles rient
j'ai su	je saurai tu sauras il/elle/on saura nous saurons vous saurez ils/elles sauront	je saurais tu saurais il/elle/on saurait nous saurions vous sauriez ils/elles sauraient	- sache - sachons sachez -	que je sache que tu saches qu'il/elle/on sache que nous sachions que vous sachiez qu'ils/elles sachent
j'ai suivi	je suivrai tu suivras il/elle/on suivra nous suivrons vous suivrez ils/elles suivront	je suivrais tu suivrais il/elle/on suivrait nous suivrions vous suivriez ils/elles suivraient	- suis - suivons suivez -	que je suive que tu suives qu'il/elle/on suive que nous suivions que vous suiviez qu'ils/elles suivent
j'ai tenu	je tiendrai tu tiendras il/elle/on tiendra nous tiendrons vous tiendrez ils/elles tiendront	je tiendrais tu tiendrais il/elle/on tiendrait nous tiendrions vous tiendriez ils/elles tiendraient	- tiens - tenons tenez -	que je tienne que tu tiennes qu'il/elle/on tienne que nous tenions que vous teniez qu'ils/elles tiennent
j'ai vaincu	je vaincrai tu vaincras il/elle/on vaincra nous vaincrons vous vaincrez ils/elles vaincront	je vaincrais tu vaincrais il/elle/on vaincrait nous vaincrions vous vaincriez ils/elles vaincraient	- vaincs - vainquons vainquez -	que je vainque que tu vainques qu'il/elle/on vainque que nous vainquions que vous vainquiez qu'ils/elles vainquent
il a valu	il vaudra	il vaudrait		qu'il vaille
je suis venu(e)	je viendrai tu viendras il/elle/on viendra nous viendrons vous viendrez ils/elles viendront	je viendrais tu viendrais il/elle/on viendrait nous viendrions vous viendriez ils/elles viendraient	- viens - venons venez -	que je vienne que tu viennes qu'il/elle/on vienne que nous venions que vous veniez qu'ils/elles viennent

Infinitif et Participes	Indicatif		
	présent	*imparfait*	*passé simple*
38. **vivre** (*to live*) vivant vécu survivre	je vis tu vis il/elle/on vit nous vivons vous vivez ils/elles vivent	je vivais tu vivais il/elle/on vivait nous vivions vous viviez ils/elles vivaient	je vécus tu vécus il/elle/on vécut nous vécûmes vous vécûtes ils/elles vécurent
39. **voir** (*to see*) voyant vu revoir, prévoir	je vois tu vois il/elle/on voit nous voyons vous voyez ils/elles voient	je voyais tu voyais il/elle/on voyait nous voyions vous voyiez ils/elles voyaient	je vis tu vis il/elle/on vit nous vîmes vous vîtes ils/elles virent
40. **vouloir** (*to wish, to want*) voulant voulu	je veux tu veux il/elle/on veut nous voulons vous voulez ils/elles veulent	je voulais tu voulais il/elle/on voulait nous voulions vous vouliez ils/elles voulaient	je voulus tu voulus il/elle/on voulut nous voulûmes vous voulûtes ils/elles voulurent

		Conditionnel	Impératif	Subjonctif
passé composé	*futur*	*présent*		*présent*
j'ai vécu	je vivrai	je vivrais	-	que je vive
	tu vivras	tu vivrais	vis	que tu vives
	il/elle/on vivra	il/elle/on vivrait	-	qu'il/elle/on vive
	nous vivrons	nous vivrions	vivons	que nous vivions
	vous vivrez	vous vivriez	vivez	que vous viviez
	ils/elles vivront	ils/elles vivraient	-	qu'ils/elles vivent
j'ai vu	je verrai	je verrais	-	que je voie
	tu verras	tu verrais	vois	que tu voies
	il/elle/on verra	il/elle/on verrait	-	qu'il/elle/on voie
	nous verrons	nous verrions	voyons	que nous voyions
	vous verrez	vous verriez	voyez	que vous voyiez
	ils/elles verront	ils/elles verraient	-	qu'ils/elles voient
j'ai voulu	je voudrai	je voudrais	-	que je veuille
	tu voudras	tu voudrais	veuille	que tu veuilles
	il/elle/on voudra	il/elle/on voudrait	-	qu'il/elle/on veuille
	nous voudrons	nous voudrions	-	que nous voulions
	vous voudrez	vous voudriez	veuillez	que vous vouliez
	ils/elles voudront	ils/elles voudraient	-	qu'ils/elles veuillent

APPENDICE B

Changements orthographiques dans certains verbes

---

1. VERBES EN -CER. TYPE: COMMENCER

Le **c** se change en **ç** devant **a** et **o**.

présent	*imparfait*	*passé simple*
je commence	je commençais	je commençai
tu commences	tu commençais	tu commenças
il / elle / on commence	il / elle / on commençait	il / elle / on commença
nous commençons	nous commencions	nous commençâmes
vous commencez	vous commenciez	vous commençâtes
ils / elles commencent	ils / elles commençaient	ils / elles commencèrent

impératif: commence, commençons, commencez
participe présent: commençant
participe passé: commencé

Autres verbes qui suivent ce modèle:

déplacer	*to move*	menacer	*to threaten*
effacer	*to erase*	placer	*to place*
forcer	*to force*	remplacer	*to replace*
lancer	*to throw*	renoncer	*to give up*

2. VERBES EN -**GER**. TYPE: **CHANGER**

On ajoute un **e** après le **g** devant **a** et **o**.

présent	*imparfait*	*passé simple*
je change	je changeais	je changeai
tu changes	tu changeais	tu changeas
il / elle / on change	il / elle / on changeait	il / elle / on changea
nous changeons	nous changions	nous changeâmes
vous changez	vous changiez	vous changeâtes
ils / elles changent	ils / elles changeaient	ils / elles changèrent

impératif: change, changeons, changez
participe présent: changeant
participe passé: changé

Autres verbes qui suivent ce modèle:

arranger	*to arrange*	mélanger	*to mix*
décourager	*to discourage*	négliger	*to neglect*
déménager	*to move out*	obliger	*to oblige*
diriger	*to direct*	partager	*to share*
encourager	*to encourage*	plonger	*to dive*
longer	*to go along*	protéger	*to protect*
manger	*to eat*	voyager	*to travel*

3. VERBES EN **E** + CONSONNE + **ER**. TYPE: **LEVER**

Ces verbes ont un accent grave sur le **e** qui précède la consonne quand la dernière syllabe est un **e** muet:

indicatif présent

je lève[1]	nous levons		
tu lèves	vous levez		
il / elle / on lève	ils / elles lèvent		

subjonctif présent

que je lève	que nous levions
que tu lèves	que vous leviez
qu'il / elle / on lève	qu'ils / elles lèvent

futur: je lèverai ...
conditionnel présent: je lèverais ...
impératif: lève, levons, levez
participe présent: levant
participe passé: levé

Autres verbes qui suivent ce modèle:

acheter	*to buy*	mener[2]	*to lead*
achever	*to finish*	peser	*to weigh*
geler	*to freeze*		

---

4. VERBES EN É + CONSONNE + ER DONT LE É DEVIENT È À L'OCCASION. TYPE: PRÉFÉRER

Le é qui précède la consonne devient è quand la dernière syllabe est un e muet (mais on garde l'accent aigu (é) au futur et au conditionnel).

indicatif présent
je préfère (tu, il ...)
nous préférons (vous ...)
ils / elles préfèrent

subjonctif présent
que je préfère (tu, il ...)
que nous préférions (vous ...)
qu'ils / elles préfèrent

futur: je préférerai ...
conditionnel présent: je préférerais ...
impératif: préfère, préférons, préférez

---

1.   les composés de **lever: enlever, élever, relever,** etc.

2.   les composés de **mener: amener, emmener, promener,** etc.

Autres verbes qui suivent ce modèle:

céder	*to yield*	interpréter	*to interpret*
compléter	*to complete*	libérer	*to liberate*
espérer	*to hope*	répéter	*to repeat*
exagérer	*to exaggerate*	révéler	*to reveal*
gérer	*to manage*	suggérer	*to suggest*

5. VERBES EN **E** + **L** + **ER** QUI ONT DEUX **L** À L'OCCASION. TYPE: **APPELER**

indicatif présent

j'appelle	nous appelons
tu appelles	vous appelez
il / elle / on appelle	ils / elles appellent

subjonctif présent

que j'appelle	que nous appelions
que tu appelles	que vous appeliez
qu'il / elle / on appelle	qu'ils / elles appellent

futur: j'appellerai ... (deux **l** partout)
conditionnel présent: j'appellerais ...
impératif: appelle, appelons, appelez
participe présent: appelant
participe passé: appelé

Autres verbes qui suivent ce modèle:

chanceler	*to stagger*	ficeler	*to tie up*
épeler	*to spell*	renouveler	*to renew*

6. VERBES EN **E** + **T** + **ER** QUI ONT DEUX **T** À L'OCCASION. TYPE: **JETER**

On a **e** + **tt** + **e** quand la syllabe qui suit est un **e** muet.

indicatif présent

je jette[3]   nous jetons
tu jettes   vous jetez
il / elle / on jette   ils / elles jettent

subjonctif présent

que je jette   que nous jetions
que tu jettes   que vous jetiez
qu'il / elle / on jette qu'ils / elles jettent

futur: je jetterai ... (deux **t** partout)
conditionnel présent: je jetterais ...
impératif: jette, jetons, jetez
participe présent: jetant
participe passé: jeté

Autres verbes qui suivent ce modèle:

empaqueter   *to wrap up*   feuilleter   *to leaf through*

7. VERBES EN -**YER**. TYPE: **EMPLOYER**

Les verbes en -**yer** changent le **y** en **i** quand la syllabe qui suit est un e muet. Le verbe **payer** a les deux formes: **payerai, paierai.**

indicatif présent

j'emploie   nous employons
tu emploies   vous employez
il / elle / on emploie ils / elles emploient

subjonctif présent

que j'emploie   que nous employions
que tu emploies   que vous employiez
qu'il / elle / on emploie qu'ils emploient

futur: j'emploierai ... (avec **i** partout)
conditionnel présent: j'emploierais ...
impératif: emploie, employons, employez
participe présent: employant
participe passé: employé

---

3.   les composés de **jeter: rejeter, projeter,** etc.

Autres verbes qui suivent ce modèle:

balayer	*to sweep*	essuyer	*to wipe*
bégayer	*to stutter*	nettoyer	*to clean*
envoyer[4]	*to send*	tutoyer	*to say **tu** to*
essayer	*to try*	vouvoyer	*to say **vous** to*

CONSTRUCTIONS DES VERBES SUIVIS D'UN INFINITIF

VERBES SUIVIS DE À + INFINITIF

aimer à	*to like to*	inviter à	*to invite*
s'amuser à	*to have fun*	se mettre à	*to begin*
apprendre à	*to learn, to teach*	obliger à	*to oblige*
avoir à	*to have to*	s'occuper à	*to busy oneself in*
avoir du plaisir à	*to enjoy*	parvenir à	*to succeed in*
chercher à	*to seek to*	se plaire à	*to take pleasure in*
commencer à	*to begin*	se préparer à	*to prepare*
consentir à	*to consent*	provoquer à	*to provoke*
consister à	*to consist of*	recommencer à	*to begin again*
continuer à	*to continue*	renoncer à	*to give up*
se décider à	*to decide*	se résigner à	*to resign oneself*
employer à	*to use*	se résoudre à	*to resolve*
enseigner à	*to teach*	réussir à	*to succeed*
s'exercer à	*to practice*	servir à	*to serve*
se fatiguer à	*to wear oneself out*	songer à	*to think about*
forcer à	*to force*	tarder à	*to delay in*
s'habituer à	*to become accustomed*	tenir à	*to be anxious*
hésiter à	*to hesitate*	travailler à	*to work to*

---

4.   le futur est irrégulier: **enverrai**.

VERBES SUIVIS DE **DE** + INFINITIF

achever de	*to finish*	manquer de	*to fail*
s'arrêter de	*to stop*	menacer de	*to threaten*
avertir de	*to warn*	mériter de	*to deserve*
cesser de	*to cease, stop*	négliger de	*to neglect*
choisir de	*to choose*	obtenir de	*to obtain*
commander de	*to order*	offrir de	*to offer*
conseiller de	*to advise*	ordonner de	*to command*
se contenter de	*to be happy with*	oublier de	*to forget*
convaincre de	*to convince*	pardonner de	*to pardon for*
craindre de	*to fear*	parler de	*to talk about*
crier de	*to shout*	permettre de	*to permit*
décider de	*to decide*	persuader de	*to persuade*
défendre de	*to forbid*	prendre garde de	*to be careful not to*
demander de	*to ask*	prendre soin de	*to take care*
se dépêcher de	*to hurry*	se presser de	*to hurry*
dire de	*to tell*	prier de	*to ask*
écrire de	*to write*	promettre de	*to promise*
efforcer de	*to make an effort*	proposer de	*to suggest*
empêcher de	*to prevent from*	refuser de	*to refuse*
essayer de	*to try to*	regretter de	*to regret*
éviter de	*to avoid*	remercier de	*to thank for*
s'excuser de	*to apologize*	reprocher de	*to reproach*
finir de	*to finish*	risquer de	*to run the risk of*
forcer de	*to force*	soupçonner de	*to suspect*
interdire de	*to forbid*	se souvenir de	*to remember*
jurer de	*to swear*	tâcher de	*to try to*

VERBES SUIVIS DE L'INFINITIF SANS PRÉPOSITION

aimer	*to like*	paraître	*to appear*
aimer mieux	*to prefer*	penser	*to think*
aller	*to be going to*	pouvoir	*to be able*

compter	*to expect*	préférer	*to prefer*
croire	*to believe*	prétendre	*to claim*
descendre	*to go downstairs*	regarder	*to watch*
désirer	*to want*	rentrer	*to return home*
détester	*to hate*	retourner	*to go back*
devoir	*to be obliged*	revenir	*to come back*
écouter	*to listen*	savoir	*to know how to*
entendre	*to hear*	sembler	*to seem*
envoyer	*to send*	sentir	*to feel*
espérer	*to hope*	souhaiter	*to wish*
faire	*to cause*	il vaut mieux	*it is preferable*
il faut	*it is necessary*	venir	*to come in order to*
laisser	*to allow*	voir	*to see*
oser	*to dare*	vouloir	*to want*

VERBES ET EXPRESSIONS SUIVIS DE L'INDICATIF OU DU SUBJONCTIF

INDICATIF

Verbes personnels

admettre	*to admit*	juger	*to judge*
affirmer	*to assert*	jurer	*to swear*
s'apercevoir	*to realize*	nier	*to deny*
apprendre	*to learn*	parier	*to bet*
assurer	*to assure*	présumer	*to presume*
avouer	*to confess*	prétendre	*to claim*
comprendre	*to understand*	promettre	*to promise*
convenir	*to agree*	reconnaître	*to recognize*
crier	*to shout*	remarquer	*to notice*
croire	*to believe*	se rendre compte	*to realize*

Suite à la page suivante

déclarer	*to declare*	savoir	*to know*
écrire	*to write*	sentir	*to feel*
entendre dire	*to hear*	songer	*to dream, think*
espérer	*to hope*	soutenir	*to maintain*
estimer	*to consider*	se souvenir	*to remember*
être d'avis	*to be of the opinion*	supposer	*to suppose*
imaginer	*to imagine*	téléphoner	*to telephone*
s'imaginer	*to fancy*	voir	*to see*

Verbes impersonnels

il est certain	*it is sure*	il est vrai	*it is true*
il est clair	*it is clear*	il est vraisemblable	*it is likely*
il est évident	*it is obvious*	il me semble	*it seems to me*
il est probable	*it is probable*	il paraît	*it appears*
il est sûr	*it is sure*	il résulte	*it follows*

Expressions

bien sûr que	*of course*	probablement que	*probably*
heureusement que	*fortunately*	sans doute que	*maybe*
peut-être que	*perhaps*	sûrement que	*surely*

SUBJONCTIF

Verbes personnels

aimer mieux	*to prefer*	être fâché	*to be mad*
attendre	*to wait*	être heureux	*to be happy*
s'attendre à ce que	*to expect*	être ravi	*to be delighted*
avoir honte	*to be ashamed*	être triste	*to be sad*
avoir peur	*to be afraid*	éviter	*to avoid*
commander	*to order*	exiger	*to demand*
craindre	*to fear*	ordonner	*to order*
défendre	*to forbid*	permettre	*to permit*
demander	*to ask*	préférer	*to prefer*
désirer	*to desire*	proposer	*to propose*

empêcher	*to prevent*	regretter	*to regret*
s'étonner	*to be surprised*	souhaiter	*to wish*
être content	*to be happy*	suggérer	*to suggest*
être désolé	*to be sorry*	supplier	*to beg*
être étonné	*to be surprised*	vouloir	*to want*

Verbes impersonnels

c'est dommage	*it is too bad*	il n'est pas douteux	*it is not doubtful*
il est bon	*it is good*	il est essentiel	*it is essential*
il est curieux	*it is curious*	il est honteux	*it is shameful*
il est désirable	*it is desirable*	il est important	*it is important*
il est douteux	*it is doubtful*	il est impossible	*it is impossible*
il est invraisemblable	*it is unlikely*	il est surprenant	*it is surprising*
il est juste	*it is fair*	il est temps	*it is time*
il est naturel	*it is natural*	il est triste	*it is sad*
il est nécessaire	*it is necessary*	il faut	*it is necessary*
il est normal	*it is normal*	il semble	*it seems*
il est possible	*it is possible*	il se peut	*it is possible*
il est souhaitable	*it is to be hoped*	il vaut mieux	*it is better*

TEMPS ET CONSTRUCTIONS RARES

LES TEMPS SURCOMPOSÉS

Ces temps sont formés à l'aide de l'auxiliaire au temps composé.

passé composé
j'ai aimé
il est arrivé

passé surcomposé
j'ai eu aimé
il a été arrivé

On ajoute **eu** ou **été** entre l'auxiliaire et le participe passé.

	temps simple	*temps composé*	*temps surcomposé*
présent	j'aime	j'ai aimé	j'ai eu aimé
imparfait	tu regardais	tu avais regardé	tu avais eu regardé
futur	il/ elle/ on dira	il/ elle/ on aura dit	il/ elle/ on aura eu dit
cond.	nous ferions	nous aurions fait	nous aurions eu fait
subj.	que je finisse	que j'aie fini	que j'aie eu fini
infinitif	planter	avoir planté	avoir eu planté
participe	dormant	ayant dormi	ayant eu dormi

Comparez les temps suivants au passif:

présent	*passé composé*	*passé surcomposé*
je suis nommé(e)	j'ai été nommé(e)	j'ai eu été nommé(e)

On rencontre rarement un temps surcomposé pour un verbe pronominal.

La forme surcomposée la plus employée est le passé surcomposé. Les verbes avec l'auxiliaire **avoir** sont les plus courants. Le passé surcomposé appartient surtout à la langue parlée. On le trouve après les conjonctions **après que, aussitôt que, dès que, quand, lorsque** si le verbe principal est lui-même au passé composé.

Quand il **a eu payé** ses dettes, il **est sorti** de prison.

LE PASSÉ ANTÉRIEUR

C'est le temps composé qui correspond au passé simple. L'auxiliaire est au passé simple; on ajoute le participe passé.

verbe avec **avoir**

j'**eus fini**	nous **eûmes fini**
tu **eus fini**	vous **eûtes fini**
il / elle / on **eut fini**	ils / elles **eurent fini**

verbe avec être

je **fus allé(e)**	nous **fûmes allé(e)(s)**
tu **fus allé(e)**	vous **fûtes allé(e)(s)**
il / elle / on **fut allé(e)(s)**	ils / elles **furent allé(e)s**

On emploie le passé antérieur après les conjonctions **après que, aussitôt que, dès que, quand, lorsque** si le verbe principal est au passé simple. C'est un temps de la langue écrite, très littéraire.

> **Quand** il **eut fini** son travail, il sortit.
>
> **Aussitôt** qu'elles **furent rentrées**, elles se couchèrent.

LES TEMPS LITTÉRAIRES DU SUBJONCTIF: LE SUBJONCTIF IMPARFAIT ET LE SUBJONCTIF PLUS-QUE- PARFAIT

Le subjonctif imparfait

Le subjonctif imparfait se forme sur le passé simple. On prend la 3ème personne du singulier du passé simple et on ajoute les terminaisons du subjonctif imparfait.

donner il **donna**

-sse	-ssions	que je **donnasse**	que nous **donnassions**
-sses	-ssiez	que tu **donnasses**	que vous **donnassiez**
-^(t)	-ssent	qu'il / elle / on **donnât**	qu'ils / elles **donnassent**

REMARQUE: La 3ème personne du singulier (**qu'il donnât**) est la plus fréquemment employée.

Voici le subjonctif imparfait d'avoir et d'être.

avoir		être	
que j'**eusse**	que nous **eussions**	que je **fusse**	que nous **fussions**
que tu **eusses**	que vous **eussiez**	que tu **fusses**	que vous **fussiez**
qu'il/ elle/ on **eût**	qu'ils/ elles **eussent**	qu'il/ elle/ on **fût**	qu'ils/ elles **fussent**

Le subjonctif plus-que-parfait

Le plus-que-parfait du subjonctif se forme ainsi:

avoir ou **être** à l'imparfait du subjonctif + participe passé

verbe avec **avoir**	*verbe avec* **être**
que j'**eusse donné**	que je **fusse venu(e)**
que tu **eusses donné**	que tu **fusses venu(e)**
qu'il/ elle/ on **eût donné**	qu'il/ elle/ on **fût venu(e)(s)**
que nous **eussions donné**	que nous **fussions venu(e)(s)**
que vous **eussiez donné**	que vous **fussiez venu(e)(s)**
qu'ils/ elles **eussent donné**	qu'ils/ elles **fussent venu(e)s**

Dans une langue littéraire et soucieuse d'élégance, l'imparfait du subjonctif remplace le présent du subjonctif et le plus-que-parfait du subjonctif remplace le passé du subjonctif.

Langue parlée et langue écrite:

> J'aurais bien aimé qu'il **vienne** ce soir.   J'aurais bien aimé qu'il **soit venu** ce soir.

Langue écrite, style élégant:

> J'aurais bien aimé qu'il **vînt** ce soir.   J'aurais bien aimé qu'il **fût venu** ce soir.

NE EXPLÉTIF (PLÉONASTIQUE)

Ne pléonastique est un mot sans valeur; on ne le traduit pas et il n'est jamais obligatoire. Il s'emploie dans la langue soignée élégante avec des verbes au subjonctif:

1. après un verbe de crainte, employé affirmativement.

> Je crains qu'il **ne** vienne.   *I am afraid he will come.*

Comparez avec:

> Je crains qu'il **ne** vienne **pas**.   *I am afraid he will not come.*

2. après les verbes d'empêchement (**empêcher que, éviter que**).

> Évitez qu'il **ne** tombe.   *Make sure he does not fall.*

3. après les verbes **douter, nier, désespérer,** etc., à la forme négative.

> Je ne doute pas qu'il **ne** vienne.   *I don't doubt that he will come.*
>
> MAIS:
>
> Je doute qu'il vienne.   *I doubt he will come.*

4. avec les conjonctions suivantes: **à moins que, avant que, de peur que, de crainte que.**

> Nous sortirons, à moins qu'il ne pleuve.   *We will go out unless it rains.*
>
> **avant qu**'il **ne** pleuve.   *before it rains.*
>
> Prenez votre imperméable **de peur qu**'il ne pleuve.   *Take your raincoat lest it rain.*

Ne pléonastique s'emploie avec des verbes à l'indicatif, dans des comparaisons où le deuxième verbe est exprimé.

> Il est plus grand que je **ne** croyais.   *He is taller than I thought.*
>
> Elle est moins intelligente que je **n**'aurais cru.   *She is less intelligent than I would have thought.*

APPENDICE C

Les nombres

LES NOMBRES CARDINAUX

1 À 100

1 un/une	16 seize	52 cinquante-deux, etc.
2 deux	17 dix-sept	60 soixante
3 trois	18 dix-huit	61 soixante et un
4 quatre	19 dix-neuf	62 soixante-deux, etc.
5 cinq	20 vingt	70 soixante-dix
6 six	21 vingt et un	71 soixante et onze
7 sept	22 vingt-deux, etc.	72 soixante-douze, etc.
8 huit	30 trente	80 quatre-vingts
9 neuf	31 trente et un	81 quatre-vingt-un
10 dix	32 trente-deux, etc.	82 quatre-vingt-deux, etc.
11 onze	40 quarante	90 quatre-vingt-dix
12 douze	41 quarante et un	91 quatre-vingt-onze
13 treize	42 quarante-deux, etc.	92 quatre-vingt-douze, etc.
14 quatorze	50 cinquante	100 cent
15 quinze	51 cinquante et un	

100 À 1.000.000.000.000

100 cent	1600 seize cents, mille six cents
101 cent un, etc.	1700 dix-sept cents, mille sept cents
200 deux cents	1800 dix-huit cents, mille huit cents
201 deux cent un, etc.	1900 dix-neuf cents, mille neuf cents
1000 mille	2000 deux mille (invariable)
1001 mille un, etc.	2100 deux mille cent, etc.

1100 onze cents, mille cent	10.000 dix mille
1200 douze cents, mille deux cents	100.000 cent mille
1300 treize cents, mille trois cents	1.000.000 un million de
1400 quatorze cents, mille quatre cents	1.000.000.000 un milliard de
1500 quinze cents, mille cinq cents	1.000.000.000.000 un billion de

REMARQUES:
- Si **un mille** signifie *mile*, c'est un nom, et on a un **-s** au pluriel: **deux milles.**
- On a un point en français (10.000) là où on a une virgule en anglais (10,000) pour indiquer le millésime.

LES NOMBRES ORDINAUX

1er (ère)	premier (ère)	12ème	douzième
2ème	deuxième ou second(e)	13ème	treizième
3ème	troisième	14ème	quatorzième
4ème	quatrième	15ème	quinzième
5ème	cinquième	16ème	seizième
6ème	sixième	17ème	dix-septième
7ème	septième	18ème	dix-huitième
8ème	huitième	19ème	dix-neuvième
9ème	neuvième	20ème	vingtième
10ème	dixième	21ème	vingt et unième
11ème	onzième	22ème	vingt-deuxième, etc.

LES FRACTIONS

1/2 un demi, une demie
1/3 un tiers
1/4 un quart
1/5 un cinquième

1/6 un sixième, etc.

2/3 deux tiers

3/4 trois quarts

4/5 quatre cinquièmes, etc.

0 zéro

0,1 un dixième

0,2 deux dixièmes

REMARQUES:

- On a une virgule en français (0,15) là où en anglais on a un point (0.15).
- *Half* se traduit de différentes façons:

half of this cake	la moitié de ce gâteau
half-dead	à moitié mort
half-way	à mi-chemin
half an hour	une demi-heure
an hour and a half	une heure et demie

LES DIMENSIONS

Voici plusieurs façons d'exprimer les dimensions.

1. La longueur et la largeur

> *Question:* **Combien** mesure cette pièce?
>
> *Réponse:* Cette pièce a (*ou* fait) six mètres **de long**, trois mètres **de large** et quatre mètres **de haut**.
>
> *Question:* **Quelles** sont les dimensions de cette pièce?
>
> *Réponse:* Cette pièce a (*ou* fait) six mètres **de longueur**, trois mètres **de largeur** et quatre mètres **de hauteur**.

2. La profondeur et l'épaisseur

> *Question:* **Quelle** est la profondeur de cette rivière?
>
> *Réponses:* Cette rivière **a une profondeur de** deux mètres. Cette rivière **est profonde de** deux mètres.

Question: **Quelle** est l'épaisseur de ce mur?

Réponses: Ce mur **a une épaisseur de** cinquante centimètres. Ce mure **est épais de** cinquante centimètres.

3. La distance

   Questions: Paris, **c'est à quelle distance de** Marseille? Paris, **c'est à combien** (de kilomètres) **de** Marseille? **Quelle** est la distance de Paris à Marseille? **Combien y a-t-il** de Paris à Marseille? **Il y a combien** de Paris à Marseille?

   Réponses: Paris, **c'est à** 800 kilomètres de Marseille. **Il y a** 800 kilomètres de Paris à Marseille.

4. Le système métrique

   1 mètre = environ 1 *yard* (exactement 1 *yard* + 3.3 *inches*)

   1 mètre = 100 centimètres; 1 centimètre = 0.39 *inch*

   1 kilomètre = 1000 mètres = 0.6213 *mile*

   1 kilo(gramme) = 1000 grammes = 2.2 *pounds*

FORMULES DE LETTRES

1. Au commencement d'une lettre, on emploie les formules suivantes:

   a. pour une personne connue

   Cher Monsieur,   Chère Madame,   Chère Mademoiselle,

   On peut dire «Cher Monsieur Dupont» avec le nom de la personne.

   b. pour une personne inconnue et dans une lettre d'affaires

   Monsieur, Madame,

   On dit aussi «cher». On peut aussi indiquer le titre.

   Monsieur le Ministre,   Madame la Présidente,

2. À la fin d'une lettre on emploie des formules différentes suivant (*according to*) les degrés d'affection:

a. **amour violent**

Mon amour, je t'embrasse passionnément.   Ma chérie, je te serre contre mon cœur.

b. **ami(e) intime**

Je t'embrasse affectueusement.	Baisers affectueux.	Bises.	Bisous.

c. **ami(e) moins intime**

Pensées amicales.   Pensées affectueuses.   Amicalement.

d. **ami(e) beaucoup moins intime**

Bien cordialement.   Bien sincèrement.   Amical souvenir.

e. **dans une lettre d'affaires**
Si vous ne connaissez pas la personne:

Avec mes sentiments distingués.

Avec ma considération distinguée.

Si vous connaissez la personne:

Avec mes meilleurs sentiments.

(Avec) mes cordiales salutations.

f. **dans une lettre officielle**

Veuillez agréer, cher Monsieur (chère Madame)

(*jamais le nom de la personne*), l'assurance   = *Sincerely yours,*

de mes sentiments distingués.

LES ÉTATS AMÉRICAINS ET LES PROVINCES ET TERRITOIRES CANADIENS

Voici les prépositions qui précèdent les noms d'états américains.

en Alabama	en Géorgie	au Minnesota	en Pennsylvanie
en Alaska	à Hawaï[1]	au Mississippi	au Rhode Island
en Arizona	en Idaho	au Missouri	au Tennessee
en Arkansas	en Illinois	au Montana	au Texas
en Californie	en Indiana	au Nebraska	en Utah
en Caroline du Nord	en Iowa	au Nevada	au Vermont
en Caroline du Sud	au Kansas	au New Hampshire	en Virginie
au Colorado[2]	au Kentucky	au New Jersey	en Virginie Occidentale
au Connecticut	en Louisiane	dans l'état de New York	dans l'état de Washington
au Dakota du Nord	au Maine	au Nouveau-Mexique	au Wisconsin
au Dakota du Sud	au Maryland	en Ohio	au Wyoming
au Delaware	au Massachusetts	en Oklahoma	
en Floride	au Michigan	en Orégon	

Notes: 1. Because Hawaii is an island, it is preceded by à; 2. For states that are masculine in French, one can also use **dans le**. Example: **dans le Colorado**.

Les provinces et les territoires canadiens suivent les mêmes règles que les états américains.

en Alberta	au Nouveau-Brunswick	dans l'Île du Prince-Édouard[1]
en Colombie Britannique	en Nouvelle-Écosse	en Saskatchewan
au Labrador[2]	en Ontario	dans les Territoires du Nord-Ouest
au Manitoba	au Québec[3]	au Yukon[4]
à Terre-Neuve[5]		

Notes: 1. One can also say: à l'Île du Prince-Édouard; 2. Labrador is a region of Newfoundland; 3. Reference here is to the province. When referring to the city, one says: à Québec; 4. One can also say: **dans le Territoire** du Yukon; 5. Because Terre-Neuve is an island, it is preceded by à.

CHANGEMENTS DES EXPRESSIONS DE TEMPS DANS LE DISCOURS INDIRECT

Discours direct	Discours indirect	
aujourd'hui	ce jour-là	*that same day*
demain	le lendemain, le jour suivant	*the day after*
hier	la veille, le jour précédent	*the day before*
avant-hier	l'avant-veille	*two days before*
ce matin, ce soir	ce matin-là, ce soir-là	*that same morning, evening*
cette semaine, cette année	cette semaine-là, cette année-là	*that same week, year*
ce mois-ci	ce mois-là	*that same month*
l'année prochaine	l'année suivante	*the following year*
la semaine dernière	la semaine précédente	*the previous week*
le mois dernier	le mois précédent	*the previous month*

Il dit: «La lettre est arrivée **hier**.»

Marc a assuré: «J'aurai fini **ce soir**.»

Il a dit que la lettre était arrivée **la veille**.

Marc a assuré qu'il aurait fini **ce soir-là**.

VOCABULAIRE

à (notre) tour in (our) turn

à (votre) avis in (your) opinion

à force de as a result of, due to

à l'égard de with regard to, towards

à l'étroit cramped

à l'intérieur inside

à lunettes with glasses

à partir de from, out of

à peu près (*adv.*) about, approximately

à présent now

à table! let's eat!

à travers through, across

aboyer to bark

abrité(e) sheltered

accro addicted, hooked on

accrochage (*m.*) fender-bender

accueil (*m.*) welcome; **faire bon ou mauvais accueil** to be welcoming or unwelcoming

accueillir to welcome

achat (*m.*) purchase

acteur (-trice) actor

actualités (*f. pl.*) news

addition (*f.*) bill

affiche (*f.*) (*here*) billboard, sig

agent de police (*m.*) police officer

agir to act

agressif (-ve) aggressive

ainsi que as well as

air (*m.*) melody

aire (*f.*) **de repos** rest area

aller bien (*here*) to fit right, to suit, to be in good health

aller mieux to feel better

allumer to light, to turn on

allumette (*f.*) match

amabilité (*f.*) graciousness

amaigri thinned down

amateur d'art, de cinéma, de musique (*m.*) art lover, film lover, music lover

amateur de sport (*m.*) sports fan

amélioration (*f.*) improvement

améliorer to improve

amener to take home

amuse-bouche (*m.*) appetizer

anarchique anarchic

androïde (*m.*) android

angoisse (*f.*) anguish, anxiety

animal de compagnie (*m.*) pet

animalerie (*f.*) pet store

anniversaire (*m.*) anniversary, birthday

antenne parabolique (*f.*) dish antenna

antisémite anti-Semitic

apparaître to appear

appareil (*m.*) device

appareil ménager (*m.*) household appliance

apprendre par cœur to memorize

araignée (*f.*) spider

arbitre (*m.*) referee

argenterie (*f.*) silverware

arracher to pull out, rip from

arrêté arrested

s'arrêter to stop

arrivée (*f.*) arrival

arriver à ses fins to succeed

assiette (*f.*) plate; **ne pas être dans son assiette** to not feel well, to feel a little off

assister (*here*) to witness

assurance auto (*f.*) car insurance

atteindre to reach

attendre to wait for

s'attendre à to expect

atterrir to land

atterrissage (*m.*) landing

attirer to attract

auprès de close to

ausculter to examine

autant que as much as

autoritaire authoritarian

autour around

autrefois in the old times

avaler to swallow

avant before

avis (*m.*) notice

avoir bonne (mauvaise) mine to look well (terrible)

avoir le coup de foudre to love at first sight

avoir les moyens to have the means, to afford

avoir lieu to take place

avouer to confess, to admit

bagnole (*f.*) car, jalopy

baisser la tête to bow one's head

balle (*f.*) **de ping-pong, de baseball** ping pong ball, baseball

ballon (*m.*) **de basket, de foot** basketball, soccer ball

bande dessinée (*f.*) comic strip

banni banished

basket (*m.*) basketball (*sport*)

baskets (*f. pl.*) basketball shoes

bateau (*m.*) boat

bâton (*m.*) (*here*) hockey stick

battre to beat

bavard(e) talkative

bavarder to chat

bébé phoque (*m.*) baby seal

bénin (bénigne) benign, mild

besoin (*m.*) need

betterave (*f.*) beet

beur, beurette French person of North African descent

bibelot (*m.*) trinket

bien cuit well cooked

bien-être (*m.*) well-being, comfort

bijou (*m.*) jewelry

bille (*f.*) marble (ball)

biologique (bio) organic

blague (*f.*) prank, practical joke

blagueur(-euse) joker, bigmouth

blotti(e) huddled, curled up

bobo (*m.*) a mild sore, illness children's word

bois (*m.*) wood, grove

boîte (*f.*), **bahut** (*m.*) lycée

bon appétit! enjoy your meal!

bonbon (*m.*) candy

boucher to plug, to block

bouffe (*f.*) (*fam.*) food

bouffer (*fam.*) to eat

bougie (*f.*) candle

bouquin (*m.*) book

bouquiner to read

bourse (*f.*) (*here*) stock exchange

braconnier (*m.*) poacher

brimade (*f.*) harassment, bullying

brin (*m.*) strand

se briser to break

se débrouiller to manage

brûler un feu rouge to run a red light

bruyant noisy

bruyant noisy, loud

bureau (*m.*) **de poste** post office

but (*m.*) goal

cabinet (*m.*) **de consultation** doctor's office

cachet (*m.*) pill

cadeau (*m.*) gift

cadet(te) younger

calcul (*m.*) sums

calé(e) smart

campagne (*f.*) countryside

canal (*m.*) distribution channel

canne (*f.*) (*here*) stick

cantine (*f.*) school cafeteria

canton (*m.*) county

capturer to capture

caresser to pet

carnet (*m.*) **de chèque, chéquier** (*m.*) checkbook

carnet (*m.*) notebook

carrefour (*m.*) crossroad, intersection

carrière (*f.*) career

carte (*f.*) map

carte (*f.*) menu

carte postale (*f.*) postcard

casque (*m.*) helmet

casseroles (*f. pl.*) pots and
pans

céder le passage to yield

ceinture de sécurité (*f.*) seat
belt

cendre (*f.*) ash

cendrier (*m.*) ashtray

centre commercial (*m.*) shopping center, mall

centre-ville (*m.*) downtown

cesser to stop, to discontinue

chacun(e) each (one)

chagrin (*m.*) sadness

chahuter to create an uproar,
chahuter un prof to tease a
teacher

chaîne (*f.*) channel

chaloupe (*f.*) launch

chandail (*m.*) (*here*) sports
jersey

Chandeleur (*f.*) Candlemas

changer de chaînes (*f.*) to
change channels

chanson (*f.*) song

chanter to sing

chapeau (*m.*) hat

char (*m.*) float, car, (in
Canada)

charge (*f.*) (financial)
responsibility

chasser to hunt

chasser (*here*) to chase

chat(-te) cat

châtiment (*m.*) punishment

châtrer to neuter

chauffard (*m.*) bad, dangerous
driver

chaussée (*f.*) **déformée** rough
road

chauvin (e) chauvinistic

chef (*m.*) **d'équipe** team
captain

chenil (*m.*) kennel

chercher to look for

chien(-ne) dog

chirurgien (*m.*) surgeon

chômage (*m.*) unemployment

chou (*m.*) cabbage

chouchou (*m.*) favorite student

cinéphile (*m., f.*) film buff

classe moyenne (*f.*) middle
class

clignotant (*m.*) blinker

cochon d'Inde (*m.*) guinea pig

code (*m.*) postal zip code

cohabitation (*f.*) coexistence

coiffeur (-euse) barber,
hairdresser

coin (*m.*) .) corner area, place

colère (*f.*); **crise** (*f.*) **de colère**
temper; temper tantrum

coléreux(-euse) quick-
tempered, irascible

colis (*m.*) parcel

collaborateur (-trice)
collaborator

commander to order

comprimé (*m.*) pill

comptable (*m.*) accountant

comptant (*m.*) cash

compte (*m.*) account

concessionnaire (*m.*) auto
dealer(ship)

concilier to reconcile

concours (*m.*) contest

conduire to drive

confié entrusted

congé payé (*m.*) paid leave

congelé, surgelé frozen

consacré dedicated

conseil (*m.*) advice

consommateur (-trice)
consumer

consommation (*f.*)
consumption

construire to build

contrarier to annoy, to upset

contravention (*f.*) ticket,
citation

copain (*m.*) **copine** (*f.*) friend,
buddy, boyfriend, girlfriend

corne (*f.*) horn

corporel(le) corporal

correction (*f.*) thrashing

corriger to thrash

côtelette (*f.*) **d'agneau** lamb
chop

coup de fouet (*m.*) whip

cour (*f.*) school yard, court

courriel (*m.*) email

courrier électronique (*m.*)
email

cours (*m.*) class

court métrage (*m.*) short movie

covoiturage (*m.*) carpooling

crier après to yell at

crise (*f.*) **de rage** temper tantrum

croc (*m.*) tooth

croyant(e) religious, believer

cuiller (cuillère) (*f.*) spoon

cuisiner to cook (no direct object)

culte (*m.*) religion

d'un coup (*adv.*) all at once

dans l'ancien temps in olden days

de la part on the part

de nos jours nowadays

de sorte que so that

déballer to unwrap

décerner to award

déchiré(e) torn

découvrir to discover

décrocher to drop out

décrocheur (-euse) drop out student

défaite (*f.*) defeat

défaut (*m.*) fault, shortcoming

défense (*f.*) interdiction

défilé (*m.*) parade

dégagé(e) cleared up

déguster to taste, to sample

départ (*m.*) departure

département (*m.*) **des véhicules** DMV

dépendre to rely, to depend

dépense (*f.*) expense

dépérir to die off

dépourvu(e) deprived

dépression, déprime (*f.*) depression

déranger to bother

descentes (*f. pl.*) raids

désespéré desperate

désormais from now on

dessin (*m.*) animé cartoon

dessinateur(-trice) cartoonist

destinataire (*m.,f.*) addressee

destituer (d'une fonction) to dismiss, to remove (from office)

devant in front of

déviation (*f.*) detour

dévisager to stare at, to look hard at

devoirs (*m., pl.*) homework

dévorer to devour

diagnostic (*m.*) diagnosis

diamant (*m.*) diamond

dico (*m.*) dictionary

doigt (*m.*) finger

données personnelles (*f. pl.*) personal data, information

donner lieu to lead, to result

doubler to pass (a car), to dub

draguer to be looking for (a girl or a boy)

drapeau (*m.*) flag

dresseur (*m.*) trainer

droit (*m.*) right **faire du droit** to go to law school

dur(e) hard

durer to last

échapper to escape

école (*f.*) school

écolier (-ière) elementary school student

économe thrifty

économies (*f. pl.*) savings

écouteurs (*m. pl.*) headphones

écran (*m.*) monitor

écriture (*f.*) hand writing, style

effroyable frightening

église (*f.*) church

élève (*m. ou f.*) student

s'élever to rise

s'éloigner to get far from

embouteillage (*m.*) traffic jam

émission (*f.*) program

emménager to move in

emprisonner to imprison

emprunt (*m.*) loan (*from the borrower's side*)

emprunter to borrow

en dehors de outside

en direct live

s'en faire to worry

en pleine forme in great shape, in top form

en tout cas in any case

encombré(e) cluttered

endosser to endorse

endroit (*m.*) place

enfant (*m., f.*) **gâté(e)** brat

enfer (*m.*) hell

enfermer to lock up

enfiler (un vêtement) to put on (clothes)

enflé(e) swollen

enlèvement (*m.*) kidnapping

enlever to take off

s'ennuyer to get bored

enregistreur numérique (*m.*) digital video recorder (DVR)

enseigner to teach

entraînement (*m.*) practice, training

entraîner to bring about

s'entraîner to practice (a sport)

entre eux between themselves

entrée (*f.*) dish between first course and main dish

envahir to invade

enveloppe (*f.*) envelope

épaule (*f.*) shoulder

épicé spicy

épicerie (*f.*) grocery, convenience store

épreuve (*f.*) test

épuisé(e) exhausted

équipe (*f.*) team

équipier (-ière) team member

érable (*m.*) maple tree

errant (*m.*) wanderer

errer to wander

esclavage (*m.*) slavery

esclave (*m. ou f.*) slave

estrade (*f.*) platform

s'établir to settle down

état (*m.*) condition

éteindre to turn off

étoile (*f.*) star

étonné(e) surprised

étranger(-ère) foreigner

être amoureux (-euse) de quelqu'un to be in love with someone

étrennes (*f. pl.*) New Year's gift

étroit(e) narrow, tight

s'évader to escape

éviter to avoid

excès (*m.*) **de vitesse** speeding

exiger to require

expéditeur(-trice) sender

extraterrestre (*m. f.*) extraterrestrial

façon (*f.*) way, manner

facteur(-trice) mail carrier

faillite (*f.*) bankruptcy

faire cuire to cook (+direct object)

se faire connaître to become (well) known

faire de la peine to hurt someone's feelings

faire de la publicité (pour) to advertise

se faire du mauvais sang to worry

se faire éliminer to get eliminated

faire la cour à quelqu'un to court, to woo someone

faire la loi to lay down the law

faire le pont to take an extra day off (e.g., long weekend)

faire plaisir à to please

se faire rentrer dedans to get crashed into

faire son marché to shop at the market

faire suivre to forward

fête (*f.*) celebration, festivity, party

fêter to celebrate

feu orange (*m.*) yellow traffic light

feuille (*f.*) leaf

feuilleton (*m.*) (*here*) television series

feux d'artifices (*m. pl.*) fireworks

fiançailles (*f. pl.*) engagement

fier (fière) proud

fierté (*f.*) pride

filet (*m.*) net

filleul(e) godchild

film (*m.*) **d'épouvante** horror movie

film (*m.*) **de science-fiction** sci-fi movie

film (*m.*) **policier** detective, crime drama

fixé established

flic (*m.*) cop

flirt (*m.*) flirt

flirter to flirt

florissant(e) flourishing, booming

flot (*m.*) influx

flots (*m. pl*) the waves

foot (*m.*) soccer

fort(e) strong

fou (folle) maniac

fouet (*m.*) whip

fouetter to whip

foule (*f.*) crowd

fourrière (*f.*) pound

fourrure (*f.*) fur

frais (*m.*) cost, expense

frapper to hit, to strike

freiner to brake

fromage (*m.*) cheese

frontière (*f.*) border

fuir to run away, to flee

fuite (*f.*) (*here*) escape, get away

fumée (*f.*) smoke

fumeur (-euse) smoker

fusée (*f.*) rocket

fusiller to shoot (execution)

gaffe (*f.*) blunder **faire une gaffe** to blunder, goof

gagner to earn

galaxie (*f.*) galaxy

gant (*m.*) glove

garder (*here*) to keep, to hold on

gâter un enfant to spoil a child

gémir to whine

gérer to manage

geste (*m.*) (*here*) action

glace (*f.*) (*here*) ice

glace (*f.*) mirror; *also* ice cream

gorge (*f.*) throat

gouvernante (*f.*) nanny

grâce à thanks to

grande surface (*f.*) hypermarket

gratuit(e) free (of charge)

grave serious, big deal

griffer to scratch

grippe (*f.*) flu

grisé(e) intoxicated

guérir to recover, to cure

gueule (*f.*) mouth (of an animal)

se hasarder to venture

se hâter to hurry up

hiver (*m.*) winter

hormis (*adv.*) beside

hors d'œuvre (*m.*) first course

humour (*m.*) humor

hypothèque (*f.*) mortgage

il est comme ça that's the way he is

il fait beau the weather is nice

il fait mauvais the weather is bad

il flotte (*fam.*) **il pleut** it is raining

il paraît que reportedly

illuminé lit up

imbécile stupid

impasse (*f.*) dead end

imperméable, imper (*m.*) raincoat

inciter to encourage

indications (*f. pl.*) (*here*) directions

inexpérimenté inexperienced

inflexible rigid, unyielding

informatique (*m.*) computer, IT

inique unfair

inquiéter to worry

inscrire to write down

insignifiant(e) insignificant

instituteur (-trice), instit' elementary school teacher

interdiction (*f.*) **de stationner** no parking (sign)

interdire to forbid

interminable endless

internaute (*m.*) Internet user, surfer

interprétation (*f.*) (*here*) acting, performance

interstellaire interstellar

intrigue (*f.*) plot

itinéraire (*m.*) itinerary

ivre drunk

jambe (*f.*) leg

jambon (*m.*) ham

se jeter to throw, to fling

joue (*f.*) cheek

jouer dans une équipe to play on a team

jouer un tour to play a trick

jouet (*m.*) toy

joueur (-euse) player

jour de congé (*m.*) vacation day, day off

jour férié (*m.*) public holiday

journal (*m.*) **télévisé** television news

journée (*f.*) entire day

juif, juive Jewish

jumeau (jumelle) twin

kiffer aimer

kit mains-libres (*m.*) hands-free kit

lait (*m.*) milk

langue (*f.*) tongue

larme (*f.*) tear

laxiste permissive

lécher to lick

lecture (*f.*) reading

légumes (*m. pl.*) vegetables

liasse (*f.*) wad

libre free

liquide (*m.*) **(en)** cash

litière (*f.*) cat litter

livrer to deliver

locataire (*m.*) tenant

logement (*m.*) housing, lodging

logiciel (*m.*) software

loi (*f.*) law

loin de far from

loisir (*m.*) leisure activity, hobby

long métrage (*m.*) full-length movie

louer to rent

loyer (*m.*) rent

lumière (*f.*) light

lunaire lunar

lune de miel (*f.*) honeymoon

lutter to fight, to combat

lycée (*m.*) high school

mâcher to chew

machine (*f.*) **à explorer le temps** time machine

main (*f.*) hand

maître (*m.*), **maîtresse** (*f.*) school teacher

maladie (*f.*) sickness

manger to eat

maniaque fussy

manie (*f.*) strange habit

manifestation (*f.*) demonstration, protest

manteau (*m.*) coat

se marier en douce, à la sauvette to elope

marraine (*f.*) godmother

Martien(-nne) Martian

match (*m.*) game, match

matelot (*m.*) sailor

matière (*f.*) subject matter

médecin (*m.*) doctor

médicament (*m.*) medicine, medication

meilleur(e) better

mèl (*m.*) email

mensualité (*f.*) (monthly) installment

menton (*m.*) chin

menu fixe (*m.*) menu selection

merveilleux (*m.*) the supernatural

merveilleux marvelous, wonderful

messagerie instantanée (*f.*) instant messaging

se mesurer à to pit oneself against (someone)

météo (*f.*) weather report

métier (*m.*) job, occupation

metteur en scène (*m.*) (film, stage) director

mettre to put on

mettre … de côté to put … aside

miauler to meow

mieux ... que better than

miroir (*m.*) mirror

mite (*f.*) moth

mobile (*m.*), **portable** (*m.*) cell phone

moindre slightest, least

se moquer to make fun

mordre to bite

mot de passe (*m.*) password

moteur de recherche (*m.*) search engine

mourant(e) dying

moyen(enne) average

muet(te) silent

muguet (*m.*) lily of the valley

musulman(e) Muslim

mutant (*m.*) mutant

naissance (*f.*) birth

navigateur (*m.*) browser, space man

naviguer sur internet to browse, to surf the Internet

neige (*f.*) snow

neuf (neuve) brand new

nier to deny

niveau de vie (*m.*) standard of living

noces (*f. pl.*) wedding, wedding anniversary

noix (*f.*) nut

nombreux (-se) numerous

non plus either, neither

note (*f.*) grade, [**bonne**] ou [**mauvaise**] good or bad grade

nourriture (*f.*) food

nouveaux mariés (*m. pl.*) newlyweds

numérique digital

odieux (-euse) heinous, awful

opération (*f.*) surgery

ordonnance (*f.*) prescription

oser to dare

ôter to remove

ouest (*m.*) west

OVNI (*m.*) **objet volant non identifié** unidentified flying object (UFO)

paisiblement peacefully

palet (*m.*) puck

pancarte (*f.*) road sign

panier (*m.*) basket

panneau (*m.*) **de signalisation** road sign

panneau routier (*m.*) road sign

Pâques (*f. pl.*) Easter

pardon (*m.*) forgiveness

paresser to laze about, to loaf

parole (*f.*) word

parrain (*m.*) godfather

partie (*f.*) game

pas (*m.*) step

pas de blague! No messing around!

passage (*m.*) **piétons** pedestrian crossing

passion (*f.*) **morbide** mania

passionné(e) devotee

pâté de foie (*m.*) liver pâté

patin (*m.*) skate

patinoire (*f.*) skating rink

patrie (*f.*) homeland

patrimoine (*m.*) heritage

péage (*m.*) toll

peine (*f.*) (*here*) sorrow

se perdre to get lost

perte (*f.*) loss

petit écran (*m.*) little screen = television

petit(e) ami(e) (*m. f.*) boyfriend, girlfriend

petits (*m. pl.*) (**avoir des**) (to have) babies

piéton(-ne) pedestrian

pion(ne), surveillant(e) supervisor

pique (*f.*) spear

se plaindre to complain

pleurer to cry

pleuvoir to rain

pluie (*f.*) rain

plutôt rather

poche (*f.*) pocket

poêle (*f.*) skillet, frying pan

poil (*m.*) fur, hair (of an animal)

poivre (*m.*) pepper

pont (*m.*) bridge

port (*m.*) wearing

portable (*m.*) cell phone

porte-bonheur bringing good luck

se porter bien (mal) to do well (badly)

se poser to land

poster to post, to mail

postier(-ière) post-office worker

poudre (*f.*) powder

se poursuivre to chase one another

se précipiter to rush, to hurry up

prêche (*m.*) sermon

prendre conscience to become aware

présentateur(-trice) presenter

prêt (*m.*) loan (*from the bank's side*)

prêter to loan

prêtre (*m.*) priest

pris au piège trapped

prise (*f.*) capture

privé deprived

prix (*m.*) cost

procès-verbal (P.-V.) (*m.*) (*here*) ticket, citation

produit (*m.*) product, produce

professeur , prof' (*m.f.*) **des écoles** secondary school teacher

professeur, prof' (*m.f.*) high school, university teacher, professor

profiter de to take advantage

protéger to protect

publicité (*f.*) advertising

publicité, pub (*f.*) advertising

puissant(e) powerful

punition (*f.*) punishment

quart (*m.*) quarter

Quel temps fait-il? What is the weather like?

queue (*f.*) tail

quotidien daily, everyday

raconter to tell, to recount

rafle (*f.*) police roundup

ramasser to pick up

rangé stored, organized

rater to miss

rattraper son chemin to find one's way again

ravi(e) delighted

rayon (*m.*) **de lumière** ray of light

réalisateur (-trice) filmmaker, producer

recensement (*m.*) census

récolter to gather

récompenser to reward

reconquérir to get back (by force)

récréation (*f.*) **récré** break

reculer to back up

rédaction (*f.*), **rédac'** essay

redoubler to repeat a grade

redoutable fearsome

réduire to reduce

régler to settle, to resolve

règne (*m.*) kingdom

se réjouir to be glad

se relever to get up, to stand up

remporter to win

rentrer chez soi to return home

repas (*m.*) meal

répondre to answer

reportage (*m.*) report, coverage

réseau (*m.*) network

réseautage social (*m.*) social networking

résistance (*f.*) resistance

respirable breathable

respirer to breathe

restauration rapide (*f.*) fast food

restes (*m. pl.*) leftovers

restrictions (*f. pl.*) rationing

retaper to fix up

retentir to ring out

se retrouver to find oneself, to meet with somebody

se réveiller to wake up

roman (*m.*) novel, **d'anticipation** science fiction (events dealing only with the future)

rompre to break off

rondelle (*f.*) hockey puck (in Quebec)

rond-point (*m.*) roundabout

ronronner to purr

route (*f.*) road

royaume (*m.*) kingdom

rupture (*f.*) breaking off (of an engagement)

saboter to sabotage

sagesse (*f.*) wisdom

salade composée (*f.*) mixed salad

sale (*here*) poor

salé salty

sang (*m.*) blood

sans blague! No kidding!

sans-abri (*m.*), **SDF** (*m.f.*) homeless (SDF= sans domicile fixe)

santé (*f.*) health

satellite (*m.*) satellite

saucisse (*f.*) sausage

saucisson (*m.*) salami

sauver to save, to rescue

se sauver to run away

savant(e) (*here*) scientist

savoir to know

scaphandre (*m.*) space suit

scénario (*m.*) script

scénariste (*m., f.*) scriptwriter

sécher les cours to skip class

semaine (*f.*) week

semer to plant

sens (*m.*) **interdit** wrong way

se sentir bien, mal to feel good, bad

série (*f.*) serial

sévir to deal severely with

site (*m.*) **de rencontres** dating website

site web (*m.*) website

SMS (*m.*), text message

société (*f.*) company

sol (*m.*) ground

soldes (*m., pl.*) (bargain) sales

soleil (*m.*) sun

sonnerie (*f.*) bell

sortie (*f.*) exit, time when school ends

se souhaiter to wish each other

soulier (*m.*) shoe

soupir (*m.*) sigh

sous (*m. pl.*) money (fam.)

SPA (*f.*) (Société pour la protection des animaux) SPCA

spot publicitaire (*m.*) commercial

stade (*m.*) stadium, arena

station-service (*f.*) gas station

sténodactylo (*f.*) shorthand typist

sucre (*m.*) sugar

sucré sweet

sucrerie (*f.*) sweet, candy

suffire to be enough

suivre un régime to go on a diet

super (*adj., adv.*) really, great

supporter to tolerate, to put with

surdoué(e) gifted

sursauter to jump (with surprise)

survêtement (*m.*) sweat suit

tableau (*m.*) **noir** blackboard

tablette (*f.*) tablet

tasse (*f.*) cup

taux (*m.*) **d'intérêt** interest rate

teint (*m.*) complexion

télécharger to download

télécommande (*f.*) remote control

téléfilm (*m.*) television movie

télépathie (*f.*) telepathy

téléspectateur(-trice) television viewer

tempête (*f.*) storm

temple (*m.*) church (Protestant), temple (Buddhist)

tennis (*m. ou f. pl.*) tennis shoes

tennis (*m.*) tennis (*sport*)

tentant tempting

tenter to try

terrain (*m.*) field

terre (*f.*) plot of land

texto (*m.*) SMS

Terrien(-nne) earthling

théière (*f.*) teapot

timbre (*m.*) stamp

toit (*m.*) roof(top)

tomber amoureux (-euse) de quelqu'un to fall in love with someone

tomber en panne to break down

tortue (*f.*) turtle

torturer to torture

toubib (*fam.*) doctor

tour (*m.*) trick, turn

tourner to turn, to stir, to shoot a film

tous les jours every day

Toussaint (*f.*) All Saints' Day

tout à l'heure (*here*) later

tout au long throughout

tout va bien everything is fine

toute la journée all day long

trachée (*f.*) trachea, windpipe

traite (*f.*) **négrière** slave trade

traiter to treat

traiteur (*m.*) deli

transport en commun (*m.*) public transportation, transit

traque (*f.*) hunting down

travaux (*m. pl.*) road repairs, roadwork

travers (*m.*) flaw

traversée (*f.*) crossing

traverser to cross, to go through

tricher to cheat

triomphal(e) triumphant

triste sad

tristesse (*f.*) sadness

troué(e) with holes

trucage (*m.*) special effect

Tu te rends compte? Imagine!

tué killed

usager (*m.*) user

usine (*f.*) factory

vachement (*adv.*) really, mighty

vagabond stray

vanter to praise

vautour (*m.*) vulture

vedette (*f.*) star, celebrity

veille (*f.*) verge, lead-up

vendeur(-euse) salesperson

venir to come

vente (*f.*) sale

verglas (*m.*) (black) ice

verser to pour

véto, vétérinaire (*m.,f.*) vet

vide-grenier (*m.*) yard, garage sale

virage (*m.*) turn, curve

visage (*m.*) face

visionner to view

visite à domicile (*f.*) house call

vitesse (*f.*) speed

vitre (*f.*) window pane

vivre to live

voie (*f.*) **sans issue** dead end

voie (*f.*) **unique** one-way street

voisin(e) neighbor

volant (*m.*) steering wheel

voyage de noces (*m.*) honeymoon (trip)

zapper to channel surf

zapping (*m.*) channel surfing

faire du zapping to do channel surfing

INDEX

COPYRIGHT ACKNOWLEDGEMENTS